王晓东 著

陪伴与成长

PEIBAN YU
CHENGZHANG

一个父亲高考前写给孩子的168个微信

团结出版社
UNITY PRESS

图书在版编目（ＣＩＰ）数据

陪伴与成长：一个父亲高考前写给孩子的 168 个微信 /
王晓东著 . -- 北京：团结出版社，2022.5
  ISBN 978-7-5126-9354-8

  Ⅰ . ①陪… Ⅱ . ①王… Ⅲ . ①高中生 - 家庭教育
Ⅳ . ① G782

  中国版本图书馆 CIP 数据核字 (2022) 第 044456 号

出　　版：团结出版社
　　　　　（北京市东城区东皇城根南街 84 号　邮编：100006）
电　　话：（010）65228880　65244790（出版社）
　　　　　（010）65238766　85113874　65133603（发行部）
　　　　　（010）65133603（邮购）
网　　址：http://www.tjpress.com
E-mail：zb65244790@vip.163.com
　　　　　tjcbsfxb@163.com（发行部邮购）
经　　销：全国新华书店
印　　装：天津盛辉印刷有限公司

开　　本：170mm×240mm　　16 开
印　　张：23
字　　数：359 千字
版　　次：2022 年 5 月　第 1 版
印　　次：2022 年 5 月　第 1 次印刷

书　　号：978-7-5126-9354-8
定　　价：59.00 元

前言

征得儿子的同意，我把这两年给他写的信稍加整理，辑录成书。一方面留下一份长久的记忆，另一方面提供给感兴趣的家长和孩子作案例借鉴。

这不是一部学术论文集，尽管很多信中涉及了学术话题。我希望阅读这些信的朋友，能包容其中观点的粗疏。我自己能确定的，是信中的每一句话都出自赤诚真心，因为当时的唯一听众是我的人生挚爱。儿子是信的第一读者，也是我写这些信时的镜子：提醒我句句都要言为心声、无愧良知。信中没说出什么永恒真理，多是些杂乱无章的"学习"体会。写的过程中只照顾了一点：写下的东西，多少能有所助益。

要澄清的是：儿子虽然是这些信的第一读者，却不是信中观点的坚定支持者。他的思维非常独立，总体上是在欣赏或批判。这些信不是在教他什么，而是在谈我自己的认知转变和人生感悟。之所以与他分享，是借此将他从繁重的复习备考中"暂时拖出片刻"，让他与我一起思考一些"课堂学习"之外的事，此外并无更多其他效用。是他在观察和见证着我的学习、成长和变化，而不是我在用这些所思所想教育和改变他。

因此，这些信不是通常意义上教育子女的家书，而是一个父亲自我教育历程的心灵记述。我不希望他成为信中观点的信奉者、喝彩者，而是希望他知道我每天在关注什么，我如何思考和看待彼此都关心的一些话题。"学业"不止于书本课堂，成长也不止于智识的增加，人生应是丰富的、多维的、多彩的。高中时代，是人生最好的年华，既要学习知识技能，更要学会如何把自己培养成为一个更好的"人"并坚持一生。

我不是职业作家，而只是一个极致沉静状态下的学习者和思考者。因此，这些信不是文采飞扬的锦绣文章，而是需要读者同样在极致沉静心态下才能读进去的心灵自白。信中大量探讨了关于读书、学习、复习、考试的主题，但探讨的重心聚焦于"心理""思维"和"道理"层面，没有普遍适用的技巧和高招儿。我始终认为，当下中国家庭教育和应试教育的缺失之一，是越来越远离读书治学和身心修养的本原道理。因此，无论成人，还是未成年人，做事虽然越来越有成效，但却"行而不知其故"；掌握了越来越多的知识和技能，却对这些知识和技能所遵循的道理越发不明所以。知其然而不知其所以然，在知识和信息爆炸时代，正在成为日益普遍的思维状态，引发着人们愈发激烈的心理冲突和内在焦虑。

这 168 封信，以第 56 封"家教之道，寓于父母自教之中"为一个基本分野。区别在于：此前是以"随笔"方式写的，随想随记，相对比较随意，称为"55条比较长的微信"更为合适；此后的信，开始趋向"正统文章"的写法，试图围绕某个主题尽己所能"谈透"，并用 word 文档来编辑。

感谢我的妻子——儿子的母亲，她才是他成长的最称职、最优秀陪伴者；感谢北师大的附属小学、三帆中学、二附中的老师和同学们，是你们陪伴他顺利度过了这段人生最美好的时光，助力他全面健康成长；感谢各位亲朋好友，你们的关心和爱护是对他最好的陪伴。

感谢北京师范大学第二附属中学的韩月华老师专门为本书作序！她是孩子高中三年的班主任，对驰原高中生活的每一幕比我更了解，也陪伴得更多。谢谢她的肯定和赞许之语，愧不敢当。孩子的优秀源自从幼儿园起众多老师的悉心教诲，感佩之情，无以言表。

最后感谢团结出版社同意出版这些信件，感谢出版社所有为此书付梓付出了辛苦的朋友们。

王晓东

于 2021 年 6 月 25 日

目录

师序 /1

自序：陪伴与成长 /4

第1封：半年读书心得 /9

第2封：关于人的潜能 /10

第3封：人生的美好 /10

第4封：人生的知与行 /11

第5封：培养良好的应考心态 /12

第6封：怎么看待考试 /13

第7封：珍视奋斗成果 /13

第8封：磨砺强大的内心 /14

第9封：人生杂感 /14

第10封：读书杂感 /15

第11封：目标与能力要匹配 /16

第12封：谈学习志向 /17

第13封：对个人志向的反思 /17

第14封：身心健康之源 /18

第15封：大成必积于小善 /19

第16封：任事，以"通透"二字为要 /19

第17封：谈带团队之道 /20

第18封：善待时间 /21

第19封：我们由谁主宰 /22

第 20 封：做学问以经世致用为要　　　　　　　　　/ 23

第 21 封：谈做文章　　　　　　　　　　　　　　　/ 25

第 22 封：一个小故事　　　　　　　　　　　　　　/ 26

第 23 封：读书之效　　　　　　　　　　　　　　　/ 27

第 24 封：谈为学的本源　　　　　　　　　　　　　/ 27

第 25 封：戒"傲"　　　　　　　　　　　　　　　　/ 28

第 26 封：考试不可寄望于超水平发挥　　　　　　　/ 29

第 27 封：个人成长，首在内心的成长　　　　　　　/ 30

第 28 封：为己方能克己；克己方能成己　　　　　　/ 31

第 29 封：心不正、意不诚、志不切、身不修，不可以治学任事　/ 32

第 30 封：谈"求速效"之弊　　　　　　　　　　　/ 32

第 31 封：此心不动安如山　　　　　　　　　　　　/ 33

第 32 封：谈"从心上学"　　　　　　　　　　　　/ 34

第 33 封：治学的关键，在功夫不间断　　　　　　　/ 34

第 34 封：再谈做学问的志向　　　　　　　　　　　/ 35

第 35 封：最可持续的教育，是"自我教育"　　　　/ 36

第 36 封：谈"百无一用是书生"　　　　　　　　　/ 36

第 37 封：谈兴趣的神奇力量　　　　　　　　　　　/ 37

第 38 封：好习惯与坏习惯　　　　　　　　　　　　/ 38

第 39 封：为学治业，"勤"为首　　　　　　　　　/ 39

第 40 封：善用早晨时光　　　　　　　　　　　　　/ 40

第 41 封：谈"学、问、思、辨、行"　　　　　　　/ 40

第 42 封：专谈"克己"　　　　　　　　　　　　　/ 41

第 43 封：我的"克己"功课　　　　　　　　　　　/ 42

第 44 封：得人心者得天下　　　　　　　　　　　　/ 43

第 45 封：读《传习录》有感　　　　　　　　　　　/ 44

第 46 封：松　　　　　　　　　　　　　　　　　　/ 45

第 47 封：我的两年"克己"课　　　　　　　　　　/ 45

第 48 封：我们应成长为一个什么样的"人" /46

第 49 封：必须打赢这一仗 /47

第 50 封：战疫情，当以心之真勇毅 /48

第 51 封：谈做事 /50

第 52 封：打牢个人治学修养的根基 /51

第 53 封：人比其他生物高明在何处 /52

第 54 封：再谈做学问 /52

第 55 封：群体长盛不衰的秘诀 /54

第 56 封：家教之道，寓于父母自教之中 /55

第 57 封：读书的"礼仪" /59

第 58 封：余生治学，"归一"于心学 /60

第 59 封：精一之道 /61

第 60 封：为何"无欲"则刚 /62

第 61 封：何为真包容，如何培养大度之心 /63

第 62 封：学如何得之于心 /64

第 63 封：修养之道 /65

第 64 封：让你的"心"先过去 /67

第 65 封：不患无功，唯患学业精与不精 /68

第 66 封：欲成过人之功，必尽过人之力 /70

第 67 封：读书"五勤" /72

第 68 封：谈"明" /74

第 69 封：关于"书法" /76

第 70 封：再谈读书 /78

第 71 封：谈"倔强" /80

第 72 封：小球中的大道理 /81

第 73 封："读书"与"明理" /84

第 74 封：修身之要，首在"敬""慎" /86

第 75 封：做任何事，当"一心一意" /87

第 76 封：近日杂感　　　　　　　　　　　　　　　　/ 89

第 77 封：读史心得（1）　　　　　　　　　　　　　/ 91

第 78 封：读史心得（2）　　　　　　　　　　　　　/ 93

第 79 封：驭物而不驭于物　　　　　　　　　　　　/ 95

第 80 封：若圣贤遇此，当何以处之？　　　　　　　/ 97

第 81 封：面对世界大变局，当何以处之？　　　　　/ 98

第 82 封：何为自省中的"洞彻隐微"　　　　　　　　/ 99

第 83 封：事之成效，首决于"明"　　　　　　　　/ 100

第 84 封：读书杂感　　　　　　　　　　　　　　　/ 103

第 85 封：对"诚信"的沉思　　　　　　　　　　　/ 104

第 86 封：心灵成长之路——48 周岁的驻足回望　　/ 107

第 87 封：习惯无论好坏，积得愈久愈深愈难改　　/ 110

第 88 封：事"做"到极致，方能悟得真切通透　　/ 111

第 89 封：什么是真正的乐观　　　　　　　　　　/ 112

第 9 封：善用的时间，才是生命　　　　　　　　/ 114

第 91 封：求索廓清黑暗的光明之源　　　　　　　/ 116

第 92 封：近期杂感　　　　　　　　　　　　　　/ 117

第 93 封：治学的乐趣之源　　　　　　　　　　　/ 118

第 94 封：天赋与努力　　　　　　　　　　　　　/ 121

第 95 封：探索心灵成长的奥秘　　　　　　　　　/ 122

第 96 封：破译语言的密码　　　　　　　　　　　/ 125

第 97 封：学习的"头脑"　　　　　　　　　　　　/ 129

第 98 封：文内之理　　　　　　　　　　　　　　/ 131

第 99 封：谈"学以致用"　　　　　　　　　　　　/ 132

第 100 封：你先救谁？　　　　　　　　　　　　　/ 133

第 101 封："三季人"与"四季人"　　　　　　　　/ 136

第 102 封：温故何以能知新　　　　　　　　　　　/ 137

第 103 封："知之为知之，不知为不知，

是知也。"揭示了什么道理？ / 139

第 104 封：望文生义"害死"人 / 140

第 105 封：解析"知行合一" / 142

第 106 封：学习的"知行合一" / 147

第 107 封：我的藏书分类 / 148

第 108 封：好书与坏书 / 151

第 109 封：谈"格局" / 153

第 110 封：两个"世界" / 156

第 111 封：修养之用意，为何？ / 161

第 112 封：永远行驶在属于"自己的"人生航道上 / 164

第 113 封：听从内心良知的指引 / 170

第 114 封：治学"三步"曲 / 177

第 115 封：突破"行百里者半九十"的魔咒 / 179

第 116 封：心灵模式三元素：名、实、理 / 183

第 117 封：除"六害" / 184

第 118 封：读书时应开启的心灵模式 / 186

第 119 封：品味人生 / 189

第 120 封：修养之难，在于胜己 / 193

第 121 封：论"简单"与"复杂" / 195

第 122 封：放松与专注 / 200

第 123 封：确定性与不确定性，该拥抱谁？ / 203

第 124 封：人到中年，再聊"学习" / 205

第 125 封：树立正确的"错误观" / 209

第 126 封：学会与"反对者"相处 / 213

第 127 封：我眼中的高考 / 218

第 128 封：学习需要系统思维——关于复习 / 222

第 129 封：高考 29 年后的反思 / 223

第 130 封：学习应树立的系统思维和意识 / 226

第 131 封：明白地活着 / 229

第 132 封：学习是"主动创造"，而不是"被动复制" / 233

第 133 封：养成良好"作息"习惯 / 238

第 134 封：谈行动力 / 239

第 135 封：聪明人的十戒、八贵 / 241

第 136 封：谈"目的" / 243

第 137 封：沉静的果敢 / 246

第 138 封：好的思考 / 250

第 139 封：谈"好心态" / 255

第 14 封：再谈读书 / 260

第 141 封：详解"温故知新"——认知的成长 / 262

第 142 封："心向自我"时的样子 / 267

第 143 封：清除"标签"效应 / 272

第 144 封：语言之美 / 276

第 145 封：再谈"写大字" / 278

第 146 封：高考策论 / 282

第 147 封：高考策论（2.0 版） / 287

第 148 封：高考是紧张的，同时也是美好的 / 291

第 149 封：沉浸式阅读 / 293

第 150 封："正在进行，而不是已经完成" / 299

第 151 封：把每一天，都当成最后一天来过 / 302

第 152 封：读书学习要攻破的"关" / 304

第 153 封：从王阳明到海德格尔之一 / 306

第 154 封："赢"在考前 / 308

第 155 封：谈良知——从王阳明到海德格尔之二 / 312

第 156 封：论学习思维 / 315

第 157 封：我的学习信条 / 318

第 158 封：谈谈心智的成长和训练 / 320

第 159 封：高考前的思维训练　　　　　　　　　　　/ 326

第 160 封：学习散论　　　　　　　　　　　　　　　/ 329

第 161 封："病中"寄语　　　　　　　　　　　　　　/ 331

第 162 封：谈习惯　　　　　　　　　　　　　　　　/ 331

第 163 封：应考之"道"　　　　　　　　　　　　　　/ 337

第 164 封：过去、当下、未来　　　　　　　　　　　/ 339

第 165 封：如何看待"模拟考"　　　　　　　　　　　/ 341

第 166 封：高考策论（终结版）　　　　　　　　　　/ 342

第 167 封：入了其内、出乎其外　　　　　　　　　　/ 344

第 168 封：写在"英语"考前　　　　　　　　　　　　/ 345

后记：我心目中的"学在北大"　　　　　　　　　　　/ 347

参考文献　　　　　　　　　　　　　　　　　　　　/ 354

师　序

　　高考查分当天，我收到了驰原爸爸的消息，除了知晓了驰原的成绩和收到感谢之外，我还接收到了一个让我诚惶诚恐的任务——为驰原爸爸《写给儿子的 168 封信》作序。我内心着实惶恐的原因有两点：一是我从未给任何待出版的文字写过序，此生也从未这样设想过，实在是战战兢兢。二是我对自己的驾驭能力着实没有信心。但是驰原爸爸盛情殷殷，尽管我惶恐之至，但是考虑到情不可却，我还是答应了下来。时至今日，我一一读完了这 168 封信，合上文档，关掉手机屏幕的我竟一时词穷，不知如何表达心中万千。待我平静下心绪细细想来，深深的"感佩"和略带羞愧的"自叹弗如"应该是最能确切表达我此刻心情的两个词汇。同时，我的心里再一次涌出那句刚刚收到这个任务时的那句话"怪不得孩子如此优秀"！

　　这 168 封信从 2019 年 11 月 16 日到 2021 年 6 月 8 日，不定期，不牵强，不为写信而写信，更不为所谓的"仪式感"而做，所有这些文字只是一个心怀拳拳挚爱的父亲有感而抒，与孩子随时交流的记录。是一位 48 岁的父亲，在孩子的人生重要学习和成长阶段，也在自己人生发生重大转折时期的一段所思、所想、所悟的记录和交流。他用自己的人生境遇甚至是重大挫折去活生生地呈现，毫不避讳，更不加隐瞒。细读下来，我们完全感觉不到生硬的说教、身为家长的自以为是，更没有对架子权威地执着。这分明是一个曾经迷茫、经过努力最终寻得心之归处的中年男子求知求进的真实心路，让人感受到的是那种不加掩饰的真诚，相信这份真诚本身对孩子来说就足以产生无可辩驳的说服力了。

　　但我想说：这些信件的意义绝不囿于对将要高考的孩子，它也绝不是仅仅服务于高考的。我坚信他出版这些信件的初衷，也绝对不是为谁家孩子高考提供现成答案的。这些信件更应该引起我们每一位成人读者、家长读者的思考。读着这些信件，你我都能够反观到自我人生的相似经历。都一定会反观、反思、修正、收获。作者的一句"迷惑不是青年人的专利"应该足以引证它价值的多元对象性。

这些信件或长或短，或轻松闲谈或理性分析，从小到大，从内至外，从修养心性到家国世界，每一篇都无不深刻、易懂、充满思考与启发。驰原爸爸以阳明心学为根本原则谈及人生诸多问题。既能够系统分析，又能够深入浅出。

譬如谈"成人"：人生的真正美好在于什么？人生的三条路线是什么？人生的必除六害又是什么？人应该怎样达到自知？应该如何克服"优秀生"的标签效应？

譬如谈"你先救谁"：这个关于爱情与孝心的道德话题被拿来与儿子沟通，并且经过一番分析，化解掉了这个看似难以抉择的问题，他告诉孩子"爱不是靠道德拷问和口头承诺证明和保障的，而是要靠去爱而赢得"。并给出了回答这个问题的具体答案，让人震撼且足以想象提问者的尴尬之态。

譬如谈读书：为什么要读书？读什么书？如何选书？自己读书的分类（一生伴侣类、人生知己类、学业事业导师类、一面之交类）。从自己读《传习录》的经历来说读书的"解文意""明道理""参风骨"的不同境界。并配以孔子学音乐的小故事，生动有趣又意味深长。

又如谈学习：学习的本质是什么？为什么要学？学什么？怎么学？学习的成效在哪里？有些问题也许我们成人也未必有自己的答案，驰原爸爸用自己的感悟告诉了我们他的答案：学习是主动创造而不是被动复制，学习是为了指引你我的内心光明……

再如谈高考：高考之于人生的意义是什么？（用自身的经历免了老生常谈之无味）高考的意义和价值寓于高考过程本身，与最终分数"没有半毛钱关系"的观点，使人醍醐灌顶；如何合理地预期定位？如何正确地备考？

除此之外，父亲还用各种亲身经历和理性分析，谈到了我们每一位（无论孩子或成人）的人生当中都会遇到的难题：诸如习惯培养，如何复习？考试的本质？心态的根本？真正的乐观是什么？如何交友？

信件当中多处谈到阳明先生的心学至理，可贵之处就在于每一个字都是驰原爸爸自己的亲身感悟，每一个结论的得出、答案的提供都有着他自己的经历做支撑。我现在还能回想他谈到"克己"这个命题时，反思自己爱吃烤串不爱青菜，可爱活泼的真性情跃然纸上，这份坦诚与炽热真的值得我们一览。

　　信件整体来讲，因为不仅仅是信件，另一层意义上是作者的读书心得，所以，有些信件有着哲学小论文的特点，也有一些专有的哲学术语，甚至出现过哲学家的比较研究，比如阳明先生的心学和海德格尔的过程哲学。但这些特点丝毫没有影响信件的深刻易懂和妙趣横生。我想也许这恰恰说明了一点：真理都是相通的，真理也都是简单的。

　　最后我想说：有幸读到这些文字，感谢驰原爸爸的信任和启迪。在这 168 封信的字里行间，我分明看到了阳明先生的真言："吾心光明，亦复何言？"这些信件更使得作为读者的我心中生出一种力量，一种自省后的信心与前进的力量。这些文字不是煽动性的情绪化的文字，但是却具有了激动人心的特性。我想，这就是理性的力量，这种力量更深沉、更持久些吧。

韩月华

北京师范大学第二附属中学

自序：陪伴与成长

一、今天，我的内心无比沉静

高考放榜了，儿子总体属于正常水平发挥，在我的观念中是最好的结果。发自内心地为他高兴，可以圆梦燕园，为高中三年画上圆满的句号，为未来生涯开启崭新的天地。

考前那几天，他妈妈说我比孩子还紧张。事实确实如此！之所以紧张，是怕他经历我当年高考的遗憾，因为身体出状况而不能进入自己梦想中的大学校门。

其实，从他考完最后一科、走出考场的那一刻，我基本就预计到了大致的结果。因此，今天再看到出来的成绩，内心并没有什么波澜起伏，而是一片祥和与宁静、欣慰与释然。

今天的结果，最让我欣慰的不是高考的分数，也不是他将走入北大，而是过程中他表现出的成长和成熟。考前的那段时光，过得并不平静。二模前呼吸道感染、发烧头疼；高考前两周疑似食物中毒，引发急性肠胃炎，晚上12:00还待在医院里；考前一天，突发过敏反应，鼻塞并不停地打喷嚏。毫不夸张地说，我当时每根神经都是竖着的，高考前一晚基本没睡。

反观这个过程中的他，却表现出了远超我预期的淡定，一直在安慰我和妈妈，给我们减压。当他考完第一科语文，与同学有说有笑地走出校门时，我悬着的心才基本踏实。内心涌起的不只是轻松，还有宽慰：孩子长大了，能自己经受风雨的吹打，而不再需要父母的呵护。

感谢他，当北大向他打开大门之际，也弥补了我的高考遗憾。自此，我再不需为高考纠结！一代一代用汗水去浇灌，总有一天会愿望成真、开花结果。

二、至关重要的两年

过去这两年，对孩子是至关重要的。高二、高三的时光，是人生的一大转折期。一方面，从未成年人转变为成人；另一方面，从中学生转变为大学生。在这个阶段，要经历人生的第一场、也是影响最深远的一场大考。高考虽不同于以往的科举考试，但其对未来人生走向的价值和意义却胜似科举考试：要靠自身努力决定自己的未来。就此不需多谈，每个学生和家长都感同身受。

过去这两年，对我也是至关重要的。2019 年至今，是我人生的重要转折期：从追逐外在功业，转向二次学习、重建自我。走过人生上半程，在人生中途遇到的却不是"不惑"，而是心灵的冲突和自我的迷失。当把目光从世界转向自身时，眼中只有一个沉沦十世的灵魂：远离了初心，又找不到归宿。于是，自2019 年初始，我重新踏上了认识自我、重建心灵的读书求知路。回顾这段时光，我找不到更合适的语汇来形容它对我的价值和意义，有一点是非常清楚的：如果时光可以倒流，人生道路可以重新选择，只有这段经历是我永远不会去试图改写的。

对我和孩子同样至关重要的两年，让两代人站在了同一起跑线上，面对着一个共同的未来期盼：更好地学习、更好地成长。

三、陪伴，不只是责任

陪伴孩子未成年时光的成长，是父母的责任，又不仅仅是责任而已。

首先，陪伴是"爱"，是父母与孩子之间"双向的爱"。因为爱，而相互陪伴；因为相互陪伴，爱变得深沉。孩子健康成长的第一营养源泉，是父母的爱，而不是父母的智识！父母最大的幸福源泉，是孩了的爱，而不是外在功业的成败得失。

其次，陪伴是"共同去经历和体验"，是父母与孩子互相进入彼此的生活和世界，共冷暖、共喜悲、共进退。陪伴，才能心生默契，在需要时无须召唤就出现在面前。

第三，陪伴是"助推"，是用父母的人生阅历、经验、智识，充当孩子成长爬坡过程中的垫脚石。父母要做的，不是按照自己心中想象出的样子去雕琢孩子，而是把自己的优秀一面呈现出来，供孩子参考、借鉴。

第四，陪伴是"平等和自由"，是父母站在"孩子的立场"与孩子交流相处，而不是居高临下地利用家长身份挥动指挥棒；父母要在保持孩子人格独立与行动自由的前提下，保持距离地与他（她）相处，而不是如橡皮泥一样贴上去，安排他（她）的一切。

第五，陪伴是"过程"，要让陪伴过程本身充满价值、意义和快乐，而不是瞄准陪伴之外的"远大前程"。陪伴是为了孩子当下的更好成长，而不是为了陪伴以外的目的，不是为了孩子的未来能如何。让陪伴过程成为父母与子女共同的美好人生体验，是陪伴应该呈现出的样子。如果陪伴令人身心俱疲，还不如放手任他（她）远离！再高尚的动机，也不是糟糕陪伴体验的正当性理由。

四、写信是我最擅长的陪伴方式

做父母的，都有极其强烈的热望，恨不得每天都陪在孩子身边，不管他们是否已经长大；而随着孩子逐渐长大，他们大多时候却更希望父母"离得远点"。因此，陪伴一个高中生儿子，是件不容易的事。到了这个年龄，他们已经非常自立了，过于主动的陪伴经常招致的是"嫌弃"。

儿子每天一早就去学校，放学回家就把门关起来学习。一天中的有限相处时间，我俩儿也很难聊严肃话题，多是片言只语的哥们式调侃。相较之下，他和妈妈的交流要畅快得多，尤其是我不在场的时候（此处省去一万字）。我一直试图找到一个好的陪伴方式，因为我相信作为父亲，我可以和他妈妈扮演不一样的角色、发挥不一样的作用。

在合肥工作的3个月，由于距离远了，只能经常发微信交流。在此期间，我发现用书面交流的方式，虽然不能让他"对我说得更多"，却可让他"听我说的更多"！用书面方式走入他的思维世界，招致的逆反似乎要轻得多。于是在此期间，我和他的书面交流多起来。

回京后，《曾国藩家书》给我带来了灵感：何不"正式地"以写信的方式，陪他走过高二、高三的时光呢。于是就有了这啰哩啰唆的168封信、26万字。

五、相互陪伴

现在重看这些文字，再回想这段经历，我首先感受到的：似乎不是我在陪伴他，而是他在陪伴我。整个过程，我在那里千言万语，他的回信则大多只是"收到"两个字；偶尔才在"收到"后面再点个赞，算是对我辛苦码文字的奖赏。真实的场景是这样的：老父亲在那里舞文弄墨、努力表演，儿子只是静静地陪在那里倾听、欣赏。谁在陪谁？让人傻傻地分不清。

陪伴永远是相互的，从无例外。在陪伴的过程中，父母不只是在付出，更是在享受人生最珍贵、最纯粹、最美好的时光。陪伴的过程，是真爱的付出，更是真爱的获得。父母与子女能相互陪伴，就是最大的幸事。

陪伴中，父母不需要表现出如何比孩子高明，不需要表现得如何比孩子有学识、有经验，以获取某种家长名义下的优越感。相互的陪伴，只需在相互平视的状态下自然推进。家长要有意识地做到的，是伴随孩子的成长调整陪伴方式。不管不顾地把热脸凑上去，贴到的只能是冷屁股；本质上，这也不是去陪伴，不是真正在"爱"，而是单向度的情感倾泻，是过度的溺爱、不自律的管教。

陪伴不是任何一方对另一方的单向付出，而是父母与孩子的相互成就：共同感受着彼此的成长，共同收获着彼此付出的情感，共同吸收着彼此身上的力量。

陪伴的最理想状态：是孩子脱离父母的庇护而振翅高飞，自由独立地翱翔天地间。那貌似有些残酷，却是父母陪伴孩子的终极价值和意义。

六、共同成长

回看这些洋洋洒洒的信，我在想一个问题：这些文字，是助推了他的成长？还是主要扮演了助我成长的角色？

这些信的陪伴，给孩子的智识带来多大帮助？我真的不能确证过多。我内心唯一能确定的是：这些信的"陪伴"色彩，远高于信中道理能带给孩子的教益。或者说：168 封信对孩子的帮助，就是"陪伴"。这些信架起了我和他之间沟通的桥梁，触发他更广泛的思考，而不是提供给他什么至理名言、永恒法则。

这些信，在更大程度上见证的是我的成长。写这些信的第一受益者，不是孩子，而是我自己。重启人生的这两年，我的时间主要分配给两件事：一是读书求知；二是思考人生。而这两件事的收获，部分地呈现在写给孩子的信中：有的是读书心得，有的是人生领悟。因此，写出这168封信，不仅仅是在陪伴孩子，更是在总结、思考、写作，在提高自己认识的逻辑性、系统性和清晰度，在提升自己的思维境界。

这2年，是我在用我的成长，来陪伴他。

这2年，是他在用他的陪伴，助推我的成长。

相互陪伴、共同成长，是我这两年的第一事业。

七、是结束，也是开始

高考结束了，孩子即将走出家门、走进大学、步入社会。"近距离陪伴"越发成为可遇而不可求的奢望了。距离远了，但不影响书信交流。只要眼还能看、手还能动，就可以继续写点什么，与他分享。人生无论行至何处，都会有新的光景、新的阅历、新的体验、新的感悟，随时遇见就可以随笔记下。心与心的牵系，即便不用任何文字，都可以相感相通，纵使相隔万里也如在身侧。

无论相互陪伴，还是共同成长，都需要时间来成就。陪伴的终极意涵，只有用"时间"才能定义和阐释。这里所指称的时间，不是你为我付出多少"时光"，我为你付出多少"时光"，而是彼此一同经历时世，在终而复始的生命循环中一起挥别过去、珍视当下、拥抱未来。

生命的每一刻，都既是结束，也是开始。用心去体悟，便会发现其中的灿烂与美好。

愿我、愿我的孩子、愿天下所有的人，心中有光、真爱永驻。

王晓东

于2021年6月25日

第 1 封：半年读书心得

（写于 2019 年 11 月 16 日）

一直以为自己之前读了很多书，无论上学期间，还是工作以后。虽说不上博学，也还是知道很多人生道理的。最近完全静下心来，集中广泛阅读，有很多新的感悟。陆续与你分享其中一些让自己惊讶的。

一是读得越多，反而感到"越无知"。此前对自己的判断，过于自大了。跳出此前的专业，大广泛涉猎经济、管理、战略、决策、博弈论、军事、哲学等方面著作后，才意识到个人知识领域的狭窄，于人生、于事业都是不够用的。

二是之前竟然未察觉到：很多已有观念、思维和处事态度，是不理性的，有些甚至是错误的。比如在做重大选择和判断时，很少去寻求他人的建议；在机会和选择面前，经常凭直觉做决定。

三是近期读书过程中，个人职业价值观的改变让我很吃惊。我更喜欢现在状态的自己，而不是之前顶着专家、处长、院长、副总裁等各式头衔的自己。这不是逆境下的精神胜利法，而是回归初心后自然生发的心态。在没放下前，多少心怀恐慌和不安，不确定自己是否真的能够放下；现在，只有从内心自然生发出来的踏实和自在。

四是人生苦短，定要珍惜。无论在什么年龄，只要认识到这一点，都不算晚！看着微信头像照片中的自己，再看看现在的自己，时光过得太快了。这段时间的阅读，不仅效果吃惊地好，体验也让自己称奇：没想到在这个年龄，还能保持这样的精力和学习状态。

五是读书学习，贵在心静和专注。年龄大后，过了最佳学习状态，记忆力差，注意力更难集中。所以只能靠静心，调动全部精神和注意力，把心彻底沉静下来，带着热诚去读。

【儿子微信回复】：收到。

第 2 封：关于人的潜能

（写于 2019 年 11 月 17 日）

人在学习和阅读能力上，有着惊人的潜力。这半年，竟读完了近百本书，尽管精读的不到 1/3。内心宁静到极致状态后，读书过程也产生了更常光顾的顿悟。人的潜力，并不总是能被自己意识到，也并不总是能被发掘出来。回顾过往，我们身心中有太多的生命能量被弃置在阴暗处，不能为生命的绽放而燃烧。岂止是可惜！

【儿子微信回复】：收到。

第 3 封：人生的美好

（写于 2019 年 11 月 18 日）

人生的美好，在于让生命绽放。智慧和力量，是父母的馈赠。只要生命存续哪怕一天，就要把生命蕴蓄的智慧和力量充分释放，不浪费一分。

人生的美好，在于亲人朋友携手同行，共沐阳光和风雨，让所有爱我的人和我爱的人安心、幸福。

有了这两点，顺与逆，得与失，乐与苦，成与败，对与错，好与坏，就都是在成就生命。

【儿子微信回复】：收到。

第 4 封：人生的知与行

（写于 2019 年 12 月 1 日）

人生持续要做的最重要选择，是做出能让生命绽放的时间安排。人的一生，是每一分、每一秒的到来和逝去。每一瞬都是永恒，独一无二，不可逆转，无法重新来过。

回顾过去，对此的认知是不够的。自己对时间的安排和使用，带来的不都是更健康，不都是更快乐，不都是更好的自我实现，也不都是对亲朋的爱、对生命的滋养与回馈。

近日研读王阳明知行合一，略有感悟。

（一）评价自己，要从"自己的内心"去体察，而不是执著于外部之毁誉、亲疏、好恶，执念于他人眼中、口中的看法和说法。只有自己内心更开明，充满生命之灵光，自我才会一片澄明，不受蒙蔽。人生的道理，虽要向外面去学习探求，但最终要归于自己的内心。也就是常说的"心上学"。

（二）人生只有两个字：一个是知，一个是行。人活着，一直在观察、感知、思考外在的世界。有时通过亲身体察，有时通过求教于老师和书本。这是求知的过程，人生一世，一直在求得对外在世界的更好认知和理解，一直在探求生命之道、自然之道。另一方面，人要活着，就要不断去劳作。人生的每一分、每一秒，做出什么样的选择，采取什么样的行动，它就会呈现什么样的剧情、体现什么样的光彩。行动是生命之源，是智慧之源。

（三）人生的"知"与"行"，是融为一体的。此前，我曾将其视为两件事，因此先有"知易行难"的认识，后有"知难行易"的解读。直到今年，结合职业经历、生活经历和阅读思考，才有更深一层的领悟：知道却做不到，不是"真知"；盲人瞎马般地乱闯乱做，不探求和体悟其中蕴含的道理，也不能说是"真行"。

生命，就是在"知"与"行"中不断诠释其意义，实现其价值。

【儿子微信回复】：收到。

第 5 封：培养良好的应考心态

（写于 2019 年 12 月 2 日）

通过近期的阅读感悟，反思自己的学业生涯，有几点感触：

一、身心健康关系学业成效。比如高考的准备，除了智力的比拼，更有意志和身体耐受力的比拼。回想自己当年，就是输在健康上。初二染上痨病，一直没有彻底根治，身体虚弱，气血不调。到高三时，体重下降到九十斤多一点，高考模拟考试排名持续下降，最终的高考成绩也是最差的一次。体力未能给智力的正常发挥，提供应有的支撑。所以说，高考是身体素质、心理素质、知识掌握程度的综合考验。

二、不以一时成败论英雄，失意后不能再向命运低头。高考虽不如意，没能进入一直向往的大学，但自己满怀信心与希望，走进了分配我去的大学校门。在大学期间，加强身体锻炼，很快恢复了健康，体重逐渐增加到 120 斤的水平。学业上一如既往地勤奋，始终能保持良好的状态，并保送攻读了硕士研究生。

三、正确认识考试中的竞争。高考是一场群体竞争和博弈，结局不仅在于个人的努力和行动，还取决于他人的努力和水平。智力接近时，看谁花更多时间，付出更多辛劳；付出的努力接近时，看谁身体更好，耐久力更强；努力也接近时，看谁的心胸更开阔，对学习、考试的认知更深刻、更透彻，能更好地驾驭学习和应考的心理状态。

【儿子微信回复】：收到。

第 6 封：怎么看待考试

（写于 2019 年 12 月 3 日）

从本质上，考试是一次次自己和自己的竞赛。这一次和上一次对照，下一次又和这一次对照。看到进步就行了，没必要和别人比成绩，和他人比学习态度和努力程度就行了。

人与人之间天赋不同，学习环境和条件不同，个人擅长与喜好也不同，成绩差异是必然的。没有人能做到处处优秀，门门领先。做最好的自己，而不是最好的别人（他人眼中的自己），比什么都重要。

考后可重点审视一下知识掌握不牢固的点在哪里。每一次考试之后，对个人最有价值的是那些做错的题。仔细审视错在什么地方，会发现弱点，发现不扎实的学习环节。针对易错之处，投入充足的时间和精力，弄懂弄通，对今后的进步和成长是非常重要的。做对的那些题，固然对本场考试拿高分重要；但做错的那些题，却对下场考试提高成绩更重要。所以无论做对了，还是做错了，都是检验知识的掌握和运用。这是考试的真正意图。

【儿子微信回复】：收到。

第 7 封：珍视奋斗成果

（写于 2019 年 12 月 6 日）

自己智力和汗水换来的成果，要倍加珍惜。学业、事业上取得的好成绩，是用艰辛、汗水、心血、努力争取来的；岗位、机会，是对优秀和付出的回报。这些，都不能出于谦虚、大度而轻率让渡出去。那不是大度，而是不珍视奋斗的成果。无原则地让渡自己的奋斗成果，不仅赢不来他人的尊重，更会助长错误的世界观、人生观、价值观。

【儿子微信回复】：收到。

第 8 封：磨砺强大的内心

（写于 2019 年 12 月 6 日）

一个人，唯有内心的强大，才是真的强大。荣辱、毁誉、成败、得失等外来的反馈，只应作为思想的参照和借鉴，而绝不可为其所牵累。要以内心的良知，作为辨别是非的准则和标尺，而不是活在别人的眼里、口中、笔下。

【儿子微信回复】：收到。

第 9 封：人生杂感

（写于 2019 年 12 月 16 日）

一，人生是一场马拉松，而不是一次百米赛跑。人生的成功，在一世而不在一时，需要的是持续的努力。

二，活得要通透、明白。要问个究竟，理解到极致。学业也好，事业也罢，最忌讳浑浑噩噩、得过且过、不明不白，稀里糊涂就过去了。自我价值的实现，无关世俗之功利，但却关乎人生的成败。让生命力在时光流逝中持续升华和绽放，人生就没有失败二字可言。

【儿子微信回复】：收到。

第 10 封：读书杂感

（写于 2019 年 12 月 17 日）

读书不仅是在获取知识，更是在修养身心。读书入静时，心神专注，思虑精一。经年如此，会改变人的性情气质，养成平和宁静之气。

读书过程，也是对意志的磨炼。短期坚持不难，一生坚持则大不易。若能做到一生读书不辍，先不论智识增长多寡，仅这份恒心和意志就足慰平生了。

功利心，是读书的毒瘤，是读书人心中的"贼"，不仅有害于获取知识道理，也有害于心性修养，必须祛除。一旦为功利驱使，心便不能静，难入探求真理的精一境界。

以前，自己读书有三怕：一怕哲学，担心陷得进去，却走不出来，止于臆想冥思；二怕数学，对公式模型一大堆的书，总是望而却步；三怕古文，自己古文功底太浅，读时往往迷惑于文字表面，读不进去。

这段时间，先破了对哲学的恐惧，逐渐掌握了学习要领，以阳明先生的"心即理""知行合一""致良知"，为参研哲学的根本方法。对数学公式和模型的发怵，尚无有效破解办法，好在近来阅读重心不在这类题材。对文言文，也找到有效方法：反复、集中读遍一个人的全部文章，精通一家；然后再"以一家之言为核心"，拓展到其他著述。一段时间下来，效果提升明显，虽然在无注释的情况下仍不能全读懂，但基本能做到脱离白话译文顺畅读下来。

读文言原文，有一大好处是读白话译文体会不到的。译文是后人用"自己"而不是"作者"的语言风格表达出来的，水平再高，也不能尽现作者的文风。文字与内容，犹如人之形与神，不能分离。分开后，以后人之"文字"描绘前人之"思想"，总会有对不上之处，让人感觉缺了什么。作者之精神、心性、品学、修养，综合而成其文风。译者可以讲解字面之义，而作者之文章风骨，是断不能在译文中不折不扣地呈现出来的！

此后读古文经典，必读原作。只在不懂处，把名家白话版译文作参考。

幸甚、幸甚，能有此悟！

【儿子微信 回复】：收到。

第11封：目标与能力要匹配

（写于 2019 年 12 月 18 日）

功业不可强求，须在自身德行、才学、能力可及范畴内。目标过高则易折损，目标过低则易懈怠。

选择之错，往往在自不量力、自恃过高。目标所需，超出了个人积累和才具，是常犯的通病。

受功利心驱策的选择，往往是错的。功业外求，追逐浮名、浮利，附庸时代潮流和热点，便会乱了心性，忘了事业之基和立身之本，多会半途而废。

学业、事业，一日有一日之功效，十日有十日之功效，百日有百日之功效，一生有一生之功效，奥妙在于"坚持"。用一日工夫，想得人百日之功效，即是急功近利，是生了"妄心"。功业在于积累，心上学、事上练，久久为功，学业事业会自然生发出旺盛之气象。反之，骄傲怠惰，学业事业无常性，做事虎头蛇尾，结果只能如镜花水月、难以维持。

【儿子微信回复】：好的，收到。［捂脸］［捂脸］［捂脸］

第 12 封：谈学习志向

（写于 2019 年 12 月 19 日）

学业之志，当立在何处？是考高分以登堂入室，显耀于乡里亲朋吗？是升入好学校，以便谋得一份好工作、一份好收入、一个让人羡慕的地位吗？立志若止于此，便失却了求学之根本。上述种种，不过是外在的成效表现罢了。读书求学，志在明晓人生道理，明辨是非善恶。若立在成绩功名上，便会为外在之得失所困、所惑、所扰、所迷。

【儿子微信回复】：好的，收到。［微笑］

第 13 封：对个人志向的反思

（写于 2019 年 12 月 20 日）

回顾自己的人生经历，不能说不曾立志。但无论学业、事业，志向都立在外：考名校，找好单位，求取功名，显达于师友……但世事纷纷扰扰，变动不居，无定性，无常规；志向若附着其上，便只能随波逐流，随外事外物浮沉。

志向立在外物，是筑高楼于流沙之上。

【儿子微信回复】：好的，收到。

第 14 封：身心健康之源

（写于 2019 年 12 月 23 日）

你这个年龄段，正值修身、立志的最好时光。最重要的几点如下：

一是心灵的开明与豁达。知大是，明大非，怀大志，识大体，进退有节，取舍合道，外柔而内刚，外圆而内方。外柔、外圆，是大度容人之意，待人和善谦恭有礼，不究小过，不责小非，求同存异，不求全责备，不排斥异己；内刚、内方，是明晓大是大非、坚持原则之意，是非不在口舌上，心中自有定见、主意，圣贤自在胸中坐，不盲从，不屈服，不轻信，循真理、顺大道、致良知。人应胜于"心"，而不是胜在口舌上，久而久之才能让大家心悦诚服。

二是身体的强健。青少年时期打下好底子，一生可最大化远离医药之苦。反之亦反。身体是革命的本钱，自年少时就要开始善待自己。不能仅凭年富力强、年轻气盛，就肆意而为。年轻时的锻炼，也要"动、静"两相宜。动指运动，不用多说。静则指静心养性，滋养内心平和之气。"静"养，对青春年少时更为重要，更需要经常平心静气、凝聚精力、安定心神，让身体经常处于平和状态。

三是良好的习惯。一个好习惯，受益一辈子！对身心健康有益的行为，若能坚持一生，便可对外养成良好习惯，对内养成刚毅之气。心、意、志、气、力若长久专注于某一事上，便可成就人生"大功业"！这是好习惯的大好处。

【儿子微信回复】：好的，收到。

第 15 封：大成必积于小善

（写于 2019 年 12 月 24 日）

　　历览古今中外圣哲贤达所取得的大成就，能传世的多发自毕生的努力和积累。包括立德、立功、立言，都如此。立志要宏大高远，但却要在小事和低处下工夫。小善虽不入人眼，但若日积月累，其成效却往往超人所料。近来读阳明全集，观其一生，不仅立下了"成圣贤"之志，又从平日每一件小事上行"圣贤工夫"，饮食起居、求学问道、事亲奉上、传道授业、平叛治乱、交游师友、怡情山水……在每件事上都正心诚意、敬人爱己。其德行、功业、学问上的成就，是一点一滴积累起来的，是在一件一件日常小事上历练出来的。人生常有小精进、常有小快乐相伴，才是大幸福。一步登天的大变故，让人大喜大忧，难以维持，不是人生的真味道。人最忌轻浮习气，急于事功，妄求速效，做事虎头蛇尾。

　　【儿子微信回复】：好的，收到。

第 16 封：任事，以"通透"二字为要

（写于 2019 年 12 月 25 日）

　　转述一个阳明先生的小故事。

　　他初任庐陵县知县，县内诉状堆积如山，百姓排队在县衙门告状。阳明先生是如何处理的？是立刻日夜加班来解决问题吗？不是！他先体察民心人情，通晓为何有如此多的官司诉讼，找到根源后，才因病施策。首先推行教化以疏解民怨，促民向善；再用各乡各村的贤达长者，替官府排解纠纷，化干戈为玉

帛，避免对簿公堂；三是严惩大奸大恶，以儆效尤，正风肃纪，使奸邪匿避。到任仅数月，全县大治，经年无几件公案。对世道人心看得通透，才处理得法！这是胜在用心上，而不是胜在用力上。人心之本性，哪有愿意整天打官司的？现象背后必有因果。看不通透，纵使日夜加班，劳心费力，也是治标不治本。

用心做学问、做事业，达到通透的境地，方能举重若轻、去繁就简、直指要害、直达本源。倘若不得要领，浮于表面做事，沦为俗务之奴隶，则纵有忠勤之心，也经不了世、济不了民，只是瞎忙活罢了。

【儿子微信回复】：好的，收到。

第 17 封：谈带团队之道

（写于 2019 年 12 月 26 日）

生活中、学习间、事业上，人常会以某种"名目"扮演小头头的角色，兄"长"、家"长"、队"长"、院"长"、首"长"、"总"理、"总"裁、"总"统……但凡被冠以此类头衔，就多了一份责任：要带好团队，而不能满足于独善其身。

带团队，本质是带人心。人心向背，是带团队成功与否的最高标准。人心所向，无坚不摧。反之亦反。

而带人心的根本，则在正己心。

一要有大是大非之心。己心正，知善知恶，明辨是非，团队才有正确的方向。

二要有大公大私之心。领导者，要以团队之利害为己之利害，而不能反过来。

三要有大动大静之心。作为领军人物，一方面要动如雷霆闪电，摧枯拉朽，攻无不克，战无不胜；另一方面，要处变不惊，临危不乱，于艰难困苦、疲弱疾饥、血雨腥风中指挥自若，以自己的强大内心"定军心"。

四要有大敬大恤之心。无论对上还是对下，都要敬心诚意，体恤世故人情，将心比心，换位思考，急人所急，扶危济困，共进退、共乐苦、共荣辱。

五要有大功大利之心。领导者，要有建功立业的大格局，发人向上，目光远大，与团队共立高远奋进之志，共成足慰韶华的事业。

六要有大智大慧之心。领导的智慧和远见，是团队前行的指路明灯。

领导之道，诀窍在如何领导好自己！

【儿子微信回复】：好的，收到。〔赞〕

第 18 封：善待时间

（写于 2019 年 12 月 27 日）

人生如白驹过隙，数十年转瞬即逝。时间就这么多，用于何事，怎么使用，求个什么效果，实为人生第一紧要事。对时间不同的分配和用法，成就的定是不一样的人生。人不能主宰外物变迁，却可更好掌控自己的时间分配和使用，让命运由我！

其要义如下：

一是珍视使无虚度。每一天、每一时、每一刻，是人生最宝贵财产，金银财宝都买不来；又都是"唯一"的，一旦逝去，决不会重来。生命伴随时间存续、生长、升华，每一刻都是永恒，联结起来就是人生华章之全部。

二是规划使之有义。人生当立大志、立远志，让每一分韶华都为生命的绽放添彩。修身、齐家、治国、平天下，立志于心、践行于事。人无大志，人无定志，便会浑浑噩噩、随波逐流，为外物所役使牵累，时间也就不再是自己的了。

三是专一以齐效。学业、事业的成就，贵在日积月累，集小进境而达大成效。若忽东忽西，分心散意，事事浅尝辄止、半途而废，则绝无大进境之可能。

四是精诚以达极致。每时每刻的功夫，要精益求精，把自己的心力、智力、体力发挥到极致。非仅自己尽心竭力，还要群策群力，务求做到最好，才不负光阴。

五是慎独以养志。独处时，正是静心内省、修身养性之时。天地万物之生命化育，动静相宜才能生生不息、意趣盎然。独处时光，于学业事业旺盛之际最为可贵，要更加珍惜。

六是守时以明诚信。言必信，行必果，知行合一，本质是心性修养。正心诚意，当从"守时"上开始。时都不能守，还能守什么呢？守时貌似小事，实则重于泰山。

马可·奥勒留在《沉思录》中说：要把每天都当作生命中的最后一天来过。这句话说得危言大义，确实要深切用心体会、思考、践行。

【儿子微信回复】：收到。[赞] [赞] [赞]

第 19 封：我们由谁主宰

（写于 2019 年 12 月 27 日）

对自我来说，当遇到各种冲突和不统一时，要听命于谁？谁说了算？谁是老大？意见要统一到谁那里？谁一锤定音，消除各种噪声？要由谁掌控我们的躯体、我们的思想、我们的认知？……答案是：心灵！

其一，血肉之心是血肉之躯的主宰。人体所有的器官、零件、组织、细胞，都应听命于心。心是人体中最无私、最勤劳、最公正、最包容的脏器：日夜劳作、孜孜不倦、供养全身、不求回报、永不停息。人体的每一个器官都受其恩泽、靠其滋养，无论五官、四肢，还是大脑、神经，概莫能外。听命于心，是因为心在"器官组织社会"中威望最高、贡献最大、品行最优，理应受身体所有成员的敬重、爱戴和服从。相较而言，大脑则无此德行，它必须要听命于心，对其俯首称臣。

其二，心是精神自我的主宰。人的精神自我，由两部分构成：一是内心天性的是非善恶；二是后天感知的是非善恶。前者发于天然，是每个人生命蕴蓄的灵性，不言自明、不教自知、生来自在。后者发于后天的感知、学习、体验，通过眼耳口鼻来感受，交由大脑来储存、分析、判断。对外部世界的后天感知，五花八门、林林总总、纷繁复杂，经常是自相矛盾、互相冲突的。看的越多、学的越多，冲突点也会更多。因此，越是优秀的人，越是博学多识的人，越容易产生思想和认知的冲突。面对冲突，必须听从内心去做判断、做选择、做取舍！

心灵是"我之为我"的生命本质，是精神世界的绝对主宰，是不能背叛的绝对老大。

【儿子微信回复】：收到。[赞][赞][赞]

第 20 封：做学问以经世致用为要

（写于 2019 年 12 月 28 日）

我把学问分成三类来理解：

一为出世的学问。主要是人类用以认知世界的学问，如语文、数学、天文、地理、工程、物理、化学等。

二为入世的学问。主要是人类用于改造世界的学问，如政治、经济、工程、技术、管理、军事、文化等。

三为关于人类"自我"的学问。主要是自我认知、自我提升的学问，如哲学、心理学、行为科学等。

人类文明发展至今，学问博大精深、浩如烟海，愈发难于驾驭，愈发难以遍览。区区数十年，个人能做的学问是有限的，不可不先做体察、选择。可以说，搞清楚什么是人生必须做、自己喜欢做、自己擅长做的学问，本身就是个大学问！在此谈些自己对人生必须做之学问的体会。而什么是喜欢和擅长的学问，则因人而异，只能自己体察发现。

从自己 40 年左右的经历来看，对于有志于自我实现、成就人生大格局的人来说，如下几门是必须要涉猎的：

首先是历史。历史是一部大百科全书，是众多学问的杂货铺。而其展示呈献学问的独特优点在于：置于鲜活的生活场景、时代背景、人物事例之中，言而有物，而不只是用虚空文字论道。人生，无论学哪个专业、从事什么工作，广泛阅读古今中外历史典籍，都会受益无穷。知识的博，也更多可通过读史获益。

二是修身立命的哲学。哲学流派过多，非专业学者，不需广泛涉猎，以免陷溺于虚空枯寂的坐而论道状态。从安身立命、经世致用角度，可重点聚焦在自我认知和心性修养的学问上，宏大内在的志向、格局、心胸、气度。有一点很重要：历史本身就蕴含着大哲学；所有的历史，首先都是思想史，是史学家对历史的洞见。

三是经济。经济学，是经世致用之学，齐家、治国、平天下，都离不开它。经济学的门类众多，虽无须都去涉猎，但原理是应学的。根据未来职业的选择，可再深入到一些专业经济学领域，比如当下盛行的行为经济学。我个人的一点体会，读史是经济学入门最好的方式。历史中有相当大的比例，在讲述经济发展和国家治理。

四是管理。人人都是管理者，而不只是有"管理头衔"的人。于日常生活起居中，于各项事务中，管理无处不在。有领导和管理方面的"大智慧"和"高技能"之人，小至家庭、企业，大至一省、一国，都能指挥若定、安排有序、处置得当、进退有节。管理学亦门类众多，除原理要研读外，还应根据专业、职业特点，做深入阅读。如企业管理、公共管理、国家治理、外交管理等。

五是军事和战略学。人立于世，始终处于各种互动、冲突、博弈中。如何进行判断、选择、决策，如何围绕目标审时度势，高效调配可利用的资源、手段和能力，是人生学业事业的"大学问"。大至保家卫国安邦，小至个人的自我价值实现，都需要智慧与远见的引领。

学无止境，上面只是我的一些切身体会。最想强调的是读史的好处，这也是自己受益最多的。

【此封未收到回复】

第 21 封：谈做文章

（写于 2019 年 12 月 29 日）

文如其人，言为心声。做文章的个人体会，扼要陈说如下：

一要言之有物。做文章要针对实事、实理，最忌虚空。空洞无物的文章，不过文字游戏罢了，可直接扔进废纸篓。

二要言之成理。文以载道，文以解惑。为文不能流于表面和肤浅，要洞悉隐微，切中要害，发人深省，传播大道。就事论事之文，是打动不了人的。

三要倡导大义至善。为文要顺应人的天然性情，发人奋进，励人心志，劝善止恶。做文章的基本宗旨，是化育人心，让人开卷有益。

四要气度恢宏。观其文、知其人，文章呈现着作者的风骨。学做文章，当先学做人。人的气度弘毅广阔了，写出的文章才会有浩然刚正之气。奸邪之辈，为文亦粗鄙淫巧，必须唾弃远离，以免为其玷污了耳目心性。

五要有大格局。博通古今，学贯中西，遍历山川，饱经时世，方能才思如泉涌、下笔如有神。挖空心思的做作之文，是登不了堂、入不了室的，更别说传世了。为文要发乎本心，让才思自然流淌。

六要致力于大功业。为文亦可修身、齐家、治国、安天下，立传世之功业。古今雄文，或传大道以教化世代，或革故鼎新、肃清寰宇，或一文当得百万兵……传世之文，常伴有传世之功！

常读古今中外的巨著名篇，很容易体会上述为文要义。做文章功夫，首在理、次在文，内容是第一位的。

【儿子微信回复】：收到。

第22封：一个小故事

(写于 2019 年 12 月 30 日)

分享一个很久前读到的小故事：

一天中午，艳阳高照，一位戴眼镜的男士，坐在公园的长椅上，安静地读着书。这时，一位行色匆匆、满脸焦急的中年女子向他走来，急切地说：先生，能借我些钱吗，我的女儿刚在公园那边摔断了腿，我要带她去医院，但身上没带钱。

男子拿出钱包，把里边仅余的八百元钱给了那位女士，说：我身上也只有这么多了，估计不够，你先拿去用吧。

女士一再感谢，说：您能留下电话或地址吗？我到时把钱还给您。

男士回答：你先用，不急，我每天这个时辰都在这儿看书。

此后，男士每天仍来看书，但那位妇女并未出现。偶然间，男士听公园里的人讲：有一个妇女经常用小孩腿摔断的谎言骗钱。

男子听到这个消息后，不仅没懊恼，反而长舒了一口气：世上少了一个断腿的小姑娘。

人的心灵是什么样，事物就会映照出什么样子！妇女欺骗是恶的，男子受骗也不是值得宣扬和鼓励的，但男子面对真相的心态，却展示了一个阳光而又善良的心灵：既能正视自己的受骗，又对生活充满爱心和善意。心有阳光，人生自会阳光普照。云雾可以一时遮蔽大地，但太阳的光和热仍然在那里。

面对不尽人意的结果，有的人选择叹息懊悔，有的人则预见到风雨过后的彩虹。

【儿子微信回复】：收到。[落泪]

第 23 封：读书之效

（写于 2019 年 12 月 31 日）

做一件事，成效既在事本身，更在事外。以读书为例，谈些体会。

其一是读书可以获取信息和知识，充实头脑。这是读书的最基本意图，也是读书的最直接成效，不需赘言。

其二是开启心智。读书久了，知识的营养不断滋养大脑，孕育生发，会打开智慧之门，让人识见广博、思维高远。

其三是修养心性。读书能坚持一生，获得的不仅仅是知识，更是心灵的修养和成长，其功业超越了求知本身。

其四是改变人的相貌气质。读书日久，其颜自新，由内而外生发出祥和、宁静、浩然、勇毅之气色。相随心转，说的就是这个道理。

其五是锻炼身体。读书久了，对身体素质的考验很大。姿态端正，正襟危坐，劳逸结合，则读书本身就可收锻炼身体之效。

凡做一件事，工夫在事上，成效却可收获在事外！此中之关键，在做事的心意、志向和方式。正心诚意，力求把每一件小事、每件事的每个小环节都做到极致，长期坚持而形成习惯，便可达到做一事、收百效的境界！

【儿子微信回复】：收到！！

第 24 封：谈为学的本源

（写于 2020 年 1 月 2 日）

读书做学问，核心要义是发于本心，合于心性，勉于心志。是从内心最真切处出发，想学、好学、爱学！靠内心最真切的热诚、志趣来驱策，做学问才兴致盎然。

比如吃美食，从来不用人在旁边督促鞭策激励，自然便吃个畅快。再如从心里好踢球，也不需诱惑，自然能乐在其中。原因何在？发于内心之真志趣而已。

做学问的本源志向，当立在心上。

读书做学问，本质是改造自我，而不是改造世界。改造自我的心性，是其本，是其源；改造世界，是其成，是其效。切不可拔本塞源，本末倒置。

拔本塞源，做学问便失去了根基，终日在功名间奔波劳碌，东穿西凿，业业不精，科科不明。老来仍其心昏昏，其智昏昏，满脑子支离破碎。

因此，为学以正心、诚意为首，以立志、明理为要！离开本心，为学便失去了人生的真义、真性、真味、真趣！发于本心去读书做学问，自会意趣不断、累而不厌，内心世界越来越澄明、廓然、宁静、和谐。长年如此，则内心灵性开启，智力充盈，可从容应对外物，看事明白通透，接物格局广大。

【儿子微信回复】：收到！

第 25 封：戒"傲"

（写于 2020 年 1 月 3 日）

人可以有傲骨，但绝不可以有傲气。

傲骨，是指强大自主之内心，是自强、内圣。有傲骨者，不盲从，不轻信，不畏强权，不媚显贵，敦厚笃实，一身浩然祥和之气，威严在内，锋芒内敛。真正强大的内心，对人会更加恭敬谦和，虚心向下。当然，我认为古人用"傲骨"一词，难免让人望文生义，不如"铮骨"更贴切一些，意指曾国藩所说的"男儿以懦弱无刚为耻"的刚字。

傲气，是锋芒毕露之气，是待人接物的外在凌人之气，是被人凌时的怨怼、乖戾之气，是失意、挫折、困厄、苦难时的萎靡、消极、灰心、丧志之气。从做学问上看，一旦沾上傲字，便经常自满守成、荒疏怠惰，进而江河日下，很快沦为末流、泯然众人。一个傲字，就会引来无名之毁、无由之困、无妄之灾。

王阳明说："人生大病只是一傲字""处朋友务相下则得益，相上则损。"《说苑》中说："十步之泽，必有香草。"孔子说："三人行，必有我师焉。"俗语云："三个臭皮匠，顶个诸葛亮。"这些都是在警戒世人：与人交往时，要谦虚向下，虚怀若谷。

人身上若沾染上傲气，必痛下杀手，务求祛除净尽，不留一分一毫。

【儿子微信回复】：收到！

第 26 封：考试不可寄望于超水平发挥

（写于 2020 年 1 月 4 日）

此前聊过，对待考试，要有平和的心态，只求检验出真实的知识牢靠程度。考试的本质，是检验学习的真实成效。考试成绩，只是学习牢靠程度的一种度量和反馈。盼望超水平发挥，是极为有害的错误观念。

其一，追求超水平发挥，是脱离了学习和考试的本源。心不正，不可以治学。寄望于"超水平发挥"，获得"超出自己真实水平的成绩"，治学动机便跑偏了，是功利心在作祟。

其二，考试以真实呈现知识掌握程度，为刚刚好。增之一分则过多，减之一分则过少。正常发挥，才能内心坦然、从容，才能长久保持。

其三，每次考试都是一面镜了，既照见学业的精进之处，也照出治学的缺憾和弱项，为今后指明方向，找准发力处。而超水平发挥则呈现的是"假象"，会误导自我学习认知。

寄望于超水平发挥，不仅无益于成绩提升，还会自乱心性。这种心态，要不得！

【儿子微信回复】：收到

第 27 封：个人成长，首在内心的成长

（写于 2020 年 1 月 5 日）

人生所经历之时事，纷繁复杂，不一而同，千变万化，此消彼长，此生彼亡。人置身其中，如何能以不变应万变，靠什么获得生命力的恒定、安宁、旺盛、生长？如何防止为境遇所困、所累、所牵、所绊？如何避免随波浮沉、不由"自主"？靠学尽所有道理、把所有事都经历一遍，显然是行不通的。生命有限，所能学到的知识不过沧海一粟，所能经历的时事也不过历史长河中的短暂一瞬。在变动的外在事物中去寻找命运的主宰，就如缘木求鱼、刻舟求剑，只能是一场空！

人生所遇见的时事，无论大小重轻，都不能只去"经历"。学习不只是知识摄取，工作不只是谋生手段，饮食不只是解决温饱，游余不只是打发"没用的闲暇时光"……每一经历，同时也在修养身心！

无论做学问，还是历时事，如果做一分便使心灵受一分裨益，日积月累便可收大功、见奇效。心灵成长，是为学、治事的目的，是为学、治事的本源，是为学、治事的中心。学的知识虽不一而同，所经历的时事虽千变万化，但都助力于一个同样的目标：修养身心！以此为根基，去齐家、治国、平天下，则外在功业是不求自来的。

【儿子微信回复】：收到

第 28 封：为己方能克己；克己方能成己

（写于 2020 年 1 月 6 日）

大意是：人只有真正从"内心"善待自己，才能克制住私欲恶习；能克制住私欲恶习，才能最终成就自己。

个人对此的理解是：人不可能不为己，即便圣贤也如此；但这个为己之心，须建立在至善上，须建立在内心大格局上。

比如事业上，人都希望建功立业，但个人的功业心，立在何处呢？如果立在外部的功名得失上，就会巧取豪夺，争来抢去；而若立在内心的修养、心志的历练、智力的增长上，就不需去争什么、抢什么，不需动什么心计，该来的自会来。

所以，真正为己者，是以身心修养为宗旨和目标，而非以"求取外在之功名利禄"为目的。

功名利禄，为众人求则可，为己求则大谬矣！王阳明平定宁王叛乱后，因奸人排挤构陷，朝廷诏书只给阳明先生一人封爵，而众将却未获得应有的奖赏，甚至有被贬谪罢官的。就此，阳明先生两上《辞封爵普恩赏以彰国典疏》，不冒领天功，而是为众人请命。在奏疏中，他据理力争，无半句虚与委蛇之词，俱是焚心浴火的文字。

人不怕为己，怕为己之心不正、不大、不高、不远。

【儿子微信回复】：收到

第 29 封：心不正、意不诚、志不切、身不修，不可以治学任事

（写于 2020 年 1 月 7 日）

其一，要心正。读书做学问，心正，才能择其善者而求，取其精华、去其糟粕，探求真理以开启心灵，滋养心性。否则就会跑偏，会误入歧路，会陷于邪妄之境。

其二，要意诚。意诚，即发自内心地想做，不需激励，也不需督促。意诚才能调动身、心、智、力的全部潜能，激发出生命蕴蓄的神奇力量，以此为学则无不通，以此任事则无不成！

其三，要志切。志切，指志向坚定、真切。无论做学问，还是做事业，首先要立志，以内心志向引领自己的思考和行动。

其四，要身修。身修，是指身心健康。要强健体魄，提高耐受力，增强抵抗力，提升意志力，禁得住风霜雨雪，耐得住孤独冷遇，熬得过艰难困厄。

【儿子微信回复】：收到

第 30 封：谈"求速效"之弊

（写于 2020 年 1 月 8 日）

为学治业，且不可急于事功，恨不得一步登天、一夜成名。

一害在欲速则不达。非常之功，必源自非常之努力。俗语云：不积跬步无以至千里，不汇溪流无以成江海。德行、功业的大格局，是一点一滴、一分一毫积累起来的；万里长城，是一砖一石砌垒而成的。不明此理，最终只能竹篮

打水一场空。

二害在根基不牢。纵使天命大吉，侥幸获得意外之功，也如筑楼阁于流沙，升得越高摔得越惨。为学治业，在功夫上要人一己百，一步一个脚印。

三害在腐蚀心灵。一旦追求速效，便会心浮气躁，关注得失、关注结果、关注外在，做事心神不定、浅尝辄止、浮于表面。积久成习后，便会转变为有毒的心灵模式而为害终生。

人生是一场马拉松，不在一时跑得快，而在终生持续成长！为学治业，只管去下功夫就行了，不必问前程。功到自然成！

【儿子微信回复】：收到，好的。好的。

第 31 封：此心不动安如山

（写于 2020 年 1 月 9 日）

分享个非常喜欢的故事：

王阳明平定宁王叛乱，最后决战鄱阳湖，以不到三万人对宁王近十万人。两军在鄱阳湖上杀得昏天黑地，王阳明在干什么呢？在衙门里讲学！他命人打开前、后大门，给一帮弟子在大堂上讲课。讲得兴致正浓时，突然一个传讯兵惊慌失措地进来报信说：前方战事不利，吉安知府伍文定的胡子都被火烧着了。王阳明听后，拿出一支令牌，说：传我军令，凡散播战事不利而扰乱军心者，斩！然后声色不变地回到课堂。学生们都很紧张，焦急地问老师：前方战事如何？王阳明平静地说：遇小阙（遇到小的不顺利）。然后讲学如故。过了一段时间，传讯兵又来报：全歼叛军，活捉宁王，我方全胜。王阳明听后，仍不动声色，回到课堂继续讲课，与听到此前不利信息时的反应一般无二。学生们看老师败不动心、胜亦不动心，都由衷感佩，从老师的言行中体悟到了心学的真谛。

内有良知大道，方能"此心不动安如山"。

【此封未回复】

第 32 封：谈"从心上学"

（写于 2020 年 1 月 9 日）

为学之道，譬如大树，要从根本上进行培养灌溉。根基得以滋养，才能枝繁叶茂、花团锦簇。若从枝叶上下功夫，便做倒了。

因此，在心上学的奥妙在于：使千万知识，归于一心。"自我心智的开启和成长"，是为学功夫的统领、宗旨和归宿。循此学得一分，心智便成长一分，皆有着落，万千道理汇合于本心。

以阅读为例：在阅读前，心灵是灯塔，指引我们治学的方向和目标，让我们在书海中做出符合心意的选择；阅读过程中，心灵像发动机一样提供动力，像明镜一样辨识善恶美丑，像显微镜一样洞察隐微，像透视镜一样探求表象背后的真理和规律；阅读后，心灵是阅读成效的汇聚地，它们在心灵的沃野上不断播种、生根、发芽、开花、结果、孕育、升华、进化，循环往复，生生不息。

"在心上学"点透了治学的根本宗旨。

【儿子微信回复】：好的，收到！！

第 33 封：治学的关键，在功夫不间断

（写于 2020 年 1 月 10 日）

先分享一段王阳明美文："吾辈通患，正如池面浮萍，随开随蔽。未论江海，但在活水，浮萍即不能蔽。何者？活水有源，池水无源，有源者由己，无源者从物。故凡不息者有源，作辍者皆无源故耳。"

大意是：现在人做学问的通病是时断时续，就像水池一样，浮萍打开就会遮掩池面，浮萍合上时才又露出来，是一潭死水。但是我们看江海，因有不间断的活水，浮萍就遮不住了。原因是什么呢？活水有源，池水却没有源；有源的就能自我主宰，无源的只能跟随外物沉浮。对于做学问来说，功夫不间断就是有源，常半途而废就是无源。

这段话很简明形象，又很深刻隽永。点透了学问的源泉来自"功夫不间断"！

什么是做学问的功夫？当然不只是读书、听讲、写作业、复习、考试等"正规化学习"。真心向学者，时时、刻刻、处处、事事都是在做学问，都是在体悟和践行人生道理。比如：饮食间可休悟养生之道，起居间可体认自然运行之道，待人接物间可修养礼仪之道，怡情山水间可感悟自然之道，创业举事间可体察世事盛衰之道……人生本身就是一个"大课堂"，用心观察、感知、体认，随时随地都可以滋养身心。即便是睡觉时，也不例外，很多圣贤先哲都是在睡梦间顿悟。

做学问的功夫间断，本质是心无"定志"、不能一以贯之。

【儿子微信回复】：好的，收到。

第 34 封：再谈做学问的志向

（写于 2020 年 1 月 11 日）

做学问的志向，首先应立在何处？我的理解是："把自己培养成一个什么样的人"，这是治学的根本宗旨。志向，是学业的引路明灯，告诉我们为什么而学、学什么、怎么学。古人云：治学"不患妨功，唯患夺志"；又云"有志而无成者，有之；无志而有成者，绝无"。没有志向，或志向不恳切、不高远、不坚定，学业便没了一以贯之的内在主宰。

【儿子微信回复】：好的，收到。

第 35 封：最可持续的教育，是"自我教育"

（写于 2020 年 1 月 13 日）

其一，自我教育，贵在行动由己。与正规教育的按部就班，依规定动作和节奏推进的方式不同，自我教育可"听命内心"、自选题材、自选时间、自定方式，多了一份自如的畅快与惬意。

其二，自我教育，贵在不自欺。要发自内心地去求知，诚实恳切、唯精唯一，而不能不懂装懂。

其三，自我教育，贵在坚守治学本源。治学有两大禁忌：一为"无根"，二为"虚空"。前者指的是致立于外、晃荡无根、内无定志；后者指的是读死书、求空理、做虚文，坐而论道，脱离实际。

其四，自我教育，贵在坚持一贯。把我们自己培养成一个什么样的人？这个问题的终极答案，要用一生的努力来呈现。只要生命不息，属于自己的那个"人"字就还没写完，探求真理的自我教育过程也就不能终止！

【儿子微信回复】：好的，收到。

第 36 封：谈"百无一用是书生"

（写于 2020 年 1 月 13 日）

俗语所说的"百无一用是书生"，是对着那些死记硬背、读死书的人说的。有真知的书生，岂会无用！读书治学，内可修身，出外可治国平天下，都是有用的。书生无用，祸根在"死啃书本"，只充当个留声机、复读机，为书所困，成了书的奴隶！

【儿子微信回复】：好的，收到。

第 37 封：谈兴趣的神奇力量

（写于 2020 年 1 月 14 日）

先分享一个小故事：17 世纪时，荷兰有一个年轻人，没怎么受过教育。他所在的戴尔夫特市政厅，要招聘一个看门的。于是这个年轻人去应聘并被录用。这个工作不是一份体面的工作，经常受人冷眼。但这个小伙子却一直做了40 多年才离开，期间从未抱怨过！人们对此非常不解，认为他胸无大志，甘于平庸，不求上进。

是什么吸引了他呢？原来，他有一个兴趣：磨镜片！把镜片磨成凸透镜或凹透镜，再把它们组合起来观察微生物。在做守门人的 40 多年中，他静静地磨了 500 多个镜片，用它做成了 400 多种不同的放大镜！这个年轻人，名叫列文·虎克，也就是鼎鼎大名的显微镜和微生物学之父！

一个小兴趣坚守了一生，成就了影响世界的大成就。从中得到的启发：

一是从心而生的兴趣所激发出的持续动力，是令人惊叹的。"由衷想去做一件事"的意愿，具有神奇的创造力。

二是兴趣可以战胜枯燥、平淡的时光，让人从内心彻底"静"下来，专注于在做的事。专心致志、心无旁骛状态下所能获取的成效，经常会创造惊喜。

三是兴趣可以促成"坚持一生"。没有发自内心的真喜欢，绝无可能对一件事持之以恒！列文·虎克在磨镜片的"枯燥"工作中，愉悦地生活了 90 多年！这在 17 世纪，算是高寿了。

四是兴趣也需要后天发掘和培养。列文·虎克"磨镜片"的兴趣，来自偶然：透过磨成凸形或凹形的镜片，可以发现之前看不到的东西。这无意间的奇妙体验，让他找到了磨镜片的乐趣、价值和意义。

发现兴趣、创造兴趣，人生才能变得越来越有趣。

【儿子微信回复】：收到！！

第38封：好习惯与坏习惯

（写于2020年1月15日）

　　曾国藩统率湘军时，有一个铁律：要求军兵每日五点出操演练。他自己作为三军统帅，也不例外。他府中近百名幕僚都要和他一起，五点起床吃早饭，谁都不能搞特殊。李鸿章是曾国藩最得意、最有才学的门生，也是幕僚之一。他当时年青，有个毛病：早晨爱睡懒觉。于是经常找借口请假，不按要求起床吃早饭。

　　一天早上，他又没起床，还忘了请假。睡梦中被曾国藩的亲兵叫醒，说大帅要他起床与大家一起用早饭。李鸿章编了个借口：自己偶感风寒，就不起了。然后接着睡！又过了一会儿，那个亲兵又回来了，说：大帅有令，要你与大家一起吃早餐，否则他和大家都不吃，一直等。李鸿章这才意识到问题的严重性，赶紧起床去大厅。曾国藩见他进来，面无表情，看都不看他一眼，对大家说：吃饭吧！曾国藩吃完后，对着李鸿章说了一句话：少荃，既入我幕，我有言相告，此处所尚唯一"诚"字而已。说完拂袖而去。李鸿章当下悚然！自那以后再也不敢迟到了，彻底改了早上睡懒觉的习惯，一生坚持早起，诚敬治学任事，对任何事都不再有一丝怠惰。

　　为什么这样一个小毛病，曾国藩却对自己最得意的学生如此严苛呢？睡懒觉表面事小，一旦成为习惯，害处很大。

　　一是聚小恶成大恶！一旦成为长期习惯，则不良行为对身心的伤害便会日积月累，最终量变引发质变，成为大祸害。

　　二是积习难改，积重难返，习惯带来的伤害，不易纠正、复原！不良的坐姿、站姿、写字姿势、看书姿势，会触发驼背、腰肌劳损、近视眼等疾患，均很难再恢复如初。

　　三是习惯的伤害比较隐蔽，不易觉察，单次危害不明显。习惯成自然后，更容易对其危害麻痹、大意、轻忽。因此，坏习惯的危害，是极阴毒的！

对于我们自己身上的坏习惯，无论大小，都绝不可放纵，不可听之任之！不等他人提醒督促，自己就要从内心发力去除它，以绝后患。一个行之有效的办法，就是"反其道而行之"：习惯睡懒觉，就强迫自己早起！以此类推。

【儿子微信回复】：好的，收到 。

第 39 封：为学治业，"勤"为首

（写于 2020 年 1 月 15 日）

有一个笑话，也是真实故事。曾国藩少年时，智力一般，属偏拙朴的孩子。一天晚上，他在书房背诵文章，一个贼藏在屋顶房梁上，想等着曾国藩睡后，好偷东西。谁知曾国藩一篇文章背了一晚上都没记住，在房梁上听了一晚上的贼都会背了！

后人常用这个典故取笑曾国藩，却忽视了他"背诵一晚而不辍"的勤奋！正是这个勤奋，使曾国藩一生成就卓异，成为冠绝清末的一代理学大师、中兴第一名臣，于修身、齐家、治国、平天下四方面，都成就斐然，被奉为近世唯一圣贤。

古语云：勤能补拙是良训；笨鸟先飞早入林；业精于勤而荒于嬉；书山有路勤为径……这些都在说明"勤"的重要。

我们没办法选择成为天才，但我们可选择做一个勤奋的人。

【儿子微信回复】：好的，收到。

第 40 封：善用早晨时光

（写于 2020 年 1 月 15 日）

俗语讲：一天之计在于晨！

早晨是一天的开始，经过一夜的休养生息，天地万物萌动复苏，万象更新，生机盎然，处处流淌着生命力和希望。人作为万物造化之灵，经过一夜的休养，也处于精力充沛、心体畅达、气定神闲、安静和谐的身心状态。

早晨用于锻炼，可保一天神清气爽；早晨用于读书，则事半功倍；早晨用于写文章，则才思敏锐；早晨用于处理公务，则神清智明……这都是早晨做功课的独有功效！连早起的鸟儿，都会有虫吃。

可以说，人类注重利用早晨的时光，是领悟了自然运行的规律和法则。我一直坚持早起，收益良多。很多书是早上读的，很多文章是早上写的，很多做事思路是早上梳理清楚的。

【儿子微信回复】：收到，好的。

第 41 封：谈"学、问、思、辨、行"

（写于 2020 年 1 月 16 日）

博学，即治学要有足够的广度。要从多人的言论、著述中反复考察求证，博采众长，不偏倚于一家之言，不被一方言论所蒙蔽左右。

审问，是通过求教、切磋、讨论，使知识理解得更明白。俗语说：理不辩不明。与人讨论切磋，不仅可博采众长，倾听各方智慧和创见，还可激活自己的潜意识和深层思维活力。

慎思，是要围绕艰深处下实工夫，不轻下结论，不盲目武断。学习要善用自己的头脑，务求通透明白、一丝不苟，而不是只单单用耳听、用眼观就作罢。

明辨，是就事物的是非曲直，分辨清楚，不留任何似是而非的含糊之处。含糊、差不多、马马虎虎等思想，是治学的大敌。

笃行，是要于淳厚朴实处下工夫，一步一个脚印，踏实践行。知行要一体并进，脱离实践去做学问是不行的。

【儿子微信回复】：收到，好的。

第 42 封：专谈"克己"

（写于 2020 年 1 月 17 日）

克己，我的理解为：克制、战胜、祛除任何违背良知的念头和行为，使内心保持天性的纯净淳朴、中正平和，不为外物浸染、袭扰、蒙蔽，言行中节有度、循理合道。

克己对为人处世非常重要！一方面，克己方能正己。我们接触的人，品行不一、良莠不齐；我们所接触的事，有善有恶、有是有非。身处其间，若不加克制，为私欲所迷惑和驱策，便会泯灭天性，内心沦为桀纣夷狄。另一方面，克己方能正人。克制廓清内心之私，才能在众人之间立得住、行得通，言为师表、行为示范，达到激浊扬清、劝善止恶、化育他人的效果。从没有己身不正而能正人者。

因此，克己是安身立命之基、为学任事之本、待人接物之道。于时时处处事事上行"克己"之功，方能养得内心天性纯正，养得一身浩然正气。

克己的功夫，要旨在如下几点：

一是廓清内心私欲，不留分毫，务求净尽。意志要坚决、果断，肯下杀手。只要有一丝恶念在，则即刻"除掉"它，不仅砍其枝干，还要拔其根脉。

二是要在实处下功夫。克己，不是把自己关在小黑屋里闭关空想，也不是跑到深山老林里坐禅入定。要在日常实事上着眼入手，恶念随生随除。若只是闲时才知"克己"，一遇到真人实事却不去"克己"，便不是真下功夫。

三是功夫不辍，坚持一生。克己之功，其成不在一时，而在一世。尤其是克制日久的积习，仅靠一时之功，是很难从根儿上克除净尽的。必须依托内心强大的意志，恒久用功。

最后，克己，当从小事和隐微处入手，不以善小而不为，不以恶小而为之。克除一分恶，便是积累一分善！

给你的一个建议是：从节假日睡懒觉的习惯上，行克己功夫，务求养成有益一生的"早起"习惯。

克己，可简单理解为：去做自己畏难做的，不做自己贪恋做的。

【儿子微信回复】：收到

第43封：我的"克己"功课

（写于 2020 年 1 月 19 日）

针对多年的积习，我重点在如下几方面下功夫。

一是克治"功业外求"。此前，无论学问、事业，都把志向定在外。做学问以成绩高低和涉猎多寡为目标，做事业以声名、地位、得失为目标，常为事物顺逆和人情冷暖所困扰。这是自己此前为学治事的大病根！近来参研心学，重建基本的人生观、世界观、价值观，浴火焚心，熔化恶习，以求新生。

二是克"急"。自己是个急性子，比如：读书求速效；做事急于见成果；这件事没干完、没干到位，又急于做下一件事……急的本质，是内心不定，修养不够。克"急"，首先要从修养上下功夫，培蓄内在的中正平和之气。

三是克"怒"。自己是易动怒的，遇到不平事，常怒从心头起而言行失度。比如在开车过程中，遇到随意变道夹塞的，常暴粗口。易怒，是不近人情的表现，心胸不够广阔，器量不够博大！结果是，伤人亦伤己，是为人处世的大过失。

四是克"不敬"。开他人玩笑、好与人争、固执己见等，都是不敬的表现。在学生阶段，老师同学认为我"善辩"，不服软；工作后，同事评价是："有主见，但听不得不同意见""有观点但过于执著，容不得别人改自己写的东西""说话不顾他人情面，经常当众批评"。这些，根子上是不能将心比心，不能从他人内心需要和感受去下判断、做选择。他人内心，与我们的内心，天性是一样的。重己轻人、是己非人，即为大不敬！

其他也还有一些积习待克，比如：好吃烤串、不爱吃青菜，好看电视等，都要逐步克去。

如此多的积习，克除一个都难，怎么一下列这么多？是不是也在求"速效"？这倒不是，自己还是比较清醒的。克己的"实功夫""真功夫"，同本同源，都在身心修养上，一通则百通。只要从源头处长久用功，效果自会渐渐显现出来。

【儿子微信回复】：［ok］［ok］收到

第 44 封：得人心者得天下

（写于 2020 年 1 月 20 日）

领导和管理的最高境界，在于得人心。而要做到得人心，下面几点是很重要的：

首先在正己心。唯有一颗至善之心、强大之心、灵明之心、智慧之心，才能感召人心、折服人心、教化人心、泽被人心。

其次在成就人心。能知己心，即可知人心！己心之性，即人心之性；己心之好恶，即人心之好恶；己心之愿望，即人心之愿望。成就了人心，自然也就得到了人心。

能修己心，方能知人心；能知人心，方能近人情；能近人情，方能尽人事；能尽人事，才能成就人；能成就人，才能得人心。归结起来，得人心就两大法门：一为向内成就己心；二为向外成就人心！

人心不可欺，人心不可辱，人心不可慢，人心不可轻。欺则不诚恳，辱则不恭敬，慢则不友爱，轻则不尊重。为人处世，在己心先自诚、先自敬、先自爱、先自重，然后才能推己及人。

【儿子微信回复】：好的，收到 [龇牙笑]

第 45 封：读《传习录》有感

（写于 2020 年 1 月 20 日）

《传习录》是自己标注最多、眉批写得最多、感悟写得最多的一本书。一开始泛读多个版本的白话译文，只见文字，不解文意；后熟读，解了文意，又不明内中道理；后精读，大致明了内中道理，又参不透作者风骨。于是读文言原著，并参考阅读《王阳明全集》，结合奏疏、诗赋、家书、年谱等一并体悟，才逐渐能读其文如见其人，渐渐能走进作者的内心世界。

上述读书方法，是受孔子学音乐的典故启发。前些天听郦波讲评曾国藩家训，引用了这个典故，分享一下：

孔子年轻的时候向师襄学音乐。师襄教孔子弹一首曲子，孔子学习上手很快，不一会儿，就弹得很好，师襄很满意。于是，师襄要孔子换另外一首曲子。孔子说：还不能换，我只是懂得他的旋律，还不了解他的技巧。又弹了一段时间，师襄发现孔子弹琴抑扬顿挫，技巧已非常纯熟，于是就跟孔子说，你可以换一首弹了。孔子说：还不行，我虽然了解他的技巧，但是还不了解这首曲子的用意。师襄听了，觉得这位学生很特别，就让他继续弹。孔子接着又弹了好几天，弹得快比老师好了。师襄说你赶快换一首曲子，这首已经不用再练了。孔子说：还不行，我现在了解他的用意，也隐约知道作曲人的样子，但我还参不透他是什么样的人。

师襄只好让孔子继续弹，又过了几天，孔子对师襄说：我现在知道了，此人瘦瘦的、黑黑的、高高的，眼睛看着远方，好像在牧羊一样，如果不是周文王，那会是谁呢？师襄听到孔子这番话，立刻走下老师的座位，向孔子鞠躬说：我听老师说过，这首曲子就是《文王操》，你说的就是文王的样子啊！

一首曲子，孔夫子竟然能学至如此境界，怎能不让人由衷叹服！圣贤做事，并非都是惊天动地的大事，而是把每件小事都做到极致。我辈治学，当以此为鉴！

【儿子微信回复】：好的，收到

第 46 封：松

（写于 2020 年 1 月 22 日）

松，号称岁寒三友之首。松之所以受人推崇，因它有三大品性：

一是坚强不屈，"大雪压青松，青松挺且直"，松树历来寓意坚忍、顽强。

二是四季常青，寓意生机盎然、生命力旺盛、品格高洁。

三是生命长久，历千百年而不衰，青春常驻、万古长青。

【儿子微信回复】：好的，收到

第 47 封：我的两年"克己"课

（写于 2020 年 1 月 23 日）

我今明两年的克己课，分享并与你共勉：

一为克"功业外求"。表现为：志立于外，为得失、誉毁所累。

二为克"自高自大"。表现为：是己非人，自满守旧，不求极致。

三为克"欲求速效"。表现为：急于事功，心浮气躁。

四为克"委曲求全"。表现为：回避冲突，忧谗畏讥。

五为克"苛责寡度"。表现为：责人之过，言语激直，不近人情。

六为克"不够恭敬"。表现为：开人玩笑，言行不中节。

七为克"经年恶习"。表现为：好吃荤腥，好吃烧烤。

八为克"日常隐恶"。表现为：不易觉察的坏念头、坏习气。

【儿子微信回复】：收到

第48封：我们应成长为一个什么样的"人"

（写于 2020 年 1 月 30 日）

我们应立志做一个什么样的人！几点感悟，供你参考：

一个"人格独立"之人。自立自强，方可于天地间安身立命。人立于世，必须历练强大的内心，构建具有独立人格的主观世界，这是"我之为我"的本原。人生命运的乐章，必须由我们自己来谱就！

一个"孝悌仁爱"之人。人之为人，仁爱孝悌是根本，古今中西，概莫能外。遵循此道之人，无论才具如何平凡，自为世人钦敬；失此天道人伦者，纵有天大的本事，亦为世人所不齿！

一个"担当任事"之人。我们有各种各样的身份、角色、岗位，也便随之有了各种各样的"责任"。人的一生，如白驹过隙，弹指一挥间。若无所事事，终日碌碌，便如行尸走肉、寄生蛆虫！唯有挺身入局，为国排忧，为民解难，才能内不负天赋异禀，外不愧天道人伦。

一个"泽被后世"之人。人类繁衍生息，代代相传，我们现在所获取的美好，从小处来说受之于家族的传承，从大处来看则受之于人类文明的进步。古圣先贤，或立德，或立言，或立功，泽及后世。你我虽是平凡的人，却要怀有不平凡的志向。

一个"心性自由"之人。没有心性的自由，就没有自我，就释放不了生命蕴蓄的智慧和潜力。每一个人，无论他有多平凡，都可以在内心世界发现自我的光芒、价值、伟大和独一无二！不能修养以至心性的自由，纵使花团锦簇、富贵逼人，踏上的也终是一条奴役之路；成就的不是一个大写的"人"，而是功利豢养出来的奴才。

"人"字，区区两笔，却要顶天立地。一笔成于天授，写在血肉之躯上；另一笔源自修养，镌刻在心灵里。

【儿子微信回复】：好的，收到

第 49 封：必须打赢这一仗

（写于 2020 年 2 月 1 日）

新冠疫情发展到今天，14 亿国民都被逼上了战场，包括你我。这是一场必须要打赢的仗！

想获胜，不是单靠胆气、不怕死就行的！病毒可不认你的冲天豪气、龙威虎胆。知己知彼，因敌施策，才可克敌制胜。

首先要知彼。要从各种专业渠道获取病毒的传播规律、路径和习性，知其所长、所短，知其喜欢什么、惧怕什么！近来这方面信息很多，比如：病毒主要通过接触、飞沫传播，在附着物上存活时间很长，侵入人体主要通过眼、鼻、口等有黏膜处，在人体内潜伏期最长可达 14 天，对体弱者伤害大，身体好的可自愈……由此可得出几个重要判断：一是身心健康是病毒克星；二是避免四处乱跑；三是与病毒隔离，不给病毒感染自己的机会。

其次要做到知己。一是知晓自己的自律能力是强还是弱，能否耐受长期持续压力和非正常生活工作状态。需主动花时间调节应对，制定有效行动计划以调节情绪，维持心态健康。要避免自乱阵脚，没被病毒感染，自己反被恐怖氛围压抑出其他病来。二是知晓自己的身体状态。是否处于亚健康？若是，则要加强锻炼，增强体质，否则会成为病毒的最爱。疫情管控下，虽活动受限，但还是有很多可以采用的锻炼方式，无所事事地窝在家里，是最不明智之举。死等即是等死！要让身体动起来，养精蓄锐，随时准备应对各种可能的艰难境况。三是知晓自己的行为习惯中，哪些是病毒最喜欢的。是不是不爱洗手，是不是大大咧咧不注意隔离，是不是爱凑热闹、搞聚会……若有，立即调成"战时状态"，一切以打赢"战疫"为中心。四是知晓物资储备够不够，防护用品、预防药品、食品、健身器材等是否充足，根据物资储备制定作战计划。

最后，是结合敌我情况，制定总体应对策略，化被动为主动，化挑战为机遇，在艰难时事中历练成长。

时事的大困局，正好借以修"心"！一方面在静中修，疫情期间平添大量空闲，难得"静"下来，多读好书，让先知先觉者为自己引路，启迪心灵、开启心智。另一方面，疫情期间，生活工作节奏失常，真假消息满天飞，恐怖氛围浓重……当此时局，对"人心"既是重大考验，也是最好的砥砺。修心克己，则可化不利为有利，在战病毒中收获受益一生的心性成长！

【儿子微信回复】：好的，收到

第 50 封：战疫情，当以心之真勇毅

（写于 2020 年 2 月 2 日）

大疫当前，什么才是正确的心态？内心的真勇毅，才是战胜疫情的应有心态！

一为心正。无论处后方决断、筹划、后勤、保障者，还是身临一线的指挥员、战斗队，皆要先正心、后任事。唯有如此，方能抓住抗疫之根本，处置有道、措施得当，直击疫毒生发之要害，堵塞疫毒传播之通道。

二为心定。寂然不动，宁静平和，风雷不动，处变不惊。心定，才能不为谎言所惑，不为危言所惊，不为变化所扰，不自慌自乱。

三为心净。大公无私，内心纯净，纤尘不染，廓然大公。心净，才能不仅独善其身，亦心怀家国天下，以身作则，自律谨独，尽己之力所能及，为家国分忧，为苍生解难。

四为心一。全神贯注，心无旁骛，洞烛隐微。心一，才能汇聚心力、智力、体力、财力、物力，以战疫情。或闭门读书，修身养性；或锻炼体魄，增强免疫力；或调整行为习惯，阻断与病毒接触路径。

五为心刚。除恶务尽，百折不挠，愈挫愈勇。心刚，才能行事果决，当断则断，不给病毒逞威之机！万物之机，此消彼长，自强则敌弱，自弱则敌强。心怀必胜之志，方能历万难而气不馁，涉万险而意更坚！

六为心明。见此知彼，见微知著，见近知远，见隅知域。战胜疫情，功不在一役，而在全局；功不在一地，而在整体；功不在一时，而在长远；功不在一国，而在天下。

又有六不为：

一不虚张声势。力有不逮，当实言以告。大灾大难当前，岂能无敬畏之心？害之大者，在装腔作势，明明祸及国家社稷、百姓安危，仍在鼻息仰天，粉饰太平！

二不自欺欺人。不可巧言令色，欺瞒世人，让人不知实情，应对无度，措施失当。自欺欺人者，实为人祸之首，万恶之源！

三不惩强好胜。疫毒之害，尚不能明察。当此之时，不可仅凭虚妄之豪气，充愣装勇，不加戒备，疏于防范，给疫毒以可乘之机。

四不大意轻敌。若自高自大，不用雷霆之击，不行果决之计，便是与毒疫为伍，为毒疫助力！

五不盲目乐观。大疫未尽除前，切忌文过饰非，急于歌功颂德。对艰难之时局、困顿之民情、未了之善后、长久之影响，绝不能大而化小，轻描淡写。

六不狐假虎威。扯大旗、披虎皮、放空言，貌似一切尽在掌握，实则腹内空空，驭乱乏术。若如此，则徒然误导生民，贻误时机，使不明实情者麻木以对，陷于危境而不自知。

【儿子微信回复】：收到

第51封：谈做事

（写于2020年2月4日）

　　人自懂事起，便开始接触、处治各类时事：家事、国事、天下事；私事、公事；学业、事业、交游……人生画卷，就是大大小小的故事勾勒出来的。可以说，选择做什么事、怎么做事、把事做成什么样，人生也就会呈现出什么样子！

　　一要正心。心正才能诚，才能明，才能不偏不倚。事功大小薄厚，首先取决于内心生发的天性动机和意图，是公还是私，是善还是恶，是诚还是伪。只有发于至公、至善、至诚、至明、至高、至远之心志，方可做到力无不出，才无不尽，智无不竭，外济家国天下，内成身心修养之功。心不正，往往是祸患之源。居心不正，则所有的聪明智力，都是在助长祸患，出发点就是错的！

　　二要晓事。晓事，方能成事。遇事要先体察实情，洞悉事机，了解来龙去脉。或实地察验，或座谈走访，或参研史料，或请教贤达，或躬自入局、切身体认……这些功夫，是做事的大体与核心！事情的本原和内在道理洞察清楚了，后面的功夫才不会用错地方。阳明先生为官，每到一处，都先去体察风土民情，了解当地的吏治得失，踏勘山川河流地理，做到了然于胸。因此，每主政一方，都能做到事未发而谋具，因病施药，切中要害。晓事贵在平日做个"有心"人。日常勤思善问，时时处处留意，博学广识，日积月累，才能渐明事理，临事不乱。单靠临时抱佛脚，是不够的！

　　三要施策于根本。临机处事，当抓住本原要害，击蛇当击七寸。无论处置大事小情，只有彻晓事理，才能将有限之资源力量投放于事物之要害、机枢，牵一发动全身、纲举而目张，收获四两拨千斤、事半而功倍的效果。兵法云：庙算胜，反之则败！非仅兵家之事如此，世事皆然。阳明先生平南赣匪患，每一战必精心策划，战前已将战场局势演化拟形于心中，依此排兵布阵，战无不克，攻无不取。

四要激励导引。成事在人！而人之潜能、智力，只可自我驱动生发，而不能靠苛责、强迫。人心同己心！自己做事时，合于心意则无须扬鞭自奋蹄，不合于心意则消极以对。他人也一样。因此，无论自己做事，还是同众人一起做事，想成就令人惊喜的事功，只能依靠激励导引，激发出人本性中对自我实现的渴望。

五要严明赏罚。其一是赏罚不逾时。逾时而赏，如同不赏；逾时而罚，如同未罚！其二是扬善于庙堂，规过于私室。对人的善行、善举，要当众公开表扬，激励行善者，鼓舞其他人；对于人的过失，要在私室加以规劝训诫，以保全其自尊心。其二是扬小善，惩大恶。小人物的小善行都不被轻视忽略，则人皆争相为善；大人物的过错要先惩戒，才能威慑众人，令上下皆不敢为恶。

最后还要做到三尽：一为尽心，二为尽智，三为尽力。竭尽所能，才能把事情做到个人能力的极致……

【儿子微信回复】：收到

第 52 封：打牢个人治学修养的根基

（写于 2020 年 2 月 5 日）

良知，是一个人安身立命的根本，是人生智慧的根基和主干。心性修养的功夫，孟子称为"集义"，阳明称为"致良知"，《礼记·大学》中称为"明明德""止至善"。人之智力，必须由良知驱动，方能穷则独善其身，达则兼济天于，从心所欲不逾矩。

古语云：君子处世，有所为有所不为！有些事，虽力所能及，却不能去做。善恶杂糅，忠奸并行，不可不辨！智力所及，要合于公理大义，非义不举！

【儿子微信回复】：收到

第 53 封：人比其他生物高明在何处

（写于 2020 年 2 月 6 日）

　　宇宙万物，各有各的主宰。天有四时，夏去秋来，冬去春始，亘古不变。草木生长，春抽枝芽，夏生花叶，秋结果实，冬养命力。上善之水，遇热则升腾化为云雾，遇冷又结为雨雪冰霜，奔腾于江河，汇聚于湖海！早晨日出东方，晚上日沉西方；初一月隐星朗，十五月明星稀！

　　能明事理，乃是人与其他动物之本原区别。人之力不如熊虎，行不及飞鸟，目不及苍鹰，耳不及蝙蝠，嗅不及猪狗，柔韧不及猿猴……但人的知识超过这些动物，能知晓万事万物的规律和道理，因此在竞争中获取了绝对优势。

　　【儿子微信回复】：收到

第 54 封：再谈做学问

（写于 2020 年 2 月 7 日）

　　做学问，有上品、中品、下品之分。

　　下品，终日昏昏，把做学问当成任务、负担、甚或受罪，得过且过，从根本上就不是在为自己读书，"假"装在做学问罢了！

　　中品，足够认真，也足够努力，但穿凿于书本，泥着于文辞，囫囵吞枣，人言亦言，照本宣科，知其然不知其所以然，向外而学却不能反求诸己。其结果，虽"饱学"终日，却沦为知识的奴隶。

　　上品，心正意诚志切，以通透为目标，求诸著述、访于师友、体于身心、验于事为，真懂、真通、真会，举一反三，触类旁通。

做学问，要想达到上品的境界，有如下几点尤其要注意：

一不役于书本。文以载道！书本对于自身治学，如药引、火石，意在通过文中蕴蓄的道理，开启心智。人非生而知之，先知先觉者的著述，是打开我们内心智慧之门的钥匙。但要真正领悟，就必须结合实事，渐渐去探索、体验、践行。自己的人生哲学，须自己从实践中悟得，没有捷径可循，只读圣贤书是不够的。

二不役于课堂。课堂，是教学相长之地。老师作为"先学"，发挥启发、提示、向导作用，为大家答疑解惑！但老师的时间精力有限，那么多学生，无法做到针对每个人进行个性化教学，只能照顾大多数。但凡有心的学生，都要在课堂外下苦功，补课堂教学的缺失。课堂外的功夫，也往往决定着学习成效的优劣。

三不役于众。人各有天分，天分则有短长！治学之要，在"因己之天分才力而为"。切忌从众！不能人家看什么书，你就看什么书。人家在哪些知识点下功夫，你就在哪些知识点下功夫。适合自己的，才是最好的，才是最重要的。

四不役于权威。无论在家庭、学校，还是在单位、社会，权威无处不在。切不可受制于权威的声音，或盲从，或屈从，背弃自我内心的独立判断！如果这样做学问，即便跟随的是冠绝当世的绝对权威，也永远只是个亦步亦趋的奴仆而已！

五不役于功利。东逐名、西逐利，便会得之于南、失之于北，终日奔窜，支离割裂。一旦受困于功利，学问也就做到头了！攻心、名心、利心，乃求学的大敌！

六不役于穷困。穷困对治学之害，在于丧志！俗话说：人穷志短。人于夯苦困厄境地，更易为一斗米折腰。有的人，虽处穷苦困厄之境，却志存高远，穷则独善其身，达则兼济天下，终于成就不负自我之人生。人可穷，志绝不能短！做学问，尤其要以此为戒。

七不役于父母。父母至亲，亦非完人，更非圣贤。父母是子女成长过程中要翻越的第一座山。子女的高度若受限于父母这座山的高度，学问、事业的境界也会被封印在父母的世界里！超越父母，遍访名师，遍交益友，接受壮美河山的熏陶化育，尽早脱离父母羽翼的呵护，是人生成长的必然过程。

独立和自由，是我人生信仰中最崇尚的品性。希望这两个词，也融入你做学问之中，融入你一生的方方面面。它是人生幸福的源泉！人之为人、我之为我，离不开独立和自由！

【儿子微信回复】：收到

第 55 封：群体长盛不衰的秘诀

（写于 2020 年 2 月 8 日）

群体的本质，是个体的汇聚。个体因何而汇聚成群？在于群体较之于个体，更能成就自我。而由此驱动的个体价值实现之放大，又成就了群体的进一步繁荣！这种内蓄的持续相互作用，就是一股神奇的魔力催化剂，使人类族群不断成长壮大。

不能成就个体者，甚或束缚个体之天分和智力发挥者，即便侥幸风光一时，也断不能长久；不待外敌摧之，而颓靡发于内部，进而走上自我毁灭之路。脱离个体的繁盛成长，而求实现群体的欣欣向荣，是不合自然之道的。因此，探索群体长久繁盛之道，本质是探求使每一个成员自我价值实现之道。不明此理，不谙此道，不可以为将相。

领导的核心使命，在于成就组织中的每位成员！管理的至高境界，不是以一驭众，万众俯首称臣，唯上意马首是瞻；而是每个人都是自己命运的主人，不须扬鞭自奋蹄！若是前者，就如猛虎牧群羊，群体之力，不过一虎之力。若是后者，则人人皆猛虎，各司其命，各尽其责，各戮其力，各安其位。

不能重一人，何以能重天下？不能振一人，何以能振家国？不能奋一人，何以能奋世代？人人能为家之主，则家齐；人人能为业之主，则业兴；人人能为国之主，则国治；人人能为天下之主，则天下平。

古训云：高树靡阴，独木不林；一花独放不是春，百花齐放春满园。以一人之身，纵为栋梁之材，亦独木难支，撑不起中华民族复兴之伟业。

个体与群体，不是相互戕害的对立面，而是相互成就、荣辱与共的统一体。

【儿子微信回复】：收到

第 56 封：家教之道，寓于父母自教之中

（写于 2020 年 2 月 9 日）

顾名思义，家教是指父母对子女的家庭教育。人自入世之始，最先接受的教育，不是来自学堂，而是来自家庭；人生最先遇到且受教最多的，不是教书先生，而是父母。婴儿坠地，鼻不知味，目不识丁，口不能语，耳不辨言，心不晓理，懵懵懂懂，如璞玉浑金。是父母告之以香臭，识之以形状，能之以言辞，晓之以义理，琢玉成器，熔渣见金，明心见性。对于成长来说，家教之分量，绝不亚于学校教育。

家教之重要，不在智识、学术培养，而在树立为人处世的根本之道。人之心术正邪，心性善恶，心志高下，心意诚伪，心理明晦，受孩童时代之家庭教化启蒙影响最大、最深、最切。孩童时期，心窍未开，而其是非、短长、轻重、正邪、中偏之度量标准，必先参之于父母之是非观念；心志未立，而立志之榜样，是父母之人生志向、事业追求；心意未诚，而意之诚切奸伪，仿效于父母之习性品行；心理未明，而明心之法，来自父母之启蒙训导。古人云：从小看大，三岁知老。虽略显夸大，但道出了童蒙开化的基本规律，也隐喻了家教之重要！

这并不是说，父母和家教决定了孩子人生的一切；而是说，父母和家教的善与不善，对孩子一生之成长，会产生不同的影响和助力。

家教之重要，古今皆有名训，无须多言。然而，家教之道，要义和宗旨在何处？怎么才能"教育好孩子"？什么才是好的家教方式？父母怎么当好"孩

子"的校外导师？……就这些问题，仁者见仁，智者见智，不一而同。古有曾国藩家训，近有傅雷家书，西方有洛克教子书，其他未点名的家训名篇，数不胜数，都是非常好的可供借鉴之法。下面，就自己从为人子，到为人父的体悟，略记一二：

其一，家教之道，重"化育"而非说教、苛责，当潜移默化、言传身教。舜教化象，是以诚心感化，最终使象幡然醒悟、悔过自新，成为一方贤达，身殁之后，功德仍为封地居民祭祀供奉。孩童之天性，自由率性，不喜拘束，要引而使之伸展，导而使之畅达，激而生发其智，砺而强健其力。合于天生性情，是子女教育的核心要义！若束缚其志趣，限制其言行，压抑其想象，违逆其天性，就不是在教子，而是与"刽子手"无异了！父母之于子女，能给其带来最大的爱，也能给其带来最大的伤！失之毫厘，谬以千里，善恶只在一念间。

其二，家教之道，先正己，而后方可正子女，无信不立。教育子女的功夫，首先要下在"父母自我修养上"。子女之言行贤否，是父母之贤否的镜子。子女失孝悌，父母言行是否有不合于孝悌者？子女不恭敬，父母待人是否有失于恭敬者？子女顽劣不习诗书，父母是否也终日手不沾书卷？子女好逸恶劳，父母是否有懈怠懒散之习？子女崇名好利，父母志趣是否也执着于外在浮华？子女骄矜傲下，父母是否也不能虚心向学、谦敬待人……以此类推，见诸子女的不是，当反求诸己，克治省察，修身正己。欲规子女之过，欲正子女之非，先改己之过，先正己之非，方为家教正道。"学为人师，行为世范"，不仅学校教育当循此道，家教亦然。

其三，家教之道，生趣先于威严。家庭，是人生的港湾，是遮风避雨、安享人伦之地，而非争名逐利的训练场！温馨祥和，生趣盎然，其乐融融，才是家庭氛围之根本。家庭教育，也要融于其中，而不能超乎其外。不能把教育子女当"工作"、当"任务"来抓，日夜陪侍其侧，或"辅导"，或督促，或训戒，或呵斥，弄得家里鸡飞狗跳。如此教育子女，便是南辕北辙了！家教，"家"教也！不同于正统教育（当然，正统教育也不应如此），不应采取死板、威严、模式化的方式，把课堂搬回家里！在学校受了一天管教，心神早已疲倦；

到家再受父母的摧残和折磨，孩子的童年岂不是堕入人间炼狱、生趣索然、兴致全无！"上心过度"的家长，必须躬自反省，以之为戒，其害之大，难于尽言！

其四，家教之道，无为即有为，莫以己短抑彼长。无处发力时，做到无碍即是好。子女的成长秘诀，在自立自强、自我驱策。对父母之依赖，不是越多越好，而是恰与之相反：越早脱离父母的羽翼庇护，则越有利于其心智的独立和自由，可以在更广阔的天地间汲取成长的营养。在子女的成长旅途中，父母不是要树起一座高山，供他们攀登跨越；而要为他们展现一个无限广阔与美好的天地，助其自由翱翔、自主探索、自我实现。

其五，家教之道，在教学相长、功成彼此。一方面，要平等相待，不可处处以父母之位势，居高临下，以"吃的盐多"而自居。于治学，则与孩子以同学相处；于处事，则与孩子以同事相处；于生活，与孩子以朋友相处，才能走进彼此的内心世界而不为代沟阻隔。另一方面，要以子女为师。父母不是处处都"强"于子女！敬畏后学，尊重新生代，以少年之朝气熏陶自身老化颓靡之心智，借以留驻自身的青春活力，与子女共同进步和成长，方是父母与子女相处的高明之举。长江后浪推前浪，师"子女之长技"以助己成长，才能让自己不被拍死在沙滩上。这是笑谈，但合于情理。功成彼此，方为"家"教的生趣所在！

其六，家教之道，在于用动态的眼光审视子女的成长。子女之成长，一日一变、一月千里。不跟上孩子成长的节奏，与之相处便难于得体，与之聊天亦难合时宜。若始终沉醉于子女言听计从的状态而不能自拔，则值其十二三岁狗都烦的年龄，当以何处之？子女终将长大，终将脱离父母羽翼的呵护而振翅高飞，终将超越父母而独立于大地。做父母的，要学会放手，明晓什么不可为、不当为。教育孩子成长的过程，也是父母自身的一场人生修行。

其七，家教之道，重在补学校教育之缺失。当今中国教育之失，在何处？一在应试教育，重灌输而轻导引，填鸭式教学，与圣贤所倡导的循循善诱早已相去万里；二在功利色彩过重，以成绩论成败，以成败论英雄，很容易助长精致的利己主义思维；三在牧群羊而不能因材施教，同一教材、同一教案、同一节奏、同一难易；四在重术不重道，知识技巧为主，而于做学问的宗旨和主宰之道，却越来越轻视荒疏；五在重外在功业、轻内在身心修养，意在如何成事、而不是如何成"人"。正统学校教育之缺失，正是家庭教育之发力点。万万不可把家教的重心放在"语数外"等文化课上，那是课堂教育的分内之责，不是家庭教育该做的事。

其八，家教之道，重在好习惯的培养，知识传授则在其次。父母教育子女，与其广博其知识，不如引导其养成可坚持一生的好习惯。比如：从强身健体而言，早起是个好习惯；从修养心性、开启心智上而言，坚持读书是个好习惯；从为人处事而言，静思反省是个好习惯……孩童时期，是习惯养成的黄金期，好坏皆决于此间！时机一去不复返，等子女成年时，一切都悔之晚矣。

其九，家教之道，志在成就子女之幸福一生，而不在成就其一时一事之功名。教育子女的意图和动机，至关重要。出发点和落脚点立错了，所下功夫再多、再大，也是枉然，甚至会引入歧途。强健其体魄，纯正其心性，坚定其志向，厚实其德行，明其以是非之道，晓其以善恶之度，才会令其受益一生。动机不正，意图不纯，伤害的是家庭教育的根本。

其十，在顺乎自然，细雨润物，不求速效。根深干壮、枝繁叶茂、花团锦簇的参天大树，是一步一步逐渐培养浇灌出来的。若大水漫灌，拔苗助长，刻意为之，就脱离了家教的本原宗旨，违背了孩子成长的天性规律。我们自己修养的功夫，同样要一生不辍、顺时应事、因势利导、渐积渐累，怎么能苛求孩子一夜成名、一鸣惊人呢？若教育子女的心情过激、过急、过切，十有八九会适得其反，画虎不成反类犬。

总而言之，家教之道，首要在于父母自身修养之功。以自己之不修身心教育子女，莫若不教而托其于师友、学堂。心不正、意不诚、身不修，不可以教育子女！家庭教育，功夫不能直接用在孩子身上，不能试图把孩子雕琢成自己想象中的样子。家庭教育，家长要把心思和精力用在自我学习、自我教育、自我修养上，先把自己雕琢成一个堪做榜样的人，而后家庭教育工作自然就随之完成了。家长要做的，不是改造子女，而是塑造出一个更好的自己。

【儿子微信回复】：收到

第57封：读书的"礼仪"

（写于2020年2月10日）

读书，也要合于礼仪！当然，这个礼仪是从本质上来论，而不是让人装点门面。

一在心诚。师法圣贤，必须是"心向往之"，从心而发，如饥似渴，志向真真切切，知从何处始，亦知向何处止。心正无偏，心诚无伪，不自欺亦不欺人、不欺世，一心求圣贤之道。内有一颗诚挚的求学之心，是读书礼仪之根本。

二在身敬。若一心求圣学，则心意所至，百体从命。心为身之主宰，心志所在，身体自要成全。读书，要正襟危坐，含胸收腹，"身心合一、形意合一、表里合一"，凝神静虑，心无他物……

三在致用。读书求圣贤之学，根本宗旨在学以致用，或立德，或立言，或立功。求圣贤之学，志在经世济民，是为了泽及天下苍生，恩被家国民众，而不是为了读书而读书。

四在有恒。礼仪之贵，不在勉为一时，而在持之以恒。诚敬向学，很多人在学生阶段能做到，工作后却很少能始终如一，没能形成一生读书的习惯。

五在谨独。在课堂外的独自学习，更要致力于深入探索文字背后的道理，通过切身体认、反求自省，形成独到之见和超凡领悟！

【儿子微信回复】：收到

第58封：余生治学，"归一"于心学

（写于2020年2月12日）

回顾过往求学历程，不能说不勤奋，不能说不热诚，不能说不急切。在学校，是绝对的好学生；工作后，也始终边实践、边读书。但一直以来，学识虽或多或少，或快或慢在增长，却始终心无归宿、学无定在、无以自安。自己的治学之旅，就如茫茫大海中的一叶扁舟，向前望不到方向和目标，向后看不到来路和港湾；从未放下奋力的双桨，亦从未明了心灵之舟驶向何处。

此中治学的大病，在于求学志向一直未明，不知当立于何处！做学问的动机，发于外在事功，止于外在事功，治学功夫围着"事"转，今朝向此，明朝奔彼，支离割裂，无根无基，无本无源。惑解于东，而迷生于西；功成于南，祸生于北！内心冲突奔窜，情绪随事浮沉，不得安宁，命运系于他人、系于外在！

此种治学状态，直接左右着自己的人生状态：自我的迷失，命运的失控。这也是近两年境遇变迁的根本动因，是人生治学祸乱的一次集中大爆发。可以毫不夸张地说：它将我推至了人生学业、事业的绝地，面临的是"生"与"死"的拷问和选择！这一"生死"，不在身，而在"心"！能破此业障，则向死而生，可以借此洞见人生真光景、真境界；不能破此业障，便一生成为命运的奴隶，继续沉沦于世、甘受外在的摆布。人生最大的悲剧，不是失却功名利禄，而是失却自我！

自己是幸运的。当此人生大困境、大转折之时，一如既往地有家人的关怀、长者的宽容、师友的引导，藉此而无后顾之忧。至为重要的，是找到了一生治学的统驭、主宰、宗旨、本原、大道；自此而后，治学归"一"于阳明心学。

"归一"对自己今后治学之重要，怎么说都不为过。一则纯，纯则无染，思虑单纯，沉渣尽除见真金；一则精，精则生巧，内化于心，外化于形；一则明，明则无惑、无欺、无伪、无蔽，洞若观火，是非立见，善恶立判；一则宁，宁则静，宁则安，中正平和，不为物喜，不以己悲，心境由己，功业不外求。

心有所属，是人生一大乐事！

【儿子微信回复】：收到

第59封：精一之道

（写于 2020 年 2 月 14 日）

一是不可贪多。无论做学问，还是做事情，不能这件还未做通透，就又转到另一件上。多而杂，就会事事浅尝辄止，无法做到精熟。俗语说的贪多嚼不烂，即为此意。

二是不可贪快。做学问是个慢功夫，尤其是参悟人生的大道理。绝不可囫囵吞枣，徒学于耳目而不入脑入心。一目十行的读书方法，只能用于看闲书。而读圣贤著述，要细嚼慢咽，细细品味，切身体会，用心领悟。

三是不可求速效。安身立命的大道理，都是在百转千回中体悟出来。不仅要读书明理，更要在时事上磨砺，反复淬炼，始见真金。

四是讲求方法。以读书为例，自己有三个办法：一是反复读，找各种版本来读，找多位名家的评鉴来参研；二是读书时做标记、写眉批，边思考、边学习；三是写随笔，读到感悟至深时，随时写些小文章，保持思维的敏锐性、系统性。

五是不可自满。自满则溢，是做学问的大敌。昨日似已明晓精熟的道理，今日再回首时，发现已晦暗粗疏；今日觉得已了然于胸的真知灼见，明日复看时或发现为假象谬见。精一的功夫，是日进一日的毕生之功！

【儿子微信回复】：好的，收到

第 60 封：为何"无欲"则刚

（写于 2020 年 2 月 15 日）

林则徐有一句名联："海纳百川，有容乃大；壁立千仞，无欲则刚。"我非常喜欢这个楹联。近来读王阳明，对后半句有些新的体会。概记如下：

何为"无欲"？不是说"自己内心没有任何欲望"，这不符合人性。没有任何欲望的，就不是人了。无欲，是指"没有不合于天理、人性的欲望"，或者说是没有"私欲"。合于天理、人性，也就是遵循人内心的良知，符合人们心中的天性是非观念、善恶标准。而私欲是违背良知的欲望、期盼、执念！比如：吃饭，是为了果腹，补充身体之需，保持膳食营养平衡，这是人的天性欲求；但若每餐必如帝王、土豪，一定要饕餮大餐，一定要吃尽天下珍馐美味，以满足难抑之贪口，就不再是正常欲望，而是"私欲"了。再比如：治学的本原，是晓事明理，以前人研究发现的良知大道，开化自己的心灵，开启自己的心智；但若以求高分、求高位、求显名、求富贵为目的，就成了治学的"私欲"。

无欲则"刚"的刚，是指人内心坚定，坚守初心信仰，不以物喜，不为己悲，泰山压顶不弯腰，刀山火海不回头。真正的"刚"，是"刚"于内在，刚于心志；而不是刚在口舌之利，刚在凌人之气，刚在匹夫之勇，刚在豺狼之狠。私欲是刚毅的大敌！人为什么会为人所役使，为什么会为外物所牵累羁绊，为什么会为得失所左右？都是因为有私欲！求名，则为名所累而屈从；求功，则为功所惑而失明；求利，则为利所诱而丧志。治学有了私欲，便会对成绩患得患失；参加比赛有了私欲，便会对名次患得患失。私欲折损的，是最重要的内在之刚！被私欲裹挟的人，往往收获双重危害：一方面内在之刚匮乏，另一方面外在之刚又多余，空有凌云之"气"，没有凌云之"志"。

人一旦开始患得患失，内心便不得安宁，就失却了人生的从容、大度、自由、畅快，便易为他人所欺、所惑、所左右、所控制、所奴役！他人之所以能欺我、惑我、左右我、控制我、奴役我，多是借力我之私欲！人非无刚，而是因为有了私欲，所以有刚不能守、有刚不能持！若我无私欲，至少可做到自主、自立、自胜、自强，也就是林则徐所说的"无欲则刚"。

王阳明在科考二次落榜后说："世人皆以不得第为耻，吾以不得第动心为耻。"也是教诲世人治学要守住初心和志向，不为私欲所动。王阳明的初心和志向是什么？是求圣贤之学，而不是求科举功名！若他意在中状元、取功名、光耀门庭、飞黄腾达，又怎能做到不得第后"还能不动心"？很多应试考生，还未进考场，便已汲汲于名利、惶惶于得失利弊间，方寸大乱，心神不定；成绩考的不理想时，又哭天喊地、灰心丧志。都是私欲在作怪！

【儿子微信回复】：收到

第 61 封：何为真包容，如何培养大度之心

（写于 2020 年 2 月 16 日）

今天聊聊林则徐名联的上半句："海纳白川，有容乃大。"意思不难懂，是指人要像大海汇聚千百条河流那样，有包容天下的大度量。

道理不难理解，但内中深义却费思量！到底什么是大度、包容？难道就是像大海那样，不分清浊一概接纳吗？后天如何修养、扩展人的度量？只从这句话表面去理解，于个人修养无益。

何为真包容？

首先，包容不等于是非不分。度量大，不是痴人之肚量，不辨是非，稀里糊涂什么都容忍。那是糊涂，是不明善恶，不知好坏。与包容大度，判若两端。

其次，包容不是在表面，而是在内心。表面宽容，嘴上大度，内里却尖酸刻薄，心胸狭窄，行为恶毒，罚人小过！这是假宽容、伪大度。

第三，包容不是迁就、纵容，不是逆来顺受。靠压制善来容忍恶，靠违逆

良心而讨人欢心，这样的"包容"是为虎作伥，是助纣为虐。

第四，包容不是"无我"，不是要自己放弃一切。那不合于天理人性！人不容己，而能容他人、容天下的，古今没有！纵有人以此鼓噪，也不过是大言不惭罢了。

真正的包容，是洞彻天理人性，视天地万物为一体，以己心换彼心，顺天理、循人性。见人有善，就弘扬之，成就之；而不是羡慕嫉妒恨，隐人之善，贪人之功。见人有过，就劝导之，教化之，助其改过；而不是扬人之过，诋毁攻击，抑其向善之心，阻其改过之径。见人有长处，便虚心讨教，创造机会以逞其长，成就人。见人有短处，便援手补台，使其不致有失，爱护人。

包容的真谛，在于洞彻天地万物的本性，同心、同德、同理、同好，易位而思，将心比心，物我一体、人我一体。天地万物之成，即我之成；天地万物之过，即我之过；视他人之善恶，如视己之善恶；视他人之功过，如视己之功过！能如此，方是真包容、真大度！

【儿子微信回复】：收到

第 62 封：学如何得之于心

（写于 2020 年 2 月 18 日）

何谓学得之于心？通俗地说，就是所学内化于心、外化于行、如从己出！武侠小说中描述某人酷爱一门剑法，如醉如痴、进入化境、人剑合一，便是学剑得于心的体现。

如何才能做到"学得之于心"呢？

其一，择"心仪者"而学。痴迷过武侠小说的人都知道，由于发自内心地着迷，所以读武侠是不用人督促的，缩在被窝里挑灯夜读至金鸡报晓都不在话下。心仪，则用意自诚、用神自专、用力自奋。

其二，反求诸己！读书做学问，要将自己置身于作者所处之情境，体认其言，考校其行，反观自己会否得出同等认识，采取类似行动。易位而思，跨越时空的界限，充分发挥历史呈献给我们的想象空间，在时代背景和时事情境中，体悟、认识往圣先贤们的思想和行动，才能真正做到以之为"火石"，点亮自己内心的光明。

其三，非圣贤之知不求！欲"得之于心"的学问，必须合于天理、良知、大道，而绝不能是奇技淫巧、旁门左道、歪理邪说。北宋张载曾有一句名言，说做学问当"为天地立心，为生民立命，为往圣继绝学，为万世开太平"。圣贤之道，俱发自诚正之心，传世的都是经天纬地的大学问、大道理。只有这样的学问和道理，才值得我们用"心"去求！

其四，不求"人信己"。学问是给谁做的？当然是给自己做的，为的是自己内心的光明、心智的成长。但遗憾的是，人们常常不经意间忘记治学之本，以博取名声、艳羡为目的，好像学问是做给别人看、做给别人听、做给别人品评的。如此做学问的人，往往不敢坚持自己的独立见解，稍遇不同声音就退避三舍，放弃自己的立场和坚守。而圣贤做学问，则举世皆非而不为所动，听从内心的指引，一心追求和坚持真理。在某种意义上，所有的圣贤都曾是孤独的，他们必须具有在知识荒漠中独自前行的勇气和意志。

【儿子微信回复】：收到

第63封：修养之道

（写于2020年2月20日）

今日翻看十几年前的书，浏览当时写下的眉批、随笔，其中很多修养功夫条目，与最近所列的修养功课，很相近。言下之意：有些方面的修养功课，十几年前就下了决心，却至今仍无大进境！其中根原，大致如下：

一是功夫琐碎不易执！此前修养志向所在，基本是立足于"改过"，发现了问题，便于此处立志去下修养的功夫。今天在东，明天向西；今日在此，明日在彼；问题越来越多，应接不暇，顾此失彼。日子久了，便渐生倦意怠惰，慢慢将其抛于脑后了。

二是舍本逐末。此前的修养功夫，是围绕外事外物来做，志向在"事功"上，而不是在身心成长上。自己对何为"身心修养"，理解很肤浅！要修养成什么样的身心？从何处来修养？怎么下修养的功夫？这些本原问题，都未想通透，因此所下的功夫自然支离割裂。

三是内无主宰、统驭。修养的功夫，以什么学问为主宰、为统领，宗法于何道，以谁为师？从哪里出发，归宿又在何处？这些问题的答案，均不明了！如黑夜行路，却无明灯指引；如大海行船，却无灯塔罗盘。尚未远行，便已自迷于半路！

四是被动而为。困厄时才想起来修养身心，得意之时又懈怠，心无定志。这种临时抱佛脚的做法，是为了自我解脱，是对现实困境的消极回避，是寻求心理上的自我安慰，是排解一时压力的权宜之计。

当然，此前功夫也并非一无用处。无昔日彷徨之困，无昔日困勉之力，无昔日求知之诚，亦无今日积累下的阅历和感悟。世事相生相克，祸福相依，因果转化，需要辨证来看。另外，当时的做法，也确实对走出困境、调整心情，发挥了积极作用。即便修养尚未得法，功夫自在努力中，与萎靡不振、不求自强者，不可同日而语。

修养功夫，核心只有一点：立志师法往圣今贤，立稳人生根本！圣贤之道如定海神针，使万法归宗，明进退、知取舍；如指路罗盘，引导我们明晓自何处出发，向何处努力；如药引火石，随时点亮内心以照亮来路；如松柏竹梅，激发我们身心的血性和气节，愈挫愈勇，知难而进。

具体治学修养过程中，如下几点要注意：

一是选择助力心灵成长的学问。心为人之主宰和统驭，"心学"自然是修养的首选。心学在当今西方国家，更盛于中国，尽管称谓不一样，思想体系也不一样。个人体会，中国的陆王心学，更适合我们的思维习性和传统；西方之心理学、哲学，更符合西方人的思维习惯。二者相互参研来学习，可相得益彰，更有利于理解和把握。

二是圣贤所处的时代，不宜过于久远。孔孟、尧舜、伊吕、周公，虽也是往圣先贤，但时代过于久远，由此生出一系列治学障碍和困难。一方面，存世著述少，文字过于精炼，道载于文辞、亦止于文辞，若无大家在旁教导，很难读进去。另一方面，时代背景、环境、世态等相关历史记载有限，很难想见，无法将其言、其行置于假想情境加以体认、考察，能理解文义，却难于感同身受。相比之下，研习阳明心学有很多优势：明史非常完备，阳明全集翔实记载了阳明先生的生平、行状、学说、文集、诗词等，对研究阳明其人、他所处的时代、心学产生的历史背景、他本人创立心学的过程、对心学的应用等，是非常有帮助的。

三是对圣贤及其学问，必须真诚笃切。此前读书，从未如当下这般有如此真切之心、笃厚之信、若渴之诚。治学半年多以来，有如醍醐灌顶、豁然开朗。我把 2019 年定义为自己人生的转折年，不是以事功论，而是以身心修养论。

【此封未回复】

第 64 封：让你的"心"先过去

（写于 2020 年 2 月 23 日）

先分享一个真实的故事：

享有"撑竿跳沙皇"美誉的乌克兰跳高运动员谢尔盖·布勃卡，在其运动生涯中 37 次打破世界纪录。曾有记者问他："你成功的秘诀是什么？"布勃卡回答："很简单。就是在每次起跳前，我都会先将自己的心'跨'过横杆。"作为一名撑竿跳选手，布勃卡也有过一段痛苦的日子，尽管他不断尝试冲击新的高度，但每一次都失败而返。那段日子里，他苦恼过、沮丧过，甚至一度怀疑自己。有一天，来到训练场，他禁不住摇头叹息，对教练说："我实在是跳不过去了。"教练平静地问："你心里是怎么想的？"布勃卡如实回答："只要一踏上起跳线，看清那根高悬的标杆时，我心里就害怕。"教练突然一声断喝："布勃卡，你现在要做的就是闭上眼睛，先把你的心从横杆上'跨'过去！"教练的厉声训斥让布勃卡如梦初醒，顿时恍然大悟。他遵从教练的吩咐，重新撑起跳杆，又试跳了一次。这一次，他顺利地过去了。于是，一项新的世界纪录又诞生了，他再次超越了自我。教练欣慰地笑了，语重心长地对他说："记住，先将你的心从杆上'跨'过去，你的身体才会跟着一跃而过的。"

这个故事，我非常喜欢。"让你的心先过去"，道出了克服艰难的首要前提。无论是做学问，还是为人处事，想成功跨过最高的山、迈过最难的坎、渡过最险的滩、走出最暗的路，首先要让心先跨过去、迈过去、渡过去、走出去！

进入不惑之年后，对读书，自己心中曾有三座大山压顶：一是自认为精力不济，一次看个把小时，注意力就再难集中，昏昏欲睡；二是自认为理解力衰退，理论性强、"高深"的书不敢再看，知难而退；三是自认为已不含糊了，所学的知识足以应付了，因此不再努力。过去六七年中，一是读的书少了，二是读的书俗了，三是读书越来越懈怠了，四是读书境界上不去了。现在反思一下，病根在心上，是心里那一座座山，压制了自己读书的境界！近半年的读书经历，证明之前心中的"山"，实质是内心自造的业障！

每当心生畏缩时，我们都应想起布勃卡的故事！

【儿子微信回复】：收到

第65封：不患无功，唯患学业精与不精

（写于2020年2月24日）

功名利禄，富贵得失，三分在努力，另有三分在天运、三分在人事，没人能自主。古圣先贤，名将良相，今人只见其事功，误以为功业全赖个人才智与

努力，而忽略了时事和运气。自古只有时势造英雄，哪有什么英雄造时势！古往今来，有多少英才翘楚出师未捷身先死，志不得伸、功不得立、名不得闻。人们只知艳羡一将功成，又有谁去凭吊那些壮志未酬的万千枯骨。

功名不可强求，而学业则不然，务须强求！业精未必能建奇功，但业不精则绝无可能建立任何堪道之功业！历史告诉我们，但凡学业达纯精之境者，尽管功业大小尚要看机缘、运程、人事，却也从不愁建功立业！学业之精专纯熟，是修齐治平之基础、根本！知人晓事，经世济民，莫不赖于学业之精进。人非生而知之者，后天学业的进境，决定着人生的高度，决定着功业格局的大小！学业愈精，则晓事愈明，处事愈达，功德愈显，恩泽愈厚。业精，功自成于潜移默化间，不求自来！先贤说：但问耕耘，不问收获；不患功业不成，唯患业之不精。

学业精专之道，前文已有所阐释，今再强调一点，即"专"字！古有谚语："艺多不养身"，是讲"不专"的弊端。做学问也如同学技艺，贵专一，而忌庞杂！曾国藩曾讲："求业之精，别无他法，曰专而已矣。若志在穷经，则须专守一经；志在作古文，则须专看一家文稿。万不可兼营并骛，兼营则必一无所能矣。"他的朋友吴子序也说："用功譬如掘井，与其多掘数井而皆不及泉，何若老守一井，力求及泉而用之不竭乎？"所以，每门功课，要力求精熟，而不是贪多。

看一文，就要精一文；知其然，更知其所以然。要晓其义，明其理，做到观其文能知其人，由其人而能察其所历之时事，进而反求诸己，身临其境，如共其事，从心上对其言行加以体悟印证。一文不通透、不精到、不纯熟，绝不看下一文。做题亦当如此，无须与人比多寡。一题未弄透彻，不做下一题。要由表及里，明辨题中深义，彻察其中的变通之法和原理，做到举一反三、触类旁通。如此，是做一题而收作百题之效。做百题而不求精，懵懵懂懂、不明所以，尚不如做一题而致精熟之效。

我此前的学业，受累于庞杂之苦很大，至今仍一无所精，学识无根。功夫没少下，却支离破碎，流于浅薄粗疏。由此累及的，还不只是学问的进境，也束缚了身心修养的境界。近来觉悟之后，身心修养之功，专一于阳明心学。以此为根本、为遵循、为统驭、为主宰，学习践行不辍、读其文、晓其事、明其理、识其人，务求精致入微，洞彻其中的真知大道，以达内化于心、外化于行的境界。几个月下来，受益颇多。这只是一个开端，日后需要时时处处在事上体悟、历练、践行，是一生无尽头的功夫。

"精专"对为学之核心要义在于：只有在某"一"门学业上达到了至高无上的境界，才能真正体会到治学的真味道，体会到万物的本原性理和"同一律"，进而达到心如明镜、一通百通！（注释：同一律，是指同类事物共有的本性规律，如人类共有之人性、金属共有的遇热即化等。）

既然学业之精与不精，完全可由我们自己做主，那我们岂能放弃人生这一最要害之权柄呢！但凡能自主的，均有人生之大乐趣、真意境蕴蓄其中。可叹的是，道理不难明，世人却大多舍本逐末！唾手可得的珍宝却弃若弊履，命不由己的功名利禄却趋之若鹜。到头来，得到的都成浮云，失去的却是自我！人生之悲，莫甚于此！

【儿子微信回复】：收到

第 66 封：欲成过人之功，必尽过人之力

（写于 2020 年 2 月 25 日）

我对"过人"的理解，不在高下、强弱、隆微，而在能与不能、愿与不愿！我心中所悟的"过人之处"，是指"能为他人所不能为，能为他人所不愿为"！

无论学业、事业，欲成就别人无法成就的功业，达到别人无法达到的境界，必然是自己下了他人不愿下的功夫，付出了他人不能付出的努力。否则绝无可能获取持久、自主之人生功业，修齐治平，概莫能外！人若天资过人，或可侥幸赖以成一时过人之事功；但若在功夫、努力上无恒定的过人之处，则断不能长久！反之，即便才具中等，若肯下过人之功夫，且持之以恒、终生不辍，也

可成就一番过人的功业。

何谓为人所不能为、不愿为？以读书为例：

常人读书，多随心所欲，或出于情趣，或出于工作需要，或聊以怡情，把读书当作"业余"之好，将读书当作"功利"之需，甚或将读书当作"打发闲散时光"。读书，少有能将其当作"主业"来对待，将其当作身心修养的根本之道来对待，将之当作每日计划中必有之安排来对待。过人者，先正读书之心、诚读书之意、定读书之志，内有主宰，胸有定见。向内而言，读书志在明理晓事、修身正己；向外而言，读书志在齐家治国平天下。以此心驱策读书，则无一日可不读书，雷打不动、风吹不摇，唯以读书为志趣、不向读书问前程。此谓读书有"过人之志"！

常人读书，于题材、内容不严加选择。泛舟书海，经常会遇到糟粕误人之作、庸劣抄袭之作、沽名钓誉之作、功利机巧之作。把大好时光荒废在此等著述上，不是在汲取营养，而是在虚耗时光，甚至是在吸食慢性毒药，不仅消靡心志，还会损毁德行。过人者，书非上品不读！人生苦短，以有限之宝贵读书时光，必择圣贤著述、传世巨作而读，必择于身心修养和智识增长有"大助益""大启发"的古今名著而读。在身心修养方面，我以往读书也极杂乱，现今以阳明心学为起点，专读大家名作。其他功利机巧之作，一概不再读。此谓读书有"过人之品"！

常人读书，这个月读经史子集，下个月读诗词歌赋，之后又读奇闻逸事、名人传记、武侠言情……所读之书，杂乱无章，多走马观花、泛泛而过，似懂非懂、无一能熟、无一能精。这本没读完，又抄起另一本；这门没弄通，又转攻另一门，喜新厌旧，见异思迁！过人者，读书以精一为宗旨，一书未完，绝不读第二本；一门未通透、纯熟，绝不换作另一门！每读一书，务求彻悟其中的真知大道，务求进入物我两忘的真境界！此谓读书有"过人之专"。

常人读书，多挑剔时间、挑剔地点、挑剔环境。闲时能读，而忙时却又不能读；独处私室时能读，而身处闹市间却又不能读；环境安静幽雅时能读，置身杂乱喧嚣中却又不能读……过人者，但凡有可读书之时机，绝不轻易错过！乘火车、坐飞机的路途中，等人、等车、等会的间歇期，茶余、饭后、睡前都可以读书。清晨早起，可挤出半个钟；夜间晚睡，又可挤出半个钟……现在还可以"听"书，更是大开"读书"方便之门，走路、乘车、吃饭、上厕所时都可以！真正爱读书者，无时无处不可以读书。此谓读书有"过人之勤"！

常人读书，多断断续续，率性而为，想看即看，不想看则废。闲时百无聊赖，便随手翻几页；一旦事务繁忙、头绪增多，便弃置一旁，尘封于架上。过人者，读书有恒，每日功夫不辍，今日功课，不留待明日。如此日积月累，经年不息，直至终老。虽中等之才，只要恒久用功，心性也会越来越灵明莹澈，头脑也会越来越聪颖智慧，成愚公移山之效。此谓读书有"过人之恒"。

读书有过人之志、过人之品、过人之专、过人之勤、过人之恒，则过人之进境随之必至，挡都挡不住！过人之功业背后，隐含的都是过人之努力，绝无捷径可寻，绝无智巧可用。

【儿子微信回复】：收到

第67封：读书"五勤"

（写于2020年2月26日）

近读《曾国藩家书》，其三十六岁时已学冠同侪，理学、诗词、文章、书法皆有大成，名闻京师。反观今日之自己，已近天命之年，却于学业修养上无大的进境，惭愧惭愧！鼠岁是自己的本命年，也是一个新轮回的开启，如再不痛下苦功，用十倍于过往之奋斗和努力，待人生走完一甲子时，也仍将与今日一般无二！想来浑身冷汗。

读书之道，前已多次讨论过。今天专谈一个"勤"字！人生过半，于功名二字，已然参透，不再奢求；但于学问，却不可不求！不仅要求，而且要强求、要力求，在"勤"字上下大功夫、下苦功夫、下真功夫。我辈天资中等，智力拙钝，唯有这个"勤"字，或可挽救一二，不致终生遗憾，在世间妄走一遭，愧对天地化育。

读书在"勤"字上做到极致，则既可至广博，又可入精微。一方面，只有勤奋，才能利用有限之时光年华，广泛涉猎、博览群书，开阔眼界、丰富阅历，积累经验、知人晓事。另一方面，业精于勤而荒于嬉，学问精纯的境界，只能经由"勤"径抵达。安身立命的学问，不勤加砥砺、参研、践行、印证，是不可能达到炉火纯青、莹澈澄明境界的。千锤百炼见真金，读书也是如此。

余生读书治学，主要在"五勤"上下功夫：

一为"血勤"，定要至"呕心沥血"的境界，勤出个"苦"味来！勤不是和他人比，也不是和平均水准比，更不能和懒惰比，而必须和自己比！读书工夫够不够、到不到位？是否竭尽心力？是否达到极致？要不断自我克治省察，不断自我超越，把时间海绵里的水挤净，最终让自己面对勤字的拷问时，内心无愧、无悔！学海无涯苦作舟，读书要耐受得住期间的辛苦，于苦中寻乐。

二为"诚勤"，定无一分一毫之自欺，无一分一秒之工夫虚耗。手执书卷却魂不守舍，勤在表面，勤给他人看……如此读书，莫如不读，把大好时光用在能收摄心性的其他事上，而不是在不情愿中装样子。每次读书，定要静心凝神，心诚意切，杂虑尽除，专注于读书求知。

三为"拙勤"，定于朴实笃厚处下功夫，不用智巧，不走捷径，不求速效。读书工夫，以厚重、踏实为贵！骐骥一跃，不能十步；驽马十驾，贵在千里。基础不牢，地动山摇！勤的工夫，要从根基上做起。

四为"恒勤"，功夫不在一时，而在一世！再勤奋，若只是一段时间的头脑发热、偶尔发奋，又能取得多大光景的功业？"勤"如果不与"恒"连在一起，便失去了其真正的价值！读书的功业，尤重经年积累。执"勤"有恒，才能致广大，入精微，渐达为学的最高境界。此处不通，读至彼处或可开悟；此时不解，读至彼时或可因熟而生明；此书阐释不详尽，读彼书时或可见得周详；此人论道有粗疏缺漏处，读彼人书时或可尽补缺憾。日久见真功，此为古今圣训！

五为"忠勤",心有定志,以圣贤之学为宗旨和归宿。忠于内心的读书志向,勤的工夫才不会散、不会乱、不会偏;忠于内心的读书志向,才能力往一处用,神往一处聚,而不致背道而驰、南辕北辙;忠于内心的读书志向,才能下一分功夫,功业就多一分积累,而不致支离破碎;忠于内心的读书志向,才能持之以恒,不达圣贤门庭不罢休!

这"五勤",是我余生读书的"要诀"。立此为据,与子共勉。

【儿子微信回复】:收到

第68封:谈"明"

(写于 2020 年 2 月 28 日)

现实生活中待人、接物、应事,如何做到"明"?

其一是"识人"之明。在当下社会,我们每天都要和各种人打交道。事之成败利钝,不仅在己,更在于他人。比如作为团队领导,要知道每个人的长处和短处、才具和潜力,选人用人都要因其德才而做决策,或提拔重用以为团队之梁柱,或降黜惩罚劝退以防其成为害群之马。此间权衡决断的关键是什么? 在于识人之明! 平日要察其言、观其行,审视其仪表气度礼节;工作中,要委之以艰难之事以观其能,置其于紧迫危险之境以察其智,令其面对利益诱惑以考评其节操品性……如此多方考察,对其贤与不肖才能了然于心,进而做到知人善任、用人有方。再比如临阵对敌,如何确定我方之战略战术? 战法云:不败在我,制胜因敌;知己知彼,百战不殆! 能否战胜敌人,不是取决于自己之绝对强弱,而是取决于敌方有无可胜之处。因此必须有知"敌"之明,明察敌人之贤愚、强弱、虚实,因敌施策,以智胜愚、以强击弱、避实击虚。不明敌之强弱,贸然而为,和赌博无异,成败利钝也只能听天由命了。

其二是"识时"之明。"时",即处事之最佳时机。事势瞬息万变,此时不利，彼时又化为有利；此时胜算在敌，彼时胜算又趋向于我，时移势异。临战者必须要洞彻隐微，深谙彼此势力消长的规律，明辨战场情势演化的向背之道，进而因势利导，推动局势向有利于我之趋势转化。我势愈强则敌势愈衰，待势机逆转时发动雷霆之击，便可收摧枯拉朽之效，毕其功于一役，以小损成大功，以弱师胜劲旅。若不识事机，盲目浪战，即便不兵败身死而侥幸得活，成败存亡也不能自主，是徒逞匹夫之勇。对时势向背和转化的明辨，不只是在战场上重要，于平日待人接物处事也是同样道理，都要审时度势、明察事机、因时成事！

其三是"识事"之明。人一生所应对之事，无一是绝对相同的，都有其特定的时态、特定的情境、特定的人际关系、特定的利害关系！历史从不会重演，每一幕都是绝唱！因此，每一件事，也都有其自身的特定逻辑、规律和道理。之所以强调"识事"之明，就是要时刻警醒自己，处事要克除经验主义和书本主义，坚决避免脱离事物本身，闭门造车、纸上谈兵、坐而论道。古今中外，以此误事者，比比皆是，尽人皆知的负面典型之一，就是纸上谈兵的赵括。照着兵法打仗，终至全军覆没，身死国破。人每当临事，首先要做的是调查研究，了解实情，明悉事情的来龙去脉，洞彻其产生、发展、消亡的内在逻辑和规律，把握事物自身演化消长的命脉、机理。然后才能因时制宜、因地制宜、因势制宜、因人制宜，一事一策，有的放矢。处"事"之道，就隐藏在事情本身。只有通过对事本身的调查研究，才能明白"事理"！至于过往之经验技巧，要在明晰"事物本身之理"的前提下，进行组合、加工、发明、创造，生成合于"事理"的处置之法。它应是一个因时就事的智力开发创造过程，与经验主义和纸上谈兵，有天渊之别。

"明"从何来？从学习中来，从经验中来，从他人教诲指引中来，从生活实践中来，从调查研究中来。平日多读书，多在事上历练，多交良师益友，都是引导自己内心走向"光明"的康庄大道。

【儿子微信回复】：收到

第 69 封：关于"书法"

（写于 2020 年 3 月 1 日）

自己没正式学过书法，无论是软笔，还是硬笔。小时读书，是在农村的小学，老师只教我们把字写对，顾不上教我们怎么把字写好看。字写得好看与否，全在自己。20 世纪 80 年代，农村孩子家境都极困窘，少有人家会培养孩子专门练字。我家条件算好的，你爷爷在县城工作，识见多、重文化，所以买了庞中华硬笔书法字帖给我，临摹练习。自己坚持了一段时间，虽无大的长进，但字写得也还不算丑，马马虎虎吧。同村孩子写字好的，我只知有一位，其父善写毛笔字，他亦从小练字，和我们确实不在一个水平上。

从上学至今，自己写字一直是随性而为的。最初好写扁字，后来又写过一段长瘦体，现今已没什么特点了，想怎么写就怎么写。字也没怎么能"定形"，更没"风格"可言，信笔由兴，全无章法。只是由于写的年头久了，也便形成了现在的个人"笔体"。

近来读书，看到阳明先生谈练字心得：以往练字只注重"仿其形"，久久无大的长进；后来写字绝不轻易落笔，必先拟形于心中数遍，然后再动笔，久则渐悟其道，自而书法大有精进。曾国藩则说，书法之秘，在乾、坤二道：纯以神行，大气鼓荡，脉络周通，潜心内转，此乾道也；结构精巧，向背有法，修短合度，此坤道也；凡乾以神气言，凡坤以形质言。

阳明先生与曾公，谈的都是写字的"法"！读至此处，幡然有所悟：此前写字，是重形而不重法，舍本而逐末了。写了近 40 年的字，竟然不知"书法"的真义，真是羞愧至极！

书法一词，已相熟四十载。但于其义理，果真知道吗？抑或含糊其词，徒知其文，不晓其真义？自己显然是后者，貌似知道，实际并非"真的知其道"。这并不难证明，问自己几个问题，便一目了然了：写字的要领和基本遵循是什么？运笔有何法则？拟形以何为参照？个性和特征体现在何处？对这些问题，自己是没有答案的。或者说，此前就从未认真思考过这些问题。

"书法"一词，重心在"法"上。同一个字，写"法"不同，字之气韵形质才不同。古今的书法大家，是以其书"法"之特质，而自成一家。其与他人不同之处，在书"法"之特色、个性、风骨，字之形本于其"法"。王羲之的兰亭序，里面有数十个"之"字，每个字形都不同，但其"法"有定势，均出自"书圣"之手，同宗同源，形异而"法不二"。因此，练字之人，贵在"得法"，而不在得"形"！以前练字、写字，是全都做反了！

一念及此，浑身冷汗！为何？人生事，尚有多少事如同写字？

人生一世，很多时候，我们都处于似懂非懂的懵懂状态，并不"真的知道"，并未"真的做到"。仁、义、礼、智、信，我们知道几何？能做到几何？温、良、恭、俭、让，我们知道多少？能做到多少？博学、审问、慎思、明辨、笃行，我们知其几层真义？又能行至何种境界？……以此类推，大脑中装的东西，有多少只是"似是而非的空洞文辞"，而不是"真知真行"的人生道理？躬自反省，与对"书法"理解一样的情况，比比皆是，思之如何能不汗下！

今后补救之工夫，自"书法"始。初定如下几个练字的基本要领。随着练字休会日深，再逐渐完善，形成个人写字的"基本法则"。

（1）内则"意、气、力"合一，外则"眼、手、笔"合一，内外相合于一心，以遂心为本。

（2）运笔取法太极，外柔内刚，外圆内方，开合有度，起落有致，连绵不绝。意仿"笔于纸上舞太极"。

（3）握笔于上段，力出于笔尖，松腕、松肩、沉肘，身体中正安舒，端庄诚敬。

【儿子微信回复】：收到

第70封：再谈读书

（写于 2020 年 3 月 4 日）

近来几点读书心得，分享如下：

1、读不同题材的书，对人之身心成长，有不同的功效。读史书，可广博见识阅历，从过去汲取经验和教训，洞察时事兴衰演替的规律，体悟天地万物存亡进化的道理。读诗赋，可开阔心胸气度，陶冶情操，涵养心中的雄浑浩然之气。读圣贤著述，可导引圣贤之知入己心，化育心灵，开启心智，知善恶、辨是非。读古今雄文、奇文、美文，可让人言辞表达更有条理，更有文采。

2、读书重在明白，是否能记住，不重要。能记住就记，记不住亦不需强求。但于"明白"二字，是必须强求、务要做到的。遇不明白处，或查阅其他文献，或向师友讨教，或亲身实践、体验、考察，一定要弄懂弄通，养成"求甚解"的好习惯。只记诵却不明白，便丢掉了读书的真义。

3、读书修养工夫，好有一比：心如久旱之田，书如百水之源，读书则如引源头之活水入心田，使心灵茁壮成长、生生不息。活水者，非书，非文辞，乃书中承载的大道至理；而读的工夫，即是开渠灌溉之功。直白地讲，读书一要有求知若渴之心；二要勤于用功，持之以恒，日日浇灌；三要取得源头之活水，明理集义，收效于心。读古今中西圣贤著述，不可仅作壁上观，当故事来听、当热闹来看，只是以旁观、玩赏的心态对待。

4、读书要读出点"苦味"来，意指"勤奋＋有恒"。这个苦，绝不是死耗精力，劳累到无法忍受、苦不堪言！那便是"过"了，过犹不及。勤奋，是捕捉日常一切可能之时机以用于读书，不虚耗时间于无聊之事，把碎片化的垃圾时间也利用起来，变废为宝；不是说饭也不吃了、觉也不睡了、身体也不锻炼了，其他"正事儿"都不做了，生活只剩读书一件事！有恒，是长年累月的坚持，养成每日读书、一生不辍的好习惯；不是说在一周内，或一月内，或一年内，死守着读书一件事。读书之勤与恒，是与读书的真志趣密切联系在一起的。否则就会变成"死读"，日渐枯槁，了无生趣，是不可能持久的。

5、读书当自少年始，愈早愈好。我少时也好读书，可惜家穷，书少，没条件。大学后才改观，既可到书店、图书馆去读，手头也逐渐多了些买书钱。青少年阶段，记忆力好，精力旺盛，读书时间更多、更自主可控，理解领悟力强，读书效果也最好。

6、读书不可拘泥于教材、课本。大学前，虽受高考压力的限制，不能拿出太多时间用于读课外书，但于为人处世、身心成长方面的知识，也是需要适当涉猎的，以养成健全的心性，而不是一个只知读死书、上死学的书呆子。读些优秀的历史、哲学、文学作品，都可受益，关键要"用心"去读，而不是漫无目标、不加选择。读书修养以达"内圣"，是"读书之本"！它关乎做人，关乎安身立命，而不仅仅关乎事业前程。上大学后，课外阅读的精力时间分配，当一半用于专业课上，另一半要用于更广泛的阅读，在人生这门"大学问"上，下足功夫，一生不辍！家里藏的书，多为古今中西的传世巨著和经典版本。"读书"传家，是我最大的愿望。

你上大学后，优先推荐你读的是：

1. 王阳明。家里有 5 个版本的阳明全集，还有传习录、传记、书法、后人评述等。阳明先生的书，家里是非常齐全的。对王阳明，若能入门其心学，便可一生参研，不仅仅是读其书，更要在个人所经历的时事上加以践行体认。从我切身体验来看：王学是引人至"内圣"境界的不二之选。

2. 史记＋资治通鉴。这两本史书，是要精读的。家里的二十四史是经典的百衲本，也可选感兴趣的朝代来读。

3. 中外"兵书"。基本收集齐全了世界十人军事著作，以及中国古今著名兵书、战策等。读此类书，最好先读心学等哲学经典，否则很难读进去。兵书，多谈的是战略战术，是"外王"之法，但其本原却是"内圣"。心不明，不彻悟天理、世道、人性，是很难领悟和驾驭兵法的。兵者，凶地也！不得其道，绝不可以言兵。另外，兵法不只适用于战场，若融会贯通，亦可用于非军事领域。

4.经济管理。此前买的经管方面书籍，也有多本经典或当下全球畅销书。目前都放在单位，将来陆续存于延庆新居。延庆新居，拟名为"阅书斋"。不设客厅，除日常生活起居必要空间外，全部设计成藏书、读书空间。

【儿子微信回复】：收到

第71封：谈"倔强"

（写于2020年3月5日）

倔强这个词，现在多少有些贬义了。而在儒学正宗里，却是一个地地道道的正面词汇，意指：刚勇、坚毅、自强、百折不挠、威武不屈。在《曾国藩家书》中，对此尤为强调，认为倔强是为人处世至为重要的品质。几点心得，分享如下：

第一，倔强之人，能降龙、能伏虎。降龙指"止私欲"，伏虎指"克怨忿"。私欲和怨忿，多深植于心，积久成习。要降伏住它们，没有一股倔强之气，是不行的。倔强是什么？就是你越难降伏，我偏要降伏住你！你越说我不行，我偏要做出来给你看看！有一股以硬碰硬、知其不可而为之的贞固之气。倔强之于立志，是最宝贵的。

第二，倔强，前提是心明如镜。内心不明白，言行却很倔强，实质是浑、是狂，是惩强、蛮横、骄纵、"瞎"闹！无明之强，多难成事，徒留笑柄。心明眼亮、看事通透，能明辨是非，然后再辅以倔强之气，便会做到有善即行，有过则改。心无大是大非，却知错不改，有恶不除，那不是倔强，而是刚愎自用、冥顽不化。

第三，倔强是自强之气，而非凌人之气；是强行压制自己的私欲怨忿，而非恃强凌弱、桀骜不驯、蛮横无理。古人云：外柔而内刚，外圆而内方。这是身心修养的千古名训！

第四，人之倔强，当进则能进，当退便能退。知难而仍进，是倔强以有为，强进以立功；当退而能止，是倔强以让利，强退以养德。创业之初，百举待兴，百困在前，若无十二分倔强之气，断不能摧枯拉朽、攻坚克难而成就一番功业。而在功成名就之后，则要反其道而行！功不独占，名不独享，自己留一分而让出九分予人，这也是一种倔强，且较之于能进之倔强更为可贵。能进而不能退，不是"真倔强"。

第五，倔强当自艰苦出，贪图安逸则去之远矣。于身体而言，经常在艰苦辛劳境遇中历练，筋骨才会越来越强健；于心性而言，经常在艰难困厄横逆的境遇中做事，才会激发内在的坚毅卓绝之气。反之，常处安逸之中，身体会日益孱弱，如温室之花，经不得风雨寒暑；心性会日益颓废懦弱，养成玻璃心，一碰即碎、一烤即化，经不得挫折考验。谚语云：好汉打碎牙和血吞，也是教人在艰险之境中咬定牙根，徐图自强。自强，才能站得住，立得稳，行得远，可屈可伸。人生的长进，多在受挫受辱之时！功成名就之时，退让是美德；遇挫受辱之时，心志上反而绝不能退缩屈服，必须倔强以对！此时立得住，方是自强之道。

倔强，也是克治坏习惯，养成好习惯的特效药。常存此心，一生受益无穷！

【儿子微信回复】：收到

第 72 封：小球中的大道理

（写于 2020 年 3 月 6 日）

我从初中开始打乒乓球，那时条件有限，教室前有一个水泥球台，用砖作球网，球拍多用光板，好一些的带一层胶皮或海绵。条件虽艰苦，又没人指导，所以球打得毫无章法可言，球技"烂得很"。但仍打得热火朝天，为能玩上一局球，不惜等上半小时，轮到自己上台时便兴奋不已，因为"太爱"乒乓了。

高中至大学，基本不玩了，忙于学业。工作后，又开始打球。期间球技也上升较快，除了常与高手切磋对弈，还自己找了教练辅导基本功。打球的条件也更好了，有专业的球台、球拍，虽然球技仍是业余中的业余，但相比以往却长进了很多，打球的体验、乐趣和收获也更丰富了。

近来结合读书治学，反思"打球"，发现竟有许多异曲同工、可互相启发之处。记述如下，与你分享。

其一，人不是生下来就会打球。刚开始，面对球、拍、台、网，无一能驾驭。拍子握不好，虎口处磨破了皮；击球姿势不对，天上一个、地下一个，球到处乱飞，或击不着球，或球不过网，或过网不着台；身形步法凌乱，像个跳大神儿的，手脚不协调，经常磕这儿碰那儿，狼狈不堪。"小小一个球儿"，对于初学者而言，竟把人玩得团团转！心到意不到，意到身不到，身到手不到，手到力不到，打出的球往往不遂人意。不知是人在玩球，而是球在玩人。

其二，打球不练基本功，忙活半辈儿一场空。40 岁之前的球风，用行家的话讲：是地地道道的野路子！从初中开始，就是边玩边练，想怎么打就怎么打，完全凭感觉。时间久了，也生了些"巧"，还有了一些他人意想不到的得分招数，偶尔能出奇制胜得分，能打个冷不防。此阶段打球，虽貌似能驾驭球拍和球，但其实握拍不对、步法不对、身形不对，而且击球盲目、不辨球性。自小没练过基本功，错误从小带到老，球打到一定程度便再难长进。打了近30 年球，却从未真正"入门儿"，再加年龄渐长，体力、反应跟不上，球技也就愈发一年不如一年了。

其三，打球不得法，打得再久也仍是个"门外汉"。乒乓球和其他竞技体育运动一样，有其基本理论和方法，心法、身法、步法、握拍、击球等都有基本技巧。练球得法，才能不断精进、驾驭自如。2013 年，我第一次正式请教练辅导，从基本的发球、击球练起，共学了三期，每期十个学时。此后再打球，确实和以往大不同，不仅比赛更得心应手，更重要的是渐渐能体会到乒乓球的真趣味，渐渐能控制球而不是"追着球打"，打球的乐趣和体验也更上一阶。虽然水平仍业余得很，但一举手、一投足、一击球，也常有旁观者说："嗯，练过""有基本功"。

其四，人到老来方觉醒，已然晚了。去拜师练球时，教练先问我年龄，我回答：40 岁。教练说：学的太晚了。然后又问：以前打过球吗？我答：断断续续打了三十年了（颇自鸣得意）！教练听后一撇嘴，说：这样教起来更费劲儿！我当时还挺不服气，心想：说我 40 岁学球晚了可接受，说我"会打球"反倒不好教是什么道理？当时也不好反驳。等到真正开始学球，方才醒悟：确如教练所言，以前"会打球"，反倒成了学球最大的障碍！野路子打法中有很多错误，日久已成习惯，积重难返，很难再纠正过来。去旧习之难，不亚于养成一个新习惯。学了三期后，球技虽上了一个小台阶，终究还是为陋习"拖累"，尚入不了业余选手中的"专业圈"。

人生为学治事，很多道理相贯相通，与打乒乓球是一样的。以做学问为例：

首先，人非生而知之者，如同人非生下来就会打球。欲通晓为人处事的道理，必须学习、实践、探索，格、致、诚、正、修，都是后天治学的工夫。

其次，做学问不从基础做起，不固本培原，到老也会一场空。什么是学问的基础？是指安身立命的身心修养之学，是为人处世的良知大道。这些学问，要从日常饮食起居开始，从做人之仁义礼孝开始，从志于圣贤之学开始。先立得住身，然后才能做得好学问。

第三，做学问也要讲求方法，不可懵懵懂懂、稀里糊涂、随波逐流、做一天和尚撞一天钟。博学、审问、慎思、明辨、笃行；既要勤奋，又须有恒；既要广泛涉猎以积累经验阅历，又要精纯专一以达澄明通透的境界。

最后，做学问尤其要自少年始，早立定志，早下功夫，早入正学门庭，师法圣贤。少年时志向高远，立就一生治学的方向、目标和宗旨，养成良好的学风、习惯，将会受益一生。一天之计在于晨，一年之计在于春，一生之计在于少壮。年少不努力，老大徒伤悲！此语绝非危言耸听。到老才知根基浅，悔之晚矣！

天地万物，万法归宗，同本同原。心明如镜，细加体察，皆可洞见天理、大道、本性。

【儿子微信回复】：收到

第73封："读书"与"明理"

（写于 2020 年 3 月 10 日）

近来读书，彻悟一个最基本的道理：文字只是事物之理的载体，而不是事物之理本身！日常读书时，若不明此理，便会为文所迷、为文所惑、为文所困、为文所累！

文以载道，但"道"却不止于"文"！"文"只是对"道"的语言描绘，而不是"道"本身。明辨二者间的本质区别，于读书做学问至关重要。否则，我们的认知和理解，会停留在"文字"表面，而不能真正领悟文字背后的"道理"。

比如，我们都知道"物体有不同的颜色"：赤橙黄绿青蓝紫。再加上颜色深浅和不同颜色间的组合，便有了数不清的颜色。我们自小就被告知"物体各有各的颜色"，这些颜色是"物体自身固有的"，金子是黄色的、树叶是绿色的、血是红色的、雪是白色的、炭是黑色的……但事实真的是这样的吗？不然！物理学告诉我们：从原理上，物体的颜色差异，并不是物体本身有如此的颜色区分，而是这些物体对光的反射特征差异，引发"人类"视觉感知的差异，并将其用黄、绿、红、白、黑等不同的语言符号来描述。这才是"颜色"背后的"道理"。科学研究还发现，对于狗而言，颜色只有两个：黑和灰！

上面这个例子，揭示了一个非常重要的真相：语言文字，很容易欺骗和蒙蔽我们！在当今知识和信息爆炸的年代，我们有太多的认知和道理，来自于书本和文字。我们对其的理解，也常常停留在"文字"上：知其然，不知其所以然；貌似知道，实际上并非真的知"道"。我们只是在大脑记忆库中"装填"了一堆堆知识信息，而真正能内化于心、外化于行的真知大道，或许不足十之一二！我们经常混淆"文"与"道"的区别，摆不正"读书"与"明理"的关系。

读书，不在得文，而在明理。文字只是我们用来表达、传递、记忆道理的工具。然而日常中，我们整日忙碌于文山书海，每天直接打交道的是语言文字。时间久后，文与理之间，界限越来越模糊，渐渐混为一谈，傻傻地分不清了。而此中之害，在于其误导我们以为"读书"等同于"明理"，把"语言符号"等同于"真知大道"，把做学问的工夫全放在"文字表面"，得其文而不得其实、不明其理。

读书与明理，一个是手段，一个是目的；一个是途径，一个是本原和归宿。读书是为了明理，但读书却并不一定就能明理！不能穿透文字迷雾，彻悟文字所指向的道理，便是读死书、为死文，和留声机、复读机、打字机没什么区别。其结果，书读得越多，人越呆、越傻、越迂腐！

做学问，首先"要明的理"，就是要穿透文字的迷雾。要坚决摒弃"只在书本上做学问"的错误观念！读书有助于明理，但明理绝不能靠死读书。日常饮食起居，家庭大事小情，出外交游涉世，工作处烦理巨，"理"无处不在。有心者，经一事便长一智、明一理，人生无时无处无事不可做学问。

书文中承载的道理，是千百年人类经验的抽象和总结，是往圣先贤历经百险千难才发明出来的。后学者，未经其世，未临其境，未受其困，未历其险，未尽其心血和工夫，却想在片刻之间就能"掌握其良知大道"，是痴人说梦、绝无可能的！从读书中暂时得来的，不过是一些抽象的语言符号；欲"返其文为己之理"，要通过博学、审问、慎思、明辨、笃行等工夫，才能渐渐而能"理明于心"，进入治学的真境界。否则读的终是"别人的书"，知道的也是"别人的理"，到头来只有一场"空"！

【儿子微信回复】：收到

第74封：修身之要，首在"敬""慎"

（写于2020年3月11日）

自古以来，修身都是从礼仪开始的。礼仪，根基不在仪表、谈吐、行为、举止，而在心性的端正、庄重、整肃、谦恭。由内而外的达礼，才能内外一致、表里如一、恒定一贯；反之，外表恭敬，却内怀刻薄、傲慢、轻浮，便是虚情假意、矫揉造作，明眼人很容易便会看出来。

礼仪，承载着人生的大学问。往圣先贤治学，经常是从"学礼"开始的。最典型的是孔子，一生致力于以礼修身、齐家、治国、平天下，成为千古圣贤。"礼仪"中蕴含的，是世事的秩序威仪，是人性的纲常伦理。比如：父母要慈，儿女要孝，兄弟姐妹之间要友爱，朋友之间要互相尊重，待师长要恭敬，待晚辈要呵护，待学业要志诚意切，待工作要恪尽职守……观人、识人，都是首先从一个人的"礼仪"上审视：有浩然之气，纯净自然，言语由心，举止得体，端庄畅达，中正平和，从容有节之人，多不是等闲之辈，而为人才中的上品！

学礼仪的工夫，要身心并举、内外兼修。光读圣贤书，学很多礼仪之道，却不在日常饮食起居、大事小情、一言一行间去守礼行礼，便是假道学。满嘴的孝道，却于父母不体冷暖，不问饥饱，不察喜忧，有教不听，有求不应，有困不济，有难不助，如此则孝从何来？另一方面，若只做表面文章，把孝当成做给人看的，则口虽嘘寒问暖也不能得父母欢心，服侍饮食起居也不能契合长辈心意。原因何在？心意真伪厚薄，必见于外在言行举止，父母岂能不知、岂能无察！

修身以礼，有两个工夫最为重要，一为敬，一为慎。

敬，是指正心诚意，明天理、知人性，以天地万物与己身为一体，推己心之好恶及万物，易位而思，同情、同性、同理！人我之间，本性相同！我们渴望得到尊重，他人也渴望得到尊重；我们渴望得到认同，他人也渴望得到认同；

我们渴望赞美而厌恶贬损，他人也渴望赞美而厌恶贬损；我们渴望得到他人礼让，他人也渴望得到我们礼让……在国人口中，称其为将心比心、换位思考；在西方人思维中，则称其为同一律、同理心。我们谈"敬"，不是简单要求这个人要敬重那个人，盲目地迁就、屈从，这不是"敬"的本质和真谛！彼此之间"敬"的是自然规律、人生信仰、是非善恶之道！对恶心、恶意、恶言、恶行，是不能"敬"的。明理才能做到"真知礼""真知礼"才能敬己、敬人、敬天地万物。

慎，即慎独，是指不仅在人前能守礼，在独处时也能守礼，这样才是真正做到言行一致、表里如一、诚实无欺。王阳明说："慎独者，与人交接之本也；君子戒慎于不睹不闻，省察于莫见莫显，使其存于中者，无非中正和乐之道，故其接于物者，自无过无不及之差。"在独处时，兑治省察，邪安不讳，疏漏不避，不文过，不饰非，坦诚面对真实的自我；进而师法圣贤，规过向善，纠正不循礼、不合礼的言行以归于中正、平和，就是慎独的工夫。不能慎独的人，在人前和公众场合，经常会有出人意料的"无礼"之举，甚至出洋相，贻笑大方！原因何在？私下独处时不恭敬、不守礼，恶习恶念根植于心内而不祛除，到了人前和公众场所，也常会自动"冒出来"，总有露相和把持不住的时候。背地里养成的私恶，在明面上也不可掩！君子须慎独，是从个人修养的根本上来讲的。

敬、慎的工夫，我下的也不够，常怀轻慢之心，常有取笑、苛责他人之言行，要继续下大工夫、苦工夫、猛工夫，必须根除净尽、不留分毫。

【儿子微信回复】：收到

第 75 封：做任何事，当"一心一意"

（写于 2020 年 3 月 13 日）

一心一意，是古圣今贤一直崇尚和追求的做事态度和境界。可究竟什么是一心一意，怎么来理解一心一意？只有把这个问题彻底搞清楚了，我们才知道在日常如何以此为处事之道。于此，有如下理解：

1、一心一意，即专注一事、心无旁骛；主"专"，专即不二。每做一事，心思就只在一件事上，绝不"一心二用"。比如读书，一书未读完，绝不去读第二本书，不分心、不分神、不分力，孤注一掷，精聚神汇，力出一孔。

2、一心一意，即只问耕耘、不问收获；主"中"，中即无将迎、意必、执念。做事唯一要秉持的信念，就是"成事"，全部心思都置于怎么把事做成。至于回报怎样，无论是好是坏，那已是另一件事，是怎么正确对待得失、荣辱、毁誉的事！"彼事"非"此事"，做事过程中，想着怎么把此事做好就行了。比如学习，应专注于明白道理、掌握方法、融会贯通，不需要提前思虑考试分数。那是考试之后才需要面对的事，考试前与考试时都不需要考虑它。绝不能让后果"提前"来打扰自己，分自己的心神。

3、一心一意，即心意相合、不违己心；主"诚"，诚即不欺、无伪。所做之事，唯有从心喜欢、想做，才能竭思尽虑，全力以赴，必达极致。何谓"喜欢"，非"好逸恶劳"下的那种私欲之喜好，而是"良知"、责任心、使命感推动下的热爱和赤诚。违心而去做，半推半就，身已到、力已出，内心仍老大的不情愿，就不是一心一意了！做一事、定要爱一事，真心实意！否则，不如不做！比如读书，对于那些于人生志向、自我价值实现有益的书，一定要克尽血诚，无分毫的违心和杂念，一心一意在读书上，才能读至圣贤境界。心不诚，无以治学。

4、一心一意，即百折不挠、绝不退缩；主"刚"，刚即不屈、无畏。决心要做的事，无论遇到什么样的困难、艰苦，无论遭受多大的挫折、打击，无论经历何种凄风、冷雨，都绝不言退、绝不低头、绝不屈从！经受苦难，本就是"做事的一部分"！不经历风雨，何以见彩虹，恰是风雨成就了彩虹之美！华为公司的宣传海报，一幅是一架浑身弹孔的飞机，一幅是一双缠满了纱布的"烂"脚，上面写的是罗曼·罗兰那句名言："伟大背后，都是苦难。"

5、一心一意，即唯善是举、真"为己"；主"正"，正即纯粹、无私欲。做事需有真为己之心，方能成己，进而成事。而只有唯善是举，才是真为己！古人云：循理而为，集义，致良知，明明德，止至善，都是说的这个道理。前提和动机错了，那样的一心一意反倒是在助长恶。比如治学，当立志于修、齐、治、平，而不是谋取富贵荣华、声名利益。失之毫厘，谬以千里。

6、一心一意，即心若止水、不动如山；主"定"，定即安然、不移。做事，要沉浸其中，守定"初心"，不为外物所动。郑板桥在其名作《竹石图》上有一首诗，最能表达这种心志："咬定青山不放松，立根原在破岩中。千磨万击还坚韧，任尔东西南北风。"

7、一心一意，即一以贯之、坚持不辍；主"恒"，恒即善始善终、不终不始。做事最忌见异思迁、半途而废。无恒的聪明智巧，不如有恒的傻傻坚持。龟兔赛跑，兔子败在未达终点即止步，而乌龟则胜在不达终点不罢休。

【儿子微信回复】：收到

第 76 封：近日杂感

（写于 2020 年 3 月 19 日）

进入春暖花开季，为过敏所扰，头痛、目赤、鼻痒，读书心绪多少受其影响，较平时多烦躁。简单聊些近来的琐碎感想：

1、近来练字有一大变化。此前写字，习惯于手腕放在桌案上，小臂也放在桌案上，以腕和手运笔。几十年了，一直如此。近日运笔方式，改为悬臂、悬腕，感觉与以往大不相同。一是手活了，笔也活了。臂和腕离开桌案后，也便没了"束缚"，运笔灵活了、空间打开了、自由度大了；二是心、意、气、力可以自身至臂，自臂至腕、至手、至笔，融为一体。不似原来，小臂和手腕被拴牢在桌案上，不能与身心融为一体，写出的字也往往形不随心、神不达意。写字姿势的这个小改变，确实对练字是个大收获。而且，能突破一个 40 年积下的习惯，内心还是有些小激动的。

2、对"自信"的一点意外感悟。也是从练字中悟得的。以前写字，有两种状态：一是在"无意"状态下写字，信马由缰，想怎么写就怎么写，写成什么样就是什么样，由习惯来驱动手和笔。二是在"有意"状态下写字，即一本正经地拿好架势来写。说也奇怪，在第二种状态下，经常感觉"不会写字"了，不知从何处落笔、不知怎么运笔、也不知写成个什么样！写出来的字，自己都认不出是谁写的，比平时随意写的还要丑！此种情况下写字，缺的不是别的，而是最基本的"自信"。从未想过如何驾驭，从未掌握基本的书法，从未诚心诚意地对待写字，更从未一本正经地好好练字，写了40年的字，却无章法。心中无法，何来"信心"！近来，从基本功开始，每次练字，都心、身、意、气、力合一，不求字美，以"得法"为先。一个月下来，略有些小心得，多了几分"自信"。自信心不会凭空产生，它源于日常训练而来的胸有成竹。

3、关于"读书"与"藏书"。爱上读书，也往往爱上"书"。近来，购书时对出版社是否大牌、装帧是否养眼、排版是否合意等，开始逐渐讲求起来，我以前对此是不讲求的。讲求的好处很多，比如：名社出品，血统正宗，质量有保障；装帧精美养眼，还未开始读，单单看到书就已赏心悦目，平添了一份读书之乐。不同的人，读书习惯不同，我喜欢勾画、注记、写眉批，因此喜欢行距大些、纸张厚而不透、页面留白多些的排版形式。自己认为，这些讲求是有必要的，能提升阅读体验。另外，排版印制的讲求，也象征着出版社追求完美、精益求精的精神。一本体现出匠心艺术的书，其承载的精神内涵和文化气息，可以给读"书"人以心灵的愉悦和感染。然而，自己在这方面有一些"过"：误将对读书的讲究，错解为"藏书"之讲求了！迷上了宣纸线装书、成套书、收藏版图书……有些跑偏，险些误入歧途！好在所选书目，仍是自己要读的，与单纯的图书收藏不同。但也要引以为戒，回归正途：一套宣纸线装书的价格，足以买普通版的十几套了！

4、关于读书的"博"与"专"。自去年从合肥回来至今的九个月时间，前五个月的阅读是以"博"为主的，虽然也聚焦在军事、战略与规划、行为经济学、管理等领域，但总体是在广泛涉猎；近四个月是以"专"为主的，以参研"阳明心学"为主。读曾国藩，也是因其与阳明心学一脉相承，可以辅助参研王学。两种读法，两种味道，均有收获。但后者受益更深，更触及治学的本原和宗旨。是不是今后只读王学，只"专"而不"博"了呢？绝不是这样！专与博，不是非此即彼、不可共存。文以载道，所专的应是"道"，而不是"文"。阳明心学的道理，并不只存在于阳明先生的著述中，更蕴含在人生要经历的每一件实事中。脱离当下时事，死读《传习录》，是违背阳明心学"在事上练"的基本宗旨的。以阳明心学为主宰和统驭，广泛涉猎经世致用之学，多在日常亲历的实事中体悟践行，即是"博"与"专"的统一！最近这轮读《王阳明全集》，已是第三遍了！所感受到的一个最大的瓶颈，是跨越五百年的时空去体悟阳明心学，纵获取再多的历史背景信息，也难入其"真实情境"！凭空读死书，到了一定程度，上面便是天花板；单靠在"载道之文"上多穿凿几轮，是顶不破的！必须要"古学今用"，结合当下时事来体察践行，才能悟透玄机。博学之博，不仅意指要"读更多的书"，更是指要"更广泛地阅历和实践"，多在实事上学习磨炼。

【儿子微信回复】：收到

第 77 封：读史心得（1）

（写于 2020 年 3 月 22 日）

近两天开始读《美国文明的兴起》，1600 页，要十天左右才可看完，挺费工夫的。之后，还准备陆续读罗马史、日本史以及多位名家所著的东、西方哲学史。

为什么喜欢读史？一是出于好奇，历史呈现了丰富多彩的故事和画卷，使我们这些无缘亲历者，也能沉浸其中，窥见一斑，如历往事，如交古人。二是读史比较轻松，没那么累，享受的成分更多，可以尽情遨游于历史长河中而不厌倦。自己读史是比较"放松"的，只是一路读下去，不求"记住"什么；速度是比较快的，一般只读个大概，遇到有共鸣处便标注一下，有所思考时就写写眉批。

从严谨的治学和修养维度来审视，读史到底能带来什么呢？有如下几点，在有意无意间，影响了自己。

第一，读史打开了我的思维世界。历史是一部大百科全书，它是人生经验、阅历的间接来源。在历史的宏大画卷中，我们可以"经历"我们不曾经历的，"体验"我们无法体验的。史书为我们叩开了世界千年知识宝库之门，让我们的思维可以跨越时空，纵览时代之兴替盛衰，遍观中西之浩瀚文明。读史，为我们的思维插上了翅膀，使我们可以俯瞰大地、回望千年，身游前世、神交古人。历史为现实中的你我，创造了一个可以随时驻足凝望的思维世界。

第二，读史锤炼了我的思维模式。历史展现在我们面前的，不只是一个个孤立故事场景，不只是一段段记忆碎片和电影剪辑。那些传世的历史巨著，均注入了史学大家们的观察、思考和洞见。所有的历史，首先都是一部"思想史"，其中凝聚着伟大史学家们的智慧和心血。正因如此，伟大史书呈献给我们的，才不仅仅是枯燥乏味的流水账，不仅仅是简单的历史情景重现，而是阐释着联系、因果，述说着自然与人类社会的发展进化规律和道理。一个真正读懂历史的人，能读进去、又能读出来，其思维模式会得到最自然、最人性化、最贴近于"自主"方式的塑造。历史的、辨证的、发展的思维意识，都可以在读史的过程中潜移默化地建立起来。我自己的人生观、价值观、世界观，与读史的爱好息息相关。

第三，读史开阔了我的心胸。读史不仅是在摄取知识，增长见识，更是在修养身心。荡气回肠的时代洪流，雄伟恢宏的史诗画卷，慷慨悲歌的英雄壮举，光照千古的往圣先贤，震古烁今的人类文明……读史，便等于每日在受其感染、熏陶、化育。时间久了，于内在会渐渐积累一种浑厚浩然之气，可以荡涤狭隘、浅陋之见，明辨大是大非、善恶美丑，知晓盛衰福祸变易之道。遇事，会更加大度从容；处变，会更加淡然笃定；待人，会更加仁义诚善；接物，会更加合道中节。读书可以改变人的气质，首在读史！

第四，读史让我更珍视"现在"。从世界、从一国、从一家、从一人的历史传记中，便可知荣辱、知顺逆、知盛衰、知成败、知功过、知生死。历史长河滚滚，每一刻都是惊鸿一瞬，一去不复返，于个人、于家、于国、于天下莫不如此。没有哪一刻可以重复，没有哪一天能够再来。马可·奥勒留在《沉思录》

中说：要把每一天都当成最后一天来过！每一天，都会在不知不觉间也"变成历史"。因此要倍加珍视，决不让每一刻时光虚度，无论它是喜是忧、是顺是难，她都只有在"当下"才属于我们。当她成为历史时，我们的生命也燃尽了其唯一的那一瞬……

第五，读史让我更坦然地面对未来。天地万物枯荣消长，皆循天道而为；人世兴衰演替，都遵守历史规律而行。盛时不应骄，衰时不需馁；顺时不可逸，逆时不可怠。现实，成就于过去；而未来，则成就于当下！未来是什么？历史已经给了我们足够多的启示……我们无法预知未来，更无法掌控未来。我们能知道的，是通向未来之路是由一个绵延不断地向前推进着的"当下"来铺就。我们现在是什么样子，如何对待时间，如何对待生命，如何对待为学、齐家、治国、平天下，未来的"我们"就会被塑造成什么样子。命运改变不了我们的过去，同样也夺不走我们的未来！把每一刻的现在装点得精彩靓丽充实，延续下去便通向无悔的人生。

2019 年元旦时，我写给自己的座右铭是：不陷过往、不念将来、不负当下。其实可归结为一句：不负当下！这句话也概括了读史的终极价值和意义。

【儿子微信回复】：收到

第 78 封：读史心得（2）

（写于 2020 年 3 月 24 日）

1、如何选择"史书"。其要，大致可用一句话来概括：紧扣为学志向，不忘初心。

首先，读国史要选精华，《史记》和《资治通鉴》是必读的，24 史可选择性读一两个朝代。对国史，若非专门从事史学研究，是无须全部研读的，太耗时间。一套 24 史就 5000 万字（还只是文言原文），全部读完所需的时间，要以年计了。若非特别感兴趣，无此必要！读国史，了解国家的历史传承，是作为国人的治学根本，修齐治平均离不开它。

　　其次是如何选择外国史料。为什么研读外国史？是为了学习先进，开阔视野，师其长技，以补读国史之局限。因此要选择引领世界文明进步与发展的国家史料来读，也要读经典、读名家之作。世界有数百国家，不可能读尽，选两三大国文明的兴衰史来研读，就足够了。我选择了美国史、日本史和罗马史。美国是当下世界文明发展的一个特例，日本以弹丸之地一度成为世界老二，罗马一朝就有千年的盛衰治乱，都有益于个人治学。

　　第三是从专业史视角，重点研读哲学史。以阳明心学为核心，哲学是自己今后治学修身的根基。而研读哲学著作，是必须将之置于历史背景和环境下，并辅之以哲学思想的演进历程来理解，才能知其然又知其所以然，收获的是鲜活的思想灵魂，而不是干巴巴的、晦涩难懂的死板说教。比如：要读懂阳明心学，就要对明史有个大概了解，这样才能理解阳明先生其人，体悟其在什么时代情境下在思考；还要研读一下中国哲学史，对阳明心学之前的国学思想产生与发展，有所理解和把握，进而明白阳明心学的本质何在，传承和发展的根基和脉络是什么；另外，还要研究一下西方哲学史，看看西方人是怎么思辨类似问题的。最近买了钱穆、冯友兰先生的中国哲学史著作，以及罗素、伍德、黑格尔和文德尔班的西方哲学史著作，都是商务印书馆出版的。商务印书馆，是我购买中西哲学类书籍的首选。

　　2、读史：（1）七分学经验、求规律、明盛衰、知治乱、悟道理，三分看史实。

　　前者为目的，而后者则为基础，二者缺一不可。一方面，不能只读浓缩本、精华版，百年史实"压缩"成百页左右的小册子，里面只留下碎片化的名言、警句，却没有鲜活的史料。从这种"上帝视角"的史书中，凡人是读不出有益身心的"营养"的。另一方面，也不要去读那些流水账，洋洋洒洒亿万言，动辄一套就摆满一书架，充斥的却是简单堆砌的"故"事。作为业余人士来读史，不是为了"复古"，而是寻求启示。历史浩如烟海，用尽有限之一生，又能"读"多少？没有精神、没有思想、没有主旨的历史资料，不过是留声机、录影带一类的东西，对我们治学之价值与意义，是极有限的。伟大的史书，必出自伟大的史学家！司马迁、司马光、班固、陈寿……希罗多德、修昔底德、吉本……其名垂千古的史学著述，是倾注了巨大心血、智慧、力量甚至生命才完成的！那些"不用心"写的史书，我们是消费不起的，我们没那么多时光可以耗在如山的故纸堆里。

（2）首要着眼点，是从时间的维度，思考事物渐进、渐变的演化过程。此中关键，在一个"渐"字。

一个时代，一个国家，一个民族，一个个体，无论是其光耀千古之功业，还是其遗臭万年的耻辱，都非一日而成，而是历经孕育、成长、累积、发展、演化、变异等一系列过程，渐变而至。黎明一刻，前身是近八个小时的黑暗。天地万物，隐而不发，休养生息，蛰伏待机，才终于迎来旭日东升后的光明；而这光明刚刚开启，黑暗就已在不远处"等待着"，万物劳作，沐尽阳光雨露，享尽世事繁华，待日薄西山后，便又重新进入黑夜。历史的一幕一幕，与天地之光明与黑暗的轮替如出一辙，盛在衰中渐渐孕育，而衰则在盛间慢慢滋长。明其道者，盛时便作衰时想，可保一代不衰；衰时便作盛时想，徐图自强，可终能由衰转盛，不致一直衰下去。《美国文明的兴起》一书指出：英国在美洲殖民地的繁盛之初，贪婪、压迫、奴役就为其敲响了送终的钟声；而美洲大陆刚独立后的几年至暗时代，却一直在寻找光明、自由、公平和正义，进而为一个新国度的孕育，埋下了希望的种子。只有洞彻了潜藏在历史迷雾中的大道理，才能让我们自己的内心逐渐"明白"起来。

【儿子微信回复】：收到

第 79 封：驭物而不驭于物

（写于 2020 年 3 月 27 日）

有一句俗语：拿得起、放得下。意指为人做事要洒脱，当进必进、当退必退；遇事当作时便能做好，不当做时就立即停下，不沾恋、不执着。当进必进，是内有刚；当退必退，也是内有刚。

以心驭物，则内有主宰、有统驭、有定见，能明是非、明善恶、明美丑；无论大事小情都由"己"来自主判断、自主决定、自主把控、自主驱策，意在循道、行道，意在做事、成事；当进时，便义无反顾、竭诚戮力、知难而进，尽人事，听天命，不问前程，不问收获；当退时，便毅然决然，不贪利益，不恋功名，不占权位，洒落而去，内心不怀分毫不舍、遗憾。

心为物所驭，则牵绊在外，是非判断不由己、善恶判断不由己、美丑判断也不由己；随事物的成败、得丧、誉毁、荣辱、顺逆，而喜怒、而乐忧、而进退、而起落；心如风浪中无舵之舟、无桨之船，随波逐流，沉浮不自主。当进时，先计较彷徨、虚与委蛇、心猿意马、瞻前顾后、攀左比右，事未竟而"心意"早已游荡在得失之间，"心"有十分留七分，"力"有十分用三分。此为"拿不起"之根源，结局或是安于现状而不加进取，或是不尽全力以致道不行、事不成。当退时，捆缚于物欲、沉溺于声色、痴迷于功名、陶醉于利禄、恋恋不舍于权位，身陷迷途不知返，前有悬崖不知止，毁德丧道、伤天害理而不知退。此为"放不下"之根源，结局或是贪天之功而天怒之，或是贪人之功而人怨之，即便未身败名裂，也沦为功利场中一具"失去自我"的行尸走肉、泥塑木偶，丢了灵魂。

人之一生，要经历无数大事小情。以心驭物，则自我再渺小，亦可主宰自我，构建一个自主祥和的内心世界，任它风吹浪打、任它物欲横流，我自岿然不动。心为物所驭，则个人再强大，亦如随风而起落的浮尘、随光而存灭的掠影，命运不由己，来去、生死都失去了真义。

驭物而不为物所驭，是看待"我与外在"关系的立足点。这个道理至"简"至"易"，要用一生的工夫体悟、践行！无论身临何事何物，都不能违背这一根本信条，否则我们便踏上了通往奴役之路，成为命运的奴隶。

【儿子微信回复】：收到

第 80 封：若圣贤遇此，当何以处之？

（写于 2020 年 3 月 31 日）

生活中，我们一直在面对和处理各种大事小情、人生际遇、祸福得失、起起落落。有时忙忙碌碌而身不由己，有时又孤独寂寥而无人问津；有时百事顺畅而志得意满，有时又磕磕绊绊而事不遂心。无论饮食起居，还是修齐治平，都是悲喜相伴、顺逆相随、福祸相依！对于身处其中的你我而言，当如何应对和处置？

这是人生要回答好的最普遍、也是最重要的一个问题。就此有一个基本思维范式：若圣贤面临同样状况，他们会怎么处置？这就把"我们将如何处置"的问题，转换成了首先思考"圣贤会如何处置"的问题，为自己如何应对提供一个参照和榜样。

上面所说的圣贤，不是哪一个具体的人，而是通过自我学习修养，在内心构建起的一套"内圣"的信仰和认知体系。形象地说就是"在心中塑造出一位圣贤"，来指引我们日常如何行事。遇事，先听一听"坐在内心的圣贤"的意见，看他会怎么看、怎么断、怎么做。

如何在自己内心塑造出一位圣贤来？古人云：圣贤必可学而至。想把圣贤请到自己的心中，先治圣贤之学。古圣今贤的为学之要、治事之道、修身之法，为我们提供了最好的师法对象和示范。以致诚、致敬、致勤、致恒之心，志于圣贤之学，是导圣贤之知入己心，以开化心灵、开启心智。

只读圣贤书还不够，还要在日常的一言一行中，切身体察、践行、领悟圣贤之道，做到知行合一。长此以往，持续培植、灌溉、滋养，使圣贤之知一点一滴地凝结、汇聚、结晶，便会逐渐结圣胎。圣贤治学，讲求内化于心、外化于行，一再告诫后学不可在文辞上穿凿，把工夫停留在口舌上。

遇事经常问问自己：若圣贤遇此，当何以处之？即便当时不能给出完满答案，停下来静一静、想一想，三思而后行，也可以减少过失。

【儿子微信回复】：收到

第81封：面对世界大变局，当何以处之？

（写于 2020 年 4 月 2 日）

进入 2020 年，新冠病毒疫情肆虐全球，暴露出了全球治理的脆弱性，也成为压垮全球经济的最后一根稻草。金融市场率先进入史诗级暴跌模式，粮食危机、就业危机、金融危机、经济危机的阴影笼罩全球。而综观天下各国态势，似乎尚无一国找到有效的应对之策。去年，人们称世界局势为百年未有之大变局；今年，这个说法可能要改为"千年未有之大变局"了。

在自然灾害方面，还不仅是一个新冠病毒在肆虐。澳洲的森林大火，非洲和亚洲的蝗灾，加快变暖的全球气候……大自然似乎同步在呼应人类文明发展的千年变局！

站在当下，展望未来，这个千年未有之变局，究竟意味着什么？我们真的看清楚、准备好了吗？答案似乎并不乐观，我们对将进入的"变局"之认知和理解，仍停留在模糊的概念层面；我们的思维，仍停滞在过去的惯性之中；我们的行为，还未准备好应对将发生的各种"变化"。于是，有的人回应以莫名的恐慌，有的人抱以无知的乐观。

不谋全局者，不足以谋一域；不谋万世者，不足以谋一时。凡事预则立，不预则废。置身于这样的大时代，你我也要做好"全方位的、超乎想象的、重大而深远的"准备。

一是读书向学，修身立志，自内而外使自己全方位强大起来。大变局之下，最先要准备好的，是一颗坚不可摧的强大内心。

二是付出超乎想象的勤奋和努力，做好超出寻常的准备。春天用汗水耕耘播种，夏天用辛苦培植灌溉，秋天才能收获果实，并借此战胜冬日的严寒。

三是风物长宜放眼量，不为"变局"所迷、所惑、所困、所扰。黑暗发端于正午烈日高照之时，而光明则萌生于子夜至暗时刻。事物盛衰消长，因时而变，因势而易，不可被一时一刻之境况、际遇所蒙蔽。

【儿子微信回复】：收到

第 82 封：何为自省中的"洞彻隐微"

（写于 2020 年 4 月 4 日）

什么是自省呢？感觉日常还是经常有模糊认识的，有必要予以阐明。明晰其到底指的是什么，才能指导自身的行为。

首先，不只独自闭门静坐反思才叫自省，于每时每处、每事每物对自己言行的反观审视，也是自省。从字面理解，自省就是自我省察，是随时就事进行的，不一定要等事后寻一僻静处才能做。如果以武侠小说中大侠习武为喻，那种独自于私室的专门自省，可解读为闭关修炼，求的是打通任督二脉；而那种随时就事的自省，可解读为行走江湖的实战切磋，求的是驾驭运用自如。二者各有其妙，相得益彰。

其次，不只大事才要自省，小事更要自省。自省不是用来"成就人生大事"的，也不是专用于克服"大挫折""大磨难""大失意"的。人生没那么多"大事"等着我们去自省，于平常小事上多自省，则更实在、更直接、更常用，也更易见成效！归根结底，自省是日常修身之法。

第三，自省不是劳心、费神、烧脑的自我折磨和苦思冥想。如果把自省定义并指向那些痛苦的思想挣扎，就大错特错了。自省绝不是自己和自己过不去，没事找罪受！若是那样，还不如把事儿放下，去游游山、玩玩水，放松心情去享受大自然的宽广和美好。天地万物，大事小事，"道"和"理"往往都暗含在内中、隐藏在背后、隐匿行迹于细微之处，不用心体察、以心之明镜照之，是得不到的。古圣先贤，于修身齐家治国平天下，无不受益于自省，进而能内生明、外生智，豁然开朗，大度从容，无往不利，先机独见。自省中，要想做到洞彻隐微，有两个字最为重要：一为净，二为静。譬如湖水，首先要净，才能成为明镜，才能照见天地万物。其次要静，才能成为平镜，以之照天地万物而不变形、不扭曲、不走样。"净"即是心明，明是非，识大体。自省中，要秉持天性本然之心，是即是"是"，非即是"非"，真实无欺，诚实不伪。"静"，则是指心定，循天理，致良知。心有所守，志有定在，内省才知从何处入、又知从何处出。否则，即便闭关静坐于深山老林，也只是在胡思乱想，全不在"道"上。心浮气躁，欲浪涛天，意在外而身不由己，是做不好"自省"的。就如于波涛汹涌之湖面不能观天上星月，是一个道理。

近期练字，对自省之要，有所感悟。平时写字，每一笔写的美不美，心思也会为"结果"所牵累。前一笔不如意，心就动了、意就乱了、神就散了、气就泄了；写后一笔时，便不再从容、不再自信，整个字都写不好。此中隐微的心理变化，前后笔画美丑的内在关联牵扯，心、意、神、气、力在运笔过程中的互相依赖、互相成就，只能通过自省来洞见。如果不净心以观，便不明其中因果；如果不静心以察，便不知其中曲直。

【儿子微信回复】：收到

第 83 封：事之成效，首决于"明"

(写于 2020 年 4 月 7 日)

同样学一门课，有的学生效率高，掌握得好；有的学生则效率低，不牢靠，似是而非。同样做一件事，有的人能直击要害，顺情顺理，再大的困难风险，也能迎刃而解，或止其于未萌之时，或克其于方萌之际，总能力挽狂澜、扭转乾坤；有的人则稀里糊涂，无从下手，东一榔头、西一棒子，不得要领，不明所以，事倍功半，身陷绝境犹不自知，大厦将倾犹不知扶。

明理晓事，才能成事。这个道理，之前是多次聊过的。今天重点聊聊在处理大事小情时，到底要明晓些什么，力往何处使。

一在明本末。事情无论大小，其根本是什么？根本，即事物的善恶、是非、对错的分界线，是处事的基本信仰和最高原则。比如：待父母以孝为本，待师长以敬为本，待邻里以和气有礼为本；持家以勤俭为本，种地以不违农时为本，读书以心领神会为本；治政以得民心为本，治军以得军心为本；办理诉讼以公正为本，征收赋税以得体适度为本，用兵打仗以求和平、达安定为本……其他举不胜举，万事万物都有个根本在其中！若不明根本，便如养花，不在根上施肥洒水，却在枝叶上瞎费工夫，便是本末倒置了。

一在明内外。我们的所见、所闻，并不是"事物本身"，而是其外在表象。比如我们看到一个色泽金黄的橘子，内在可能是甘甜多汁，也可能是败絮其中。事情也一样，单从表面看，是不能察明内中原委的。必须要像剥橘子一样，由表及里，才能洞察事机，明晓事物的本质。再比如：每天是早起床还是晚起床，表面上看只是个起居习惯问题，无非你早些、我晚些。但从本质上看，早起与否，决定了能否与天地运行的规律合一。早起才能使人之精神气力与自然运行规律相合，达到天人合一。能透过表象，洞彻背后隐含的大体、大局、大道理，是人"高明"与否的重要表征！

三在明真伪。合于人性、天理、常情的，无论其有多难入目、多难入耳，都大多发于正直无欺之心，其言也诚，其行也善；反之，不合于人性、天理、常情的，无论其有多顺耳、多适目，也大多出于虚伪矫饰，其言也诈，其行也恶。天下事物，本性是不分善恶的，但受各种欲望的诱惑、各种困境的逼迫，便不再像本性那样纯正；或为趋利，或为避害，经常会以假象示人。变色龙会以自己的颜色迷惑猎物和天敌，人也经常用假话伪行掩饰真实的心理和行为，来欺骗竞争对手。在两军交战中，更是把迷惑敌方当作首要的战略战术，古今中外的兵书战策，都把"欺诈"当作兵道之要义。因此，我们无论面对和处理什么类型的事，都要多方考察，用心审视，明辨真伪，不为假象所迷惑而误入歧途。真伪之辨，其核心宗旨有二：一在多方考察，观"彼"之言行，是否合于天性、常理，不近常情、违逆本性者多为狡诈；二在"己"有定在，心明如镜，无私欲、不妄求，做到不自欺，方能不被人欺。易被人欺骗的本质，是自己经常欺骗和蒙蔽自己。本不明白，非要假装明白；本不知道，非要假装知道；本无德受用，却贪图名利；本无才成事，却打肿脸充胖子。有句大俗话：苍蝇不叮无缝的蛋！讲的是类似的道理。

四在明因果。事物的发展变化，是一个连续的过程；过程中每一瞬间的状态，都只是事物兴衰演替中的一幕。每一件事，都不是孤立存在的，有外在各种关联事项，受天时、地利、人和等外部环境和因素影响。因此，考察事物，首先要将之置于一个连续变化的"故事情节"中，看其由何而来，又可能会向何处去；其次要将之置于一个"整体大局"中，在观察其对外事、外物之影响的同时，审视外事、外物对此事的利害影响。事物之因果，不在一时一刻，而在发展变化之间，前后互为因果；也不尽在事物本身，而是与外事、外物互为因果。遇事，要跳出一时一刻的眼光束缚，跳出一事一物的眼界限制，才能辨明因果，做出客观公正的判断，从本源处用力。

五在明变易。事物的成败利钝，随时在变化、演绎。从天地自然规律上看，春夏秋冬循环往复，寒暑阴晴变化不定，天上风行雨施、日月运转，地上草木生发、万物消长，尽在不断变化之中。我们日常面对的各类事物，与自然运行之道近似，也处于不断变易之中。明晰事物变化中的不变之道，才能循理而为。要搞清楚：事情是处于萌芽培育阶段，还是处于繁茂鼎盛阶段，或是处于日薄西山的衰弱阶段？外在环境是在向有利方向发展，还是在向不利方向演变？全局和大势趋向，是有利于事情成功，还是不利于事情成功？对此能了然于胸，方能相机处置，不违背事物运行的规律。

六在明向背。人生所经历之事，很少有可凭一己之力便能做成的。即便是身心修养，也要有一个好的氛围和环境，有他人的支持和引导，有书中的"圣贤"教诲扶助。人心所向，事无不成；人心所背，万事不顺！做事中的人心向背，取决于什么呢？取决于是否符合正道、公理、大义！从修身来看，能正己克私，成就众人之大公，便得人心；反之则失人心，世人不以为有德。从持家来看，和睦四邻、泽被他人，便得人心；反之则失人心，世人不以为善。从治国平天下来看，济众生、益后世，便得人心；反之则失人心，世人不以为仁。以诚、正、善、敬、礼、让之心待人接物，则万众归心。否则，损天下之公而肥一己之私，逆万事万物之理而一意孤行，则天下之人必背弃疏离。

七在明中偏。事物的发展变化，起起落落，并不总是沿着正轨，又始终不脱离正轨，遵循自然规律运行。偏离了轨道时，知道"正"之所在，便能及时回归，保持不偏不倚、中正得体。事物的本性、原理、内在规律，是其盛衰演替的统驭和主宰。心有中正之道，则偏时知矫、过时知改。若不明事物的中正之道所在，会在歧途邪路上越走越远，甚或进入万劫不复之境地。

八在明刚柔。事物运转变化，有时如天行之健，要奋发有为，勇于进取，以成事功；有时又要仿地势之坤，包容万物，滋养培育，厚积薄发，以退为进，徐图自强。当邪道炽烈、恶行肆虐、正道不通、善行不举之时，要退身避乱，使邪恶无计可施、无力可着，此为柔之道。当下对待疫毒肆虐，退避以使病毒无处可击，便是遵循柔之道。柔不是怕、不是退缩、不是不作为，身处困顿更要勤学苦修、自立自强，使正道默运、光明暗长，守得云开雾散时，便能振翅高飞以济天下，此为柔中之刚。在疫情期间，要不为所困、如在平日、用功如初。

做事的明，不是在做之前就一下全明白了，而是伴随做事始终，有个"积渐"的过程。"事儿"是在做的过程中渐渐明白起来的！事有千万，不一而同，没做之前，就能明白所有的事理，是不可能的。

【儿子微信回复】：收到

第 84 封：读书杂感

（写于 2020 年 4 月 10 日）

1、读书时的"唯一"意念，只在求知。其他哪怕一丝一毫的思虑、杂念，都不可有。但凡有一分杂念在，则心不明、眼不亮、气不定、神不闲、意不专，读起书来也就不从容、不豁然、不自由、不畅达。只有进入"精、纯、专、一"的求知境界，才会有四体"通明"之感，观其文如亲见其人、亲临其境、亲历其事。

2、读史，若抛却个人兴趣爱好因素，单从其对个人身心修养之益处而论，首读通史，其次读哲学史（或称思想史）。通史（或称正史）的意义，在于扩展"阅历"，突破人生可积累之"经验"局限。哲学史的意义，在于为我们打开圣贤的"智慧"之门。概览古今中西的智者及其思想脉络，可从中发现适合自己的"人生哲学"。专门的哲学著述，读起来多艰涩、吃力，且不知哪家、哪派、哪人的哪部著作是最适合的。从读哲学史开始，先整体了解个大概，再深入某人的某领域著述中，是明智之举。当然，读哲学史和哲学著作，最好从本国开始，以便有更多背景、常识和传统思维做后盾，更易入门、体悟、理解。

3、历史是人生的向导。读史的意义是立体的、多维的、全方位的，其对人之助益和影响是潜移默化的，一切尽寓于跌宕起伏、雄浑壮阔、包罗万象、跨越千载的历史画卷之中。读史的快意之处，在于可自由徜徉于历史长河中，各取所需，所悟即所得。同一部历史，十个人可以读出十种不同的味道，可以引导不同趋向之人生。其吸引人之处，正在于此。

【儿子微信回复】：收到

第85封：对"诚信"的沉思

（写于 2020 年 4 月 15 日）

中国人对诚信二字，是不陌生的，且看得很重。其字面意思，以及其对为人处事的重要，是广为人知的。近日静思间，一直在反复探究两个问题：一是"什么是真正的自信"，二是"自信从何而来""人如何树立真正的自信"。由这两个问题的沉思，触发了对诚信二字的更广泛思辨，一些心得记述如下，供你借鉴参考：

一、何为诚信？

诚，即不欺，不欺己，亦不欺人。非只言上不欺，行上也不欺，即人常说的言行一致、表里如一。从言上看诚，要 100% 地真实，言为心声，不文饰、不欺瞒、不夸张、不偏倚，是就是是，非即是非，直抒胸臆，坦坦荡荡，言无不尽。从行上看诚，要倾尽 100% 的热情、竭尽 100% 的努力去做事，毫无保留，毫不做作，毫无附加条件，只问耕耘，不问回报，唯求内心的安然。

信，我将其解读为"信仰"。信仰之信，是"信"字其他用意的总纲和主宰。人之"信"，无论是自信、信心的信，还是信任、可信、信用的信，其灵魂本原都是"信仰"之信。没有信仰的人，不存在真正的自信，不存在真正的信心，不存在真正的信任、信用、可信。可以说，信仰之信，是所有"人之信"孕育滋长的种子、土壤和源泉，其他的信都是"信仰"之信的扩展、生发、应用。

信仰是什么？是"追求的最高人生目标"，是"衡量人生价值的基本尺度"，是"评判是非善恶的终极标准"，是"实现目标的根本路径"。

二、诚与信是什么关系？

从一个人安身立命和身心修养上来审视，人无信则不立，不诚则无功。

信仰是人生的定海神针、领航灯塔，指引我们乘风破浪、行稳致远、安稳如山，使人生之舟航行在正确的方向上驶向光明彼岸。诚是诚于信仰，而不是诚于哪句话、哪个人、哪个机构、哪个团体！没有崇高信仰之诚，便会沦为愚忠、沦为奴性、沦为执念；越是诚，越会迷失方向、迷失目标，甚至迷失自我。诚以信仰为因依，诚以信仰为目标，诚以信仰为主宰。诚之不欺，是不欺骗自己的信仰。无论言或行，都 100% 地不违背个人信仰，不说伪心话，不做伪心事。100% 的智慧和努力，都是为信仰而付出，而不是为了外在之功名利禄、毁誉得失。

诚是践行人生信仰的功业放大器、催化剂。修、齐、治、平的成效，全都会因诚而兴、因诚而盛、因诚而达极致！治学以诚，才能穿透文字的迷雾，领悟其背后的真理大道；处事以诚，才会精益求精，成就卓越。无论是人生总体，还是大事小情，信仰的践行都要依靠"诚"来辅佐、"诚"来催化、"诚"来放大。没有诚，收效只在一时一事；有了诚，收效在长久、在一生。如果将信仰比作生命之舟的灯塔和主舵，那诚就是风帆和船桨。

三，诚信源自何处？

诚信源自一生一世学习、修养、实践的逐渐积累。诚信，不是说今天讨论完"知道"了，明天就成了一个能"诚信"的人。它需要一生的修养得来。

一方面，要时时诚，处处诚，事事诚；诚于人，诚于己；诚于公共场合，诚于私人独处；诚于事前，诚于事中，诚于事后；诚于修身，诚于齐家，诚于治国平天下……然后"诚"方可内化于心、外化于行；内隐于骨血，外现于气质容颜。

另一方面，要"立信"，在人生之初便确立人生之信仰，在求学之始便确立求学之信仰，在做事之开端便确立做事的信仰；要"恒信"，不忘初心，一以贯之，善始善终；要"坚信"，风不能摧、雷打不动、安稳如山。人之信仰，绝不可因困顿险厄或功名利诱而移、而变、而弃！要通过深深地厚积而成自然，做到无论何时、何地、何事都不放弃信仰。

四，专门谈谈如何树立真正的自信

一是不追求超过自己能力的过高目标，要与自身德才积累相称，不希高慕大。目标超出个人智力所及，便会屡战屡败，持续遭受失败的打击。愈挫愈勇，愈挫信心愈强，是以"德才所能及"为前提的！二是不把外在功名得失、外人毁誉品评，作为个人做事成败的考量标准。在信仰引领下，收获与付出相匹配，即是最好。三是在做事的整个过程中，积小成大、积少成多，洞彻一个个小进展、小转机、小收获，使内心越来越明白、越来越踏实、越来越有数。人之努力，一点一滴见效于隐微之间。能洞察此间的事机变易演化，才能真正体悟到成功的真趣所在。奖杯举起、花团锦簇那一刻，不过是浮华掠影；黯然神伤、挫败失意的那一瞬，也反映不出整幕剧的悲喜。能在做事的全过程中，洞彻每一分付出对事机产生的微妙变化和收效，才是见到了"事成"的真谛。能如此，便一分耕耘、一分收获，自立于"不败"之地！

【儿子微信回复】：收到

第 86 封：心灵成长之路
——48 周岁的驻足回望

（写于 2020 年 4 月 20 日）

一个人的身体成长，是清晰可辨的，身边的亲人都可大致能看清楚；而一个人的心灵成长，却充满了神秘色彩，连自己都常弄不明白。人们常说：这个世界上我们最不了解的人，是自己。

为什么会这样呢？一是"不识庐山真面目，只缘身在此山中"，离得最近的，反而容易忽略。对自己太熟悉了，便"习以为常"，渐渐失去了探索自我心灵的好奇心。二是我们自入世，视觉、听觉、嗅觉、味觉、触觉等感官，都是用于感知"外在"世界的。为了适应外部环境，我们"天生被设计得"更擅长了解外部，而不是自身。三是适图洞彻心灵奥秘的"自省"，是非常难的，非常累的，甚至是痛苦的。它需要心灵对自身进行无情的、毫无遮掩的、诚实无伪的拷问。四是心灵并非一尘不染、清如水、明如镜，私心和欲望会浸入其中，混淆是非善恶。五是心灵的惰性，它并非天性喜欢冥思苦想，在面临"烧脑"的自我认知活动时，它更容易选择退缩敷衍和自我宽容，以避免和自己过不去。

当然，可能还有很多其他原因，我不是心理学专家，只能给出上述非常感性的认识。总之，从我的阅历和体悟来看，认清自己的心灵，比认识外在世界，似乎更难！认识内心世界，我们只能靠自己。对自我心灵的探索，注定是一个人的独知、独行！

近两年，自己一直在思考：为什么自己的心灵经常处于重大冲突中？自己内在的认知体系和人生观构建，出了什么问题？如何改造它以达到和谐、一致？这是近来阅读聚焦于哲学领域的一个重要原因：我希望在先哲们的智慧中获得启示，得到指引，渐渐步入真正的心灵光明之路。

学龄前，心灵的认知，更多来自于父母、亲朋的教导，以及家乡环境的熏陶。入学后，老师、同学对自己的心灵成长发挥了最重要的影响。成家立业后，家庭、同事变成心灵成长的直接营养源泉。回顾这 48 个年头，自己是幸运的，家庭环境、学习环境、工作环境，都非常优越，不能说是最好，但可称得上"幸运"。至今为止所取得的所有学业和事业成就，都源于此。但一个重大缺失是：自己的心灵认知体系，没有完成从"源自外部"的被动接纳式建构方式，向"源自内部"的独立自主建构方式的转化！

对于知识，只是装进脑袋里，经常不问究竟、不明所以，不是真的都通过了心灵的审视、辨别，不是真的都为心灵的理性所接纳和认同。对于是非、善恶、美丑的观念建立，往往来自教条、来自书本、来自成规、来自习俗、来自众口，不用内心的良知加以评判和取舍。一路走过来，脑子里装的东西越来越多，五花八门，七零八落，充斥于内心却茫荡无根、支离割裂、互相冲突。时间久了，心似乎被"各种外来"知识观念占有了、绑架了，不由自主，为外在所裹胁，为外在所困扰。

可以说，自己心灵认知的圣殿，是不存在的，有的只是一堆漫无目的堆积起来的物料。自己从未精心设计心灵认知圣殿的蓝图，为心灵成长设定明确的目标和方向；从未认真地选择好地基、墩石，为心灵的成长壮大提供稳定长久的支撑；从未独立自主去搭建梁柱、砖瓦，以让心灵圣殿日益宏大、雄伟、壮丽。以至于生命过半，内中仍只见一堆杂乱不搭的材料，想来是十分可怕的……如此状态之心灵，如何无冲突？如何不困惑？如何能和谐？

心灵的成长，心灵认知圣殿的建设，必须要"独立自主"！其重要性，怎么强调都不为过！

首先是独立志向。志向是心灵成长的蓝图，要尽早明确人生的大目标、大方向。这个蓝图，不是一朝一夕就能绘就完成的。就如国家发展、城市发展、建筑设计的蓝图，要持续谋划、持续完善，在建造过程中不断修补优化，才能与实际建设过程相契合。因此，大方向、大目标要早思早想，不怕志向不完善，就怕志向不坚定、不真切、不高远。笛卡尔说："行动十分迟缓的人，只要始终循着正道前进，就可以比离开正道飞奔的人走在前面很多。"

其次是独立信仰。信仰的"独"立，在于它是"我的"，不为外物而移，不因外在而变，坚如磐石。信仰是人生的定海神针，是心灵圣殿的基础和四梁八柱！信仰是消除内心冲突的"中和器"，一切不符合个人信仰的知识观念，都要俯首称臣，听命于信仰，使其不得为乱！人生旅程中，我们会被植入很多杂乱无章的观念，其中并非都是构筑心灵圣殿的有用之材。要在信仰的指引下，不断去除浮土、陈渣、朽木。

第三是独立认知。要用自己的"心"去观察、思考、辨别，形成自己的独立判断。是即是，非即非，去伪存真，不从众，不盲信权威。包括读圣贤书，也要用"审视的眼光"做取舍。《孟子》说："尽信书，则不如无书。"即是强调"独知"的重要。绝不能满足于简单地遵从成规惯例，成为他人知识的奴隶。真正的学习致知过程，是一面在建构心灵的良知圣殿，一面在摧毁侵入心灵的异端邪说。我们绝不能用"自外得来的廉价品""未经打磨的粗糙物料"，来建造自我认知的大厦！

第四是独立选择。师友要选择，与贤人共处，其德自馨，心灵自然受到熏陶感染。读书要选择，契合志向、有益身心的古今名家名著，才能开启心灵的光明。环境和平台要选择，大地足够宽广，才能为心灵提供自如的空间。专业职业要选择，三百六十行无分高低贵贱，能让心灵安定的便是最好……要想构筑起坚不可摧、安稳如山、屹立一生的心灵圣殿，必须要慎加选择！地基、结构、样式、材料、工艺等，无一不要在心灵的指引下，精心选择，不得有半点轻忽草率！建在沙丘上的宫殿，再雄伟也立不稳；空心的木材，再粗大也成不了栋梁！对于那些已经侵入心灵的陋习、积患，要及时扒出来，毫不吝惜地加以抛弃，连根拔掉！

具有独立的人格、志向、信仰、认知和行为能力之人，内在才是强大的、和谐的、自尊的。心灵圣殿建构完整，是一个人心智成熟和健全的最核心表征，是一个人"自立、自强"的核心要义！一个人的真正魅力和感染力，也主要源于此！与自立、自强、心智成熟的人相处，会如沐春风，如饮甘醇……

【儿子微信回复】：收到

第 87 封：习惯无论好坏，积得愈久愈深愈难改

（写于 2020 年 4 月 25 日）

养成一个好习惯不容易。以我为例，早起的习惯，大概是初中才开始的，那时并非主动、有意识去做，而是从初中开始住校，每天早上 6:00-7:00 要自习，所以 5:30 必须起床，无论冬夏。少年的天性，绝大多数是喜欢睡懒觉的，除非迫不得已，否则肯定睡到日上三竿。那时，早上听到起床的铃声，是极不情愿的，只是没办法……周末一旦回到家，就回复了本性，爹妈叫都不肯起来。高中虽不住校，但也要上早自习，所以每天仍早起。这样初中、高中六年下来，逐渐养成了早起的习惯。到大学后，虽无早自习，每天仍早起，或读书，或跑步，已成了自然作息规律了。工作至今，仍如此，如果有哪一天不早起，反倒觉得"丢了"点什么，心里不自在、不踏实。不早起，也变成了一件"为难"的事。这是习惯的力量！当然，早起是个好习惯，这是人生一大幸事。

同样，改一个坏习惯，也不容易！以写字为例。自小学起，我写字的姿势，就是手腕贴在写字台上借力，握笔也相应握在靠近笔尖的下端。几十年下来，早已形成了"坚不可摧"、"如同天生"的习惯。近来重新开始参研"书法"，于是按书法家的明训，改为悬肘悬腕、握笔的上端！谁知，这样一时竟然"不会写字了"！不知从何处发力，是手指用力？还是手腕用力？还是小臂用力？小臂离开桌面后也不稳当，写字时，或晃来晃去，或僵硬得像木棍，百八十字下来就酸爽得不得了。另外，笔也控制不住了，不听使唤，写出来的字七歪八斜，不堪入目……总之一句话：甭提多别扭、多不自在了！原因很简单：也是习惯使然。40 年养成的写字习惯，不是说改就能改的。两个多月后，才算大致可以按新的姿势写字，不那么费劲了，但尚欠很大的火候，需持之以恒才能习惯成自然。

无论好习惯、坏习惯，实在是养也难、改也难！这就给了我们一个重要的人生启示：一方面，好习惯，一定要早下手来培养，否则时光如流水，没那么

多光阴留给我们。一旦逝去了，便再也找不回。好习惯培养，当自少年始，才能陪伴一生，为我们带来健康、快乐、光明、充实。另一方面，坏习惯，同样要早下手去根除，切莫让其滋长壮大、根深蒂固、积重难返。坏习惯，无论大小，一经发现就要痛下杀手，绝不容情，务必戒除净尽。否则再小的恶行，一旦形成习惯，便会长期为恶作乱，损害身心成长，侵蚀我们的品行修养。积小成大，聚少成多，成为人生功业的大障碍、大祸端、大遗憾。

养成好习惯，戒除坏习惯，首先要心明如镜，明辨是非善恶，从内心切断恶习侵犯之路，而向好习惯敞开大门。其次是要有大决心、大勇气，以内心浩然果敢之气，拥抱善行，摒弃恶习！自知者明，自胜者强，在祛除坏习惯上尤当如此，要有个狠劲，动如风雷、闪电一击，立即以新习惯替代旧习惯，没有半点迟疑，并用大勇毅熬过那段"别扭期"。要让坏习惯跪倒在我们的脚下，再把它一脚踢开，并让它永世不得翻身！

近来在读书和写字习惯的重塑过程中，深刻体会到了战胜积习的乐趣，体会到了形成良好习惯的价值和意义。以读书为例，逐渐进入新境界后，非仅读书本身的体验不同往常，看其他事也更通透了。近来参与的课题研究，思维的视角、深度、广度都不同于以前，心中明亮了许多，更能穿透现象直达事理，抓住要害和本质，也自然多了一份从容和平静。

养成好习惯与戒除坏习惯，内中诀窍可一言以蔽之："当断即断，持之以恒。"

【儿子微信回复】：收到

第 88 封：事"做"到极致，方能悟得真切通透

（写于 2020 年 4 月 28 日）

事无论大小，贵在做到极致。不达极致、不入精微，就不能洞彻至理。阳明格竹，是工夫用到极致，格竹格了一周，虽未悟到竹中理，却悟到了"程朱

理学格物穷理"之弊。后入锦衣卫诏狱，谪居龙场三年，九死一生，困心横虑，是把苦难经受到了极致，进而悟透生死，洞彻天理。一生志于圣贤之学，无论身处牢狱、蛮荒，还是戎马倥偬，均讲学不辍，最终参透良知大道，光大心学，自成一脉，成为千古圣贤。人生于世，要经历无数大事小情。每历一事，都做到极致，不仅是在成就事业，更是在成就人生。身心修养的工夫，全在怎么做事上。

事做到极致，不仅能照亮自己，还能感染、启发他人。这就是榜样力量的内涵和真谛。所有的榜样人物，都是因其将"某事"做到了极致，大家才争相效仿。事再小，能做到极致，便会产生超越事情本身的功业。铁杵磨成针、滴水穿石、愚公移山等典故，人们经常引用，其中就蕴含"矢志不移、把平凡小事做到极致"的精神，所以才激励和鼓舞着一代代人。

人生于世，做事不在大、不在多，而在精、在把每一件事都做到极致！

【儿子微信回复】：收到

第89封：什么是真正的乐观

（写于2020年4月30日）

考试前，认为自己一定能考"好"，不把考试当个"事儿"；考试中，题难也不在意，自我感觉良好；考试后，成绩不好时，感觉仍良好，能给自己找到很多台阶儿和理由！这是不是一个人心态"乐观"的表现呢？我的看法：不完全是！或者说不是真正的乐观，而是内含"消极色彩"的乐观。

首先，什么是考试前的真乐观呢？尚未进考场，就大意轻敌，不当回事儿，是盲目乐观！真正乐观的心态，基于对考试和自我的正确认识和判断。一方面，考前要重视，做好身心各方面的调试和准备，进入健康的应试状态，"把自己的真实水平"发挥出来，切实检验一下学习成效；另一方面，不怀非分之想，不求超水平发挥，不把成绩作为目标，绝不在考前便纠结成绩高下。心如明镜，把考试的本质"看透"，自然心中洒落豁达，能坦然从容面对每一次考试，无论小考还是大考。这种由明澈认知、正确信仰产生的淡定与从容，才是真正的乐观。

其次，什么是考试过程中的真乐观呢？我的理解是：遇到再容易的题，内心没有丝毫"得意"，解答时没有丝毫的轻忽；遇到再难的题，内心没有丝毫的退缩，尽心、尽职、尽力，与解答容易题一样，同等待之。容易的题，是用来检验我们的基本功和认真劲儿；困难的题，是用来检验活学活用和综合能力、个体悟性。两类题目的考试"目的"和"意图"是一样的：都是检验我们"真实的"知识掌握水平和运用能力。因此应对之道只有一点：把个人真实水平正常发挥出来就行了。其他任何多余想法，都脱离了考试的本原意图。

最后，什么又是考试后的真乐观呢？一方面，考了好成绩时不得意忘形，能在好成绩背后去发现不足。考得再"好"，也不可能都考满分。答对的固然收获一份欣慰，对少数答错的也不能忽视、放过，要审视错在何处，哪些知识掌握不牢靠，哪些知识尚不能灵活运用，务求弄懂弄通。另一方面，考得再"差"，也既不灰心丧气，也不阿Q式地自我安慰，而是坦然直面结果，同考得好时一样去审视和检查。考试成绩，是每个人知识掌握、能力运用和身心素养的一个客观检验和反馈，只要是真实水平的正常发挥，那成绩就是不好也不差。

非仅考试，人生中其他事也是同样的道理。真正的乐观精神，是内心的光明和达观，在事前、事中、事后，都能在正确的认知和信仰指引下豁达洒落地行事。不能看透事物的本质，不能洞彻事物内中的大道理，则任何所谓的乐观，都或是"盲目的"，或是"自欺的"，不是真正的乐观。

【儿子微信回复】：收到

第 90 封：善用的时间，才是生命

（写于 2020 年 5 月 4 日）

今天是五四青年节，是属于 00 后、90 后，也是属于 80 后、70 后、60 后……只要生命仍在，青年节就仍属于我们。

有句名言：时间就是生命。这已是尽人皆知的大白话。人生有多少时光可供我们来支配和利用？这是个"问题"，在不同的思维视角下，答案可能大不同。

第一，简单直接理解为寿命：从生至死，活多久，就拥有多少人生时光。这是生命时光的极限状态，是客观唯物论的观点。这个维度的生命时光，是一种客观实在，讨论起来对人生难有多大启示。古人曾有寻找长生不老之术者，而从历史记载来看，他们不仅无一成功，反而多短命。生命自有其道，顺其自然为最好，既不能害之，也不宜非分妄求。现实中，养生过了度的，大有人在，"已成负担了"还怎么养得了生？

第二，把生命的时光理解为剔除睡觉的清醒时光。这是意识存在论的视角，把身心处于休眠状态的时间，不计在内。这不科学，睡觉的时光不等于死亡，在睡眠中是有"意识活动"的。但睡觉时，确实是主观有意识活动的沉寂，这些时光我们是不加支配的，将之与醒时分开，也有一定道理。尤其是对一天睡 12 个小时的人来说，可以有警示意义。同样的一生，常人睡 8 小时，你却睡 12 小时，便可以将之理解为：自己的有价值时光，比常人少了 1/4。这可是件不得了的大事情！荒废掉的，便可认作"无"，视为"白活"了，以此提醒我们要珍惜，不能整天睡懒觉。非仅多余的睡觉时间，醒时无所事事、行尸走肉般的睁眼瞎状态，也可照此解读。

第三个视角的认识，是给生命时光乘上一个系数，系数可能大于 1，也可能小于 1。具体怎样，取决于我们对时间的态度和使用方式。善用者大于 1，不善用者小于 1。这是我自己比较欣赏地看待时间的视角，由此也形成了对时间的价值观念：时间不是生命的全部，被善用的时间才是！善用时间的人，生命有如在被"延长"；不善用时间的人，则相当于自己在给生命"打折"！

何为对时间的善用？于此有如下理解。

其一在于把时光用在什么上：用于善上，则为善用；用于恶上，就是不善用。时间用在恶行上，是对生命的最大贬损，小则害德损行，大则自我毁灭。古人云，莫以善小而不为，莫以恶小而为之。知善知恶，为善去恶，是安身立命之基。不明善恶，不为善去恶，就不存在时间的善用问题。是非善恶之间，失之毫厘，谬以千里。人之一生，用善行来谱写，收获的才是光明。反之，每一刻用于恶行的时光，都是在把生命推向黑暗。

其二在于时光怎么分配：过吝与过奢，均为不善；适度与合宜，才是至善。一寸光阴一寸金，寸金难买寸光阴。比金子还宝贵的时光，该怎么来分派呢？举两个日常例子：若每天睡 8 小时是恰当的，则过少于 8 小时是不善待身体，过多于 8 小时是虚耗生命。若吃饭用 15–20 分钟是恰当的，则只用 5 分钟或耗掉 50 分钟来吃一餐饭，都是不合于宜的，过犹不及！不足的，会折寿；多余的，是在浪费！不仅吃饭睡觉如此，人生事大多如此，都有个"度"的问题。

其三在于每段时光的产出和成效：竭心尽力，务达极致，便是善用；反之，便是不善用。有一句话说：做一天和尚撞一天钟。这样状态下的时光，绝不是在善用！凡于生命无益之虚度时光，必于生命有损。以读书为例，若只读死书，即便废寝忘食、夜以继日，也只能成就个书呆子，既不能借以明理修身，也不能借以齐家、治国、平天下。

生命时光的长短，我们左右不了。但生命中的每一时、每一刻怎么度过，是可由我们自己主宰的。"五四"是青年的节日，它为的是唤醒青年"忧国""忧民"的爱国主义精神。我想在其中加上一点，要"忧己"！要唤起自己内心的忧患意识，善待生命、善用时光。不需忧家国之不兴，当忧己之智力无以兴家国！

【此封未回复】

第 91 封：求索廓清黑暗的光明之源

（写于 2020 年 5 月 11 日）

人生经常会步入迷途，陷入困境，茫然四顾而不见出路，苦苦求索而不见光明。这是常态，但凡追求卓越者，都会临此境遇。从不知难、从未有惑者，非真无难、真不惑，而是从不求极致。"迷"与"惑"，恰恰是通往内心光明的道路起点。

廓清黑暗，达致内心的光明，是持续一生的修养工夫。然而，光明之源究竟在何处？

其一，崇高远大的信仰，是人生光明之源。在内构筑人生信仰的圣殿，内心光明是人生泛舟的领航灯塔。

其二，往圣先贤的良知大道，是人生光明之源。前路之所以黑暗，往往缘自"无知"。瞪着无知的眼睛，身在白天也照样会迷路。良知，是往圣先贤用一生的心血为世人留下的光明火种。

其三，身边的良师益友，是人生光明之源。人生需要指引！当局者迷，旁观者清，之所以看不到光明，经常是自蔽双眼，是内在世界的乌云遮住了光明。良师益友一句话的点拨，经常胜过终日的闭门苦思。

其四，星星之火的汇聚，是光明之源。一花独放不是春，百花齐放春满园。我们追求的，不是暗夜的一盏孤灯，而是光明普照大地。与志同道合者携手，战胜黑暗的力量便会不断壮大。

其五，永不屈服的意志，是光明之源。生命不息、心火不灭，求索与扩充光明是一生的奋斗。在与黑暗的斗争中，无论再苦、再难、处于再绝望之境，都要永不低头。

其六，永不停止的行动，是光明之源。如果黑暗遮住了我们的双眼，那就闭上眼睛，用行动踏出一条光明之路来！永远不要无所事事地等待。廓清黑暗的终极必杀技，就三点：一是立即行动，二是毫无保留地行动，三是持之以恒地行动。

【儿子微信回复】：收到

第 92 封：近期杂感

（写于 2020 年 5 月 14 日）

一、再谈如何买到喜爱的书

买书如同交友，找到"知己"和"真爱"不那么容易，尽管值得读的好书很多。在一个知识爆炸和高产出时代，我们当下面临的读书困境是：不容易知道哪些书是我们想读的。

第一是要付出时间和工夫。我们最需要的书们，可能就睡在书店的柜台上，而我们却百爪挠心，不知其存在。它们不会主动来找我们，只能我们主动发现它们。找书的过程中，要做很多事，比如：浏览图书排行榜、逛书店，看荐书单和书评，读内容简介……虽有线索，但仍像大海捞针，是一件耗时耗力的事。

第二是要承担必然会"选错"的后果。买书，是不可能都在"全面了解内容"的情况下出手的，那样做的时间成本，常人多承受不起。我的做法是：先看题材、作者，再对内容有个大致判断，然后就出手。这虽会导致有 20-30% 的失望率（不是书不好，是不合个人胃口），但也有两点好处：一是效率提高了，控制了精力投入；二是也会有意外惊喜，经常无意中网罗进启迪人生的挚爱。

其实不仅找书如此，人生很多事都遵循这些共性的道理：首先要用真心和下真功夫，其次要把握好理想和效率间的度，第三要把"不理想"的结果当作人生不可或缺的一部分来接纳。

二、再谈习惯

根除最顽固的习惯，除了对其重要性和意义要有清醒的认知，并以内心的大勇毅立即付诸行动外，还需要时间的稀释、沉淀和焠炼。积久之习，深入骨髓，每一根神经、每一个细胞中都镌刻着它们的基因。因此，与积习的战争，注定是一场持久战！要由表及里，从大至小，自显入微，一步一步消除净尽，并逐步植入新的习惯以替代它。在与"积习"的斗争中，恒心和意志力，比智慧和勇气更重要。"行百里者半九十"，经受不住时光的洗礼和焠炼，往往功败垂成。

三、再谈文以载道

文是道的呈现形式、外在表达，道是事物的性理，是文所指向的本体。治学之要，在本于道，精于文。不本于道，是拔本塞源，只见光明而不知日月；不精于文，则是以乌云蔽日月，无以照亮乾坤，泽及他人。本于道而精于文，是治学者要兼顾的目标；若文与道不能兼得时，得道重于得文。

【儿子微信回复】：收到

第 93 封：治学的乐趣之源

（写于 2020 年 5 月 18 日）

治学是为了什么？答案可以列出一长串，今天只聊其中的一点：如何在治学中收获更多的乐趣。我个人的体会是：它比学到什么样的知识、取得什么样的成绩，更为重要。人们往往更多关注行为最后的结果，而忽视行为过程的体验。

如果治学过程没有给我们带来乐趣，而只有枯燥、劳累甚或是痛苦，那就要警觉了！如此治学是悲剧化的，是不可持续的。即便能赢得一刻的荣耀，与那成年累月的"身心倍受摧残"相比，也得不偿失。那一定是错了：没有洞见治学的乐趣源泉。

在我 40 年的治学经历中，对此深有体会。一些经验之谈，或许对你有所启示。

一、精进是乐趣之源。做事囫囵吞枣、应付了事、浅尝辄止，不仅往往无乐趣可言，而且经常演化为灾难性的人生体验：在应付差事中饱受煎熬！在四六不懂中闭眼念经的小和尚，绝对是在受罪。如果做事的欲念和行为"停留"在应付上，治学将与乐趣二字绝缘！治学的本原，在于求知以开启心智、开化心灵。唯有时时以精进为出发点和落脚点，才能收获变化、收获进步、收获成长，从内心体验到"满足"后的喜悦。

二、渐进是乐趣之源。治学，只有金榜题名之时才是快乐的吗？当然不是！治学的快乐，寓于每一日、每一月、每一年的学问成长过程中。在治学过程中，我们可时时体味点滴变化，享受每个小领悟给我们带来的小惊喜。洞见"每一分努力所带来的隐微效果"的能力，是铺就幸福人生之路的基石。这一洞见力，可以让我们自主地赋予我们的每一份汗水和付出以意义、以价值、以乐趣。古语云：不积跬步，无以至千里。我想说的是：不仅要看到积跬步可以至千里，更要看到积跬步带来的变化和成长，享受积跬步带来的乐趣！这才是致千里的真谛所在！就如生命的真谛，在于构成她的每一分、每一秒的美好，而不在于生命尽头那最后一刻如何盖棺定论！否则，活着难道是为了死？

三、自主是乐趣之源。我们要做"学问的主人"，而不是"学问的奴隶"。一旦我们的角色异化了，治学的乐趣便荡然无存，留下的只有功利主义孕育出的身心俱废和苦苦挣扎。做学问，是为了充实我们的内在，而不是去迎合他人、沽名钓誉、求取功利。一旦把治学的志向立于"外在"，以功名利禄和毁誉得失为目标，我们便踏上了通往奴役之路：就像一头在草料诱惑和鞭子抽打下干活的驴。这样治学，同样是不能体会到治学的乐趣的。我们既不是为了奖赏而学，也不是在皮鞭的逼迫下而学！我们治学，是自我修养的工夫，是内在自主驱动的行为！自主掌控，是治学乐趣的最可靠、最可持续之源泉。

四、自成是乐趣之源。治学的成效，需要得到外部的认可吗？对此不好全盘否定，因为外部的回馈，对治学是有益的，只要我们对其有正确的认知和态度。在此必须要强调的是，治学之成效是"成"于治学行为本身，而不是"成"于外在的评判和回馈！而时人常有混淆二者的情形：什么都要评一评、比一比，戴个帽子，贴个标签，打个分数……长此以往，便形成了以"成败"论英雄的乱象，助长了功利主义的学风和文化氛围，错把追名逐利当作治学目标，渐渐本末倒置了。别人给我们扣个或高或低的帽子，并改变不了治学的真实成效。是行为本身在塑造自我，而不是那些奖赏或惩罚。治学的成就，只生发于治学本身，不假外求！

五、挑战是乐趣之源。治学也要像踢球一样，要经常挑战一下自身的极限。与高手过招，与强队博弈，才会在一次一次的突破和自我超越中，获取最优的运动体验。爱踢球的人都有这样的体会：赢一个实力比自己强的队，较之于赢一个实力比自己弱的队，有更丰富、更美妙的体验；在一次一次富有挑战性的比赛中，可以收获更多、更快的成长，体味到更多的乐趣。反之，总是与实力太弱的对手对阵，便会渐渐兴致索然、乐趣全无。治学也是同样的道理，在不断攀登高峰的过程中，每新上一个台阶，就会看到新的风景；每当拨云见日、云开雾散时，内心便会豁然开朗、通明畅快！只有不断挑战治学的新高度，才能体验到源源不断的新乐趣！

六、忘我是乐趣之源。读书、写作、调查、分析、研究、思辨、实践……在治学过程中，若能沉浸忘我、心无旁骛、全神贯注，则这个过程本身就会产生美好的个人体验，让人乐在其中。爱读书的人，只有沉浸其中，才能收获那份专注、纯粹的乐趣！读书能至忘我之境，自然让人身心愉悦、如沐春风、如饮醇酒。这种体验，是三心二意、心不在焉的治学状态下感受不到的。

总之，让治学"成为"一个充满乐趣的过程，是我们要从内心去努力经营的！非仅治学要如此，做任何事都应如此。

【儿子微信回复】：收到

第 94 封：天赋与努力

（写于 2020 年 5 月 24 日）

爱迪生和爱因斯坦都曾讲过一个类似的道理：成功缘自一分天赋加上九十九分的努力。我们绝大多数人都自幼知晓这句话，也大多足够努力。

天赋虽是天成，但其在人身上的存在状态，却不是一成不变的！或暗或明，或弱或盛，或粗或精，或消或长，取决于后天的挖掘、磨砺和运用，要用一生时光的持续努力才能成就天赋。

后天当如何努力，才能成就我们的人生呢？我理解其核心是三件事：怎么选择、怎么做、收效于何处。后天之努力，不只是"忙碌"，更重在"忙法"。有人忙着怎么更好地活，也有人是在忙着怎么更快地死。道与法不同，人生境界亦不同。

首先，大至人生，小至每一件经历的时事，在能够自主的范围内，我们怎么为努力确定一个正确的目标？我给出的答案是：面对选择，在内心志趣之外，重点要考察自己的天赋何在！一方面，要为之而努力的选择，应是自己的天赋所擅长的，用其长才能成就最好的人生；另一方面，要设定天赋所能达到之目标。超越能力所及、不切个人实际的目标，会置天赋于茫然无助之境，不仅成就不了自我，还会让人生成为痛苦之旅：想得到的，永远也得不到。

其次，拥抱挑战、追求极致，是所有努力的不变铁律、不二法门。人生一世，要想把天赋之智慧、能力发挥到极致，就要勇于接受艰难的挑战，不断去突破和超越现实中的自我。一方面，在客观艰难环境下要勇于面对，借以催发天赋之最大潜能；另一方面，在容易的、平凡的小事上，立个大目标，精益求精，务求做到极致！"挑战"是自立的、自主的，是为了自我实现而为天赋施加的刺激。

其三，所有努力之最终归宿，都应定位于自我价值实现和内在成长，而不是追逐变动不安的外在功业。所有努力之成效，必须有一个永恒的汇聚地、终极的成长归宿，它只能建构于自我之内在。能成己，方能成家国、成天下。否则，一切都会沦为空言、笑谈！

天赋与努力，互为因果，互相成就。能把先天与后天完美地融为一体，便掌握了走出美好人生的密码！

【儿子微信回复】：收到

第95封：探索心灵成长的奥秘

（写于 2020 年 5 月 28 日）

你我自入世始，除了身体在成长外，心灵也在成长。身体的成长带给我们力量和健康，心灵的成长则带给我们光明和幸福。

心灵的成长，奥秘何在？它在科学和哲学层面的原动力和驱动机制是什么？我们如何做出适合心灵成长的选择？两个层面的体悟，与你聊一聊。

一、解密心灵的成长

1、心灵的成长，贯穿人的一生，而非只在少年时。从心灵成长的规律来看，她不似身体成长那样，遵循发育、成长、成熟、衰老、死亡的演进脉络，而是终你我一生，都在持续生长！心灵成长的终结，不是在壮年时，而是在行将就木那一刻。能走多快、走多高、走多远，取决于人生旅途的全程是怎么走完的。

2、心灵的成长，是从"不自主"向"自主"的渐变过程。人之初，不仅物质上不自立，心灵上更为"不自立"。在入世起步阶段，心灵是被动地由外部世界来塑造的，环境和际遇决定了心灵将被塑造成什么样子。直到我们具有了能抗衡外在的能力，我们才开始渐能自主心灵的成长。可叹的是，相当多的人在有了自主能力后，却没有意识到心灵成长阶段的重大转变，过早地放慢或停下了脚步，而把心思全部转向了外在功业。一旦"毕业"，便不再"学习"。

3、心灵的成长，本质是人生信仰、逻辑、方法的持续建构过程。心灵的成长，从哲学和心理学角度，是指世界观、人生观、价值观的形成过程，是指自我认知体系、架构、能力的完善提升过程，是指思维习性、逻辑、方法的纯、熟、精的过程。

4、心灵的成长，是在自我与外部世界的互动中进行的，环境塑造了心灵成长的大势与大局，决定着人生的广度、深度和高度。非洲的儿童，天资与欧洲的儿童相近，10 岁、20 岁时的心灵状态却大不同；生长于城市与农村、富人区与贫民窟、平安乐土与战乱蛮荒，会面临不同的人生际遇，心灵也会成长为不同的样了。人虽生而平等，但后天的坏境差异却把我们引向不同的人生结局。孟母要三迁其家，农村人要涌入城市，贫穷战乱国家的底层人口要冒死偷渡到和平发达国家，都是在追寻更好的成长坏境。

5、适应驱动下的进化，是心灵成长的内在动力机制。心灵天性不是偏爱勤苦的，但它成长在必须勤苦的世界。心灵的成长，同样遵循达尔文物竞天择、适者生存的进化规律。"适应生境"驱动下的"自主进化"机制，揭开了心灵成长的内在奥秘。挑战性越强，竞争越激烈，合作互动越频繁、越广泛，心灵越能更好更快地成长。

二、通往心灵更好成长的理性之路

1、把自我修养，确立为一以贯之的人生志向。人生第一位的功业，就是浇灌、培养、化育心灵，使我们的内在世界越来越中正、越来越和谐、越来越安定、越来越光明，一步一步走向幸福美满的人生。10 岁、20 岁、30 岁、40 岁、50 岁……只要生命不息，心灵修养的事业就绝不能停止。没有比这更重要的事！一个越来越美好的心灵，才能内以成己，外以成家国大下。

2、把心灵自主，确立为一生知行的根本原则。对心灵的培育，要主动而为，绝不能听之任之、随波逐流，交由命运来肆意摆布和雕琢。这一点，觉悟得越早越好！人生的前半段，虽然身与心的自由度都更少些，但在有限的自由空间内也要"主动而为"！虽然掌控不了外在环境和际遇，却可以掌控自己的态度、行为，推动外在世界与主观世界的和谐，互相成就、而不是互相摧残和伤害。

3、把人生哲学，确立为安身立命的基石梁柱。人生哲学，是其他一切知识和技能的根基、主宰、统驭。若把心灵的成长比喻为大厦的建造，人生哲学就是心灵大厦的基础和四梁八柱。有了它，人生才能安稳如山。哲学，是人生的必修课！无论是凡庸，还是精英，概莫能外。把人生哲学视为"哲学家"的专属，视为高深莫测的学问，视为精英阶层才能涉足的领域，是极为严重的时代错误观念和认知，体现了当今正规教育的弊病和欠缺，反映了社会和家庭教育的无知或偏见。每一个人，无论智愚贤否，无论职业学历，每天都在有意无意间践行着某种人生哲学。人生哲学立偏了、立低了、立错了，则人生的航船或者走不远、走不好，或者迷失方向，甚或中途倾覆……哲学不是什么高深玄奥的东西，而是每个人时时、处处、事事都在用的人生信仰和思维方法。在我的有限治学视野内，对心灵成长最基础、最直接的学说，是王阳明的心学和笛卡尔的思辨哲学。它们探索和构建的，是人生哲学和心灵认知的基础和根本。

4、把环境和伙伴，确立为人生抉择的首要着眼点。在一切可能的情况下，善择环境和伙伴。在这件事上，要舍得投入时间、精力和金钱。孟母三迁，是贤明的家长尽一切之可能为孩子创造最好的成长环境，让孩子与最优秀的师友相处，不计成本、不计代价！那么你我呢？同样要这样选择和行事！只要"有可能"，就选择读最有益的书，上最理想的学校，与最优秀的人交往相处，到最有发展空间和前景的单位工作。这无关乎外在功名，而是心灵的需要。

5、把竞争挑战，确定为心灵进化的能量之源。驱动心灵更好成长的密码，隐含在竞争与挑战之中。一个不经历压力、挑战、艰辛、困苦挤压锤打的心灵，是体味不到什么叫收获与满足的乐趣的。人生最可怕的，不是遍历苦难，而是自甘平庸！最精彩的剧情，一定是跌宕起伏、波澜壮阔与宁静祥和、风平浪静的交响合奏；而麻木不仁、庸碌无为、得过且过的状态，非仅打动不了人，也触动不了自己。哪怕在最平凡的小事中，也要致力于创造出一些小惊喜来！这样出发的心灵，已经踏上了通往美好人生的成长之路。

一生要做的，不是改造世界，而是塑造出更好的自我。

【儿子微信回复】：收到

第 96 封：破译语言的密码

（写于 2020 年 6 月 1 日）

语言，对你我早已没有神秘感了！因为我们每天耳听、口说、目视、手写，都是在和语言文字打交道。它已成了我们的一部分,形影不离,熟得不能再熟了。

语言是人类文明之源，是人类征服自然、称霸地球、成为万灵之首的最重要武器。是语言文字推动下的人类智慧提升，才使我们与其他生物区别开来。语言文字隐藏的力量之强大，是怎么形容都不过分的！

然而，正是因为太熟了，我们反倒逐渐忘记了语言文字的本原面目！距离越近，越是习以为常的东西，越是容易被其外表所迷惑而忽略其本质。

一、语言的本质是什么

学语言、用语言已几十年了，还在问这样的问题，是不是有毛病？是不是有些可笑？确实是有"病"，也着实有点"好笑"！然而，有病和好笑的不是问题，而是我们真的"并不总是知道答案"！

正是这不离你我左右的语言，让我们的认知经常跑偏，理解经常出错，误把虚幻作真实，误把表象作真理。也正是这贴身相伴的语言，欺骗我们最多，蒙蔽我们最多，迷惑我们最多，伤害我们也最多。相伴的日子久了，我们对如影随形的这个老朋友，开始不再质疑、不加防备！我们的感官和心智变得麻木和闭塞，对语言顶礼膜拜、盲听盲信。我们确信自己听到的，即为"人家真正要说的"；自己说出来的，也是"他人所听到和理解的"；自己看到的，即为"作者想表达的"；自己写出来的，也是"他人真实解读出来的"。然而，真实的情况却是：我们的理解，经常不是对方想表达的；我们自己说出的话，也并不总是心中所想。对语言表达和理解，我们经常过度自信！

因为，我们经常忘记或忽视语言的本质：它是"表达"思想的"符号"，而不是思想本身！忘却这一点，会使你我沦为语言的奴隶，而不是语言的主人！顶礼膜拜的早已不是真知大道，而是一堆空洞文辞！就此，我们成年人的认知，反倒经常不如尚在学语言的儿童！初心易逝……

二、正确地"听"与"说"

1、正确地听

无论是与他人谈话交流，还是听他人讲课、做报告，入耳的是"语言符号"，我们要听的却是"对方的心声"，是其心灵的所思所想。听到的"话"只是对"心声的符号编码"，而不是"心声本身"。要想正确理解它，需要把"语言符号"所代表的思想"正确"翻译回去！

因此，要想做到正确地听，就要边听边思考三个根本问题：真还是假；明还是晦；达还是不达。

首先，语言符号有可能承载着真心，也有可能承载的是假意！这是要加以辨识的，人很少能做到绝对不说"违心话"，无论是出于善意，还是出于恶意。对他人之言辞，必须以己心推之，换位思考，以人性、共情、常理、良知相印证，明辨真伪，方能让自己应对得体、进退有节。

其次，语言符号可能把说话者的心声表达得很明晰、真切，也可能表达得非常隐晦、含蓄。有的人表达得相对直白，容易理解并抓住要领；有的人表达得非常委婉，只有悉心加以体味才能明白。透过语言而洞察本意，深入沟通请教，才能穿透语言布下的迷雾，形成正确的理解。

第三，语言符号作为一种工具，掌握得好的，言能达意；掌握得不好的，则言不达意！但即便是圣贤，也只能用语言将其思想和世间道理说个大概和要领。事物道理的全息、真实和本原，无法脱离事物而用语言呈现净尽！所以既要听其言，还要观其行、察其实，置于事物发生的场合、环境、氛围和利害关系中来理解，才能弄懂弄通人家到底在说什么。语言符号是"秘"码，只能在一定的、受局限的程度上编码和解码！

现实的无奈是：我们即便保证了正确地听，仍无法保证听得"正确"。生活中的很多误解，就是这样产生的。

2、正确地说

这比正确地听，要更难！因为它不仅涉及上述理解"语言符号"的能力，还涉及运用"语言符号"的艺术。研究此命题的有很多名家，书店里也有很多此方面的著述。下面，仅谈两点对"何为正确"的个人理解。

首先在"真"。话可以不说，但不可以假！这是我个人的基本信仰，也希望成为家风！生命可贵，不可让一分一秒浪费在挖空心思编假话上！想说时，就直接说心中所想；不想说或无话可说时，就闭上嘴巴甘作个好听众。说与不说，由我自主选择；非说不可时，则要讲真话，无论是直白地讲，还是委婉、艺术化地讲！此中涉及人生修养的大利害，悟得通透，看得明白，才能踏上真实美好的生命旅程，而不是自欺欺人的幻灭之路。

其次，说话不可不讲究！不是每一个人都要"把语言作为专业"来修，但每一个人都绝对有必要在有生之年把语言的技艺持续推向新高度！再没有任何一门技艺，像语言这样作用如此之多、如此之大，与我们相伴得如此之久、如此之紧密！人生近乎所有的其他知识、道理、技艺，都要通过语言来表达、传递。语言智能，是生命智能体系中的基础和根本！要将其历练至炉火纯青、登峰造极之境，就如武侠中的内家气功修炼一般！只有进入化境，才可打通七经八脉，把各派武术之长推到最高境界。

三、正确地"看"与"写"

1、正确地看

看书，是最容易被语言欺骗、蒙蔽的治学方式。躺在书本上的，是僵死的语言文字。而且越是久远的著述，其隐含的真实道理越不易被参悟通透。这与看书之人无关，而是读书的自身局限！一方面，读书与直接听作者讲述不同，我们虽能观书中之文，却不能观察作者的情感，不能观察作者的神态。观书较之耳听面授，失却了很多重要的信息辅助！另一方面，书本文字中的道理，已脱离了道理所指向的事物之发生场景、环境。即便文中有所交代，也会有大量缺失，难以完全想见。因此，通过看书来求知，是所有治学方法中"最不直接"的方式，也是"相对而言效果最差"的方式。非进入一定读书境界、有丰富人生经验阅历之人，是不能通过读书做出真学问的。从这个角度来说，通过读书来治学，年龄大反而更有利！

关于读书的方法，之前探讨很多了，重复强调三点：

一是尽信书，不如不读书。真理不在书本间，而在实践中，在具体事物上。脱离开具体的事物、场景、时代，就没法辨析道理的是非与真伪。死记硬背、照抄照搬书本上的文字道理，是治学的大忌。

二是看书要得法：志在明理，而不在文辞！穿过语言符号的表象，返回到其指向的具体事物，勾勒出事物发生的大致时代场景，进而用心体认语言符号背后隐含的道理，是通过看书治学的根本宗旨和方法。

三是学以致用。不以实用为目的去看书，是虚耗光阴和生命。此处的"用"，不是指狭隘的功利心，而是指读书要以实用为根本，在实处下功夫。

2、正确地写

做文章，是人类对语言运用的最高境界。古今圣贤有"三不朽"：立德、立功、立言。其中尤以立言为上，意义最为深远、广大。作为你我这样的普通人，能写得一手好文章，于学业事业，同样十分重要。

正确地写，与正确地说一样，思想内容也首先要"真"，表达也要"讲究"。除此之外，还有几点要留意：

（1）非确有所思、所悟、所感，不可强为文。写文章，一定要从心所欲，有感而发。为外在功名心所诱使，靠搜肠刮肚、勉强为之，不仅写不出锦绣文章，连让人看的兴致都提不起来。一定要先有触动自己心灵的所思所想，然后才能写出可打动人的文章。打动不了自己的，也一定打动不了他人。

（2）要言之有物、言之成理，于己、于人有所启发和裨益，不做无病呻吟、哗众取宠之空文。立意要端方中正，论理要明白透彻，叙事要简易扼要，表述要条理畅达。

（3）伴随人生阅历的变迁，随想随写，记录下心灵的每一次感悟和成长。人生之旅，并非时时刻刻都能生发触动心灵的感悟。因此，那些触动心灵之思想、感悟一旦呈现出来，一定要马上记下，形成文字。写作的真谛和乐趣，全在于此。思之所至，笔之所及！

语言智能是"逐渐"提升的过程，贯穿人生始终。勤听善听，勤说善说，勤看善看，勤写善写，工夫到了，自然会有新进境。

【儿子微信回复】：收到

第 97 封：学习的"头脑"

(写于 2020 年 6 月 11 日)

学习要有头脑，它是"学习工夫如何下"的根本。学习没有宗旨，便如船失去了舵，用尽气力划桨，却不知所为何事、从何处出发、到何处去、一路要经历和克服什么。

学习的头脑，至少要在如下几方面，做到心有定见、胸有成竹。

一、学习本身的志向

学习，是为了更好地成长，而不是为了学习而学习，为了读书而读书。学习，必须立大志、立定志、立远志，内以修身齐家，外以治国平天下。学习的志向，是由自我主宰的，不管天命、机缘如何，学习志向都须立在把自己培养成"可堪大用"之才上！能做到这一点，便可进退自如，不见是而无闷，遁世亦无闷。见用时，能治国平天下，造福一方；不见用时，能修身正己、齐家安邻，化育良好家风。

二、学习本身的道理

学习的本质是什么？我们到底为什么要学，在学什么，学习的成效应"收获"在哪里？

学习是因为无知！一方面，人的心智，虽有天赋本能，一开始却是处于混沌状态，需要后天的学习才能开启智慧之门，使心灵越来越通透、明白。另一方面，大千世界纷繁复杂，一开始不为你我所知，需要后天的持续学习，才能逐渐理解自然规律，做到应对自如。

学的是道理！学习的本质在明理，而不是获取书面知识、流于事物表象。只有"道理"才能化育心灵，开启心智。学习而不能明理，不过是在大脑中储存了一堆他人的知识和信息碎片而已，是不能为己所用的。

学习要成就在心上。学习的成效，体现在心灵的持续成长，心智的日益成熟。心是学习功业的终极归宿，而不是外在的成绩、功名。

三、学习本身的规律

由浅入深，由生到熟，由死到活，奥妙在"积渐"。任何一门学问，都有个接触、熟悉、认知、理解、掌握的渐变过程。不可求速效，不可倒着做。

由表及里，由粗到精，由晦到明，奥妙在"熟练"。学习需要反复！复习的作用，在于反复参研而达熟练，因熟而生巧，温故而知新。武功高强的侠客，就是靠一遍遍重复修炼，才达化境的。

由博到约，由繁到简，由多到一，奥妙在"积累"。多读、多学、多听、多看，再辅之以心领神会，时间久后，量变引发质变，不同知识之间互相启发，并从中洞见共同规律和简易道理。之所以感觉所学杂乱无章法，是功夫不到，积累不够。

一通百通、纲举目张、叶落知秋，奥妙在"通透"。领悟事物内在的本原道理，便抓住了万事万物发育、生长、变易、衰亡的本原之道，便可举一反三，触类旁通。世间万物的道理，不可能尽学尽知。关键在明一物而能知万物：事物各不同，而本性和道理相通。学习的根本，就是把事物的本性和道理揭示出来。

四、学习本身的方法

善于返身而求知于心。经常静思自问：是否真明白了知识中的道理！知其然，还必须要知其所以然！这个"所以然"，才是真正的道理所在。把书本知识、他人知识转化为自己心中的知识，是学习求知的关键环节。学习的大头脑，正在于此。

善于复习，向错误学习。复习的精力投向，是薄弱知识点和所犯错误。要通过复习，从根子上找到弱在哪里、错在哪里，针对病根下功夫。复习是成绩上台阶、学习升境界的关键，复习也是"自学"的重要方式，是自我领悟、自主探究的过程。

善于调适学习心态。保持端正、稳定、平和的学习心态，是最宝贵的学习素养和品性。此中关键，在明晰学习的根本意图。以成绩为例，考得好，本质是知识掌握得好，虽可喜，却不可骄傲自满，因为学无止境，一时成绩证明不了更多。若考得不好，也只表明知识掌握不牢，虽要重视，却不需气馁，因为找到差距也就明晰了今后努力方向，再接再厉便可更上一层楼。学习境界的提升，往往是为错误所成就的。

【儿子微信回复】：收到

第 98 封：文内之理

（写于 2020 年 6 月 12 日）

子曰："学而时习之，不亦说乎。"出自《论语·学而》。大多数上过学的人，都知道这句话，也理解这句话的意思：学习并经常加以练习，不是一件很愉快的事吗！我也一直这样理解。

仅从字面意思解，其实说不通。学习并经常练习，是每个学生每天都在做的事，更多时候"苦"不堪言，何来快乐？能在不断地学与习中感到愉悦的，似不常见！显然字面意思描绘的学习场景，不符合真实状态！难道孔圣人是刻意用"骗人"的话，来诱导鼓动大家学习？这也不合"圣人"的教学之道，外部施加的奖惩和督责，可一时奏效，却不能维持长久！所以一定是今人解错了！孔圣人阐释的，一定是治学的本原之道，只是我们拘泥于文字、未明其理！

中国古代哲学的一大特点，是言语极度简约精练，且基本上"只说其然而不说其所以然"。千百年下来，若不经深入钻研考究训诂，也便只见得字面意思，却难得内中道理。今人能见到的，只是空洞抽象的说教文辞，却难以从文返实，体悟文辞所指向的真实场景、所蕴含的真实道理。比如更抽象的"一阴一阳之谓道"，若无深厚的中国传统哲学功底，便很难理解这句话揭示了中国传统思想文化起源与演化的一个根源，也无法用其辅助理解当下国人意识中仍广泛存在的、"看似相互冲突的"传统观念。这边说"谦让为美"，那边又说"当仁不让"；这边说"淡泊宁静"，那边又说"发奋图强"；这边说"百善孝为先"，那边又说"舍小家、为大家"……

治学的一大弊端，是流于表面、望文生义，认知和理解止步于"字面意思"，似知非知、似懂非懂、不明所以。其害甚大，不可不辨！

"学而时习之，不亦说乎。"孔子传递给弟子和后学的究竟是什么"道理"呢？这句话阐释的场景是：通过读书、听讲、讨论、练习、践行、静思、体悟等持续学习过程，获取了真正知识，明白了真正道理，达到了理解通透、运用自如的境界，进而让心灵得到满足后自然生发出由衷的喜悦！其内在蕴含的最重要道理是：学习务必达于极致，只有洞彻真正的道理，才能让心灵"求知"的欲望和诉求在"致知"后得到满足。学习的愉悦，只会生发于"得知于心"后的满足！学而不能得知于心，便会学得越多困惑越多、冲突越多、负担越重、内心越累，有何乐趣可言？不得于心的知识，反成心灵的包袱和负累。

很多人学习之所以半途而废，不能收获治学的乐趣，是学无宗旨、学不得法。昨天聊治学要有"头脑"，今举此例作个说明。父子共勉！

【儿子微信回复】：收到

第99封：谈"学以致用"

（写于2020年6月15日）

学以致用，是讲治学的出发点和落脚点是为我所用，在实践中发挥所学，体现学问本身的价值。

这句话反过来说，也是成立的，即：用以致学！实践出真知，很多最深切的道理，来自于切身实践得来的感悟。陆游在《冬夜读书示子聿》一诗中说："纸上得来终觉浅、绝知此事要躬行。"就是讲做学问要亲身践行，在"用"中才能提升治学境界。

"学"与"用"一体并进：学以致用，用以致学，学用相长。"致用"，既是学的目的，也是学的功夫。

学与用的统一，要把握如下两个关键点：

其一，学的与用的，是"道"与"理"。学以明理、用以明理，这是学与用的根本。学不能"明理"，止于文辞表面，是不能致用的。反过来，实践中若照抄照转照搬而不能切身休悟，不能洞彻事物中隐含的规律和道理，才学问增长也无益！学的是道理，用的也是道理，这是第一个统一。

其二，学要收发于"心"，用也要收发于"心"。学，要从心内立志，成就也要收获在心智成长上；用，也要用心去感受体验，使内心"更明白"。学与用同本同源，归一于心，这是第二个统一。

学与用，都是修养的功夫，是"以道理达致内心的光明"。以"心"为源头和归宿，以"道理"为光明和动力，是我们做学问和处理大事小情的两个根本宗旨。人生幸福与功业，离此便无根！

【儿子微信回复】：收到

第 100 封：你先救谁？

（写于 2020 年 6 月 16 日）

对成家后的男人，经常会碰到一个所谓灵魂拷问：母亲与妻子同时落水，你只能救一个，你会选择救谁？

坦白地讲，此前我对此问题也很茫然：一方面，总感觉这个问题本身就有毛病，但也未深究过毛病究竟在哪儿；另一方面，若有人问我，心中也无完满的答案。近来治学，常找些"麻雀"当案例来解剖，这算一个。一些看法，分享如下：

一、挚爱亲情，能分轻重吗？常情之下，母亲有生养之恩，妻子有携老之情，都是生命挚爱，如何能分轻重！就如手与脚，只能保留一样，你是选择砍手，还是砍脚？如此出题，不是脑子进了水，就是脑袋被驴踢过！是自己和自己过不去！

二、这道题对被问者而言，是布了一个死局！前面的问法，与后面这个问法是同样的："母亲与妻子同时落水，你必须让其中一个死，你会选择让谁死？"选择"救"谁的同时，都在做出一个"杀人"的决定，而不仅仅是救人的问题。回答先救谁，都相当于同时在说要"杀死另一个"！脑子正常的人，都不会这样问。因为，但凡有人性的正常人，身临此境时，都会竭尽全力救两个，自己同归于尽也在所不惜！而不是决定救一个、弃一个。尽管客观结果会出现一生一死的局面，但那不是道德命题和感情轻重的事。因此，这道题之所以难，不是因为答题者愚钝或寡德，而是出题者太坏！真正的错误，在于题目和出题者本身！

三、现实中会出现这样的艰难选择吗？可能会，但几率估计比彩票中大奖还要小得多！经常听说有人中大彩，但很少听说老婆、老妈同时掉河里，而且儿子还只能救活一个的新鲜事儿。用几无可能"真实"发生之状况，去考验一个男人的心，"真"的有实际意义吗？天下本无事，庸人自扰之！要想知道他更爱谁，真实生活中并不缺少答案，只是自己的眼睛和心灵被蒙蔽了而已。无论是妻子，还是母亲，当需要借此问题来拷问"他"的爱时，我的看法很简单："她"从未真正学会如何去爱"他"，而只想着……

四、问这样的问题，实质是在用两难之境挤兑"他"。对他而言，不是在决定先救谁，而是要决定"杀了谁"。因此，问此问题者，真的知道自己在干什么吗？自己本想要一个靠不住的口头承诺，证实自己在他心中的地位，实质却把他推至"道德"的悬崖边上，向前一步便是万丈深渊。想要他更爱自己，采用的却是"不爱他"的方式！

五、用这个问题拷问男人的爱，实质上是对自己没信心，寄望于口头表白和承诺来获取安全感！我想说的是：当你问此问题时，不管他此前对你的爱有多深，现在却恰恰会把他推得离你更远。没有哪一个人，无论男人还是女人，会喜欢缺少自信又有强迫症倾向的人。

六、爱是无条件的奉献和付出，是义无反顾，是生死与共！如果懂得爱是"无条件"的，就不应期待"他"先来救你，而应选择和他站在一起，先救另一个！当 3 个人都这样思考时，才既是在互相救助，也是在自救！两个待救之人，先要学会互救和自救，然后才能让来救助的人更有效地实施救助。否则，伴随这个问题的产生，事件的场景也将转变为：两个落水后面临死亡威胁的人，又用这样一个问题把一个她们共同的亲人"拖下水淹死"；施救的人也被拖入"死地"，不是被无情的水，而是被无情的道德屠刀！当然，这个问题只有在"她们两个并未真落水时"才能问得出来，真的都落水时谁都无暇来"拷问他"的。问题最蠢之处，正体现在这里。

七、真实场景中，答案不是由出题者来定，而是取决于答题者的努力。假若她们两个真的同时落水了，在"他"未竭尽全力之前，出题者岂能先判定"另一人的死"？又怎能预知"他"的努力只能救一个？此题之"蠢"，在其不讲理！在于出题者先入为主设定结果！但生活的真实却是：行动先于结果，而不是反过来。只要希望还在，他就可以拼尽全力去救！因此，以这类问题刁难人者，有严重的掌控欲和强迫症倾向，不把人逼死不罢休……

几个小忠告：

1、爱不是通过道德拷问和口头承诺能证明和保障的，爱只能靠"去爱"而赢得。

2、若不是白痴，最好永远不去问这类问题，无论是作为妻子，还是作为母亲。连此类玩笑都不要开！

3、生活中大多不是非黑即白、非此即彼、非对即错、非善即恶的简单选择，而是在真实环境和情势下做出符合人性良知的思考和行动。事情通常可"两全"！智慧之美，正在于此！

4、假如妻子（母亲）真的问了这个问题，那就坦诚直言：只要一息尚存，就竭力把两个都救上岸；落下任何一个，自己都会生不如死。如果你这样回答了，她仍坚持要你选一个！那就告诉她：这一问等于让你去做杀人犯，等于判了你的死刑！

5、假如你的女朋友用这个问题无理取闹、刻意刁难，那就告诉她：现在就去学游泳，以免将来让自己的丈夫左右为难。

6、假如你的母亲用这个问题质问你，那就告诉母亲：您的儿媳妇早已偷偷学会了游泳，我们两个一起救你。

7、假如自以为高明的局外人，用这道题刁难你，那就请他（她）来读一读这篇小文！这个问题，蠢得只有……才会问。

但凡遇到难题，不必急于给出答案！要先看看问题本身是否有道理、合逻辑、有意义，而不是先入为主地认为"问题"没问题！人不能为问题所奴役和左右，被动在夹缝中苦思出路。问题就"出"错了，找答案还有什么意义呢？所有正确的思考，都只能从正确的问题出发。

【儿子微信回复】：收到

第101封："三季人"与"四季人"

（写于2020年6月18日）

台湾大学曾仕强教授分享过山东曲阜流传的一个小故事，很有意思。

有一天，孔子的弟子正在打扫院子。突然有一个人进来问他一个问题："一年有几季？"孔子的弟子说："一年有四季。"来人说："不对！一年有三季。"孔子的弟子不屑地说："一年明明有四季，怎么会是三季？"于是二人争执起来，并打赌起誓：谁错了，谁要给对方跪下磕头认错。此时孔子从屋里出来，弟子上前拜问："老师，一年有几季？"孔子答："一年有三季！"弟子听完糊涂了，又不好当面反驳老师，只好跪下给来人磕了三个头。等来人走后，弟子不解地问孔子："老师您怎么能说假话呢？一年明明有四季，您怎么能说有三季！"孔子说："你没见来人全身绿色吗！它是蚱蜢变的。蚱蜢春生秋死，从不知有冬季，你又何苦和他争辩呢？"弟子听后释然而有悟……

这个故事很深刻：即便掌握真理的明白人，有时也不可与见识不同的异类争高下、论是非。大千世界，物以类聚，人以群分，需要选择与志同道合者为伍。志不同、道不合，岂能与之为谋？在"蚱蜢人"的心中，从生到死只有"春夏秋"三季，从无冬的概念，你又怎能"凭空"说服他呢？若再争执下去，徒惹是非，甚或招至怨恨与祸患，不值一论高下。现实生活中，有很多类似蚱蜢这样的"三季人"，少和他们争辩，便少了很多烦恼和怒气，由此能多活几年也说不定。

《庄子·外篇·秋水》中说："井蛙不可以语于海者，拘于虚也；夏虫不可以语于冰者，笃于时也。"也说的是类似的道理。

人生于世，各有分限。天赋有异，出身不同，经历不同，因此对人生与时事的识见和理解也便不同！所处的虽是同一个世界，在不同人的心中却呈现出不同的样子，悟得的是不同的道理。同样一部《红楼梦》，有人心中看到的是情色，有人心中看到的是非，有人心中看到的是算计，有人心中看到的是盛衰……不一而论。对于蚱蜢而言，说"一年有三季"并没错！因为在他心中，一年就是有三季，生生世世从未改变。这与我们认为"一年有四季"，是同样的"道理"！所有的道理，都只存在于特定个体和种群的"主观理解和认知"中。在蚱蜢们，或称"三季人"的内心世界里，一年就是三季的；在我们"四季人"的内心世界，一年就是四季的。而真实的自然运行，既无"三季"，也无"四季"，是蚱蜢和我们"把自然运行硬分成了三季、四季"。

人世间有太多毫无意义的争执不下，都是错在立场和视角：用自己眼中的世界和心中的是非，去评判对方的认知和信念。"三季人"如此看"四季人"，"四季人"亦如此看"三季人"！

【儿子微信回复】：收到

第 102 封：温故何以能知新

（写于 2020 年 6 月 19 日）

孔子在《论语》中说："温故而知新，可以为师矣。"字面意思是：通过温习而产生新的理解与体会，凭此就可以当老师了。

"温故"为什么能"知新"，其中隐含的道理是什么？若只按字面意思来剖析和推理，是很难弄懂弄通的！一本书，再多重复看几遍，也还是那本书，怎么会产生新知识？难道就是因为"熟能生巧"吗？

要想把内中道理弄明白，还要按照此前讲的治学方法：穿透语言文字符号设下的迷雾，在其所指向的具体事物场景中，去探求答案。

温故而知新，大致勾勒的是如下的治学场景：一位勤学、善学之人，在学习一门知识。第一次学习后，有所收获；隔了一段时间后，他又回过头来重新参研这门知识，在原有收获的基础上，又产生了新的发现、有了新的收获。

这个事物场景中，有三个要素：一是学习的人，二是两次学习的过程，三是两次学习间隔的时间。温故而知新，描述了前后两次学习的收获是"不同的"，有了"新"理解。这些"不同"和"新"理解的产生，一定是缘于两次学习行为间存在差异，所以学习的结果才不同。洞悉了前后学习行为过程间的微妙变化，也就明白了温故而知新的内在规律和道理。

本次温习与前次学习，差异何在？

其一，学习的人"变了"。当然，变的不是他的身体，而是他的"心智"状态！隔了一段时间后，此时的"他"已不再是彼时的"他"，其心智已发生了诸多微妙变化。今日之我，与昨日不同！勤学善学之人日有所进，每天都有新知识摄入，都会有新的感悟。眼光在变、思维模式在变，面对同一事物，会比"过去的自己"看得更通透、悟得更明白。因此，温习时的"他"，比前次学习时的他，领悟能力"更强"了，知识背景更丰富了！尤其当两次学习间隔的时间以"年"或"十年"计时，看同一本书常会产生完全不同的感悟。

其二，每次温习，都是在"前次学习成效"基础上的再学习，而不是前次学习行为的简单重复。有了前次学习的基础，这次学习便有了已习得"信息、知识、理解、体会"的帮助，可以在新的层次和视角下去看、去思考、去体悟。温习，是站在新的起点去看老问题，是对此前学习的反思和检讨，与前次学习进入的是不同的行为情境和过程：关注点不一样，心境不一样，学习方式方法也不一样。勤学善学之人，在温习时往往聚焦重点、难点、关键点、兴奋点、疑问点，做深度学习和研究，并结合其他经验和体会做关联性思考和理解。

由此可见，温故而能知新，是有其立论的内在道理和逻辑的，而且要讲求方式方法。温故不一定就可知新！只有掌握治学的本原规律和方式方法，才能做到温故而知新。所以孔子才说能做到温故而知新，就可以"当老师"了。如果简单地理解为"重复学习就一定能学得新知识"，那每天闭眼糊里糊涂念经、长年在温习的小和尚都能修炼成老师傅了。然而现实却是：这样温习的小和尚，只能沦落为"做一天和尚撞一天钟"的那类昏和尚，真正大彻大悟的高僧绝不是这样练成的。

读书治学，不可停留在文义表面。洞彻内中隐含的道理，方有益于修身处事。

【儿子微信回复】：收到

第 103 封："知之为知之，不知为不知，是知也。"揭示了什么道理？

（写于 2020 年 6 月 20 日）

个人理解，其中至少隐含如下五个方面的治学道理：

一、自知之明，是治学求知的前提。有的人读书做学问，稀里糊涂，不知自己是懂了，还是不懂！满脑子装的都是似是而非、似懂非懂的死知识。明明不知道，却自以为知道。如此状态，是不可能做到"知之为知之，不知为不知的"。做学问的根本前提，是心明如镜，对哪些知识道理是"真的懂"，哪些还不懂，可以做出清晰确定的判断。

二、诚实无欺，是求知的根本态度。有了自知之明还不够，还要正视当下的"学识状态"，不可有任何遮掩和欺瞒。无论是真的懂，或是真的不懂，都要不自欺、亦不欺人。知道的，不能装作不知道；不知道的，也不能装作知道。诚实无欺，是治学修身之本。这也是人们对孔子这句话的最普遍解读。

三、自身认知能力的局限性，是知与不知的分界线。世事纷繁复杂，千变万化，而人的认知能力是有限的。以人之有限能力面对客观世界之无限复杂性，每个人所"能知道"的，都只是沧海一粟。世事之理，不可尽知！因此，治学要秉持理性态度和科学精神，心怀敬畏，认识到自己所学之局限，谦虚谨慎，戒骄戒躁。承认自己的无知，并不是什么可耻的事！

四、"知"与"不知"是相对的，求知过程无止境。知此未必知彼，知其然未必知其所以然；此时不可知，不等于彼时仍不可知。我们对任何事物的理解和认识，都是相对的、动态变化的！我们当下获取的，只是特定视角、特定情势、特定环境下的有限知识和道理，而不是其全部。人类文明发展至今，对人类自己也还没"完全了解"，但是比以前了解得更多了、更深了！要持续学习，终生学习。从无知到有知，是反复循环渐进的过程。

五、我们"心中对事物的认知"，都是已知与未知的组合体。只有认识到心中所见之事物，都存在"月之暗面"，我们对事物的认识才是"完整"的。一个人的心智是否健康成熟，不仅在于清楚"自己明白了什么"，更在于清楚"自己还不明白什么"的绝对真实。否则，认知便是偏执的、残缺的，只能看到障目的那一叶，而看不到整个森林。

【此封未回复】

第104封：望文生义"害死"人

（写于2020年6月24日）

《论语·里仁》篇中有一句话："朝闻道，夕死可矣。"在很多正规的译注中，都将这句话的意思翻译为："早上听到了这个道理，晚上去死都心满意足了。"意指一个人求道心志的诚恳、急切。最初看到这句话时，我也是这样理解的，尽管心里总感觉"别扭"！求道之心再诚切，也不至于以死相报、以死来换吧。假设换个说法：我早上告诉你一个大道理，代价是你晚上就要死！

我相信没有一个人会"以死来闻道",因为这样的道理本身就"不讲道理"!没有谁讲的所谓大道理,值得我们付出生命的代价去听。因此,这又是一个望文生义的鲜活案例,真的是害死人啊。

这句话的正确涵义,台湾大学曾仕强教授的解读,是我所认同的。他的解释是:如果早上起来明白了道理,就可以让那个昨晚仍不明事理的自己死去了。寓意是:要勇于自我批判和否定,不断破旧立新、告别过去、迎接新生。《了凡四训》中有一句话,阐释的大致是同样的道理:"昨日种种,譬如昨日死;今日种种,譬如今日生。"

文以载道,嚼的通透它便成就人,吞的囫囵就会误导人!载道之文,出自他人之口,成于他人之笔,不加以推敲、考究、践行、校验,是难以"由文返理"的。道虽载冂文中,但是经过语言义字符号的加密和抽象,"载道之文"与"真相和道理本身"便隔了一重屏障!而且,载道之文的形成年代越久远,说这些话的人与我们的知识背景和文化差异越大,这个屏障便会越高、越厚,因此也就越难翻越或穿透。而不求甚解者,仅从文字出发,妄自揣测,望文生义,便会生出许多错误理解。

从做学问的真实行为过程和规律出发做考察,会对我们洞见真相有大的帮助。事实最能说明一切,最能让我们回归事物的本原处去理解和认识。

首先,载道之文,来自何处?它来自生活,来自真实事物,来自发明道理者的实践。所有的文字道理,都指向特定的真实事物,是往圣先贤对特定的自然现象之感知、理解和阐释。比如上面说的"朝闻道,夕死可矣"!这句话不是孔子凭空臆造出来的,而是源自对治学修养的观察和理解,是从人生真实成长过程中体悟得来的道理。因此,"朝闻道,夕死可矣"这个载道之文,是与其指向的真实人生场景、情境和道理密不可分的。人类永远尤法用语言"全息记录真相和真理的原貌",而只能用语言文字这些"符号""密码"来对其进行抽象、概括和阐释。我们听到、看到的所有载道之文,都如同"符号化了"的密码电报,需要重新破译才能再现其真实面貌。

其次,如何由文明理?毋庸置疑,语言文字仍然是知识传承的主要方式,也是最为快捷高效的方式。我们学习求知,更多的是从语言文字中去求取知识和道理，而不可能事事躬亲，都要独自探求出来。先知先觉者的著述，为我们提供了跟上人类文明步伐的助力。但是我们如何跨越语言文字的障碍，求得其背后隐藏的真知大道呢？我自己的治学办法是：先由文返实，再由实返理！具体就是：对听到的"话"、看到的文字，不是直接从"文字"去理解其意思和道理，而是先将之还原到其指向的"生活场景"，对应的"生活情境"，并假定自己身临此境；然后，针对语言文字阐述的道理，用自己的身心去考察、感悟、理解、推敲，结合自己过往的阅历去验证，必要时再参看其他学者的解读，并在实践中反复体认。儒家治学宗旨中的博学、审问、慎思、明辨、笃行，也是由文返实的功夫。

道理，产生于真实的生活；学习道理，自然要先进入语言文字所指向的真实事物和场景。学习的大忌，是浮于文字表面，用"这句话"来解释"那句话"，用"这个空洞道理"解释"另一个空洞道理"。脱离现实、脱离实事、脱离真相来做学问，如刻舟求剑、缘木求鱼，终究只能落得一场空，只是在脑子里灌进一堆公式和符号罢了。

【儿子微信回复】：收到

感悟 105 封：解析"知行合一"

（写于 2020 年 6 月 29 日）

一、关于知行的观点争辩

（一）知行分合之辩

1、知行分离论。主要阐释的是：通过学习获取知识，与实际运用知识来做事，是不同的过程。知与行，是两件事，是分离的。

2、知行合一论。主要阐释的是：日常人们做事，知是行之始，行是知之成，能知即能行，能行便能知，知与行是一体并进的。能知不能行，不是真的知；

能行不能知，是冥行妄作。

（二）知行分离说引发的知行先后之辩

1、"先知后行"说认为：人要先学习获得知识和道理，然后才能用以指导做事。这是用来激励人们要先学习知识，再行动，避免盲目而为。

2、"先行后知"说认为：知识来源于实践，只有在实践中才能获取知识和道理。这是告诉人们实践出真知，避免闭门在书本上做学问。

（三）知行分离说引发的知行难易之辩

1、"知易行难"说认为：知道"道理"容易，但在行动中把道理落到实处却很难。主要是告诫人们不能"死读书""读死书"，不要把轻易得来的书本知识当"真知"。这样的知识，是不能真正指导个人实践的，结果往往是知道做不到。

2、"知难行易"说认为：道理很难真正弄懂弄通，一旦弄懂弄通，做起来反倒很容易。这是在督促治学要深入，真正领悟掌握，融会贯通。一旦把"道理"看得通透了，就很容易把握什么当作、什么不当作、当如何做。

二、认知冲突的缘起

关于知、行，从表述上看有很多冲突和矛盾的说法，但从道理上看又似乎都能说得通、各有各的理。因此，很难简单地说哪个对、哪个错。同一个概念，从基本"名学"的角度，用以表达的内涵和出发点就不同。

知行分离说的"知"，是指通过学习得到的"现成知识"，也即我们常说的"书本知识""文字知识"，是"他人"思想和认知的文字阐释，是与产生它的人、事物、情境已经分离开来的知识。对于学习者而言，必须先把这些现成的、他人的、文字的知识"拿过来"加以消化吸收，然后才能用。所以便有了"知先行后"还是"行先知后"之辩。从西方哲学的思维视角来解读，知行分离论的哲学基础，是机械唯物论和二元论。

而知行合一说的知，在阳明心学中是指"良知"，是指人对天地万物运行规律的理解和把握能力，是自我对万事万物所遵循之道理和规律的理解和信念，是自我判断事物是非善恶的基本准则。良知是每个人天性中潜在的能力，但要在事物和行动中才能被激活、实现，它不能脱离事物、脱离自我、脱离与世界的互动而孤立存在。知行合一说的知与行，在西方哲学中对应的是一元论、有机论、系统论、整体论的思想，它并不指向任何"具体的、现成的知识"，而是把"知行"定义为人类理解的有机过程，定义为"人与世界"作为一个系统整体而相互联系、相互影响、相互适应、相互改造的共同演化过程。在这样的过程中，知与行必然是一体并进、无法分离的，知的过程即是行的过程，行的过程也是知的过程。

因此，关于知与行的认知冲突，大多是"表述"上的，是语言文字上的。内中隐含的道理，却不是截然"对立"的，不是简单的非此即彼，而是各有各的立场，各有各的表达意图，各自阐释的是不同场景下的不同道理。各自所揭示的"道理"，虽然有精粗、明晦、高下的区分，但绝非简单可以分"对错"。

三、阳明心学的知行合一

阳明心学中的知行合一，蕴含的道理是非常深刻的。几点学习体会，分享如下：

（一）知行合一于"我"。我们心中明白道理，在道理的指引下去行动，在行动中又去洞察体验感悟新的道理。知与行的"本体"，是我之身心！其收与发、动与止，都在你我之身心。对于每一个体，都只有他（她）自己"心中的世界"；这个世界取材于客观物质世界，但却由"我"来主观建构。心灵是什么样的，内心世界就会被构造成什么样子。因此，虽然生活在同一个天地间，每个人的内心世界却不是完全一样的！阳明心学中说"心即理、心外无理、心外无物"，强调的是所有事物及其理解，都是从"我"中生成的，都是同一母体的创作。

（二）知行合一于"事物"。知与行，永远也离不开具体的事物，我们是"在事物中知行"。我们所知的道理，是对具体事物的认知与理解；我们的行为，是在一件件具体而鲜活的事物中进行。无一例外！在具体事物中，我们用所知指导行动；也是在具体事物中，我们通过实践和行动体悟真知。知行离不开事物，合一于事物。静坐、游玩、运动、观察、思考、读书、学习、饮食起居等，都是"事儿"，都既是在知、也是在行。只要有一事儿，就有"知行的功夫"在其中；反之，只要没有事，也就没有所谓的知、没有所谓的行。

（三）知行合一于"理"。我们所知的，是心中的万事万物之理；我们所行的，也是心中的万事万物之理。道理，是知行的源头和归宿；道理，是知行的主宰和统驭。因此，圣贤治学，强调"读书以明理"；圣贤治理政务，强调"遵循本源之道"。都是在强调知行要明道循理。不明道，所知便陷入歧途，不仅不能带来内心的光明，还会将自己拖入冲突的深渊；不循理，所行便浪荡无根、盲目乱撞，不仅不能行至光明的彼岸，还会令自己迷失在无知混沌中，不知身心归于何处。

（四）知行并进，知行互相成就。一方面，知和行，在现实中是一体并进的，不存在"离开知的行"，也不存在"离开行的知"。两个工夫相伴相随、同生同灭，知中有行，行中也有知。比如读书是在求知，但读书本身又是思维行为过程；思考，也是行为。无论是求知，还是用知，都是"知行并进"的过程！另一方面，知和行，在现实中互相成就。知晓道理，可以成事，提高做事的绩效；而勤于做事、善于做事，则可以加深对道理的理解和感悟，使之融会贯通、运用自如，并在实践中洞见新的规律和道理，使心中之知更清楚明白。

（五）知行合一并不意味着在"概念上"没有知行之分。知行合一的主旨，是从概念背后的本原道理来看的，是告诉我们不要在本原上把知行割裂开来，而不是要取消二者在概念上的区分。概念上的区分，是为了帮助理解，是为了从不同角度、不同立场看待事物，以获取对事物的更立体、更深刻、更多维的理解。真正要规避的，是防止伴随概念的区分"把事物和道理肢解了""把思想和行动割裂了""把自我与世界分离了"。此前已多次讨论过，"载道之文"不能离开特定场景下的具体事物，在文字上凭空穿凿。知与行的争辩，很多时候是"概念之争"！一旦回到它们指向的源头，冲突便合而为一。中国传统哲学所说的"一而二、二而一"，于此可见一斑。

四、对现实生活的启发

（一）知道做不到，是并不真的知"道"。这说明我们治学的功夫不到位：

没做到博学、审问、慎思、明辨、笃行，读死书而不能明理，理解停留于书本文辞；或即便理解了，也不够专精、不够通透，掌握得不牢靠、不熟练，不能融会贯通、活学活用，不能内化于心、外化于行。因此，要循序渐进，反复学习、实践，由浅入深、由粗入精、由表及里、由晦到明，功夫不可一日有间断，治学志向不可有片刻轻忽懈怠。

（二）事倍功半，多是因为背"道"而驰。没做到深入调查研究，没能明察秋毫、洞悉原委、洞彻事机要害，没有抓住事物的规律、道理。因此也就不得要领，不能确立处事的宗旨，找不到最适合、最有效的应对方法，只能草率行事、盲目乱撞、冥行妄作，做事全靠运气。处事的关键，在明理晓事！做事的功夫，当双管齐下：一方面，功夫要用在平日，勤奋治学，体悟事理，开启心智，做到心明如镜；另一方面，遇事时，功夫要先用在"晓事"上，体察事情来龙去脉，既总览全局又洞彻隐微，以心中明镜照事物，切身体察，通过现象看本质。事理明白通透了，做事自然也就顺畅了。

（三）人生，是"知""行"功夫的合奏！知要达到极致，不是一朝一夕的功夫；行要达到极致，也不是一时一事的修为。知行在人的一生中，是循序渐进、反复淬炼、不断爬坡、不断上台阶的过程。知行的功夫，就如栽培树木，要不断施肥、培土、浇灌，不断接受阳光、雨露的滋润化育，才能根深蒂固、枝繁叶茂。树根未深而求树干粗壮，树干未粗壮而求枝繁叶茂，便违背了树木生长的自然规律和道理。知行功夫绝不能倒着做，功夫未到极致，却奢求极致的结果。

万丈高楼平地起，先要打牢基础，再逐层建造，自下而上。树木成长的全部意义与乐趣，就寓于由种子到树苗、由树苗到参天大树的成长过程中；人生成长的全部意义与乐趣，同样蕴蓄在一点一滴、日复一日的知行功夫间。否则，如果还未起步就奢望结果，下一分功夫却寄望得到十分成效，便是把本末倒置了。

【儿子微信回复】：收到

第 106 封：学习的"知行合一"

（写于 2020 年 7 月 1 日）

学习过程，是一曲二重奏，是两个并行的求知过程在同时发生：

第一个过程，是通过学、问、思、辨、行的功夫，向书本学习、向老师学习、向同学学习、向实践学习。在这个过程中，我们学习各种"外来的知识和道理"，通过领悟、消化、吸收、运用，使其转化为我们自己的，这是我们通常理解下的学习过程。

第二个过程，是"学习行为自身的完善和提升"。在学习过程中体悟"如何学习"，本身就是一种学习和自我修养！这是一个常被大家忽略掉的学习，虽然寓于所有的学习过程，却多数情况下"行而不知"。学习行为本身，也是"事儿"，也要做好，也要在做的过程中去用心体悟其中的道理。学习不仅要关注知识，更要关注学习行为本身。

学习就如打鱼，第一个过程的目的是"得到鱼"，第二个过程的目的则是提升"渔的技能"。第二个过程比第一个过程更为重要。如果能不断提高渔的技能，也就不愁得到更多的鱼。

在这两个学习过程中，同样也要"知行合一"。

1、学以成己：知行合一于我。无论是第一个过程，还是第二个过程，都是在成就"自我"！学习圣贤的知识，是用以开化自我的心灵，开启自我的心智。在学习行为过程中，修养历练的是自我的学习素养和能力。有一句大俗话：钱财等一切身外之物都是别人的，只有知识和道理是自己的，谁也拿不走、夺不去。学习的目的，是成就自己。

2、学以明理、学以致用：知行合一于理、合一于事儿。这在此前已多次讨论过，不再赘述。非仅学习，做任何事，知行都要合一于理，在心上学、在事上练。

3、唯有知学之理，方能善学；唯有善学，方能求取真知。一方面，只有掌握了"学习本身的规律和道理"，我们才能确立正确的学习宗旨，掌握正确的学习方法，养成合理的学习行为习惯，做到"善于学习"。另一方面，我们越是善于学习，越能洞见常人看不到的规律，领悟出常人领悟不到的道理，能做到学得明白、理解得通透。在学习过程中，知行合一并进，互相印证、互相促进、互相提高，循环往复，学习的境界逐步得以提升。

4、知行合一，是学习乐趣的源泉。内心的知识和道理，能在做事中体现为实实在在的价值、收获，内心自然是满足的、喜悦的；做事时，不仅把事情做好了，还能洞见事物中隐含的规律和道理，内心自然也增加了更多的满足和喜悦。学习的大忌，是把知、行割裂开来，把学习理解为先学习再运用、先求知再实践，把求知理解为"书本上""课堂内""学校里"的事儿，而把应用理解为毕业后的事儿。脑子里装了很多"死知识"，实际并不是真的懂，走出校门后也不能真的做到。

知行合一，蕴含着深刻的人生道理。在日常学习、生活的大事小情中，要悉心感悟体认，使其成为基本的心智模式和行为习惯。

【儿子微信回复】：收到

第 107 封：我的藏书分类

(写于 2020 年 7 月 3 日)

对我读过的书，按照读后受到的启发、感悟和收益不同以及心仪程度的差异，大致可分为如下六类：

一、一生伴侣

治学修身的根本因依，一生相伴的枕边书。我的一生伴侣，即阳明心学。以《传习录》为核心，以阳明全集为主要素材。

二、人生知己

志同道合、情投意合、常在手边的好书。藏书单：《史记》《资治通鉴》《老子》《易经》《沉思录》《逻辑哲学论》《人类理解研究》《笛卡尔谈谈方法》《瓦尔登湖》《曾国藩家书》《反脆弱》《阿特拉斯耸耸肩》《心流 – 最优体验心理学》《杰克韦尔奇自传》《乌合之众》《思考快与慢》《黑天鹅》《拿破仑希尔全书》《合作的进化》……

三、学业事业的导师

从中得到重大启发、指引、助力的著作。藏书单：《二十四史》《君主论》《菊与刀》《基业长青》《灰犀牛》《博弈论》《论人战略》《战略规划的兴衰》《战略过程》《论自由》《西方哲学史》《光环效应》《失控》《决策与理性》《助推》《规模》《孙子兵法》《六韬》《战略论 – 间接路线》《战争艺术概论》《大战略》《像哲学家一样思考》《战略：一部历史》《领导智慧》《追求卓越》《竞争战略》《不确定世界的理性选择》《人性论》《战争论》《薛兆丰经济学讲义》《对赌》《驱动力》《胜者思维》《大国战略》《苦难辉煌》《劝学篇》……

四、一面之交的朋友

能吸引自己从头至尾读完的书。此类书目，不一一列举，比较多。

五、转瞬即逝的过客

只读了一部分或粗略翻阅的书。书目略。

六、错误的邂逅

买来后从未读过，翻一下就搁置一边的书。书目略。

当然，上面的书单，以后还会继续扩展。

读书，以得到一生伴侣为最美，能有此幸运和机缘的人，万里未必能有一二。究其原因，不在于无书可求，而在于有坚定治学志向且能一以贯之的人，太少了。没有持之以恒的读书志向，也就不可能出现一生不离不弃的枕边书；问题不是出在书上，而是出在读书志趣上。大多数人的学业事业，是跟随时事和潮流而变迁浮沉的，志立于外，为功名驱使。此时的功业建立在此领域，读书便钟情于此；彼时的功业建立在彼领域，读书又钟情于彼。如此经年累月，见异思迁哪一类书都不可能成为人生的伴侣，因此也便体会不到人生伴侣带来的卓越体验。

能成为人生知己的好书，也不易寻得。即便是酷爱读书之人，读过百部而能得到两三部可称为知己的好书，已是足够幸运。至于能启发学业事业的导师类图书，相对来说容易寻得，只要按照此前和你聊的找书方法，不难找到经典著作。

人生能用于读书的时间，是极其珍贵、极其有限的。读书时间，是最稀缺的生命资源！因此，读书时间的分配，必须要在书间做出取舍，区分轻重缓急。几点个人做法如下：

1、与"一生伴侣"的相处时光，是每日必留！贯穿一生的本源学问，要在每天都加以学习、体悟、践行。不一定每天都把书拿出来读一读，但一定要每天都以"书中之理"为镜子，照一照自己的所思所行，并在所思所行间体认书中的道理。有新的感悟和体会时，随时记录下来，日积月累，前后反复验证、磨砺。对于年轻人来说，如果暂时还未找到一生治学的伴侣，也一定不要放弃追求和努力！它对人之一生治学、身心修养、个人成长、人生幸福的重要，怎么强调都不为过。我在 47 岁才与阳明心学真正结缘，沉迷于学海 40 寒暑而终见灯塔、困于暗夜 40 春秋而突见光明。此中感触与收获，只能意会，而无法言传。学无定在，便会一生漂泊不定、冲突不断、困惑丛生。我醒悟的已然晚了，你最好在学生阶段就找到一生治学的根本。一点提示是：能成为你我一生伴侣的学问和书籍，只能到阐释人生本源"道理"的领域（哲学和心理学）去探求。

2、在可选择的一堆书目中间，一定要把当下的读书时间"只分配给现在最想看的书"。当下的志趣，是在书目间进行选择的首要标准！只有发自内心地想读，才能激活自身的全部读书潜能、潜质、潜力，在有限的时间内获取最佳的读书体验，收获最大限度的成长和乐趣。再好的书，若在被动、逼迫的状态下去读（无论是为情势所迫、还是自己逼迫自己），都会索然失味儿，读书的体验和效果会大打折扣。读书要结合心境，尽量不要为功利所迫勉强为之。在不同的个人际遇、心境和环境下，选择读不同的书，是合于常情的。否则，书便不会被我们称为一生的朋友。

3、遇到不钟意的书，读下去感觉是浪费时间、是对精神的折磨，那就果断停下来弃置一边，大可不必为"买而不读"的负罪感所累。既然已经买错了，就赶紧纠正；绝不能错上加错，把宝贵时间浪费在"一本错误结识的书"上！把这个时间用在读其他更钟情的书，才是明智之举。在读书上，不可牵累于错误的观念和认知，为了读而读。有的书，此时读不进去，不等于以后仍不想读，顺其自然就好。当然，这针对的是业余自由阅读。对于学业事业的必读书目，则不论喜欢不喜欢，都要认真读，没兴趣也要强行培育出兴趣来。

4、对于人生知己类的书，隔段时间要打个招呼，不可经年累月不搭理人家，把人家置诸脑后而不闻不问。志同道合的好书，经常翻一翻、温习温习，是可以给自己带来激励和助力的。这也是"知己"二字的涵义！此前，我每逢人生困惑之时，就翻出这些书来看一看，就如找老朋友来聊天一样，不仅会从书中获取启发，还可获得精神上的陪伴和慰藉。有书相伴，身在蛮荒无人之境也不会孤单。

【儿子微信回复】：收到

第 108 封：好书与坏书

（写于 2020 年 7 月 9 日）

书也有良莠好坏之别，不可不慎加分辨和选择。一本好书，可以陶冶人的情操，增长人的智识，化育人的心灵，让人受益无穷。反之，一本坏书，可以污染人的心灵，蒙蔽人的心智，腐蚀人的心性，因而后患无穷。

好书与坏书，一般可从读书后的收效，来加以分辨。或者说，我们通常是根据"书之内容的价值"来区别好书和坏书。下面主要是换个角度来讨论这个问题，从"书是怎么创作出来的"来审视好书与坏书的根本分野。

好书的出生，有如下特点：

其一，从写作过程上看：必然是作者呕心沥血之作。一部著作的出生，必然是通过千锤百炼、呕心沥血的创作过程得来。千锤百炼，方见真金！司马迁写《史记》，在身受腐刑、受辱入狱的情况下，前后历时 18 年，百困千难，才写成 50 多万字的千古巨著，被鲁迅称为"史家之绝唱，无韵之离骚"。《周易》是文王被关在羑里时所作，《春秋》写于孔子周游列国的困顿时期，《离骚》写于屈原放逐之时，《国语》是左丘失明之后所作，《兵法》则是在孙膑被挖掉膝盖骨之后写成……古今中外，此类事例不胜枚举！但凡伟大的著作背后，大多隐含着一个同样伟大的创作事迹。能传世的著作，没有一部是轻易得来！

其二，从写作的内容上看：必然承载的是独创之见。一部好书，必须是源自作者深刻而又独到的感知、见解，承载泽被当世、启迪后人的道理。书的本质，不在文字，而在作者的思想和灵魂。一部好书呈现给我们的，是作者的智慧和洞见，是作者内心的光明。千百年来，人们之所以沉醉于那些传世的经典名著，根本上是为作者的人格所感染，为其思想内容所吸引。倘若书中的内容，连自己都不能打动，它又靠什么去打动他人，靠什么世代流传呢？一部《易经》，传习 3000 多年，因为其中蕴含着自然和社会运转的基本规律和道理，启发了一代一代的中华儿女，成为中华传统文化的基因，溶入中华文明的骨血。包括当下计算机的二进制（0，1）在西方的发明，也受到《易经》中隐含的阴阳相对论思想的启发。

其三，从写作的动机上看：伟大的作品，必源自伟大的心灵。古今中外绝大多数传世巨著，都是在纯洁的、高尚的、绝尘不染的心灵动机驱动下而成：沉浸于探求宇宙自然的本原之理，沉浸于阐释人类社会的良知大道。正是追求真理的纯粹之心，驱动着作者的创作热情，激发出作者的创作智慧与活力。也正是这份纯粹，可以经受时间的洗礼，历久弥新，流传世代而不朽。王阳明一生志于圣贤之学，以"为天地立心、为生民立命、为往圣继绝学、为万世开太平"

为己任，历经千难万险而志不移，身处蛮荒之地而身不退，才最终开创阳明心学，对之后 500 年的中国思想史产生了重大影响，并且漂洋过海，影响并推动了日本的明治维新！没有伟大的动机和信仰，同样出不了伟大的思想和著述。

反过来看，坏书的创作，恰与好书相反：经常充斥的是粗制滥造的快餐文化，内容肤浅媚俗，为功名利益驱动，作者本身就缺少端良方正的治学品质。有的书，通篇充斥的是他人观点，大量引用他人著作，而自己的观点却少得可怜，让人读来读去，不知是在读谁的作品；有的书，内容粗俗下流、哗众取宠，讲的全是旁门左道、惑众妖言；有的书，意在媚俗邀宠，沽名钓誉，金玉其外、败絮其中，吹得大花乱坠，诱人上当以牟利；有的书，作者本身即居心不正，品行不端，既缺乏严谨的科学精神，又缺乏端方的治学素养……这样创造出来的书，即便一时"畅销"，也终会原形毕露，为世人所唾弃。

因此，好书还是坏书，其出生过程就已决定了其出世后的命运。这对你我今后治学、写文章、搞创作，是非常重要的启示！

【儿子微信回复】：收到

第 109 封：谈"格局"

（写于 2020 年 7 月 14 日）

人们常说：人生要有大格局。可究竟什么是格局？

用百度搜索"格局"的意思，解释很多。比如："格"指结构，"局"指形式；以时间为"格"，以空间为"局"。哲学层面的解释为，"格"指对认知范围内事物认知的程度，"局"指时间、空间认知范围的大小。

为便于理解"格局"中隐含的道理，我将其解读为："局"指我们的思考和行动所能扩及的时空范围；"格"指我们的思考和行动所能达到的高度和水平。一方面，从空间维度，格局大小体现了我们能在多广阔的天地内进行思考和行动，我们的舞台有多大，视野有多宽，能在多大维度进行跨界关联思考。

能综观整体、通览全局者，即是我们常说的"识大体""顾大局"之人。当他们遇到一件事时，不是孤立地就事论事，而是将之放到大环境中去审视，放到与其他事物的关联中去思考，探究事物之间相互联系、相互影响、相互促动、相互抑制的逻辑和规律，做到从大处着眼、从细处着手，处事得体、当位、合宜。另一方面，从时间维度，格局大小体现了我们能在什么样的时间脉络中思考问题、总结规律、洞察事理，向前能否追根溯源、洞彻原委，向后能否预判走势、未雨绸缪。有一句老话：前知五百年、后知五百载，虽显夸张，但揭示的是同样的道理，都是讲人们要站得高、看得远。《易经》中说："履霜，坚冰至。"意思是说脚踩到了霜就可预知严冬不远，是在教导人们要有历史的眼光、发展的眼光，明白事物发展演化中隐含的规律和道理。

从现实来看，格局对人生一切事，都至关重要。俗语说：低端看才能，中端看人品，高端看格局。学业要有大格局，既要破万卷书、行千里路，为思想打开自由而广阔的空间；又要精纯专一、务达极致，掌握文字知识背后隐藏的良知大道。事业要有大格局，既要开辟广阔的事业天地和人生舞台，使个人才智和能力得以回报家国天下；又要追求卓越、精益求精，在高远志向和高尚信仰的引领下，不断提升对国家和社会的价值。交往要有大格局，既要广泛结交各个领域的志同道合者，共同学习、共同成长、共同开拓；又要择善、择贤而交，以共同志向、信仰和追求为交友宗旨，不媚俗、不从众，不与不肖者为伍。看待利害也要有大格局，既要用更宽阔的视野、更长远的眼光来审视利害，不为眼前利益、一时得失蒙蔽双眼；又要确立正确的世界观、人生观、价值观，以良知、真理、大义为进退准则，不以成败论英雄，不为利害所奴役。

人生格局，既来自天赋，更来自后天修养，且后天修养更重要。如何拓展人生格局呢？谈几点感悟，或许对你有所启发。

其一，固本培元。人生的格局无论大小，都必须"有根"！没有根基，连"小"格局都是动荡的，连小格局都无从去守，更莫奢谈什么大格局了。初心和志向，由天赋和努力推动构建的学业、事业、生活领地，就是人生的根基。我们每向前、向外踏出一步，都要非常清醒地知道：这是人生领地的拓展，而不是弃家出走。中国革命"打天下"时，先建立"稳固的根据地"，然后再以根据地为核心，步步为营、向外拓展。如果打一枪换一个地方，捡了芝麻丢了西瓜，革命事业的格局是不可能做大的。流寇自古难成伟业，原因正在于此。学业、事业、生活，首先要固本培元，确立人生志向，然后才能在天赋和后天努力的推动下，不断拓展人生的格局。

其二，持之以恒，久久为功。人生格局之大，不是一朝一夕成就的，而是来自于长期持续的修养和用功。中国革命自 1921 年建党，1927 年建军，1949 年建国，最初无立足之地，然后开辟几个小根据地，再到形成巩固的大后方，直至百万雄师过大江、统一全中国，前后经历了白色恐怖、14 年抗战、3 年解放战争，才建立了 960 万平方公里的新中国。新中国成立后，又经历了千难万险，才发展成为现在的局面，获得了现在的国际地位和影响。人之格局，与国之格局是一样的，必须从持续不间断的努力中拓展，循序渐进，久久为功。格局，不是今天想大、明天就能大起来。它既取决于天赋，更取决于后天的持续努力。

其三，破万卷书。读书是拓宽你我知识视野的最佳方式，也是拓展人生格局的第一路径！当然这里的读书，不是指读死书、死读书，而是指读书明理，此前就此已反复讨论过多次了。人生所经历的所有事中，读书对于改变一个人的心胸、气度，是最有效、最能自主的方式。常与好书相伴的人，心胸会越来越开阔，气度会越来越宏毅，性格会越来越洒落，思想会越来越高远……学习，拓展的是一个人内心世界的格局！一个永远保持学习心态、学生心态的人，内心的格局才是真正"无限大的"！我们已经掌握的知识，只不过是沧海一粟；只有在那无限广阔的未知世界不断求索，内心世界的格局才能不断成长拓展。

其四，行万里路。无论是志得意满，还是艰辛困厄的人生际遇，都是人生格局拓展的推进器。勤于做事、善于做事、敢于做事，是拓展人生格局的重要法则。新中国 960 万平方公里的国土，是一仗一仗用智慧和鲜血打下来的；新中国当下的繁荣和安定，是各行各业用辛勤和汗水浇灌出来的。红军长征两万五千里，一路风餐露宿、爬雪山、过草地，历经无数磨难、冲破无数艰险，才最终胜利到达陕北，开拓出中国革命的新局面。躺在床上"异想"，换不来"天开"。行胜于言，实干才是硬道理！

其五，行稳致远。地盘要能打下来，还要能守得住，然后才能拓得更宽更大，这就必须要下实功夫、苦功夫、笨功夫，一步一个脚印，步步为营。毛泽东开辟井冈山革命根据地就是这样做的，所以革命事业的格局越做越大；王明、博古、李德不这样做，盲目冒进，盲目追求决战，大搞不切实际的机会主义，妄图短时期内就开天辟地，结果连根据地都弄丢了，使红军被迫走上艰险的长征路。步子迈得过大，妄图一步登上"天"，脚便只能离了"地"，最后爬得越高、摔得越惨。无论做学问、做事业，都要稳扎稳打，知识要吃透，事情要做到位。最怕的是囫囵吞枣、浅尝辄止，终日碌碌又不知所终，最后落得一场空！

最后，以几句耐人寻味的古话结束这个话题。古人云：决定成败的是细节，决定成功的是格局，决定成就的是境界；小人谋生，君子谋国，大丈夫谋天下。北宋张载语：为天地立心，为生民立命，为往圣继绝学，为万世开太平。

【儿子微信回复】：收到

第110封：两个"世界"

（写于 2020 年 7 月 21 日）

这是给你写的第一篇偏理论和学术色彩的感想，是近来才大致悟通透的（仍要不断通过知行功夫，才能真正内化于心、外化于行）。之前对此的认知和理解，是模糊的、抽象的，甚至可以说是错误的，由此也给自己带来了很多心灵的冲突和困扰。把下面这些体会整理出来，是希望你尽早树立正确的世界观，尽早树立"主观的、心灵的、内在的思维世界"和"客观的、物质的、外在的真实世界"的二元思维，构筑正确的心智模式。这对理解和对待"自我"与"世界""内在"与"外在"，有非常大的帮助。世界观，是构成你我心智模式的一个重要维度。世界观建构得不正确，心智模式就是不健全的，对世界、对自我的理解便会走向歧途，进而引发各种认知冲突和困扰。就此，这篇文章之后，还会继续探讨。

"同一个世界、同一个梦想",这是 2008 年北京奥运会的宣传语,宣示人类生活在同一个天地下,拥有让世界更美好的共同梦想。

然而,我们又经常说"主观世界"与"客观世界""精神世界"与"物质世界""内在世界"与"外在世界"。其字面之义,你我都是"清楚的",但也基本停留在字面的浅层理解上。总体而言,这"两个世界"仍是非常抽象的,难于理解的,也基本没有对你我认知产生太大影响和改变。

然而,对"两个世界"的认知,切关我们的基本心智模式,切关我们怎么处理自我与宇宙、内在与外在的关系,其中也隐藏着通向"正确世界观"的密码,隐藏着打开通往"自我内心世界的钥匙"。

为便于更直观地理解,我将这两个世界分别命名为"主观的、心灵的、内在的思维世界"(简称"思维世界")和"客观的、物质的、外在的真实世界"(简称"真实世界")。真实世界,就是人类共同生存的那"同一个世界";"思维世界"则是由你我的心灵所感知、理解、生成的"梦想世界"。

一、认识"两个世界"

(一)每个人的思维世界,都是真实世界的不完整镜像。被你我心灵所感知到的真实世界,只是宇宙中很小的一部分。人类的感知和理解是局限的,思维世界只能"有限生成"真实世界的镜像,而无法触及它的全部!进入我们心灵的,只是大千世界的一个小小的角落。

(二)我们心灵中映照出的,并不是真实世界的样子!"真实世界"是什么样,是人类永远无法知道的。我们看到的、听到的、触摸到的、思想到的,并不是真实世界的本来面目,而只是你我对世界的感知和理解:我们感知到世界的什么,我们心中的世界就是什么样子;我们的心灵对感知到的世界如何理解,我们心中的世界便呈现出什么色彩。真实世界并非如其所是的那样进入我们的心灵世界,本能的认知限度决定着它在你我思维世界中"将被加工成的样子"。格局大小、境界高低、道理明晦,直接受限于不同人的心灵模式!心灵模式,就像一个黑匣子,同一客观世界的事物输入不同人的心灵,生成的是不同的理解和认知，塑造出的是不尽相同的思维世界。

（三）每个人的思维世界，都是"独一无二的"。每个人的心灵，天性虽大致相同，后天的人生境遇却大不同。而不同的人生历程，在同一个天地间获取的是不同的信息，经历的是不同的时事，面对的是不同人群和处境，因此也便塑造出不同的思维世界。可以说：有多少个人，就会生成多少个不完全相同的"思维世界"。我们每天在打交道的，是装着"不同思维世界"的人。人与人之间的交往互动，是"不同思维世界"之间的碰撞，因此分歧和冲突是必然的，共识却是很难达成的。

二、思维世界是怎么生成的

（一）心灵，是思维世界建构的主宰。贯穿人的一生，心灵并非一成不变，而是一直在变化、成长：有可能变得越来越善良、美好、成熟、光明，也可能变得越来越邪恶、丑陋、幼稚、黑暗。人与人之间，心灵的天性相近，后天的发展却千差万别。心灵在塑造着思维世界，也在伴随阅历和思维世界的变迁而"被塑造"：在什么样的环境中生存与发展，与什么样的人群相处、同行，从事什么样的事业，追求什么样的学问和道理，经历什么样的人生百态，遭遇什么样的艰险与磨难，获取什么样的人生功业……我们不能选择我们赖以生存和发展的真实世界，但要在善恶、是非、好坏、美丑间选择自己的立场，让心灵在光明的思维世界中茁壮成长。

（二）良知给心灵带来光明的指引，它是思维世界的日月星辰。人非生而知之，只能靠后天的学习、修养、历练得来。人之初，心灵混沌不化，良知不明澈，就如埋藏在深山矿石中的真金，就如尚未雕琢的璞玉，需要不断打磨淬炼，才能呈现光彩。学、问、思、辨、行，修、齐、治、平，都是求取良知、达至内心光明的功夫和路径。

（三）人生信仰是思维世界的基石。思维世界，必须建构在牢固的基石上，才能不动如山，行稳致远。世界观、人生观、价值观，是思维世界的三大基石。世界观是从空间维度考量，决定着自己在世界、在社会、在群体中如何调整适应、正确"定位"，正确处理我与自然、我与社会、我与他人的关系。人生观是从时间维度考量，决定着自己在人生的"历史长河"中如何持续调整、适应、成长、进化，把自我实现与人生意义建构在完整的生命历程上，而不是一时一刻的成败得失上。价值观是从做事准则维度考量，决定着自己面对万事万物时如何做出选择、取舍，做出合理、合情、合宜的决策和行为，而不是善恶不分、是非不辨，只顾眼前、只顾一己、只顾小家。心中有高尚的信仰，人生才有远大的希望！

（四）人生志向是思维世界的格局和梁柱。首先，人生不能过成一团乱麻，浑浑噩噩、随遇而安，要有目标、有追求，以明确的人生志向，引导个人时间、精力的分配和使用。其次，人生的志向，要体现足够高的情怀、足够远的眼光、足够大的格局。古今圣贤和仁人志士，莫不志向高远、胸怀家国天下。志向格局有多大，思维世界的格局就有多宽；志向思虑得有多远，思维世界成长的潜力就有多久长；志向建立在多高的情怀上，你我就对国家、对社会、对人类有多大的价值。

（五）思维世界由小到大，由简单到复杂，由混沌到光明，必须奋斗终生、持续努力。思维世界的建构，是"被动"和"自主"的并行过程。从出生到成长，从衰老到死亡，年龄越小之时，思维世界越是在被动中塑造；而年龄越长之时，思维世界由自我心灵自主建构的成分越大。至于心灵何时开悟，进而开启更自主的思维世界建构过程，以及自主的能力有多大、水平有多高，既要看天分，又要看努力，还要看机缘。有一点是毋庸置疑的：觉悟得越早越好！"我的世界我做主"，绝非玩笑之辞，内中隐含着深刻的人生道理。

三、建设和谐的内心思维世界

（一）心灵是光明的，思维世界就是美好的。读书明理，师法圣贤，开启内心智慧的灵光，思维世界便会豁然开朗。困惑、烦恼、纠结、迷茫、恐惧的产生，常常不是因为事物本身有多么恐怖、艰险、高深，而是因为我们被堵塞了心窍、蒙蔽了心智。我们常常因内心混沌，不仅看不清、看不透事理，也看不清、看不透自我。唯有通过学习修养，让圣贤端坐于我们的心中，才能于内在构筑起和谐光明的心灵世界。

（二）遵循天理良知，随时摒弃成见，随时化解冲突。很多成见，都来自书本的教条、他人的偏见、死板的灌输，来自流于表面的观察和理解，来自早已不合时宜的往事或故纸堆。摒弃它们，不是意志不坚定，不是始乱终弃，而是顺应自然规律，是顺应情势变化，是与时俱进、破旧立新。昨日种种，譬如昨日死；今日种种，譬如今日生。生命的意义，就在于新陈代谢、吐故纳新，就在于不断放下执念、告别过去而迎接新生。

四、处理好我的思维世界与他人思维世界的关系

（一）求同存异。人与人的交往，是两个不同思维世界间的碰撞和互动，求同存异是与人交往的基本法则。每个人的内心思维世界，都有自己的是非观念，无论这个观念是明还是晦、是正还是偏、是善还是恶，都已成为他（她）思维世界的成见、定式、习惯，自己对之坚信不疑、错亦不知。在他（她）的世界，事物就是那个样子！别人如此，你我亦然。我们在交往中面对的，是一个内心世界和我们不一样的人，又如何能奢望他人与自己看法相同、总是认同自己呢？任何对他人的苛求，都是把自己的意志强加于人，结果只会把交往关系推至紧张、冲突甚至敌对的境地。

（二）与志同道合者同行。交往之道，贵在选择。与志同道合者为伍，才更容易同心同德、协同戮力、相互成就、相互提升。因此，要慎择朋友圈！一旦我们选择站在此一边，就等于放弃了彼一边，也必然为彼一边所排斥！物以类聚、人以群分，骑墙者等于宣示自己没有明确立场，此类人绝不可交；立场鲜明者，又注定彼此不会相容，因此必须要选择与志同道合者站在一起，无论得失成败都与他们同甘共苦、生死与共。

（三）谦敬待人。每个人的思维世界，都有其独特之处，都潜藏着天赋、阅历、智慧和创见。无论是长者，还是同年和后学，都不例外，都可以给你我的人生以启发和指引！人与人的心灵世界，只有不断互相交互、互相碰撞、互相促进、互相滋养，才能更好更快地成长。正如孔子所说：三人同行，必有我师。学会在彼此的思维世界中探索宝藏，是人与人之间交往的核心要义，是人类文明得以繁荣和进步的内驱力。

五、处理好我的思维世界与群体思维世界的关系

（一）人同此心，心同此理。群体的稳固共识，只能建构在基本的人性层面。我们对群体的认同，要始终坚守的是共同信仰、共同追求、共同好恶，为的是国家的富强、民族的振兴、文明的进步，为的是家国天下。以谋取利益为纽带构建的群体和组织，不仅不能长久，还会污染个体的心灵，把个体的思维世界引向邪路，使之腐化、堕落，被拖入欲望的深渊。

（二）以独立之精神、自由之意志，处理自我与群体的关系。个体不是群体的奴隶，不是群体的附庸。融入群体思维世界的自我思维世界，不是被群体绑架和裹胁，不能不分是非善恶而盲目听命于群体意志。我们只忠诚于共同的信仰、共同的志向、共同的价值观、共同的行动准则，而不是忠诚于"所谓的群体意志"（更准确地说是群体中少数统治阶层、特权阶层的个人意志）。一旦失去独立精神和自由意志，人很容易在群体中迷失自我，进而使自己的内心世界成为外来意志的殖民地！

【儿子微信回复】：收到

第 111 封：修养之用意，为何？

（写于 2020 年 7 月 27 日）

身心修养，究竟是为了什么？

身体的修养，比较容易理解。

首先看呼吸。我们一时一刻都不能停止呼吸，为的是吸入空气，摄取空气中蕴含的氧气，然后再排出人体不需要的废气。呼吸有讲究：要避开瘴气、浊气之地，否则便会为"恶气"所害；不能只吸不呼，否则浊气便会滞留体内，伤害身体；要采用腹式呼吸之法，而避免胸式呼吸法（我过去曾一度如此），以保持身体气血通畅，否则会导致"气胸"；要以呼带吸、以吐带纳，腹部之

力发在"呼"上，"吸"则借助腹部肌肉还原之力自然带动，呼为主、吸为次、循环往复……

其次看饮食。我们每日都要饮水、吃饭、排便，为的是摄取身体必需的水分和营养，并排泄出废水和废物。饮食也要讲究：不能饮用不洁净的水，不能吃腐坏、有毒的食物，否则性命堪忧；不能只吃喝，不排便，否则废水、废物会滞留体内为害；饮食要细嚼慢咽、不徐不急、心平气和，饮食后不宜剧烈运动，否则不仅会伤害肠胃，还会伤及气血运行……

第三看行为。生命的本质，在于运动；身体的价值，在于应用。否则便失去了活力、失去了生气、失去了价值和意义。运动要讲究：要防止过度，防止不合身体之宜。适度、合宜的运动有益健康，过度的运动则会伤身害命。经常熬通宵、整日泡在手机上，沉迷于网络游戏、醉心于酗酒逸乐等，都是坏的行为习惯。相反，作息规律、科学健身，经常参加集体活动，经常游历大好河山、阅读传世经典等，都是好的行为习惯。

心灵修养之道，虽然没这么清晰、简单、容易理解和掌握，却与身体修养之道是相通的。比如，心灵也要"呼吸、饮食"，以摄取知识中的营养，保持心灵的健康成长；心灵也要吐故纳新、新陈代谢，不断抛弃有毒、有害的认知；心灵的行为，也是一生一世的事，就如呼吸、饮食一般，片刻也不能停止活动。但与身体修养之道相比，心灵修养之道确实难于理解和把握得多。

其一，人自入世之始，自我"对能摄入的知识信息"的选择能力，比对空气、水、食物的选择能力，要小得多。家庭教育、学校教育、日常生活教育，以及生活环境、工作环境等，都常常是难于选择和掌控的，或者自由度很小。因此，进入头脑和心灵之知识，比我们摄入的空气、水和食物，存在更多、更大的差异和变数。多数时候，我们的认知是在不自主的状态下，"被灌输""被改变""被塑造"。清醒地认识到这一点，我们才会真正领悟"自我修养"意在何处！才能知道"自我修养"对自己有多么重要！缺少主动自我修养意识的人生，是悲哀的。基本如提线木偶，没有"自我意识"存在。

其二，不同的人，所摄入的知识信息的差异，比摄入的空气、水、食物的差异，要大得多。我们常说"人生而平等""生活对每个人都是公平的"，这只是就天赋权利而言，是就人应秉承的信仰和价值观而言。但从具体每个人的境遇而言，绝非如此。没有任何两个人的人生阅历是同样的！而不同的人生阅历，给心灵成长提供的也是不同的"空气、水和食物"！有的人，一出生便处书香门第、富贵之家，受最好的教育，有更大的机会和自由；有的人，则生长于蛮荒之地，少有机会获取良师的指点，学业、事业的发展空间被禁锢在狭小的天地之内。更有甚者，一些孩子出生在战乱之地，连求生都困难，更别奢谈其他了。现实情境中，人与人的差异是巨大的。认识到这一点，不是让人要安于天命、安于现状，而是启示我们要捕捉并创造机会，主动做出改变，为心灵寻找更好的成长环境和空间。

其三，辨别什么是对心灵成长有益的营养、有害的糟粕，比辨别什么是对身体有益和有害的，要难得多。灌输进头脑和心灵的知识、观念、信息，哪些对心灵有益、哪些对心灵有害？经常不是那么明显，不是那么清晰可辨。尤其是在心智成熟之前，即便那些明显的是非、善恶，我们都会分辨不清，更别说那些隐微的区别了。心灵的成长，自混沌始，要通过后天的学习修养，才渐渐开化，变得通透明白，能明辨是非善恶。清醒认识到这一点，才能真正"开悟"，不断在内心培植善根，存养内心的良知，做到知善知恶、心明如镜。是善的，就存养于心，使之生根发芽；是恶的，便如浊气粪便，坚决摒弃，不使其在心灵世界为害。

其四，心灵的成长，更多是靠后天努力驱动，而非如呼吸、饮食、运动那样靠天性好恶驱动，因而很容易安于现状、故步自封、因循守旧、停滞不前。遇到芬芳的气味，人自然就喜爱去闻；遇到清洌甘甜之水，人自然喜爱饮用；遇到美味的食物，人自然喜爱食用。反之，亦然！但有利于心灵成长的知识和道理，却不如芬芳的空气、甘甜的清水、美味的食物那样吸引人，一卜就能被心灵所感知、理解、领悟和接受，一下就能被消化吸收并内化于心、外化于行。心灵修养对人生的价值、意义，给人生带来的体验和满足，往往不像呼吸、饮食、运动那样立竿见影，而要靠长久用功才能带来内心的达观、洒落和光明。认识到这一点，我们才能明晓人生志向和信仰的重要性，明晓修养是自我主导、自我驱策的功夫，明晓修养是价值观持续自主建构和实现的过程。

其五，心灵修养，不仅要知其道，更要见诸行，需要结合自身天赋和人生际遇，不断苦苦求索，不断历练打磨，不断破旧立新、浴火重生。因此，不仅要有大智慧、大志向，更要有大勇毅、大恒心。以读书为例，不仅要立定读书明理的志向，培养读书的志趣，掌握读书的宗旨和方法，更要克服读书之苦、之累、之困、之劳，克服各种外来诱惑，克服随时可能生发的懈怠之心。认识到这一点，在心灵修养的旅途中，才能百折不挠、越挫越勇、坚持不懈、一以贯之，才能超越同侪而达到内心光明洒落、通透豁达。人与人的差距，往往不在于一时见解、领悟的高下，而在于一生之功夫、努力的多寡，在于能否做到持之以恒，不断在圣贤著述、师友言行、实践历练中汲取可供心灵成长的营养。

自去年开始，自己开始心灵的重建。一路下来，之所以步履蹒跚、举步维艰，至今仍在破旧立新的起步阶段，一个重要的原因是心中的成见、陈规、陋习积累太多，自我意识的觉醒太晚，脑子里沉积了太多思想认知上的"浊气""废水""渣滓"！涤荡破除成见和旧习，与建构树立心灵的新认知，都要下大功夫、苦功夫、久功夫。路虽漫长，却值得付出余生，因为这是我的第二次生命……

【儿子微信回复】：收到

第112封：永远行驶在属于"自己的"人生航道上

（写于 2020 年 7 月 30 日）

今天讨论另一个非常重要的话题：关于人生观。人的一生，从入世到死亡，会走过不同的轨迹，呈现不同的华彩，奏出不一样的乐章。如何才能走出一条美好的人生道路，是确立正确人生观要面对的一个重大命题。

一、"三条路线"之辨

每个人的人生状态，都可以分成三类：应然、或然、实然。或者通俗地说：

应该达到的境界、预期要达到的境界、真实达到的境界。正确认识并处理这三条路线，是能否成就属于自己的美好人生之关键，是能否构建一个成熟的心灵模式的前提和基础。

（一）人生应该达到的境界——最佳状态线

人生境界的高下，总体上由两个维度的因素决定：

其一是主观因素，包括个人天赋和后天修为。个人天赋即天分，受之于父母，包括体质、性格和智力等。后天修为是通过学习实践修养得来的知识、道理、技能，以及信仰、志向、内心的良知、思维世界的格局等。主观因素是人与人之间人生道路差异的主导力量，同样的环境条件下，人生之所以会大不相同，取决于个体间天赋和修为上的差异。

其二是客观因素，包括人生每一步所处的环境、条件和际遇。人生的每一瞬将呈现出什么样子，不仅取决于主观因素，还取决于天时、地利、人和等外部环境和条件。人们常说：人生高度，七分靠努力，三分靠运气，阐释的就是客观因素的重要性。

人生应该达到的境界应如何来定义？我的理解是：竭尽自身的全部天赋和修为，尽最大之可能主动寻找、获取、创造最佳之发展环境和条件，从而应该且能够达到的人生高度和境界。或者称其为每个人最理想的人生状态！然而在现实中，每个人的人生，都无法始终保持在那条最佳的航道上，无法每时每刻都能激活、释放生命的最大潜能，无法获取最理想的发展环境和条件。而且，往往令人无奈的是：人生应该达到的境界，往往是不为你我所确知的！它只是理论上的存在，却永远无法在绝对意义上将其"清晰、准确"地勾勒出来。这条线是"隐形"的！

（二）预期要达到的境界—— 期望状态线

在你我的头脑中，实际存在的是一条期望线。无论是出于有意，还是无意，每做一件事时，我们都会"在心中"形成对结果的某种预期！

预期是怎么建构起来的？首先是基于对自身"应该达到的境界"的估计和判断。其次是融入个人的情感因素，在欲望、风险考量、进取心、好胜心等各种心理因素的激发下，对目标做出修正，进而形成对结果的主观预期。由此可以看出，主观预期受制于两大因素，一是对自我和形势的估计如何，二是自我心灵模式如何对估计进行加工。估计过高或过低，心态是激进还是保守，都会影响预期的高度、状态和境界。因此，期望线是"容易波动的"！

期望状态线，有的时候会估计过高，大大超过自身能达到的水平。这种情况，大多发生在自高自大、缺少自知之明的人身上，发生在人生一帆风顺、得意忘形、自我膨胀之时。有的时候又会估计过低，设定的目标远低于现实能达到的高度。这种情况，多发生在性格消极、缺乏自信的人身上，发生在人生失意落魄、困顿沮丧、心态消极、自暴自弃之时。大多数人的预期，围绕理想状态线在反复上下波动，持续做出变化和调整。能够终其一生，始终把期望线保持在"理想状态线"附近之人，是很少的，只有那些心明如镜、中正平和、安稳如山的圣贤才能做到。

（三）实际达到的真实境界——结果状态线

人生是持续向前，没有回头路的单向旅程。一旦岁月走过，"过去"的人生状态便成为历史和永恒。与虚无的理想状态线和想象的期望状态线不同，结果状态线是清晰的、确定的，是不能改变和调整的，是与生命的进程同步而无法倒退、修改或超前勾勒的。生命不能重复，谁也无法改变已经走过的每一步，即便还有更好的选择、还能达到更理想的状态。

"结果状态线"的样子，受"最佳状态线"和"期望状态线"的影响：期望越接近于最佳（应然），结果也会越接近于最佳（应然）。反之，期望无论是过高，还是过低，结果都会越来越低于最佳（应然），只向"负面"方向偏离。人生的实际轨迹，绝不会因不切实际的高期望、好高骛远的大目标，而变得更美好、更成功。纵观古今中外的历史和现实，所有那些达到了最理想人生境界的精英、豪杰、圣贤，无一不是源自结合自身实际的脚踏实地。而那些虽有超人天赋和才智，却总是好高骛远、希高慕大，妄求一飞冲天、一鸣惊人的人，却都不能善始善终，不能成就理想的人生，不能达到美满的人生境界。

二、如何正确估计最佳状态线

（一）自知之明——睁开眼看自己

这是正确估计自己应该达到、能够达到之人生境界的根本前提。对自己不能做出正确的估计和判断，是不可能正确估计和判断最佳状态线在哪里的。面对各色人生际遇，首先要反观自己的天赋如何，已有修为和积累处于什么水准。既要看正面的优点和长处，还要看反面的差距和不足。自明，也是正确估计他人、正确估计环境和局势的基本前提。习惯于自欺欺人者，永远不会摆正自己的人生位置。

（二）明察客观局势及其变易之道——睁开眼看世界

天时、地利、人和，是影响人生境界的三大外部因素。这三个因素跟随生命的进程在不断变易，洞彻人生每一幕所处的大局、大势，洞彻局势发展、演化、变易的规律和道理，才能理性地给自己"定位"，正确估计自身能扮演什么角色、发挥什么作用、施加什么影响、创造什么价值，正确估计自身能获取什么样的历练和成长。人生，是一场"自我"与"外在"持续互动的游戏，知己知彼才能正确为自己在局中定位。

（三）最佳状态线不是"命定"的——当下的态度和行为，决定着未来

人生应该且能达到的境界，是不是在人生起步之时，就已经确定了，就能够准确勾勒出来呢？答案当然是否定的！对于"过去"和"当下"而言，主观和客观因素已定，最佳状态线也就成为"确定的"了，尽管我们仍无法绝对准确地将它揭示出来、勾勒出来。但对于"未来"，最佳状态线本身就是"不确定的"，是无法预测的！未来的最佳状态是什么样，取决于我们的下一步怎么走：我们如何修养身心，又采取什么样的态度和行为去齐家、治国、平天下。我们当下踏出的每一步，都在影响和改变着"未来"的最佳状态：种下什么样的种子，结出的就是什么样的果实。环环相扣，每一步都在"抬升"或"拉低"人生的境界，都在"拓展"或"缩窄"人生的格局。贯穿整个人生的最佳状态线，不是天定的，而是可以改变的，它取决于我们在每一个当下如何思考和作为。

三、如何正确设定期望状态线

（一）首先设定以内在功业为着眼点的人生期望线。面向整个人生的期望状态线，不是体现外在功业大小、高低的线，不是于外在品评我们成败得失的基准线。人生期望线的划定，应瞄准的是：身心修为水平、自我价值实现程度、人生境界高低。这条线，是我们心中的标尺和准绳，是我们内心的定海神针，是我们确定一时一事之结果预期的宗旨和法则。对不同人生节点所要经历的具体事物的预期设定，要在人生期望线的引领下进行。

（二）面向事功的期望状态线，要永远靠近最佳线，既不宜过低，也不宜过高。一方面预期不能太低，否则便会降低自驱力，自我抑制内在的潜能，让人生走向庸碌无为。另一方面，也不能太高，付出再大的努力都无法实现，永远在失意和不满的状态下挣扎，进而自我怀疑、自我迷失，甚至因长期郁郁不得志而崩溃。现实中，人往往是被自己击溃的，超越自身潜质和客观可能而"过度"苛求和难为自己，被自己承受不起的心灵负担压垮。

（三）以变应变。对事物的预期，也要结合事物变化，结合自身资源、才智、能量的消耗和储备，因时、因地、因势做出适应性调整。人生的期望线，总体应是平稳的，不能远离理想状态线；但对具体事情的预期，却不需要有任何执念，要随机应变，当屈则屈、当伸则伸，当进则进、当退则退，学会妥协、迂回，学会隐忍、藏锋、守拙，学会休养生息、徐图自强。事事争高下，结果往往赢得一时、却输了一世！在一时一事上的所谓"高"预期和目标坚守，放在人生大格局下来审视，可能得出的是恰恰相反的结论。人生不能仅有高歌猛进、建功立业，也要享受和风细雨、清静无为、天伦之乐。

（四）人生预期，绝不能止于功业。人生是多维而丰富多彩的。我们生活在当下纷繁复杂、竞争激烈、功利驱动的时代和社会，我们的期望更多地指向世俗的"成功"：心中所思所想，日常所作所为，都在围绕建功立业、出人头地、显耀族里而展开。我们把太多的预期建构在"外在功业"上，甚至把"职业成功"等同于"人生成功"。我们忽视了完整的人生，忽视了生活因其丰富多元才如此美好。把人生期望"狭隘定位于外在功业"上，即便偶或一飞冲天，也多如昙花一现，不能长久。

四、如何走出美满的结果状态线

（一）确立人生主航道，努力到无能为力、拼搏到感动自己。人生道路有万千，并不是都属于自己，也并不是都适合自己。修身、齐家、治国、平天下，只是框定了人生发展的大方向、大格局、总目标。而修、齐、治、平的具体路径，却林林总总、不一而同。每个人，要在"自己的"人生志向和信仰的指引下，做出"最适合自己的"选择，确立属于自己的人生成长主航道。人生苦短，围绕主航道去挥洒青春和汗水，于修身而言，才能达到精纯专一境界；于齐家而言，才能树立可传世之家风；于治国而言，才能聚焦专长成就一番功业；于平天下而言，才能成一家之言而化育苍生、泽被后世。

（二）活到老，学到老。天赋无法改变，后天修为却可自主！终身学习，不仅是一生修养的功夫，更是最宝贵的人生态度。能把学生的心态保持一生，能把学习的功夫坚持一生，是走上美满人生路的最有效法门。《易经》有六十四卦，只有"谦"卦这一卦是有吉无凶的，可见我们的老祖宗在几千年前就已经发现了最重要的安身立命之道，提醒世人要永葆谦虚向学之心。

（三）与贤者为伍。与什么样的人同行，便会走出什么样的人生。同行者的品性、德行、才具、格局，在很大程度上影响着身边人的成长轨迹。与贤者为伍，走上的就是贤者的人生路；与不肖者为伍，走上的就是不肖者的人生路。人生同伴，绝不可不慎加选择！

（四）选择大平台、高平台。无论学业还是事业，平台之大，不是指其规模之大，而是指其事业格局之大，指其发展前景之广阔；平台之高，不是指其利益之高，而是指其信仰之高尚、志向之高远。只有在这样的平台上，才能与平台一起健康成长、互相成就。

（五）内有主宰，顺天应时。一方面，人生要坚守内心的良知、信仰和志向；另一方面，要顺应时势，与时俱进，开拓创新，不断告别过去，迎接新生。真实的人生轨迹，是在持续不断、循环往复的"终结过去""开启未来"的自新过程中勾勒出来的。《礼记·大学》中说："苟日新、日日新、又日新。"就是在教导我们只有不断自我更新，才能一步一步走出美满的人生。

【儿子微信回复】：收到

第113封：听从内心良知的指引

（写于 2020 年 8 月 4 日）

在东、西方哲学中，有多位哲学思想家把良知作为立言的重要内容，从王阳明，到笛卡尔、孔多塞。然而仅从字面去解读，良知一词过于抽象，甚至带有些玄奥的色彩。我们很难从词义上就一睹良知的真容，在头脑中确立清晰的概念和理解，也很难以此指引日常的言行。

就此，有些个人心得，分享如下。

一、良知含义之辨

（一）"良"与"不良"之知。客观存在的知识道理，是不分良与不良的！之所以有"良"与"不良"之别，是因为知识道理一旦进入不同人的头脑和心灵，便会不同。不同的心性，不同的心智模式，不同的功夫和方法，会导致同样的知识道理在不同人的"心灵"中生成不同境界的理解和认知。在圣贤之士的心中，是客观自然的本原状态，纤尘不染、不偏不倚，是即是、非即非，诚而不伪、精纯专一；但在我等凡常之人的心中，知识道理却不通透、有障蔽、有偏倚，如同以昏暗粗陋之镜照物，镜像是模糊的、扭曲的、失真的。更有甚者，在少数邪妄之人的心中，知识道理会成为歪理、邪说、谬论。知虽无良与不良之分，但心智模式有良与不良之别。因此，良知之"良"，首先体现在心灵上。

（二）"天赋"与"后天"之知。良知既非都是天生带来，也不是全靠后天修养得来，它是二者共同的创造！一方面，天赋是良知的发生之源，是孕育良知的种子和土壤。即便你我凡常之人，心灵中也都蕴藏着同"圣贤"一样的天性，尽管天分有高下之分，本性却无良与不良之别。另一方面，后天修养是良知成长的阳光、雨露，是耕耘、浇灌、施肥、除草的功夫。天赋再高的人，也要正心诚意，勤学、审问、慎思、明辨、笃行，在修齐治平间刻苦用功并持之以恒，才能使良知根干粗壮、枝叶繁茂。天赋受之父母，无法改变，不能强求；但后天修养功夫，却是能够自主的。因此，良知之"良"，又体现在后天修养上。

（三）良知是什么，又不是什么。良知是存养于内心的、纯然无任何渣滓的自然规律和道理，也就是我们常说的"圣贤之道"；它是指治学修养功夫达到极致后，内心的道理进入澄明、通透的境界和状态；它是心灵由混沌到觉醒、开悟、开化后，不断扩展、提升、成长的内在光明。良知不是死板的、一成不变的教条和铁律，不是可以写出来的、攻无不克的秘籍、天书，不是可以默念的几句处世口诀。良知就如《周易·系辞上》所说："其为道也屡迁，变动不居，周流六虚，上下无常，刚柔相易，不可为典要，唯变所适。"良知是心灵对大自然运行规律和道理的理解和感知，按因时、因势、因地、因事之变而变。因此，良知之"良"，还体现在"变易之道"上！

二、良知之成

（一）良知成于积渐。父母只是为我们提供了良知生发的种子和土壤，后天修养则是在引圣贤之道入心田，用以化育心灵、开启心智、结成圣胎，最终请来圣贤坐于心中，于内在构建出一个由良知主宰的心灵世界。良知的养成，是一个终生不辍的渐进过程！阳明先生说"圣贤之道，吾性自足"，很容易误解为"圣贤之道，我们天生就拥有"，进而进一步曲解为"不学习修养就可获取良知大道"！再聪明的天才，后天修养不得法，内心也会一片荒芜。《伤仲永》中的天才儿童，后来却泯然众人矣，就是后天修养出了问题。因此，良知之成，在于长久渐进。

（二）良知成于精专。圣贤治学与你我凡常之人的差别，在于精粗，在于纯与不纯，而不在于多寡。就如炼金，只要纯度达到了同样的 99.9%，就都是千足金。尽管这个只有几克，那个则有数斤，它们的本质却是相同的。反之，如果纯度只有 50%，其余 50% 皆为渣滓，即便重量达到了千斤，也仍不是真金，仍未修炼到位！知识道理的学习修养也一样，只有达到精纯专一之境，才能内化于心、外化于行，成为化育心灵的营养。否则，掺杂多一分的渣滓，就会使心灵多受一分蒙蔽和毒害。长此下去，不仅不能化育心灵、开启心智，反而会使心灵负担越来越重，心灵冲突越来越多，心窍因而愈发闭塞，心智因而愈发昏聩，心胸因而愈发狭窄，心性因而愈发混沌。因此，良知之成，在于精纯专一。

（三）良知成于内心。良知，只能在"自己的内心"存养、成长、化育。知识道理，只有为我们的心灵所摄取、消化、吸收，溶于身心，才会成为"良知"。没有内化于心、外化于行，没有与心灵融为一体的知识道理，即便从书本中读到了，从师友口中听到了，也仍旧是别人的！良知的培育和成长，只能以心灵为本源和归宿。因此，良知之成，在于收放于心。

（四）良知成于时事。世上没有能脱离真实世界而存在的真理，否则只是虚幻和臆造！脱离真实世界编造出来的所谓法则、教条，披上再华丽的外衣，也难改其虚伪的本质。所有的道理，都来源于对真实世界的观察和思考，而不是源于凭空臆想。人类文明发展史表明，那些凭空臆造出的神怪之道，最终都被事实所揭穿。实践是检验真理的唯一标准！不合于时宜、不合于事宜的成见和执念，要在内心清除。因此，良知之成，在于因时就事，在实处用功。

（五）良知成于有恒。这个道理，之所以反复在强调，是因为它的重要性怎么强调都不为过！要付出的是一生的努力，绝无捷径可言。一分的耕耘，一分的收获；一年的耕耘，一年的收获；一生的耕耘，一生的收获。我非常喜欢郑燮的诗作《竹石》："咬定青山不放松，立根原在破岩中。千磨万击还坚韧，任尔东西南北风。"因此，良知之成，在于一以贯之、终生不辍。

（六）良知修养的功夫，要致广大、入精微。求良知之道，虽在精而不在多，但这不意味着求取良知的过程是排斥博学的。广博与精一之间，不是非此即彼的对立关系，而是相辅相成的统一关系。由博返约，由约再返博，是良知之道的两个并行往复的过程。广博决定着格局的大小，精一决定了境界的高度和深度。人生修为，绝不能自己给自己设限，用僵化的执念束缚自己的思想和行动。广博与精一的共通之道，是要内有定见，不可离开内心的信仰和志向。无论是要博通古今中西，还是要深入钻研一门道理，都要行驶在属于自己的人生主航道。这样才能博而不滥，精而不偏。因此，良知之成，在于其大无外、其小无内、心有定在。

三、致良知于判断——何为正确

（一）良知是标尺、天平、法则。事物之是非、善恶、对错、好坏，我们应依据什么来做判断？答案有且只有一个：良知！世上从无现成的法则可以直接告诉我们答案。时事的是非对错，只隐含于时事本身。要遵循内心的良知，体察实情、辨明原委、抓住事机和要领，为事物量身定制出是非法则和标准，才能引领我们做出正确的判断。不分事物本身的是非曲直和特殊情况，盲目照搬、照转、照抄书本和成法，盲目信奉僵死的教条，盲目跟随所谓的权威和专家，只会让我们远离正确和大义。

（二）要明辨事之善恶，先要做到自明。心有良知，是辨明何为正确的根本前提！如果我们看问题的出发点和方向错了，又如何能找到正确的答案呢？以读书为例，我之前是"不明读书之道"的，因而做学问往往停留于表面，经常望文生义，闹出很多笑话。比如，把"朝闻道、夕死可矣"理解为"如果早上能明白道理，晚上去死都在所不惜"，还常用这样的理解去教导他人，徒留笑柄，羞惭万分。做学问有做学问之道，为人处世有为人处世之道，必须使自己心明如镜，才能不混淆是非黑白。

（三）独立判断，不人云亦云。所有的良知，都是自己心中的"独知"！面对真实事物，很少有两个人的感悟、理解和认知是完全一致的：不同人的思维世界，产生的是不一样的判断。因此，虽然我们要时刻牢记"兼听则明"的古训，但从根本上要听从良知的判断，而不是盲目从众、内无主见！大众的认知和看法，他人的观点和意见，都只能作为体认考察环节的素材，而不是下结论的标准。东边声音强大就向东边倒，西边声音强大又倒向西边，以得失利害为准绳来做判断，不仅会失掉是非，更会失去自我。

四、致良知于选择——做正确的事

（一）由良知大义驱动个人抉择，而不为功利得失所驱动。人生真正的无悔，从来不能靠讨好和迎合，而来自听从内心、独立判断并做出选择。只有这样才能心安理得！大义当如此，虽祸不避、虽危不惧、虽难不退！面对人生大大小小的各种选择，我们首先考虑的，是事情当作不当作，而不是做后会得到什么、失去什么。做正确的事，要义无反顾，勇往直前。所谓的趋利避害，是指在过程中"如何把事做正确"，而不是指在"是否要做正确的事"上还要计较一番！

（二）可做之事很多，不可见异思迁，不可远离人生的志向和信仰，要始终保持在人生的主航道内。曾有一位智者说：见到玫瑰就起舞的人，绝不是爱情上的善舞者！每个人要明确地知道自己爱的是什么，看重的是什么，才能找到真爱。只是在荷尔蒙的催化下，看到喜欢的就去追求，有人来追求就上钩、就神魂颠倒、就忘乎所以，所有重要的事情就都不管不顾了，这不是对待爱情的正确态度！秦观在《鹊桥仙·纤云弄巧》中有诗句"两情若是长久时，又岂在朝朝暮暮"，说的是两个人若是真的相爱，准备相守一生，就能经受住时间的考验，绝不会为了短期的卿卿我我而荒废学业、事业和人生大义。世事熙熙攘攘，可做的事情很多，就如可结为伴侣的女孩子很多一样。人生的实质，是一道道选择题；选择正确，是美满无悔人生的基本前提。没有远大的志向，没有明确坚定的人生信仰，就会偏离"自己的人生主航道"，而被他人、被外物所左右。这样的人生，是可悲的。无论什么时候，自己的命运都要由自己做主，学业、事业、爱情、生活莫不如此。

（三）自在独行，永不背叛内心的良知，不做违心的选择。内心明知是错的，却为了获取一时一事的利益而去做；内心明知是对的，却为了躲避危险而放弃志向和信仰而不去做。这都是违背内心良知的选择！当人生行至雾气弥漫、前途未卜的十字路口时，能真正给我们带来光明的是内心的良知。对内心良知的怀疑和背叛，只会把我们推向通往黑暗之路。司马迁宁受腐刑而不丧志，历经无数磨难，才写成号称四史之首、史学双璧之一的《史记》。王阳明先是受宦官刘瑾的迫害，被贬蛊毒瘴疬之地的贵州龙场，经历九死一生，才大彻大悟，开创了心学；后来在平定宁王之乱后，又受宦官张忠、许泰的猜忌构陷，进退维谷，蒙冤受屈，却无一日背弃内心的良知，终于把心学思想推至顶峰，成就了良知学说。

五、致良知于行动——把事做正确

（一）躬身入局，先晓事、后行事。这是处事之道的第一要义！制胜之道，只能在战场上寻得！要综观全局，洞察战场情势演化，权衡敌我双方力量对比，先做到知己知彼，然后才能百战不殆。若只是闭门造车、纸上谈兵，不知道敌人数量有多少、士气有多高、武器有多强，不知道敌人的军队分布、将帅强弱、补给能力、战备情况，不知道敌人长处何在、弱点何在，也不知道天时、地利、人和是有利于敌还是有利于我……如此能打胜仗，只能说是瞎猫撞上了死耗子，全凭运气了。当年赵括用兵，只知生搬硬套兵法，不知根据战场形势随机变通，结果中了秦将白起的埋伏，不仅丢了自家性命，还害得 40 万赵军被俘虏坑杀，留下了"纸上谈兵"的典故而遗臭万年。把事做正确的第一步，永远是"先晓事"，而不是鼓弄奇门异术。

（二）循理而为，四两拨千斤。把事情弄明白，只是做事的第一步。更为关键的，是透过事物的表象，洞彻盛衰、强弱、胜败演化的趋势和规律，抓要领、抓关键、抓命脉、抓总纲，从源头发力、收四两拨千斤之效。古今战争史上的最高境界战例，不是那些动辄死伤以十万、百万计的生死搏杀，而是以战止战、甚至不战而屈人之兵的战例。王阳明广西平叛，明察秋毫，洞彻隐微，掌握民众造反的根源在于改土归流的失策，在于官逼民反。他没有采取大军压境、血腥镇压的方式，而是拟就《处置平复地方以图久安疏》上奏朝廷，采取安定民心、招抚叛军的总体方略，未打一仗而收服卢苏、王受数万叛军，安定一方百姓。若反其道而行之，不仅会死伤万千性命，还会加剧官民矛盾，导致匪患越剿越烈、恶性循环。

（三）知行合一并进，顺时应势，在不断纠正错误中寻找真理、破浪前行。事物的进展，不是跟着"预期和计划"走的。计划没有变化快，再高明的预见和策略，也无法应对未来可能发生的所有情况。一旦情势变化了，既定的策略不仅无益于成事，反而会成为最大的风险。因此，处事之道和具体行动之间，始终在互相指引和印证、互相促动和调整、互相成就和提升。胜仗固然可坚定对既定战略战术的信心和决心，败仗却可揭示出其中隐含的缺陷和不足。能赢得战争的战略战术，从来都是在战场上打出来的，要不断根据战场情势做出调整和变化，甚至是颠覆性的改变！

红军长征，并不是一开始就看清了两万五千里的征途，并不是一开始就明晓陕北是长征的终点，也并不是一开始就明了征途中会遇到多少大仗、硬仗、生死之仗！离开井冈山，最初想去湘鄂赣，再又试图安身云贵，后又被迫兵进四川，及至最后中央红军与张国焘决裂而北进陕甘，才最终完成长征壮举。期间经历过多少次生死抉择，又经历过多少次颠覆性的战略改变。这些改变，不是事先能谋划出来的，只能在刀光剑影、血雨腥风中打出来，在绝境下被逼出来！在真实而鲜活的战争史中，最容易分辨出何为正确、如何选择做正确的事、又如何才能把事做正确！战场绝不会给错误留任何情面，侥幸和错误所付出的代价只会是生命与鲜血。即使判断正确、选择正确、行动正确，都无法从根本上避免流血牺牲，更何况错误会如此轻易而又频繁地光顾呢！长征最后以胜利载入史册，但我们不能忘记这两万五千里的路途，是经历过众多战略"错误"的，是走过众多的弯路、险路、甚至生死之路的，是做出过多次重大路线调整的！只看到光鲜亮丽的一面，我们永远也读不懂历史，永远也看不清胜利和辉煌背后的苦难。

对于处于和平年代、远离战争苦难的我们，由于缺少了生命与鲜血的洗礼和考验，往往更容易背弃内心的良知，从而更难做出正确的判断。更容易因错误的风险和代价过低，因社会对错误有更大的包容，因错误带来的损失不那么要命，从而不尽全力做出正确的选择。也更容易得过且过，违心做事，不下真功夫、苦功夫、久功夫，不去追求卓越和极致，从而也就更难于把事情做正确。安逸与顺利，既是人生的福气，也是心灵的麻醉剂，给你我内心的良知蒙上虚假的保护层。居安思危，是我们内心首先应坚守的基本良知。

【儿子微信回复】：收到

第 114 封：治学"三步"曲

（写于 2020 年 8 月 7 日）

关于治学的方法，此前聊过很多的。近来将根本方法，简洁地概括为"三步走"，以便于理解和把握。

第一步：由文返实。即读懂了文字的意思后，将之与观察到或经历过的生活现实场景结合起来。

第二步：据实辟理。在现实场景中，体悟文字要阐释的道理。

第三步：由理到用。用体悟出来的道理，引导自己对事物的思考和行动，并反复实践，做到知行合一。

下面以如何学习领悟北师大校训为例，加以说明。

一、第一步：由文返实。

北师大校训只有八个字："学为人师、行为世范"。但要想悟透其中蕴含的深刻道理，却并非那么简单！

首先，这是北师大的校训，不是清华、北大、人大的校训。北京师范大学是中国"培养教师人才"的最高学府，是培养"中国好老师"的学校。它对教、学的信仰和追求，代表着国家关于为师之道的最高准则和水平。这个首要前提和情境，是正确理解"学为人师、行为世范"八个字内涵的关键。

其次，北师大培养的不是普通的人才，而是未来的"帅者"。这些孩子在校园内的身份是"学生"，有很多人一旦走出校门便会摇身一变，成为教书育人的"老师"。因此，在师范院校内，教师和学生的身份，是难分彼此的，是教学相长的，是一体并进的。师大的学生，不仅是在向老师学习知识，更是在向老师"学习怎么做老师"！"学为人师、行为世范"，是对北师大"师""生"的共同要求。

第三，伴随时代的发展，不仅知识日新月异，为师之道也在不断进步。而且在很大程度上，为师之道的进步和领先，要比一般的专业知识发展更为重要。一个国家的教育进步，首先体现在"师道"的进步上！师范院校的老师相比于其它类型院校，面临更大的自我学习压力：不仅要做知识更新，更要不断提升师道素养。老师的理念、思想、意识落后，就无法把自己的学生培养成跟得上时代步伐的好老师。

二、第二步：据实辟理

"学为人师、行为世范"到底隐含哪些道理呢？结合上述对现实场景的解读，我的理解如下：

首先，学为人师，意味着在"学问上"要博通古今、学贯中西、腹载五车，配得上老师这个岗位。《论语》云："师者，所以传道授业解惑也。"老师自己学识不够，如何能传道授业解惑呢。

其次，学为人师，意味着老师在"学习上"也不能落后，要终生学习不辍、与时俱进、不耻下问，不断更新自己的观念、知识，不断提升个人的能力素养。要想做一个好老师，首先要做一个好学生，老师也要终身学习。

第三，行为世范，意味着在"品性上"要德高望重、为人师表。老师不仅是在给学生传授知识，更是在教导学生如何做人！老师只有严格自律，修养出高尚的道德品格，才能教导学生如何为人处世。否则，不仅有害师道，还会把好苗子都带坏了。

第四，行为世范，意味着在"行动上"要率先垂范、表里如一、严格自律。如果只能在课堂上道貌岸然地说教，在自身的日常言行中却不能践行，不能作世人的示范和表率，那也就离师道越来越远了。为人师却不能正己，又何以能正人？

三、第三步：由理到用

如何把"学为人师、行为世范"所隐含的道理，推而广之用以指导普遍的实践？

首先，人要有真学问、大学问，才能堪当大任。才不配位，反受其累。无论是选择自己的职业，还是选人用人，都要把"真才实学"作为基础性考量。对职业的选择，对岗位的选择，都要与自身的学问所长相匹配。我们不应担忧无用武之地，而应忧虑自身的学问不够。

其次，时代日新月异，要坚持终身学习。一旦停止学习，就会落后于时代。这绝不是危言耸听，而是活生生的现实！思想、观念、知识、技术，不断在发展、进化、迭代；老问题还没解决，新问题又层出不穷。不坚持学习，只靠吃过去的老本，只能被时代所淘汰。

第三，加强个人修养，不仅是为师之道，也是事业之道、生活之道。无论是作为领导、家长，还是作为同事、朋友，自己都要先"把人做好"。克治省察的修养功夫，一刻也不能停。修身、齐家、治国、平天下，修身是前提和根本。

第四，要求别人做到的，自己要先做到。领导和管理也好，教育和培养也罢，最有效的做法都是身先士卒、率先垂范、以身作则。只知道站在道德高地上说教，却不能率先垂范，是无法感染人、打动人的。

【儿子微信回复】：收到

第115封："突破"行百里者半九十"的魔咒

（写于 2020 年 8 月 9 日）

"行百里者半九十"，语出《战国策·秦策五·谓秦王》，意思是走一百里路，前面的九十里只算是一半的行程，后面虽只剩余十里，却要花费同前面九十里同样的时间。比喻做事愈接近成功愈要认真对待，事前要做好全面的心理、力量和物资准备，才能经受住最艰巨的风险、困难和挑战而达到终点。

现实生活中，此种境况随处可见。比如马拉松比赛，全程 42.195 公里，最后的 10 公里是最考验人的，要与身体极限做抗争。很多选手在这个阶段开始掉速，甚至退赛。再比如登泰山，最难的也是最后那一段，眼睛已经看到山顶了，可体力不支了，意志也随之崩溃了，最终没能领略到登顶后的喜悦，没能体会到一览众山小的豪情。善始者之所以未能善终，大多是败在最后那十公里。

"行百里者半九十"，已经成为学业、事业的发展魔咒。

一、魔咒因何而生

（一）岁月如锤，会击碎任何生命的脆弱。但凡那些干系人生价值实现的重要事，都是一场持久战。最初的热情，最初的好奇，最初的期待和梦想，很快会随着时光的流逝而变淡、消失，取而代之的则是漫长奋斗过程中的艰难、困苦、汗水甚至血泪！而且，这样的状态不是一时一刻，而是循环往复的人生常态！刚刚走完一段艰辛之旅，又踏上一段更艰辛的旅程；刚刚见到一丝光明，便又走入重重迷雾和黑暗。大多不能坚持到最后的人，是被时光和岁月磨掉了锋芒，是被反复的考验摧垮了意志。

（二）逆境易丧志。趋利避害，是每个人面对环境、情势的本能反应。处于顺境时，往往热血沸腾、士气高涨、信心满满，甚至得意忘形、忘乎所以、自信心爆棚，似乎没有自己解决不了的问题，没有自己完成不了的任务。而一旦处于逆境，志不得伸、愿不得偿，又往往心灰意冷、意志消沉、情绪低落、自我怀疑。因此，长期处于逆境中的人，很容易灰心丧志，在困难、挫折和失败面前低头退缩，放弃人生的追求和梦想。

（三）顺境易自满。有的人在顺境中走向辉煌，有的人在顺境中走向毁灭！身处顺境中，没有一座座大山横亘于前，安逸之心便会悄悄滋长。很多没有行至人生巅峰状态的人，不是被磨难击垮，而是止步于安乐窝，自满自足于当前的舒适境遇。顺境如一剂慢性毒药，在无形中"化掉"人的斗志和进取心。之所以说纨绔子弟少伟男，不是纨绔子弟智力不如贫家子，而是纨绔子弟容易在锦衣玉食间颓靡心志，失去进取心和自我奋斗的动力。

（四）诱惑令人志移。无论学业还是事业的道路上，总会遇到各种各样的外来诱惑，把人们的注意力吸引到他处，也总会有禁不住诱惑、移情别恋的人。寒窗苦读不如莺歌燕舞惬意，艰苦创业不如攀附权贵来得直接，攀登科学高峰不如纸醉金迷令人神往，做真理的卫道士不如为帝王背书更能保全自身……选择了坚守内心的志向和信仰，就要承受置身荒漠、在孤寂中独行的考验！一旦见异思迁、禁不住诱惑，就会前功尽弃、自毁前程。一支玫瑰都会令人神魂颠倒、走入歧途，一斗米都能让人折腰、丧志。

（五）人生经常是不知身在何处的暗夜行路。人生并非都如马拉松赛跑，尽管艰辛，终点和路途却清晰可辨。现实生境中，我们经常不知人生的峰顶在什么位置，也不清楚现在距离峰顶还有多远：是刚抵山脚，还是到了半山腰，还是离登顶只差最后一段路。人生道路上遭遇的最大困境，是看不到目标、看不准方向、看不清来路，只能在迷雾和黑暗中踯躅前行，倒在光明前的最后一刻都不自知！这样的一幕幕场景，在现实生活中在一遍遍重演。胜利就在眼前，他（她）却停下了脚少。

二、冲破魔咒的法门

（一）点亮心灵的灯塔。前路的光明，不是因为太阳永远悬挂天际，不是因为月亮总能在暗夜中升起。唯有永驻自己内心的光明，才是人生不灭的灯塔，永远能为我们指明目标和方向。内心是光明的，我们就永远知道自己当下身在何处，永远不会迷失自我。人生的志向和信仰是灯塔，内心的良知天理是灯塔的火种，持之以恒的治学修养为灯塔提供不竭能源。

（二）培蓄内驱力。志立于内，只问耕耘、不问收获，无论顺逆成败，只要行驶在自己的人生航道内，就是在驶向自己的人生巅峰。"内驱力"是冲破魔咒的最佳利器，因为它根本就不会为自己设定终点，它只专注当下，不陷过往、不念前程！他们的人生高度，从不需要预先设定，而只是听从内心、跟随自然规律的节奏而生长。尽心尽力之下，心安之处即是归宿，即是人生的巅峰。

（三）生命需要滋养和补给。人生不能只是低头向前冲，要及时给头脑充电、给心灵补充营养、给身体补充能量。否则，即便侥幸赢得一时，却会最终输掉一世。有些人一离开校园，就不再读书学习，而是一头扎进名利场中，靠消费学生阶段的老本，只输出而不输入，很快就江郎才尽，达到人生的极限状态，此后便掉头一路向下、愈走愈低。反之，那些不断充实自己、完善自己、提升自己的人，却能不断把人生境界推向新的高度。古今多少豪杰，早年以才学闻名天下，后半生却泯然众人，于立德、立言、立功均无建树，相当一部分是毁在自我修养的停滞上。

（四）逆境利于"成己"。正常状态下，人不能没事找事、自寻困境，除非是长期处于"太安逸"的境遇中。但是对于那些不能掌控、不期而遇、无法规避的困顿境遇，却必须要接纳她、拥抱她、喜欢她、甚至要爱上她。要主动与她长相厮守、和谐共处、互帮互助，使她成为你我人生华彩乐章的伴奏曲和背景烘托，而不是视她为拦路虎、绊脚石。福兮祸所伏、祸兮福所倚，变易之道在于自己如何处之。面对祸患保持正确积极的心态，是能否实现否极泰来的基本前提。逆境中，往往难于成事，却利于"成己"。人生的成就，往往是在困境时就已做好准备，提前埋下成功的种子。

（五）顺境利于"成事"。顺境下，正是坚守正道、挥洒生命、大展宏图之时。顺境中做事，可以事半功倍、顺风顺水。人生每逢顺境，也就到了建功立业、更上一层楼的黄金时期。学业、事业的格局是否博大久远，人生的境界是否高远宏阔，都取决于能否抓住人生顺境的战略机遇期。比如学业，高中到研究生阶段是顺境期，记忆力最强，消化吸收能力最佳，精力最充沛，又不承担生活的重担，可以专注于学业一途而无须他顾。事业，则在 30 岁到 50 岁是顺境期，家庭安定，事业心正旺，心智处于最成熟、最活络、最具创造性的状态，是开天辟地、开创事业的最好年华。身心修养，则是在 50 岁前后处于顺境期，行至人生中段，积累了丰富的人生阅历，经济上基本实现自由，可以更从容、更深刻、更安静地思考人生，可以回顾过去、反思当下、展望未来，在千途万径中辨识出属于自己的人生路径。

人生经历告诉我们，破解行百里者半九十这一"魔咒"的法门，绝不只是"坚持下去"那样简单。所有的坚持不下去，都是平日修养不够导致的必然；所有的善始善终，都是平日修养功夫到位后的自然。最后十公里，从来不是靠喊喊号子、临时给自己鼓鼓劲，就能冲过去的！成败虽在事上，功夫却在事外，在长期一贯的学习、历练、修养。

【儿子微信回复】：收到

第116封：心灵模式三元素：名、实、理

（写于 2020 年 8 月 12 日）

近日又遇到"烧脑"的事。静思之间，虽然结合一年治学修养成效，一再提醒自己要"听从内心良知的指引"，但仍不能在所有环节上做到开明透彻，因此仍会伴随困扰和焦虑。与以往相比"进步很大"，但从绝对状态上还做不到宠辱不惊、去留无意。由此可见，"听从内心良知的指引"，绝不是嘴上一说就能做到的。

听从内心良知的指引，前提是"心有良知"，而不是只知道"良知"这个概念。心灵事先没有修养出"良知模式"，遇到事情时再怎么呼唤她也没用。真正的良知，不是指这个"词语"，而是词语指向的心灵模式。心灵模式的构成，除了人作为生物本能的天赋外，后天习得的三大元素是：名、实、理。将其理解通透，对人生治学修养大有裨益。

——实，即事实、事物，具体指我们心灵中对外界事物的"感知"。

——理，即规律、道理，具体指我们心灵中对事物内在规律和道理的"理解"。

——名，即表达、命名，具体指我们心灵中对"感知"之事物，对"理解"之道理的描绘和表达，或者说是给事实和道理"命名"。

在现实生活中，有些人的心灵为"实"所充斥，终日碌碌，却知其然不知其所以然。《孟子·尽心上》说："行之而不著焉，习矣而不察焉，终身由之而不知其道者，众也。"任人使唤、唯命是从、只知低头拉磨的驴，即属此类。还有的人，心灵为"名"所充斥，从书本里看来、从课堂上听来一堆死文字，却不明其中隐含的事实和道理，读死书的书呆子多属此类。只有那些心灵中"名、实、理"具备，且达到致广大、入精微境界的人，才能于内在逐渐构建出健康的心灵模式，能够在临事时物来顺应、酬酢万方、从容大度、不动如山。

提醒自己要"听从内心良知的指引",本质是在唤醒内心的良知,激活良知充盈的心灵模式,用以指引自己的思考和行动。如若我们事前修养不够,再怎么用"良知"敲打自己也没有用!能知不能行、说到做不到,根本原因是所知只是"名",并不真的掌握"名所指向的事实和道理"。比如说知"孝",却不知"孝"指何事何物,"孝"中隐含的是什么样的人生道理,这怎么能"知孝""行孝"呢?

若把心灵模式的建构过程比作一座大厦的建构过程,则"实"如大厦建构的基础和物料,"理"如大厦建造的结构和格局,"名"则如大厦建构出的样式和形象。三者缺一不可,相互成就,相互依附,相互支撑。

心灵成长的奥秘,就在"名、实、理"的持续扩充间。孔子说四十不惑、五十知天命、六十耳顺、七十才能做到从心所欲不逾矩,就是在教导我们:修养要把基础打牢,把格局做大,把志向立真切,循序渐进,从点滴处做起,把每一步都走得坚实。

【儿子微信回复】:收到

第117封:除"六害"

(写于2020年8月22日)

我小时候,听到广播里整天宣传要除"四害",包括苍蝇、蚊子、老鼠、蟑螂。至今,几十年过去了,四害也未除尽。原因是四害不仅太多,而且生存能力、繁殖能力超强。

非仅大自然中存在这难除的四害,人身上也有很多思维、行为、成见、习惯,成为人生之害。其中为害最多、最广、最深远、最广泛的,是如下这"六害"。

首害是"间断"。无论是身体修养,还是心灵修养,最容易毁在功夫间断、半途而废上。顺境时容易因自满、贪图安逸而间断,逆境时容易因畏难、惧险而放弃;热情高涨、精力充沛时一马当先,热情消退、筋疲力尽后却不能坚持;

与众人一起向前冲时没问题，一旦离群索居便自暴自弃、放任自流。诱惑与苦难，无时无刻不在腐蚀人的意志，让人停下前行的脚步。古今圣训中，之所以经常将恒心和意志作为人生功业的第一要旨，就是因为人们太容易"毁在功夫间断"上。

次害是"忽微"。有一句俗语：大江大浪闯过不知多少次，小河沟里却翻了船。面临"重大的"困难、挑战、艰险时，常常都能集中全力去应对，进而化危为安、化险为夷；但面临"不那么重大的"的任务时，却常常放松警惕、大意轻敌，结果反而干不成事。对于大多数人来说，小错不断、隐恶成习后，危害尤甚于大的过错！因此，真正拉低人生高度、损害学业事业前程的，往往是思想和行为中那些隐微的小恶习、小过错，再加上错而不知或知错不改，进而酿成大祸。摧垮千里之堤的，往往是不起眼的蚁穴。

三害是"求速"。这个道理之前已经讨论多次了。常怀求速效之心，会形成恶性循环：越是急于事功，心态越不宁静，越不能激发潜质、潜能，越不能把根基扎牢，因而也就无法取得更大的成就，无法达到更高的境界；反过来，它又会让人更加焦急，进而方寸大乱、未战先败，甚至不战而败、自毁前程。人常常不是被困境打败，而是被自己的功利心击败！人人都渴望建功立业，但若不以踏实为本，便会走向反面！

四害是"骄矜"。骄矜之害，怎么形容都不为过。古今中外那些令人扼腕叹息的失败人物身上，总能看见"骄矜"二字的影子。人一旦有了傲气，便不再顾及他人感受，便不再尊重他人的创造力。由此必然带来的后果是成为孤家寡人，众叛亲离，人人避之唯恐不及，非仅"败了事"，更"败了人"，甚至丢了身家性命！古今中外那些善始善终的豪杰、圣贤们，无一不是谦虚谨慎、不骄不躁，且能坚持一生，时时克治省察，不敢有分毫的轻忽懈息。

五害是"志外"。志立于外，其害在于"功业不能自主"！以事业为例，如果把志向建立在事功、名位、金钱、荣耀上，就是志立于外，便会为环境、情势、他人所左右。因此，绝不能把自己的志向建构在外事外物上，绝不能把"自己的成功"定义在"事功"上！什么才是志立于内？我的观念是：每做一事，都致力于自己获得什么样的成长。事前这样想，做事过程中以此为准则去思考和行动，事情做完后以此为准绳进行自我总结和评价。能如此，则做所有的事，都会做一分有一分收获，成败自主、生命由己！

六害是"无刚"。外圆滑而内无方，是安身立命的大禁忌。你我生存的世界，仍在奉行物竞天择、适者生存的基本自然法则。在盛世和顺境中生活久了，很容易在安逸间被蒙蔽、变得麻木，进而失去尚武精神和竞争意识。很多人在顺畅祥和中，不仅被磨掉了外在的棱角，内心也随之变得圆滑，失去了原则、主见、斗志，任由命运和他人摆布，一味曲意逢迎、顺从讨好，回避冲突、回避矛盾、不敢抗争。很多人忘记了：人类的文明、地位和尊严，是通过与自然、与天地、与其他物种的斗争建立起来的；一个机构、一个团队、一个个人的成就和尊重，也只能通过不屈不挠的拼搏和抗争赢来。无论如何都不能忘记："赢"是生存与发展的基本法则，无论是以文明的方式，抑或是以野蛮的方式。人生功业，绝不能靠命运的施舍，不能靠坐轿子、搭顺风车而讨生活！"朋友来了有好酒、豺狼来了有猎枪""人不犯我、我不犯人，人若犯我、我必犯人""以眼还眼、以牙还牙""犯我国境者、虽远必诛"，这些战争年代的生存法则，貌似离这个时代很远了，但其中隐含的基本道理却并没有改变。内心的端方刚毅、战斗意志和尚武精神，片刻也不能失去。

人生不只这"六害"，就像世间不只有苍蝇、蚊子、老鼠、蟑螂一样。但这"六害"确实为害甚大、为害甚隐秘，必须要彻底揭穿它们、除掉它们。

【儿子微信回复】：收到

第118封：读书时应开启的心灵模式

（写于 2020 年 8 月 28 日）

在我的读书体验中，有一点非常深切的感受：秉承不同的心态，读书的效果大不相同。环境静谧、书香绕梁、内心宁静时，读书的体验自然会更好；环境嘈杂、浊气熏天、内心烦躁时，从书中便读不出任何真意味来。

此前，我非常仰慕的一类人，是无时无处不可以"读书至忘我"状态，随时随地可"沉浸于书卷"而不为外部环境所困扰。我辈心中那些"不利于读书"的情势，反倒成就了古今圣贤的读书励志故事。

我小时候，也常听家长和老师讲古人"头悬梁、锥刺股"的故事。但时至今日，我对这类读书状态都不以为然：违背天性，靠外加刺激来推动读书，精神虽可嘉，但自己亲身实践后却证明效果是极差的、体验也是极差的。我虽未曾试过头悬梁，但曾多次用手揪头发以保持清醒；虽然没试过锥刺股，但曾多次用笔尖扎胳膊大腿以驱散困意；但结果却无一次例外，它们从未能战胜瞌睡虫。

对我真正有启发助益的，是另一类读书故事：西汉匡衡凿壁偷光、孔子治学废寝忘食、三国演义中杜预好学不倦、吕蒙手不释卷、光武帝乐此不疲……在我们周边，也会经常看到有人在喧嚣的闹市、在嘈杂的车厢"静静读书"，目不斜视、心无旁骛、沉浸其中。每遇此情此景，内心都会油然而生敬意和赞叹。

关于读书，虽然已经聊过多次，但这个话题值得继续聊下去。读书之道，博大精深，很多人生的共通至理，都蕴蓄其中。今天要探索的，是读书前、读书过程中、读书后要开启什么样的"心灵模式"。心灵要做好哪些准备，心灵要如何指引思想和行动，心灵要扮演什么样的角色，才能让读书成为一种美好的人生体验，才能让读书成为我们人生的助推，为你我的成长提供更多、更丰富的营养。

我把自己读书的心灵模式，总结为一个简单的公式：

"读书的良知" = 心志（明理、自得、自成）+ 心智（道、法、术）+ 心态（中正、平和、热爱、忘我）

1、心志：明理、自得、自成

明理——是读书之根本，要穿透文字的迷雾而求得真理，而不是灌入一堆死知识。浮于文字表面，耳进口出，书读得再多也无益。

自得——是读书之要领，要躬身实践、反求诸己、心领神会，为的是自己真懂、真知、真会，而不是盲听、盲从、盲信。书中的知识道理是他人的，像录音机一样只是记录下来是没用的！

自成——是读书之宗旨，要收发于心、成就于内在，为的是个人的心灵健康与成长，而不是为了外在名利。读书的本质，绝对是"为己"行为，就如体育锻炼的本质也是"为己"。自成，而后方能成就家国天下。

2、心智：道、法、术

道——即规律。读书治学，是由浅入深、由生到熟、由低到高、由粗到精的循序渐进过程，要反复学习实践、反省体悟。明晰此道，才知功夫如何下，精力往何处用，逐渐形成个人治学的正确方法。

法——即方法。读书治学的"三步曲"：先由文返实、再据实辟理、后由理到用，就是我个人读书的基本方法。而"博学、审问、慎思、明辨、笃行"，则是古圣先贤总结出的治学法则。阐释的角度不同，蕴含的道理却无二：循道求法，法不同，而道理相通。

术——即策略：包括如何顺应不同的读书环境、情势和条件，如何在不同题材、作者、书目间做出选择，如何分配有限的时间、精力，如何运用各种学习机会、工具和手段。术，是因地制宜、因时制宜、因势制宜，对"道"与"法"的灵活运用。

3、心态：中正、平和、热爱、忘我

中正——则不失偏倚，能做到明是非、知好坏，书非正不读、理非真不信。只有内心中正，才能让心灵保持健康成长，保持正确的人生航向，不为功名利禄所诱，不为歪理邪说所惑，一心求取良知大道。

平和——则不生妄意，能做到不徐不急、循序渐进、进退有序、取舍有度，不好高骛远、不希高慕大、不速求成效。只有内心是平和的，才能做到内心的真宁静，不夹杂私心杂念，能遵循读书的本原规律，于潜移默化间逐步提升读书境界。

热爱——则不生倦怠，能做到自主驱动、如饥似渴、如醉如痴、乐此不疲，不会虚与委蛇、被动应付、心不在焉。只有怀着"真喜欢"的读书心，才能读出乐趣、读出畅快、读出真意境来，才能激发出内蓄的全部读书潜能。

忘我——则不分心分神，能做到与书融为一体、聚精会神、沉浸其中、神交古人，而不只是扮演一个看客。读书能否做到自得、成己，关键在于能否达到"忘我的境界"！只有与书、与作者、与书中阐释的情境和道理"合一"，把自己"带入书中"，才能与其产生共鸣，才能把古圣先贤之道化育于自己的身心。

当然，这个"公式"不是通用的模式，也不是终极范式，只是我个人的读书体验小结。读书的心灵模式，是伴随读书在不断发展、进化、成长的，也要经历由浅到深、由生到熟、由粗到精、由低到高的演进过程。它是"活的"，而不是一成不变、一劳永逸的万灵法门。

【儿子微信回复】：收到

第 119 封：品味人生

（写于 2020 年 9 月 11 日）

一、人生就是过去、当下、未来的变奏曲

当下是过去的终点，当下是未来的起点。人生的真实过程，是一个个瞬间联结起来的流动画面，是不断终结过去、开启未来，是从终点到起点的不断循环。你我只能站在每一个瞬间、站在每一个"当下"，去看自己的人生：过去刚刚死亡，未来刚刚降生。用"当下"告别"过去"，宣判过去的死刑；用"当下"迎接"未来"，宣告下一幕的新生。每一瞬均如此，永远不会改变。

二、心灵是人生的导航仪，经历是人生的地图

引导我们走完"过去"，掌控"当下"，走向"未来"的，是心灵。心灵是人生的导航仪，为我们指引方向、做出选择。心灵成就于过去，是在过去每一瞬的"当下努力"中修养化育的。心灵现在的样子，是过去耕耘的结果；心

灵未来的样子，是当下耕耘的结果。

"过去"的每一瞬，构成了你我的生命阅历。走了多少路、涉过多少险、爬过多少坡、越过多少坎，读了什么书、学了什么艺，拜了什么师、交了什么友，见识了多广的天地、处理过多难的事物……过去的每一瞬，以不同的方式走过，便会绘就不同的人生图谱，便会成就不一样的心灵世界。

我们能否把握好当下，我们能否以正确的方式开启未来，由"过去的那一个个当下"所主宰！心灵世界是否光明强大，人生图谱是否高远博大，决定你我当下能否正确地思考和行动，能否选择做正确的事，能否把事做正确。心灵是人生的导航仪，它指引着人生的航向，做出正确的判断和选择；"过去的生命阅历"是"人生地图"，它告诉我们"自己面对的未来"大概会是什么样子。人生之旅，是在导航仪引领下，在人生地图的辅助下，选择方向和道路。每一瞬的现在，都成就于过去；每一瞬的未来，又都成就于现在。如此终而复始，循环往复，不断前行。

三、学会挥别过去，才是读懂了生命。

所有的过去，都是已死的自己，无论它曾经繁花似锦，还是凄风苦雨。陷于过往的人，是还没看清生命的本质：生命的真谛在于孕育新生，是站在当下开启未来，而不是留下一幕幕咀嚼回味的悲喜剧。我们所有的过去，都是已死之人的历史，它与书架上那些已死之人的传记没有本质的区别！过去无论发生过什么，都只属于已死之人！生命，只属于"当下"一刻的你我。为过往所禁锢，深陷其中而不能自拔，或陶醉于荣耀与成就，或颓废于凄凉与失意，任由生命之花被"已死之人的成败荣辱"所摧残而枯萎、凋零！"活在过去"是与死人为伴，等于宣判了自己的死刑，也便与死人无异了。人生，首先要洞彻生命的本质，直面"过去自己的已经死亡"这样一个最简单的事实，从容地与过去的自己说 bye-bye。荣耀与屈辱，是非与恩怨，哪怕是发生在昨天，也要立即宣布它们的死亡。心中那些成见与执念，要同过去的故纸堆一并埋葬，不能用骨灰盒中的死人眼光审视当下的世界。生命的无穷魅力与美好，在于每时每刻的重生，在于持续的破旧立新，在于不断地挥别过去、走向新生。

四、学会不念"未"来，才是真的对生命负责

人不能活在过去，人同样不能活在未来。然而现实中的你我，却很容易被"未"来的功名所牵累、奴役，被"未"来的危险、失败所吓退、困扰。活在"未来"中的人，整日为"未"来斤斤计较、奔波劳碌、神魂颠倒、心惊胆战，进而无所适从、进退两难、左右摇摆、患得患失，让生命被"尚未发生的成败荣辱"所虚耗和捆缚。然而滑稽的是，这一切却经常以"让生命更精彩、对自己的未来负责"为名，经常发生在有理想、有追求、有上进心的人身上！念念在"未"来之上的生命，注定是不自由、不从容的！

五、学会珍视当下，便是把握住了生命

生命既不属于过去，也不属于未来，而只属于当下！无论其物质存在，还是其精神存在，莫不如此。

再远大的目标，也不如当下秉持坚定而崇高的信仰。目标能带给人一时的牵引、鞭策和激励，但它却如空中楼阁，看不见、摸不着、抓不住，无法具体指引当下的思考和行动；信仰带给人的却是持续的自驱力、内驱力和不竭的原动力，它是可以清晰、具体、明确地表达出来的人生宗旨、行动纲领和行为准则，它可以持续指引我们当下的思考和行动。

再精心的规划，也不如当下的正确思考和行动。人生需要的是更多的可能性，而不是更大的确定性：还未上路，就已经看见终点。往圣先贤曾说：君子不器。其所推崇的，是不要过早"定型"，过早把自己束缚在一个狭窄的空间内、路径下。自己要做的是把握当下，为"未来"的发展留下更多的可能性。如果所有努力的结果，现在就预知了，那等同于主动放弃了人生的"更多选择、更多精彩、更多可能"。在错误的人生观念导引下，规划往往沦为"人生自由"的束缚和枷锁，限制了我们的发挥舞台和人生天地。现实中，未来也从不按"规划"呈现。

把握住了当下，就把握住了过去、把握住了未来，也就把握住了整个人生。

如果把人生比作《命运交响曲》，那"当下"就是作曲家贝多芬，它决定着曲调是激昂高亢，还是隽永低沉。人生的每一瞬，都能不负韶华，不浪费天赋才智，活得充实、从容、潇洒，联结起来就是无悔的人生。把握当下的最高法则，即是"致良知"！心有良知，自然知道时光一去不复返，每一瞬光阴都不可虚度，以"勤奋"安身立命；心有良知，自然知道人心不可欺、己心亦不可欺，把"真诚"作为对待自己、对待他人、对待学习、对待事业、对待生活的恒定法则；心有良知，自然知道天地万物、芸芸众生都有趋利避害之心，你如何对待它、它便如何回敬你，因此要怀着"敬畏"之心行走天下；心有良知，自然知道人上有人、天外有天，三人同行必有我师，以"谦虚"作为为学、处事、交往的根本；心有良知，自然知道一念天堂、一念地狱，差之毫厘、谬以千里，无一时可以大意轻狂、无一刻可以放纵恣肆，如临深渊、如履薄冰，把"谨慎"作为为人处世的宗旨。

六、当下即人生

我们学的知识道理，只有在当下践行，才有价值和意义；我们的天赋和智力，唯有在当下使用，才不会浪费；我们的父母家人、亲朋师友，只有在当下去善待关爱，才无悔无憾；我们的学业事业，只有在当下奋起，才能壮志得酬，一展人生抱负；我们的壮美河山、家国天下，只有在当下去珍视呵护，才能千古传承、流芳百世……

不要寄望于过去的成功，可以迁就当下的碌碌无为；不要寄望于过去的辉煌，可以迁就当下的放任自流；不要寄望于过去的勤奋，可以迁就当下的荒疏懈怠；不要寄望于过去的学识和物质积累，可以迁就当下的安逸享乐……过去的成就只属于过去，当下的成就只能靠当下的努力。

不要寄望于当下的懈怠，可以通过未来的努力来弥补；不要寄望于当下的错误，可以留待未来去纠正；不要寄望于当下错过的亲情、爱情、友情，可以等到未来再回报；不要寄望于当下荒废的光阴，可以在未来重新找回……每一瞬的当下，对人生都是绝对的"唯一"。

走在人生的大道上，举目四望，陪伴我们的只有当下。"过去"总是绝情，时刻弃我们而去；"未来"总是虚伪，向来以虚幻作弄人心。只有"当下"一如既往，从不离开左右，与我们终生厮守、白头偕老、风雨同行，它就是我们生命的全部！

生命的意义，在于每一瞬的"当下"，是当下在创造着生命的过去，是当下在孕育着生命的未来。以此言之，每一瞬都是死亡，每一瞬也都是新生。即便是人生的终点，死亡也不是生命的终结，而是对生命起点的回归！每一个生命个体，正是用死亡推动着种群的生生不息和发展进化，进而把自我生命的价值推到极致境界！死亡的一刻，是结束，也是开始，它与之前的人生每一瞬没有本质的区别。生命，在两个时刻光芒万丈：一个在呱呱坠地之时，一个在行将就木一刻。

生命的真义，不在过去，不在将来，只在当下！

【儿子微信回复】：收到

第 120 封：修养之难，在于胜己

（写于 2020 年 9 月 18 日）

修养，在字典里的解释是：培养高尚的品质和正确的待人处世的态度，或求取学识品德之充实完美。看完后，仍似懂非懂、云里雾里、不甚了了。这就是汉语讲道理的方式：含蓄、朦胧、委婉、抽象，永远隔着一层窗纱让你看风景，而不是赤裸裸地让你一览无余。"修养"二字的解释语，同修养二字一样高深莫测，只能意会、不能言传。

修养的本质是什么？我的理解是：用后天习得的良知和意志力，掌控"由私意驱动"的本能行为。就其行为过程和结果来看，修养的意图就是"胜己"！一个"有修养的人"，就是一个能在各种情境下克治战胜自己私心之人；一个人"修养自己"，就是通过持续的学习实践，用正确的思想更新错误的思想，用正确的行为纠正错误的行为。修养的过程，本质是在不断"破自己的旧、立自己的新"！它是一场和私欲的战争，和成见的战争，和心灵习性的战争。

人的天性欲望，并非总能保持端方中正、不偏不倚，有"过"与"不及"之分。"过"则贪得无厌，一句"人类的欲望是永远无法彻底满足的"，道尽了人性中潜在的恶；"不及"则灰心丧志，缺少生命的热情与活力。"自制力"不是天生就有、天生就足够的，更多要靠后天的学习修养，要靠现实生活中血与火的淬炼，炼出火眼金睛，炼出金刚不坏之身，炼出不动如山之心。

人的成见，并非都是真理，很多是被动灌输进去的陈腐观念和错误认知。但我们经常错而不知，以为它们是正确的！对你我来说，为害最大的并非那些明确可知的错误，而是那些我们"自认为正确的"成见。成见扎根于我们头脑中，只有靠后天持续的学习修养，不断植入正确的知识观念，才能让其无法再隐藏、作乱、为害。

人的心灵习性，并非生来就喜欢改变。而是恰恰相反：除非被逼无奈，自身缺少主动改变的决心和动力。心灵有强大的惯性，一旦适应和稳定下来，它便倾向于安于现状，而不是做出改变。因此，修养的最高境界，是战胜自己心灵的固有习性，掌控心灵的惰性和惯性，使其及时纠正错误、变换轨道，而不是奔驰在通往万劫不复境地的歧路上。

"胜天、胜地、胜人"都是痴心妄念，真正要战胜的、能战胜的是自己。私欲经常遮住我们的双眼，让我们追名逐利、偏离正轨；成见经常会掌控我们的思考和行动，让我们不可理喻、冥顽不化，闭着双眼走向黑暗；习惯经常会绑架我们的头脑和躯体，让我们在自我伤害和毁灭的大路上飞奔；心灵的惰性和惯性，经常让我们明明知道错误也不做出改变，明明知道正确也没有勇气和决心做出新的选择。人在一生中面临的最多失败，不是败在天地间，不是败在敌人面前，而是败给了"自己"身上的恶势力！精力未尽而脚步已停，气息未停而意志已丧，心跳未止而胆已破、魂已散！

胜己之道，即修养之道。克治省察、学问思辨、修齐治平，功夫要下在平日，正心诚意、知行合一，持之以恒、终生不辍！只看几本励志书、喝几碗心灵鸡汤，是不管用的。要在平实处用功，把"胜己"转化成日常大事小情上自己和"自己"的战争，并乐在其中、乐此不疲、务求完胜。胜己的功夫，就是要透出一股倔强气、执拗劲，就是要自己把"自己"拍死在沙滩上。

【儿子微信回复】：收到

第121封：论"简单"与"复杂"

（写于 2020 年 10 月 1 日）

一、认识"简单"与"复杂"

谈论简单和复杂，通常是基于两个视角：

一方面是基于本体论的，从事物本质属性上看是简单、还是复杂。比如我们说蚂蚁和人类，蚂蚁是简单的，而人类是复杂的。人类经过长期进化形成的生命系统，比蚂蚁有更大的复杂性，人类的组织、器官、循环、神经、智力等功能系统，比蚂蚁要复杂得多。这种简单和复杂，是一种客观存在的实然状态，是不以个人的意志为转移的。

另一方面是基于认识论的，阐释的是每个人对事物的不同看法，即事物在不同个体的理解中，是简单的、还是复杂的。不同的人拥有不同的知识积累，拥有不同的认知模式，对于同一事物的看法，有的人认为是简单的，另一个人会认为是复杂的。做出何种判断，取决于不同心灵的认知模式和判断准则。这种简单和复杂，是主观的，因人而异。

现实中，简单还是复杂并不总是像蚂蚁与人那样泾渭分明、是非立判。比如，宠物狗和宠物猫相比，谁有更大的复杂性？是狗进化得更复杂，还是猫咪拥有更高阶的生命系统……中国人的思维和西方人的思维相比，哪个简单、哪个复杂？经常有人说西方人相对头脑简单、直来直去，而国人则思维复杂、拐弯抹角。事实真的如此清晰可辨吗？事实告诉我们，国人看似复杂的想法，却常常产生于"头脑简单"的感性思维过程；西方人给出的结论看似简单，却往往经过精确的分析、计算和信息加工，经过严密的逻辑推理。东方思维的习惯是形而下的，基于头脑中"灌输和植入"的道理和法则，依赖经验、感性做分析判断，因此从本质上看是"简单的"；西方思维的习惯是形而上的，基于具体事实和繁杂细节，依赖复杂推理和逻辑分析，因此从本质上看是"复杂的"。

一个事物的复杂性和简单性，往往是一体共存的，简单中可以生出复杂，复杂的背后隐藏的则是简单。比如蜂群效应和蚁群的社会行为，表面看起来好像很复杂，而其内在机制却非常简单。我们之所以认为其非常玄妙和复杂，是我们被简单系统中"涌现出来"的复杂现象迷惑了。成千上万只蜜蜂一起飞行时，呈现给我们的是壮观、美妙的图景，是秩序井然、变幻莫测的群舞，没有指挥、没有命令、没有精心设计。然而，蜂群在飞行时呈现出来的复杂现象，并不是因为蜜蜂拥有高度复杂的智能，而是基于蜜蜂个体非常简单的飞行规则和行为。

由于不同的学习积累和人生经历，不同人的头脑拥有不同复杂度的知识和智能模式。面对同一事物，就简单、还是复杂这一命题，会给出完全不同的判断。对于拥有深厚的数学根底和逻辑思维能力的人，看到博弈论的那些模型和公式时，感觉是简单的，其中并没有太高深的数学理论和方法。但对于一看到数学公式就头皮发麻的我来说，博弈论的模型和数理分析却"极端复杂"。所以，虽然前后看了十几本博弈论方面的书，但每逢模型和数理分析内容，都跳过去不读。所以至今在博弈论领域的修为，仍停留在思维模式层面，对复杂数理建模和分析计算，仍一片空白。

简单和复杂是相对的，是同一事物的不同侧面。没有纯粹的简单事物，也没有纯粹的复杂事物。复杂事物也有简单的一面，简单事物中也隐藏着复杂性。把二者对立起来、截然分开，就犯了基本的认知错误：把同一事物的两个侧面，误解为两个不同的事物。这会误导我们的思维，让你我迷失于"简单"还是"复杂"之间。简单与复杂，就如善与恶、好与坏、美与丑、明与暗等概念一样，都是人类对事物不同侧面的理解，尽管从"字面意思"上似乎是在说相互对立的两件事。这也是语言文字给人类布下的迷雾，人类创造文字是为了理解，但文字本身的局限性又造成了人类理解的障碍。稍不小心，我们就会被语言文字搞得晕头转向。

二、复杂"主宰"简单

从生命进化史来看，生命系统是从简单向复杂进化的。复杂，意味着更强的适应能力，也意味着拥有更大的优势并占据主宰地位。人类既拥有地球生物界构造最复杂的躯体，也拥有最复杂的智能，因此人类处于生物链的顶端。狗狗无论躯体还是智慧，都比人类要简单得多，因此只能甘为人的宠物。简单生命体的命运，往往为更复杂的生命体所掌控。

"复杂主宰简单"，是自然界的基本法则。因为"复杂系统"能认知并掌控"简单系统"，反过来却不能成立！宠物狗可以靠主人来照顾以获取生存和幸福，主人的生存和幸福却不能交给宠物狗来打理！不是狗狗不愿意，也不是狗狗不爱主人，而是因其力不能及。在一个团队中，领导和管理者的思维复杂度必须要总体高于团队成员，他的知识积累必须更丰富，他的思维层次必须更多元，他的认知模式必须更复杂！唯有如此，他才能理解性格各异、专长不同的团队，才能对团队施行有助益的领导、组织和管理。让一个头脑简单的人去"当头儿"，既读不懂团队，也读不懂外部环境，更缺乏驾驭情势的能力和方法，结果只会抑制群体的智慧和创造力，甚至会把大家一起带到沟里去。在团队的角色和职责分层中，同样要遵循"复杂主宰简单"这一基本法则。

现实中，试图用简单系统去"整体驾驭和掌控"复杂系统命运的努力，基本都是徒劳的，甚至是灾难性的。连读懂世界的能力都不具备，却妄想改造世界、主宰世界的命运，其结果是可想而知的。

三、"大道至简"不意味着"可以头脑简单"

在现实生活中，我们经常宣扬和推崇如下观念：大道至简、简单至上、去繁就简、以简为美……其中似乎都是在教导我们：要追求简单。但前面的讨论却是告诉我们：要追求复杂。

到底是应该简单，还是应该复杂？从一般概念和现象层面去讨论这个问题，对我们的认知构建不会有多大意义。尽管分析起来有些"复杂"，甚至有些艰涩，但我认为有必要深入到哲学的认识论层面，把问题辨析清楚。

从认识论角度，"简单"或"复杂"概念的生成，包含三个部分：认知主体、被认知对象、认知结论。我们日常语境下的简单还是复杂，大多是针对"认知结论"的，即从认知主体的角度来审视被认知对象，得出的判断是"简单"还是"复杂"。在哲学层面，我们还要考察一个更重要的层面："认知主体"相对于"被认知对象"是简单的，还是复杂的。这对辨析"简单"和"复杂"更为关键。认知"结论"是简单还是复杂，从根本上取决于"认知主体"相较于"被认知对象"是简单还是复杂！从一个复杂系统的视角去审视一个简单系统，得出的结论和判断往往是"简单"，因为复杂系统更容易理解和驾驭简单系统；反之，从一个简单系统的视角去审视一个复杂系统，得出的结论和判断往往是"复杂"，因为复杂系统中有很多简单系统无法理解和驾驭的成分。

大道至简虽然并没有错，但我们永远要记住其中的两大关键点。其一，至简的大道，是从复杂的现实世界中洞察出来的。现实世界并不简单，我们从中剥离出的只是非常有限的"简易道理"。其二，这些简易道理，是由"足够复杂"的人类大脑揭示出来的。洞彻这些简易道理的大脑，并不简单！

现实生活中，我们经常见到的故事，大多是发生在"复杂的人"与"复杂的世界"之间。一方面，人类利用进化出的复杂智能，不断在大千世界中揭示出越来越多的至简之道；另一方面，面对天地万物构造成的复杂世界，其中隐藏的道理无穷无尽、浩如烟海，人类文明迄今为止的所有发现，都不过是管中窥豹、坐井观天。

伴随人类文明的进步，我们正在越来越多的范畴内，突破自身复杂性不足的束缚和限制。借助"认知工具"的助推，人类能在更高的层次上认知和驾驭比自身更复杂的系统，提升认识自然、改善自然、与自然和谐相处的能力。除了通过自身的学习、适应和进化，人类发明、创造各种复杂的工具和手段，来弥补自身生命系统的能力不足，以在更广阔的领域和维度对复杂性拥有更多更强的主宰和驾驭能力。

四、对你我的启示

（一）持续学习、终生成长。构建具有足够知识复杂度和认知结构复杂度的头脑，才能洞彻复杂世界中的"至简之道"。生命进化的本质，是持续的复杂化，不断更新再造心灵认知的结构和模式。

（二）敢做事，多做事。驾驭世界和改造世界的技能复杂性，更直接地源自实践！要珍视宝贵的生命时光，抓住生命中一切可能之机遇，为国家、为社会、为家庭、为自己多做事。既要专而精，也要多而杂。一方面，复杂性意味着在单一领域上更有深度，构建多层次的知识和认知模式；另一方面，复杂性意味着要贯穿更广的领域，建构起跨越更多专业、行业、门类的知识体系和思维范式。专精与广博，都是为了提升头脑系统的复杂性，使思维世界更高远、更博大、更多元、更复合。

（三）永远不要取巧、走捷径。你可以寻找简易方法，但绝不能认为"自身可以很简单"。把大道至简理解为不学习、不勤奋、不行动的借口，寄望于依靠"简易法门"闯天下，最终只能沦为复杂世界的"宠物"，和狗狗步入同样的生命境地。

（四）发现复杂世界中存在的简单规律，是人类进化出如此复杂之头脑的核心使命。构建出足够复杂的思维模式，为的是洞见复杂事物背后的简单。化繁为简是一种高阶能力，只有学习进化出的更复杂思维系统，才能拥有这样的能力。

（五）不是什么事情都可以简化、都能够简化。世界的本质属性是复杂，而不是简单！在对世界没有足够认知和驾驭能力的领域，我们要清醒认识到自己的局限，放弃任何主观英雄主义的狂妄和无知，防止用任何简单粗暴的方式破坏复杂世界内蓄的自然和谐之美。

（六）大型企业治理、城市治理、国家治理、世界治理，面对的共同课题是"被治理对象的高度复杂性"。我们绝不能"在求简的道路上走过了头"，以为一定可以找到某种简易方式来实现对复杂事物的绝对掌控，甚至试图用简单划一的模式，以消灭复杂性为代价去建立所谓的简洁和秩序！人类和其他生命的发展进化史告诉我们，驾驭复杂性的自然法则是：理解、尊重、适应和共同进化，而不是控制和破坏！

我们应致力于与其他复杂系统世界一起，走向更复杂多样的未来，而不是一起退回创世初的简单混沌状态。

【儿子微信回复】：收到

第 122 封：放松与专注

（写于 2020 年 10 月 10 日）

一、什么是放松

我的理解是：放松是指针对环境、情势和事态，身心处在自我主宰、自主驱动的状态，张弛有道、张弛有度。通俗地讲，就是在主观上，既不给自己施加额外的压力，如临大敌、神经紧张；也不自己放纵自己，大意轻敌、轻慢懈怠。

放松的定义中，有两大关键点：一是主宰自我身心；二是合于环境、情势、事态的"有道与有度"。

首先，自我主宰是放松身心的根本前提。身心不能自主，"放松"二字也就无从谈起！放松，是自我身心调节的一种能力，是构成心灵机制的重要模式之一。对人为害最大的不良情绪之一，就是"紧张"。它会将我们的身心拖离自然状态，削弱身心蕴蓄的智慧和力量，破坏身心高效运作的生命机制。一旦紧张过度，人就会完全变成另外一个样儿：聪明的人突然变笨了，脑子里的知识突然排空了，点球时腿脚变得僵硬了，考试时平日信手拈来的题目突然不会做了……紧张夺走了他的天资，杀死了他的才智。

其次，张弛有道、有度。身心的运用，以合于事宜为美，要根据客观环境、情势、事态调适身心状态。什么时候该收，什么时候该放，要遵循事物发展的规律，掌握身心利用的分寸和尺度。事事都全力以赴，不分轻重缓急；做好事情只需要一分，却耗尽十分的精力；或者反过来，事事都懈怠散漫，敷衍了事；

做成事需要十分，却只付出一分的努力。这都不是张弛有道、有度，前者是过，后者则不及！处事张弛失度，根源上是未洞彻事物中隐含的道理，未掌握驾驭事物的方法，行动如盲人、瞎马，用蛮力、下猛药，或反过来听天由命、放任自流。

无论面对何种境遇，能在自我主宰下做到张弛有道、张弛有度，就是身心放松的真境界。有人把放松误解为让自己"什么都不想""把大脑彻底排空"。这是不可能的！只有死人的心中才不会有任何想法，也只有死人的大脑中才是空白的。

二、什么是专注

有一天，王阳明的弟子请教老师：专一是不是就是"做某事就一心在做某事上"。阳明先生回答说：如果读书时只专注于读书形式，做事时只专注于事物表面，不是真正达到了专一境界。

在普遍认知中，专注二字是指一心一意、心无旁骛的处事状态。但这只是其字面意思，要想用其指导个人治学修身，尚需一探究竟，深明专注二字中蕴藏的深刻道理。

首先，专注于"自我本心"。治学修养改造的是我们的主观世界，这是思维与行动的基本逻辑基点。因此，治学修养的成效，要得之于心，让自己的内在更为强大、更为宏阔、更为坚实、更为中正、更为平和。反之，如果治学修养的目标"在外"，置于营生计、求功名、谋利益之上，虽然也可以做到专注，却走向了圣贤修身治学的反面，逐步为自己套上毁誉得失的枷锁，沦为际遇和功名的奴隶。专注的真境界，是专注于自己的"内心"，革除一切以"外在"得失为目标的错误思维模式。

其次，专注于事物"内在的性与理"。待人接物，只有知其性、明其理、循其道，才能与之产生真正的心灵相通和共鸣！万事万物皆有本心，皆有本性，都有自身的喜好，都有自身的内在规律和道理。只有透过现象，抓住本质，洞彻掩藏在表象背后的规律和道理，才能与芸芸众生和天地万物情性相通、一体同心，进而做到互相尊重、互相爱护、互相成就、和谐共存。这是中国传统哲学崇尚的"天人合一"思想中隐含的大道理。

专注于己之"内心"，专注于事物之"性与理"，即为"专注之道"。

三、极致的放松与专注

什么是"极致的放松"与"极致的专注"？我的理解很简单：放松到极致，就是专注；专注到极致，就是放松。或者换个角度来理解：做到放松的办法，就是通过专注于内心、专注于性与理，来摒弃私心杂念，做到身心自我主宰、张弛有道亦有度；做到专注的办法，就是通过摒除私心杂念，回归自然天性和本心，处事中正平和，进而使自己的身心专注于内在，专注于事物的性与理。放松是专注的结果，也是实现专注的功夫！二者互为因果。不专注于内心，为外在境遇得失所累，心只能一直悬着，惶恐四顾而不得安定，是不可能真正做到"放松"的。不专注于事物的"性与理"，便会被假象遮住双眼、蒙蔽心智，茫然无措、盲目浪战，也便不可能做到张弛有道、张弛有度。

四、如何做到极致的放松和专注

正心。心正才能无私欲，不为外物牵累。心无私欲，自然能以廓然大公之心行事，能做到放开手脚、挥洒自如、轻松自在；心不为外物所累，自能不偏不倚、心无旁骛、专注于正途，以人间大道和天下公义为行动准则。

明心。心明才可看透事理，不为外物所迷惑。内心无惑、大彻大悟，自能安然宁静、松静自然；内心无惑，自能专注于天性、真理、大道。

诚心。心诚才不会自欺欺人，坦荡洒落。内心无欺，才能直面现实和自我，不用挖空心思、绞尽脑汁去作茧自缚；内心无欺，才能专注于事实和当下，不需用过往之得失来安慰自己或折磨自己，不需用未来之荣辱来激励自己或吓唬自己。

定心。心定才能不动如山，内有主宰和统驭。心定如山，则自然会气定神闲、处变不惊，该来的就让它来，该走的就让它走，坦坦荡荡、洒洒落落；心定如山，才能不为物欲繁华所困，不为艰难困苦所绊，专注于自己的人生主航道，一步一个脚印地走出无悔人生。

专注而能放松的人，内心的杂念必定是少的，内心的欲望必定是纯净的。

无论人生行至哪一程，都要经常回望起点：最放松、最专注的，恰是孩童时期！从那时的自己身上，我们看到的不应只有无知，也不能只感觉"可笑"，还要看到那自然的放松、感受到那纯粹的专注。几十年前的自己，也许正是我们最好的人生导师！

【儿子微信回复】：收到

第 123 封：确定性与不确定性，该拥抱谁？

（写于 2020 年 10 月 16 日）

人类生活在不确定的世界里，必须适应和拥抱这种不确定性，这是我们生存与发展无法逃离的基本生境。正是这种不确定性，催化了人类主动学习适应的内在动力，激发了人类内在的竞争意识和进取精神。如果世界始终处于绝对的平衡和稳定，生物文明将不会出现。生物文明的本质是运动和变化，一旦世界静止，生命就将消逝。因此，不确定性和变化，不是生命的"厄运""祸患"和"灾殃"，而是生命发展进化的根本驱动力。正是不确定性，激发了人类的危机意识和抗争精神，激发了人类生存的技能和智慧。一个确定得不用期待任何变化的世界，必将是了无"生"趣的。不确定性是活力、动力之源，是人类繁衍生息、成长壮大的一大驱动机制。

人类生活在不确定的世界里，又必须找到某种确定性的规律和道理，否则人类也无法持续繁衍生息。正是因为人类有能力从自然界中找到确定的规律和道理，才使得人类能够认识自然、改造自然，与自然和谐相处，并在生物界竞争中获取优势，逐步登上地球生物链的顶端，成为生命世界的主宰。如果世界是绝对的混沌状态，其中没有任何规律和秩序而言，生物文明将同样无法存续。迄今为止，能观测的宇宙中有亿万个星球，却只有地球孕育和创造了生命文明。这源于地球中隐含的、具有高度确定性的自然生境：四季运转、云行雨施、日月轮回、山川物产、江河湖海……正是这些确定的自然规律和现象，为生命的孕育和成长提供了前提和基础。生命不断利用这些确定性进行学习、积累、适应、进化，不仅塑造出更具复杂性的躯体，更塑造出高等级的生命智能。

如果说世界的不确定性是人类文明生存与发展的刺激和驱动力，确定性就是人类文明生存和发展的根基和保障。不断在不确定的世界中寻找隐藏的确定性，即是生命之旅的使命和目标，也是其魅力之所在。

因此，我们既要拥抱不确定性，又要拥抱确定性！确定性与不确定性，是我们赖以生存和发展的自然世界所具有的本质属性，是同一美妙世界的两面。缺少任何一面，世界将不再丰富多彩，生物文明世界将立刻崩塌！在崇尚"拥抱不确定性"的同时，不要忘记是确定性成就了人类的生存与发展，给我们以安全感，让我们能掌控自己的生活。反之，在崇尚"拥抱确定性"的同时，不要忘记是不确定性让我们产生危机感，让我们放弃故步自封和因循守旧，促使我们不断成长和进步。如果将生命历程比喻为一首美妙动听的音乐，那么不确定性就是那起伏悦动、变换流转的音色和音调，而确定性则是隐藏起来、驾驭着乐曲走向的韵律和节奏。

拒绝不确定性，是非常危险的。它会让人的思维变得僵化保守，放弃学习和成长，抵触变革和创新。一个拒绝和排斥不确定性的心灵，必将为恐惧的幽灵所占据，害怕周边环境的改变，稍有风吹草动就惊恐不安，不愿迎接命运的洗礼、考验和挑战。这样的心态，会将变化和不确定性视为人生的大敌，或者选择逃避，或者选择对抗，而不是选择接受、欢迎和利用。一个拒绝和排斥不确定性的心灵，也往往是脆弱的，扛不住风吹雨打，经不住雨雪冰霜。强大的内心、坚定的意志、强健的体魄，只有在艰难困苦中才能磨砺出来，在安逸稳定的温室中只能长出容易摧折的花朵。

拒绝确定性，同样是危险的。它会让心灵漂泊不定，让人生漫无目标。一个拒绝确定性的心灵，将会迷失在杂乱无章间，失去对个人命运的主宰、对自我生命的驾驭。没有坚定的人生信仰，不去探求自然世界中隐含的规律和道理，就无法达至内心的光明，就容易被事物的表象所迷惑，就会任由毁誉得失的摆布和奴役。确定性是心灵的定海神针，是指引人生的领航灯塔，为人类的思维和行动提供恒久法则和一定之规。不动如山的人生境界，只有在理解和把握了现实世界中隐藏的更多确定性的情况下才能实现。博学、审问、善思、明辨、笃行等治学修身之道，就是要我们洞彻不确定世界中蕴蓄的规律和道理，掌握更多元、更复杂、更确定的生存之道。

确定性成就生命的安定和长期存续，不确定性推动生命的不断成长和进化，二者共同成就生命的美好。

【儿子微信回复】：收到

第124封：人到中年，再聊"学习"

（写于 2020 年 10 月 23 日）

一、什么是学习？——确立宽框架认知

现实生活中，我们头脑中对"学习"二字的理解，经常是狭隘的。首先，只把所谓"正规的"求师、问学、读书当作学习，甚至把学习片面理解为学生在学校里做的事。其次，把"学"和"做"当成两件事，在校时两耳不闻天下事、一心只读圣贤书，工作后又一心在功名利禄上，不再读书学习。其三，把学习作为求取功名的手段，志立于外，以功利心驱动学习。

正确的认知，才能引发正确的行动。要从不同视角和维度，在内心构建正确的学习观念，我们才能开启正确的学习模式。

（一）从不会到会、从无知到有知，改造和建构内在主观世界的一切行为，都是学习。从外部世界汲取营养以推动自我的成长，是学习行为的本质属性。不管是通过什么渠道，只要实现了这样的意图，达到了这样的成效，就是在学习。一个"有心人"，无时无刻、无事无物不可以学习充实自己！

（二）学习是身心成长的智慧源泉。通过学习，让我们明白更多的规律和道理，掌握更多的方法和技艺，使我们在面对陌生环境和事物时可以从容大度、条理畅达、进退自如、张弛有度。学习如同饮食，为身心愉悦和健康提供源源

不断的知识营养。

（三）学习是"生活＋学业＋职业"的三位一体。学习与生活、工作，不是分离割裂、互不相干的，而是一体并进的。一方面，生活和工作，也是在学习。知识来源于生活、来源于实践，在生活和工作中始终怀有一颗谦虚向学的心，能在多姿多彩、纷繁变化的大事小情间体察事物规律、感悟人生道理，才是最高境界的学习。另一方面，学习也是生活的一部分，要享受这个过程，让它给我们带来美好的人生体验。学习也是一项事业，把学习做到极致、做到真境界，本身就是可喜可贺的人生大功业。很多往圣先贤，就是把做学问当成终生职业来对待的。

（四）学习的根本出发点和落脚点，不外于修身、齐家、治国、平天下。学习不是目的，而是方法和手段。因此，有益于个人更好成长、家庭美满兴旺、国家长治久安、天下太平和顺，是学习之本。反之，虽然也是在学习，却是南辕北辙，不仅不能成就自己，反而会伤害自己。

（五）学习的成效，要得于心、见于行。学习不是为了在头脑中"灌入多少信息和知识"，而是通过化育心灵，激发出良善的思想和行为。止步于目视、耳听、口说、脑记的学习，不是学习的真境界。学以致用，最终要体现在思想和行动上。

二、为什么要学习？

（一）学习是为了适应变化和挑战。世界日新月异，环境不断在变化，新事物层出不穷。面对各种变化和挑战，我们必须且只有通过学习，才能掌握更多认识世界、改造世界的知识和道理。通过学习来适应成长的环境，不仅是人类的基本生存之道，也是自然界生命进化的普遍法则。

（二）学习是为了获取竞争优势，实现更好发展。我们处在一个高度竞争的生存环境中，国与国之间、地区与地区之间、企业与企业之间、个人与个人之间，都试图获取更多的发展机会，都希望拥有更优势的发展平台、空间和位置，都向往更美好的生活境遇和职业状态。学习，是获取竞争优势的最直接、最有效、最可靠的方法和手段。自强之道，首先体现在自主学习、持续学习、终身学习上！

（三）学习是为了站在前人智慧、群体智慧、他人智慧的肩膀上。自然规律、人生道理，不可能全靠我们自己去发现，不能一切都从头开始。学习的本质，是在借助古今圣贤、中西智者、人类群体的眼睛、耳朵、头脑，去看、去听、去思考，见己所不能见，听己所不能听，思己所不能思。学习的本质，是把全人类千百年积累的智慧，转化为指引你我人生的内心光明。

三、学什么？

（一）学习先进。我们要学习的是经得住时间和实践检验的真理，是代表时代进步的知识、理论和方法。知识并不都是"进步的"，其中也有腐朽和糟粕，必须要慎加选择。生命有限，我们没有那么多时光可浪费，每一分、每一秒都应用于学习先进，而不是淹没在陈词滥调、粗制滥造的故纸堆中。

（二）学习往圣今贤。以什么样的人为榜样，我们就会一点一滴地被雕琢成什么样的人；与什么样的人为伴，我们自己的身上就会留下什么人的影子。读前人著述，实质是在接受往圣先贤的思想熏陶。生活工作中与品行高洁的人为伍，与各界精英共事，便有了最好的效仿榜样。

（三）学习"驾驭知识之道"。学习中，首先要学习掌握的，是驾驭浩如烟海之知识的方法。随着时代的发展和科技的进步，需要学的知识越来越多、越来越复杂。这与过往的知识短缺时代，是完全不同的。我们常说要在头脑中构建"T"型知识结构，上面一横代表"广博"，下面的一竖代表"专精"。然而，在知识大爆炸的时代，终我们一生所能学到的，也难再称得上广博。近来，自己一直在学习复杂系统科学，从中颇受启发。给我带来的一点认知转变是："T"型知识结构的那一横，应该定义为"复杂系统哲学观、方法论和思维模式"，它是用于"认知、理解和管理复杂知识的知识"，以防止我们迷失、淹没在知识海洋中而无法自拔。复杂系统哲学和复杂系统科学，是当前国际学术研究的前沿，在你进入大学阶段后，一定要学习这方面的知识，无论选择的是什么专业。21 世纪的人才发展，不是看你掌握知识的广博，而是看你整体知识系统的复杂度：能涵盖多少个层面、能扩展到多少个维度、能跨越多宽的领域、能纵贯多长的历史。不首先掌握驾驭知识的知识，我们就会沦为知识的奴隶。

四、怎么学？

（一）学做人先于学做事。做人之道主宰做事之道，而不能反过来。做人的境界定位在何处，做事的境界便会定格在何处。把人做好了，即便做事的能力有欠缺，也只是创造的价值多寡问题；人做不好，掌握的知识越多、个人的能力越强，造成的损失越大，越是远离正道和大义。培养正确的人生信仰，树立正确的世界观、人生观、价值观，是人生学习的第一课。

（二）傻傻地坚持，就是最快的捷径。只有坚持始终，才能行至个人学业的最高境界，领略巅峰状态带来的欣慰和满足。学习上不存在一劳永逸，不存在一招鲜吃遍天。从整个人生的视角来审视，如果说学习有技巧，坚持一贯就是技巧；如果说学习有捷径，傻傻地坚持是唯一捷径。

（三）君子不器，学习不能给自己设限。我们要学的知识和道理，既不能被所选择的专业所限制，也不能被所从事的职业所限制。决定人生成败的知识，并不只是在专业领域内，也并不只是在职业范畴内。高价值人才所推崇的，是更大的格局和更强的可塑性，而不是快速定型、一成不变。要成为"不器之才"，就要胸怀家国天下，放在哪里都可以撑起一片天地、造福一方热土、成就一番事业。

（四）三人同行，必有我师。能发现圣贤、精英、豪杰身上的可学之处，不是真的善学习；能洞察到每个普通人身上的闪光点，才是真正拥有学习的大智慧。每个人都有自己独特的人生阅历，都会发展出自身的独有长处可供你我学习。生活中从不缺少可学习的榜样，缺少的是渴望学习的心灵、善于发现光环的眼睛。降低自己的身段，则处处有精彩、人人皆我师。一颗谦虚的心，是最强大的！竞争的世界里，最可怕的对手不是眼前的强者，而是那些谦虚向下、持续成长的对手。

学习，是一生讨论不尽的话题。通过短短的一篇文章，是说不清、道不明的。适合自己的学习之道，还要靠自己去探索和发掘。

【儿子微信回复】：收到

第 125 封：树立正确的"错误观"

（写于 2020 年 10 月 26 日）

昨天是你的 18 周岁生日，从今天开始，你就是一个"成人"了，这是你生命中具有重要象征意义的时刻。成人的成，内涵是指成熟。一个成熟的人与不成熟的人之间，一个主要差异是他们对待错误的不同态度和方式，尤其是应对那些不易觉察之错误的素养和能力。

一、什么样的错误为害最大

无论什么样的错误，只要及早揭示出来并正确对待，便可以第一时间加以回应和纠正，把不良结果遏制在萌芽阶段，防止恶果进一步扩大。最危险的情况是：明明在错误的方向和道路上飞奔，自己却丝毫没有意识到，而且还自认为在做正确的事。

我在管理岗位上工作多年，曾一直有一个坚信不疑的观念：只要对事不对人，工作方式方法不重要。于是在面对同事"做错事"时，便经常不分轻重、直白严厉地指出来，不分场合、不留情面。很多同事对此难以接受，一些女孩子甚至掉眼泪，而我还自以为没错，用对事不对人为自己开脱。可事实真的如此吗？所有的事都是人在做，"对事"等同于"对人"，哪有什么"对事不对人"！这个错误，自己多年常犯却不自知，甚或以为那是自己的优点：坚持原则、是非分明。这一错误是为害甚大的，伤了很多同事的心，让他们感觉受挫，承受了巨大的心理压力。当然，它反过来也伤了我自己，每次同事受到我的打击，自己的心情也不好，很长时间都缓不过来，陷入两难的心理冲突中。

生活中很多严重的后果，都产生于那些"自认为正确的错误"，无论于人还是于己。之所以后果严重，是因为错误被掩盖住，不能及早发现和纠正，由此日积月累而终成大患。我们往往是在自鸣得意、自以为是间，在犯着危害极大的错误。

二、为什么会错而不知

首先，错而不知的首要病因，在于主观上的盲目自大，常怀是己非人的态度，不愿倾听多方声音和意见。以自我为中心的个人英雄主义情怀，是滋生"自认为正确的错误"的温床。西楚霸王项羽，从未意识到自己善将兵而不善将将、常怀妇人之仁等问题，直到兵败自刎之前仍在悲叹"天亡我，非战之罪也"，为后人留下了自以为是的历史典型。

其次，每个人都有绝对意义上的"局限性"，没有人无所不知、无所不能，没有人在任何时候、任何地点、任何事情上都能不犯任何错误。因此，犯错误是必然的，之所以错而不知，是缺乏"自知之明"！若心明如镜，对自身有客观的认知，则无论做任何事时，都应事先明了一点：自己眼中的正确和完美，无一不受个人智慧和能力的限制，要始终保持谦虚谨慎和敬畏之心。

第三，事物的复杂性，决定了犯错的必然性。我们生活的世界，并不像表面看起来那样简单。小如蝼蚁，也是一个具有高度复杂性的生命体，是千百万年进化出的神奇造物。天地万物，构成一个超级复杂巨系统，人类置身其中，所能感知、理解和驾驭的，只是很小的局部和侧面。无论是作为人类整体，还是每一生命个体，都无法在绝对意义上认知、理解和驾驭世间的一切。尤其是人类文明，其多样性和复杂性持续呈爆炸式增长，人类对自己一手创造的文明，已经失去了整体驾驭能力。面对高度复杂的世界，"个体的无知"成为无法回避的现实和必然，想不犯错也只能是痴人说梦。

三、如何防止错而不知

首先是谦虚谨慎、戒骄戒躁，修养出自明的心灵模式。自知之明，是克服错而不知的最好药方。对大大小小的事物心存敬畏，明晓自身的局限，认识到世事的复杂。这虽然无助于减少和消除错误，却可以防止主观盲目自大带来的错上加错，可以帮助我们更早地意识到错误，防止一错再错。

其次是汇聚众智、博采众长，善听逆耳之言。一个人，只能看到大象的一个侧面；汇聚众人的智慧和力量，却可以看到大象的全貌。发挥群体的智慧和力量，用群体的眼睛去看，用群体的耳朵去听，用群体的头脑去思考，会比个体更能触及到事物的真相和本质。统计学上有一条著名的定律：数量无限多的错误估计，合起来的平均值会无限趋近于正确。克服无知引发的错误的最好方式，是听取更多样的意见，发挥更多元的智慧和力量。

第三是向已知的错误学习，以人为鉴、以史为鉴。我们不能把所有的错误都犯一遍后，才知道什么是错误、如何规避错误。前人的实践经验，是我们最好的老师。以史为镜，可以明是非；以人为镜，可以知对错。如果我们能敞开心胸，怀着谦卑之心到历史长河与天下苍生中去寻找光明指引，我们对错误的洞察力就会越来越强。

第四是重视过程，在做事过程中适时进行评估和检讨，及时用正确的思想和行动，化解之前未意识到的错误。事情结束后，还应进行全面总结和反思，优化自己的认知和思维模式，推动心智模式的更新和进化，提升对错误的辨别力。那些起初未能觉察的错误，能在做事过程中发现并加以改正，是应对潜藏起来之错误的最有效策略。

四、树立对待错误的正确观念

首先，错误和正确共存，是所有事物的两面。没有错误，也不存在正确。现实中的事物，并不总是能在正确与错误之间划出一条清晰的界线；即使有时能划出来，也会很快因时过境迁而发生改变。在社会性事物中，正确与错误间更难以辨别：面对同一事物，人们常会选择不同的视角、不同的逻辑、不同的价值观和标准，进而会得出不同的是非对错判断。用历史的眼光、发展的眼光、全局的眼光、辩证的眼光来看世事的是非对错，我们才能防止用错误的思维逻辑来做判断。

其次，犯错不可怕，可怕的是对待错误的"错误态度、错误方式、错误方法"。自欺、掩盖、狡辩、回避、推卸、欺人等，都比在事上犯的错误更为严重，为害也更大。这意味着在我们的主观内心世界，隐藏着一个错误的心灵模式！它会持续影响我们对更多事物的认知和判断，持续把你我导向更多的错误行为。秉承如此心态的人，不仅自己不会正确对待错误，还会失去"让别人给我们指出错误的机会"，因为它会推远我们与他人之间的心灵距离。

第三，我们要追求的，不是绝对不犯错误，而是不犯那些已意识到的错误。如果把不犯错确立为做事的目标，那我们将陷入两类境地：或因无法避免的错误而持续受打击，失去做事情的兴趣和动力，进而灰心丧志；或因害怕犯错而停下前进的脚步，因循守旧，不思进取。把"不犯错"作为目标而绝对化，本质是在自己折磨自己，是自己和自己过不去，从而使"错误"演变为横在人生道路上的大山。

第四，不是所有错误的损失都可以挽回，但必须在错误过后走向更正确。人生中，很多错误是无法挽回的。等到我们意识到了，结局也便成为永恒。因此，挽救错误的正确方式，不能止于悲叹、自怜、悔恨，而是改过自新、重建认知、浴火重生、凤凰涅槃，不断塑造出更好的自己，把后来之事做得更好。

第五，绝不能因怕犯错，而放弃果敢的行动。正确的处事心态，是在内心良知的指引下，坚守信仰，勤于做事、善于做事、勇于做事，并及时反思检讨、纠偏纠错。有些错误不能不犯，它们是通往成功的必由之路，是人生必须面对的挑战，是为了成事必须要付出的代价。有的时候，"试错"就是实现目标的策略和方式，试过了足够多的错误路径，正确的道路才会浮现出来。

自 18 岁开始，人要对自己的错误负全责。因此，18 岁之后的人生，一方面意味着潇洒和自由，终于脱离了父母的看护，可以闯荡世界、塑造属于自己的人生；另一方面则意味着责任和担当，要自己管理好自己的思想和行为，自己为自己的言行负责。后者，才是"成人"二字背后隐含的本原之意。

【儿子微信回复】：收到

第 126 封：学会与"反对者"相处

（写于 2020 年 11 月 7 日）

一、反对者的本质是什么——摒弃"简单化思维的陷阱"

首先，反对者是和我们一样的"普通人"。从对立状态中跳出来，把分歧双方分开来看：在他们各自的日常工作生活场景下，反对者和被反对者之间的分别并没有那么大！在冲突情境中"针尖对麦芒"，彼此间的"看法"大不同；但日常生活中的"两个人"之间，却大同小异。因此，反对者，通常不是"从人的角度"反对我们，而更多是"从事儿的角度"与我们立场和观点不同的人。反对者，不是与我们"对立的人"，而只是在事上与我们有分歧的人。这一点，要细细体味。

其次，反对者与反对者是不一样的。冲突的程度存在差异：一个极端是少数持有不同意见的"好朋友"，另一个极端是少数彻头彻尾的"敌人"，大多数则介于好朋友和敌人之间的"中间状态"。有的人认同我们多一些，有的人与我们的分歧和对立多一些。

第三，反对者并不绝对是"负面的""不好的""要加以排斥的""甚至是要消灭掉的"。认同与反对，是成就世界、成就人类、成就国家、成就社会、成就你我的两股同样重要的力量。反对，也是正能量。没有对立面、没有反对者的世界，只能归于死寂！有了反对，认同才有价值和意义；有了分歧，我们才会更努力去探寻真理；有了敌人，我们才会强大我们的心灵和躯体。

第四，反对者并非都是敌人，不能主观给反对者贴上"恶"的标签。反对者确实容易激发人们内心的"敌意"，人的天性喜欢认同和支持，"敌视"那些与我们站在对立面的人。然而事情过后，我们往往发现"敌意"是产生于内心的主观偏见，而非真实的情状如此。有些人之所以反对我们，只是在坚持自己的立场，维护自身的利益。因此，有些"敌人"，是我们自身错误的思维模式造出来的。

第五，反对者并非一成不变，而是随时就事。这次是反对者，下次又会以支持者的面貌出现；在这件事上与我们唱反调，在另一件事上又与我们成为同盟。反对者的反对，是建立在思维和行为的互动过程中的，而不是上帝造物时就造出了两类人：一类为反对者，另一类为支持者。支持者和反对者与你我一样，在不同时间的不同事情上，会呈现出或偏向支持，或偏向反对，或保持中立的行为。

第六，反对者是客观实在的，不以你我的意志为转移。你我总会不时遇到反对者，你我自身也常常扮演反对者的角色。反对者是人类社会中的客观实在，反对是人类行为的一种系统固有方式。反对者是人类文明发展进步不可或缺的力量，其生存与发展不受人们主观态度的左右。无论喜欢不喜欢，无论身处何种际遇，反对者都将与你我同在。

二、为什么会反对

第一，信仰不同导致反对。与我们持有不同甚或相反的人生观、世界观、价值观之人，面对同样的事物和情境，会做出和我们截然相反的判断，选择与我们完全对立的立场。根本信仰不同的两个人，是很难走到一起的；即便二人因利益、目标等方面的一致性而走进了同一个机构、组织或团队，他们之间也会经常出现分歧，相互扮演反对者的角色。在现代组织和管理科学中，在强调组织文化的统一性的同时，越来越包容和追求团队成员个体信仰的差异性，以提升团队人才的多样性。但两个信仰不同的人，在同一个组织内也很难成为朋友，除非他们的信仰发生改变。

第二，利益不同导致的反对。由于立场不同，不同的人在同一件事上会拥有不同的利益。为了维护自身的利益，人们经常会超越真理和正义，甚至会超越信仰而选择拥护什么、反对什么。很多反对者，本质是自身利益的维护者，是为了自身利益而反对我们，而不是为了反对我们而反对我们。世事百态，无一不掺杂各种各样的利益于其中，因利益引发的对立状态，也是最多、最常见的。趋利避害，是基本的人性。世界熙熙、皆为利来，世界攘攘、皆为利往。利益冲突，已经成为导致国家间、地区间、企业间、团体间和个人之间冲突的主要原因。

第三，智识能力不同导致的反对。人与人之间，先天的禀赋有高低上下之分，后天的学识、智慧、能力有多寡强弱之别。面对日常大大小小、难易不同的各类事物，有的人只知其一，不知其二，有的人则能通览全局、洞彻隐微。之所以会出现如此之大的差异，是因为他们之间的知识多少和结构不同、人生阅历不同、个人成长环境不同，心智和思维模式也不同。同样的信息输入，在心灵和大脑中会被加工成不同的理解和认知，进而导致认识的分歧和冲突。

第四，"站位不同"导致的反对。我们每个人，都不是孤立的存在，而是置身于各种各样的群体系统中。我们置身的社会是系统，我们生活其中的国家是系统，我们投身的工作单位是系统，我们求学的校园是系统，我们参加的一场球赛也是一个系统。作为系统整体中的个体，我们都拥有在系统中的身份和位置。身份和位置不同，往往会带来两个人、两个群体之间的系统性冲突：位置决定立场、屁股指挥脑袋。处于彼此对立的位置，就会成为敌人。最典型的是战争状态，一旦位于敌对的两方，则不管你拥有什么个人信仰、个人利益、个人能力，对方都只会把你当成敌人，时刻准备干掉你。球场上也一样，比赛双方无论平日交情如何，一旦走上球场，便把对方当成敌人，一定要战胜他们。当然，我们日常置身的系统，并不都像战争和比赛一样完全对立。但不同的岗位之间，仍会有这样或那样的立场、利益、职责差异，进而导致分歧和冲突。

第五，"为了反对他人"而成为反对者。总有一小部分人，在"天性上"就是反对者，他们天生一双鸡蛋里挑骨头的眼睛、一张乐于攻击挖苦的嘴、一副不可一世的面孔。无论面对谁，无论在什么场合，无论你说的话多有道理，他们都先选择"扮演反对者"，然后再思考和行动。他们是对人不对事的反对者，与所有人为敌，因此也往往成为最不受欢迎的人。

第六，"为了反对你"，而成为你的反对者。有的人成为我们的反对者，是因为我们自身的原因：客观或主观的因素，使一些人"成为我们的敌人"。无论我们说什么，他们都反对；无论我们做什么，他们都拆台。只要我们支持的，他们就加以否定；只要我们推崇的，他们就加以贬低。他们的立场只有一个：反对我们。这样的人，是我们的绝对"反对者"，就如战场上的死敌。世仇之间的冲突，就属此类，仇恨刻入骨髓，生命的目的就是彼此为敌。

三、反对与支持的行为演化规律

（一）反对与支持的辩证性

每个人，都既拥有支持者，又拥有反对者；同时，支持者也会反对我们，反对者在特定情况下也会支持我们。在历史的、发展的、动态的、辩证的视角下审视，反对与支持是辩证统一的关系，是人之行为的两个不同侧面。这两类行为，既相互冲突、相互矛盾，又相互促进、相互成就，是对立统一的存在。你我本身，也总是以"支持者"和"反对者"的两个面貌同时出现，有时这个角色强烈一些，有时另一个角色强烈一些。

（二）演化的过程性

支持还是反对的态势和局面，不是临时突现的，而是有之前的逐步渐进累积过程。个人信仰的形成，利益格局的发展演化，个人智识的提升进步，嫌隙与仇怨的累积，都有一个过程。最终的分歧和对立，只是累积效应的爆发；从意见不同的分歧者，演化为势不两立的死敌，则是量变引发的质变。

（三）演化的动态性

从支持到反对，从反对到支持的发展演化，背后都有某种驱动力量在发挥作用。一是他组织力，即外部驱策。环境的变化、情势的变化、利益格局的变化，都会改变人的立场、态度和行为，外部环境塑造和改变着行为主体间的互动过程和方式。二是自组织力，即自主意识觉醒。个体信仰的转变、知识结构的转变、思维模式的转变，会自内驱动个人立场和态度的转变。看得更通透后，会帮助个体意识到之前行为的盲目和愚蠢，进而改善自身的行为。三是博弈驱动力，即相互适应与克治。反对者与被反对者之间，在交锋互动过程中互相影响、互相改变、互相塑造，最后彼此身上都会刻上对方的影子，行为特征越来越趋近于对方的样子。博弈过程中的力量消长、利益增减，会潜移默化地改变博弈双方的思维和行为，并驱动态势从支持走向反对，或从反对走向支持。

四、如何更好地与反对者相处

（一）求同，更要"存异"。

努力化解分歧，是达成一致的积极态度和做法，自然十分重要。但另一面，追求绝对的一致便走向了谬误！前面说过，分歧和冲突是客观实在，是发展的必然，是系统进步的正能量。试图绝对化解冲突，达成绝对的一致，消灭所有的不同观点，只留下一种声音，这严重违背了文明进化的规律和社会进步的法则。不用强制力去打压反对者，尊重反对者的立场和观点，在冲突和矛盾状态中修养身心，从反对者身上汲取前行的动力和营养，才能在竞争中实现共赢。老一辈儿经常教导我们：良药苦口利于病，忠言逆耳利于行。逆耳的忠言，往往出自反对者的口中，"自己人"反倒常常知而不言。接受和尊重"反对者"，是与反对者相处的首要原则。走极端，才往往是危害最大的。

（二）加强自我修养，避免支持或反对的盲目性

如果我们内心光明如镜，遵循内心良知去思考和行动，则无论是支持还是反对，都是正确的。反之，如果我们自己糊涂昏聩、不明是非，则无论是支持还是反对，从自身来说都是错误的，因为我们没有对自己的认知和行为负责。博学、审问、慎思、明辨、笃行的治学修养功夫，是一日都不能停的。

（三）将心比心，与反对者和谐共处

反对我们的人，同我们天性一样。面对反对我们的人，不能只做出动物性的反应：不明所以就还以颜色，甚至变本加厉地反击。经常换位思考，是与反对者相处的重要原则。学会站在对方的立场上思考问题，可以化解掉绝大多数的非原则性分歧和误解，并避免冲突态势被错误的回应放大。实现自我超越，从自己内心学会与反对者和谐共处，是最基本的人生智慧和能力，也是社会和谐进步的基本法则。

（四）化分歧为动力，在共同成长中走向共识和认同

反对者与我们的差异更大，从他们身上更能看到差异性、多样性和反成见、反定式的东西。从对立面学习，更容易获得惊喜，可以更快地进步，更容易实现具有颠覆性、革命性的自我觉醒和认知重建。通常的情况下，我们都可以视反对者为"存在意见分歧的伙伴"。这样的思维模式，可以化分歧为寻求真理和共识的动力，化分歧为彼此深入了解对方的机遇，化反对的声音为自强不息、积极进取的鞭策。

（五）对待彻头彻尾以我为死敌的反对者，不可心存侥幸

对待骨子里的敌人，绝不可心存分毫含糊麻痹和优柔寡断。一是在原则立场上划清界限、泾渭分明。只有保持足够距离，才能彼此相安无事！二是在战略上既不主动挑起事端和战争，也不委曲求全、因循苟且、一味退让。三是在战术上坚持一报还一报，让刚萌发的恶行就付出足够的代价，对恶意和恶行形成足够的威慑。对恶的退让和妥协，就是对正义和善良的背叛。四是联合同道，群策群力，共同战斗。对待彻头彻尾、以我为敌的反对者，可以采用古今中外兵书战策中传授的任何智略和方法。对那些端着枪、扛着炮闯进来打砸抢烧的敌人，是不能讲仁义道德、人情事理的，唯一要做的是将其"打服"，无论是用智略，还是用武力。否则会激发其更大的欲望膨胀、思维放任、行为恣肆，进而演化为更大的恶。

世界的美好，因其多姿多彩。面对反对者，要做的不是改变他人，而是改造自己，构建出能容纳和正确对待反对者的内心世界。

【儿子微信回复】：收到

第 127 封：我眼中的高考

（写于 2020 年 11 月 10 日）

此前多次聊过对考试的看法，今天专门聊聊高考。有一句话很形象："考场如战场"。果真如此，那高考就是大决战！

也许你会疑问：老爸，怎么在这个节骨眼儿上，还在这儿制造紧张气氛！我的看法是：人生要经历的重大考验不只有高考；直面考验，观察它、审视它、研究它、理解它，把握它的本质，确立正确的认知，采取可行的战略战术，果断行动且勇于承担任何结果，才是应有的态度和正确的应对之道。凡事看穿、看透后，就不再神秘，也不再可怕，无益的紧张也会随之而去。

一、高考之于人生

在当下中国的成长环境下，高考的影响和意义，我认为最重要的是如下几点：

首先是对同伴选择的影响。进入不同的高校学习，将与不同志趣爱好、不同天赋秉性、不同才华学识的人走到一起。不仅在学生阶段如此，毕业后也一样。大学同学和老师，会陪伴我们走过一生，尽管离开校门后不再朝夕相伴。因此，在我的个人认知中，高考对于人生的首要影响，不是将来从事什么职业、能有什么样的收入和地位，而是将与什么样的人同行，融入什么样的朋友圈。人生的格局，很大程度上受朋友圈格局大小的影响。与当世英杰才俊为伍，人生会大不同。

其次是对发展平台选择的影响。高校不仅提供学业发展的平台，也在很大程度上影响未来事业的发展。不同类型的高校，有不同的文化氛围和价值导向，有不同的人才培养方式，有不同的教育胸怀、抱负和格局，有不同领域和水准的专家学者，进而会熏陶出不同信念、素养、品行和学识的学生。离开校门走向社会，学业履历的标签会一直贴在我们的额头上，陪伴我们的整个职业生涯，影响我们每一次职业平台选择。

第三是对事业方向选择的影响。进入不同的学校，选择不同的专业，虽然不能完全决定最终的职业走向，但确实对事业有着重大而深远的影响。有句大俗话：男怕入错行、女怕嫁错郎。其实不仅是入错行，入错校门和专业也是影响重大的。选择哪个城市的哪所学校，选择到什么专业去学习，涉及的是重大人生决策，影响着事业的格局和趋向。

第四是对个人信仰和心灵成长的影响。这是我认为最为重要的一点。教育对你我人生影响最大、最长久、最根本的，是信仰的确立，是心灵的成长，是心智的成熟，是思维模式的塑造。大学阶段，是思维成长成熟的最重要阶段。在不同的校园环境中生活学习，会在潜移默化间被塑造成不同的样子。

二、对待高考的正确态度

高考对你我如此之重要，我们究竟应如何对待它呢？

（一）作为考试的高考，与平时之考试"一般无二"。所有附加其上的影响、价值、意义、重要性，均与考试本身"没半毛钱关系"。只需把目标定位在考试本身，而不是在考前就思虑能考取哪所高校！那是高考"之后"的事。高考的根本意图和直接目的，仍是检验"知识掌握的牢固程度"，并不因为"它叫高考"就有分毫不同。因此，此前所讲的"检验知识掌握的扎实熟练程度"，仍然是高考的唯一目标。换个角度来看，平常的每次考试，都是在做"和高考一样的事"。

（二）把预期定位在个人的天赋和分限之内，既不过高，也不拉低。正因为高考重要，所以更不能把预期定位在"超水平发挥上"，而只需定位在"正常水平发挥上"。预期过高，只会自乱心性，不仅无助于取得高分，还会牵扯精力和注意力，无法发挥正常水平。当然，更不能走向另一个极端，放松警惕，大意轻敌，不努力把自己的潜能都激发出来，留下人生的遗憾。适合自己的状态，才是最好、最长久和无悔的。

（三）把高考当作马拉松长跑的冲刺阶段来认识。比赛中，冲刺阶段是最讲究智慧和策略，最考验耐力、毅力和实力的。在最后一公里掉队，等于把一路汗水和努力争取的领先位置拱手让人。任何懈怠和轻视，都会导致前功尽弃、功亏一篑，让此前的坚持和努力付之东流。人们经常说不要输在起跑线上，而实际生活中人们更多是输在冲刺阶段。行百里者半九十，讲的就是这个道理。

三、如何正确地备考

一是调整学习策略。马拉松最后一公里的跑法，与前 41 公里是不同的。

要比之前更专注集中，要比之前更心无旁骛。越是应对大考，越是应该彻底沉静下来，而不是慌不择路、一脑门子扎到题海中。屏蔽一切干扰因素，对时间安排、精力分配、复习重心等，做战略和战术上的调整和重组，做到心中有数，聚焦发力，才是赢得考试之道。

二是做好身体准备。在繁重的学习强度下保持身心健康，是最重要的。身体不仅是革命的本钱，也是高考的本钱，必须要劳逸结合！刻苦复习是在备考；全身心听听音乐、锻炼一下身体、放松一下心情，同样是在备考。复习所需的时间精力保障固然重要，敏锐、灵活、高效的思维状态同样重要。在疲惫木讷状态中低效学习是不明智的，不仅于结果不利，还会让备战高考这样富于挑战和激情的事变得沉闷和无趣。

三是聚焦薄弱环节。要把更多时间精力放在攻克难关、弱项和过往失分环节，而不是均衡用力。这是决定复习效率高低的关键。比如：考试过程中审题不清、马虎大意的习惯，如何克治；易错的知识点在哪里，如何快速提高；哪些类型题目不擅长，如何改进和突破……考试成绩，主要是弱项和易出错的方面在拖后腿；提升的办法，自然也是聚焦于这些方面发力！在薄弱环节和弱项上每提升一分，便增加一分的竞争优势。

四是做好打硬仗的"正确"思想准备。通往自我价值实现和人生目标的道路，总要面临几次重大考验。这些考验时刻，正是生命华章中最精彩、最激动人心、最酣畅淋漓的一部分。人生最大的悲哀，不是置身艰险的人生战场，不是失败时刻的落寞，而是连战斗的机会都没有、天赋智慧无处挥洒。像高考这样的人生战场，是极其稀有的，因此也就越发弥足珍贵、千金难求。在思想上一定要敞开胸怀，尽情拥抱她！

五是培蓄竞争意识。成就人生的，除了知识、智慧和技艺，还有更重要的精神因素。久处安逸和平之境，容易失去竞争意识、尚武精神和赢的能力。平日貌似不含糊，一上战场却手足无措！智慧和力量，是用来赢的，是用来拼搏和战斗的，是用来碾压荆棘坎坷、战胜困难艰险的。竞争意识和尚武精神，是驾驭学习和考试的精神力量。高考虽然没有刀光剑影、血雨腥风，但不是战场、胜似战场，可以借机培养竞争意识和打赢的能力，砥砺心性和意志。

正确认识高考，正确对待高考，正确准备高考，就已经"赢"得了高考，成绩和结果只需顺其自然。

【儿子微信回复】：收到

第128封：学习需要系统思维——关于复习

（写于2020年11月13日）

我们生活在一个复杂的系统世界，没有任何事物是孤立存在、孤立发展的。"一支南美洲亚马逊河流域热带雨林中的蝴蝶，偶尔扇动几下翅膀，可以在两周以后引起美国德克萨斯州的一场龙卷风"，这是系统效应的神奇之处所在。天地万物，构成一个复杂的巨系统，它们之间相互关联、相互作用、相互影响、相互成就、相互毁灭、共同发展演化。置身于各种各样大大小小的系统中，我们看待、思考、应对所有的问题，都要建立在"系统思维"的基础之上。

系统思维和意识，对学习尤为重要。我们所学的知识，是人类对各类现实系统的理解和认知。人类目前已经发明的所有知识，都是对"系统"现象、规律、特征的反映，而不是对孤立存在的理解。脱离这一点，我们就无法形成对事物的正确认知。下面，以"温故而知新"为例，谈谈复习中如何树立系统思维和意识。

首先，温故是心灵知识系统的自我强化过程。心灵从无知到有知，不是一次性就能完成的。习得的知识，最初只是停留在感性层面、经验层面，只是一些不牢靠的信息，只是在大脑中形成的一些浅层记忆和理解。温故，是对这些理解和认知的持续强化，使其从外部习得的知识，转化为心灵的自有知识。所有来自心智系统之外的知识，都要经过心智系统的反复审视、反复验证、反复试用，才能逐步被接纳、吸收、转化、植入，最终成为心智系统自身的一部分。

其次，温故是系统性的再学习，而不只是简单的重复。学、问、思、辨、行，是"温故"常采用的系统性方式方法。通过不同方式的反复理解、印证和应用，从不同逻辑和维度加深对知识的理解和把握，才能熟而生巧、一通百通。很多学生，把复习理解为简单重复，一遍一遍用同样的方式死记硬背，不仅效果差，而且让复习过程变得越来越枯燥乏味，结果适得其反。采用系统化的复习方法，不同的方法间可以互相强化，弥补单一方法的不足。

第三，温故是让旧知识和新知识"不断混合碰撞"，从而涌现出新知识。学习过程中，大脑中不断在装入各门课程、各个领域的新知识。复习的过程，不仅是在加强记忆，更是在把多而杂的知识放在一起反复搅拌、催化发酵，使其相互之间发生化学反应，孕育出新知识！系统科学告诉我们：知识的复杂化，可以"创造"新知识。复习过程，相当于定期对越来越多的习得知识的催化过程。"温故"之所以能"知新"，有其系统必然性。

第四，温故是对所学知识的系统化管理，使之在内心形成结构化的知识体系。学习是渐进的过程，知识是一点一滴地以碎片化的形式进入大脑和心灵的。知识的本来面貌是系统性的，但它却是以"非系统性的"方式被获取。我们必须定期对摄入的知识进行整理，考察其是否完备、是否透彻、是否一致，使其结构化、体系化，恢复成系统化的整体。因此，温故的过程，也是对所学知识进行自主管理的过程，是把碎片化摄入的知识重新组装为系统整体的过程。只有结构化、系统化的知识，才能创建和改造心灵范式和心智模式，而不是只留下知识记忆的碎片。

【儿子微信回复】：收到

第 129 封：高考 29 年后的反思

（写于 2020 年 11 月 19 日）

自 1991 年参加高考，至今 29 年过去了。人生跌宕起伏，如高考一样不凡者，也不是很多，值得深入总结和反思。

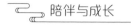

一、高考带给我什么

一方面，它改变了我的职业方向。大学之前的成长环境和人生阅历，塑造了我的性格和理想。我当时的人生目标是：第一志愿是地球物理专业，这是受唐山大地震的影响，我自小就有淳朴的济世安民情怀；第二志愿是建筑设计，生长在农村，对高楼大厦有一种朴素的憧憬和向往；第三志愿是计算机，在20世纪90年代，计算机还是神奇的事物，对那时的我是极有诱惑力的。因此，我填报的高考志愿是：提前入取报了北大地球物理专业；第一志愿报了清华建筑学，第二志愿报了科大计算机，第三志愿报了南开的国际金融。结果一个都没考上，最终被"调剂到了"当时的哈尔滨建筑工程学院，学了道路、桥梁与交通工程。现在回顾高考的失常，对我影响最大的，不是没能进入更知名的高校，而是"没能按志愿选择职业方向"。自己失去了对人生方向的掌控，第一次真切感受到什么叫"被命运安排和摆布"。没能进入理想中的学校，给我留下了一生的遗憾，也改变了我的人生轨迹。高考结果的"远离常态"，成为积压在自己心头的一块大石头，一直耿耿于怀。只要一念及此，心底便难免怅然若失。这一心结，40岁后才逐步解开。但时至今日，也还留有影子，经常跳出来给我以某种莫名的提醒。

另一方面，它使我走了很长一段弯路。在哈建工的学习经历是收获满满的，不仅在于学识，更在于老师、同学和朋友，毕业后也分配到交通领域最理想的单位工作。但毕竟职业理想不在于此，于是有了2002年参加国家公务员考试的第二次"人生大考"。这次很幸运，一切顺利。但回头看看，高考的失常导致自己走了一段长长的弯路，4年读大学、3年读研究生、4年在交通部规划院工作，都不在职业志向之内。从交通转到城乡规划的最初几年，基本也是从头学起，重新打基础、做积累。直到今日，高考对我职业发展路径的影响仍在。进入哪个专业、入哪个行，影响是持续而深远的。

二、高考的经验

你可能觉得奇怪：高考如此"失常"，怎么还在这总结"经验"？我的人生感触是：经验隐藏在过程中，而不取决于结果。下面这几点，是让我虽感遗憾却仍能心安的。

第一，尽了全力。这既是我高考时可以自喜的经验，也成为我一生做事的基本准则：无论任何事，都全力以赴、务达极致；我无法做到让自己成为最聪明的，但全力去做同龄人中最努力者之一。高中三年，作为一个走读生，我每天坚持 5:30 起床到去学校上早自习；21:00 晚自习结束回到家后，继续学习到夜里 11:00。我初二时被邻铺的同学传染上痨病，由于生活和医疗条件原因，到高三时仍未痊愈，身体被繁重的高考复习拖垮了。但自己并没有因此松劲儿，始终竭尽全力，从未在勤奋和努力方面打过折扣。

第二，从未向困难低头。高考备考期间，除了结核病的困扰，营养跟不上是很大的问题。20 世纪 90 年代，虽然我和同学们大多能吃饱，但"吃好"二字是无从谈起的。我当时在你爷爷的食堂吃饭，在同学中算好的，中午基本能吃上肉。但在那个长身体的年龄，再加上高强度的学习压力，营养基本跟不上。另外，结核病的一个并发症是"嘴馋"，需要吃好的、补充营养。当时的体质是极弱的，体重只有 90 斤多一点。一天的学习下来，身体早已吃不消，躺到床上时感觉整个身体像散了架，每天夜里都咳得睡不好觉。如今回想起来，我也惊讶自己怎么能扛过来。我对那时的自己，是肃然起敬的。吃苦耐劳的精神，战胜艰难的意志，是最令自己欣慰的人生收获。

第三，始终珍视时间。高考竞争，首先是时间投入多少和学习效率的竞争。在时间投入上"掉队"、效率低，是高考冲刺阶段排名次序变化的重要影响因素。保证"有竞争力的"时间投入，是自己做事情的基本方式。在备考时间投入上，必须保持必要的"优势"。光靠聪明的脑袋，解决不了知识掌握的牢靠和精熟。我周边的很多聪明学生，都因不愿反复练习而吃了大亏，"自以为会的题目却做不对"。

三、高考的教训

首先，要保持身心健康。身心被拖垮了，又靠什么上战场呢？回顾当年的自己，拖垮自己的不只是结核病，还有不健康的复习备考方式：缺少规律、系统、科学的身体锻炼,体力不济。身体作为革命的本钱,影响面太大了。人生的任何事,都要以健康的体魄做基础。这个教训,是极为沉重的。我40岁才开始规律性锻炼,虽晚了点,但仍取得了很好的收效。我的第一个5公里跑、第一个10公里健走,都是在40岁后才开始尝试的。

其次,要"善用"时间。简单的疲劳战术,是极为低效的。一方面,备考过程中要善于"挤时间",剔除私心杂念,快速转入战备状态,把过往耗费在"无益事项"上的碎片化时间整理出来,避免时间分散。另一方面,在锻炼和学习间做好协调和平衡,保持身体和头脑都处于精力充沛状态。重学习、轻锻炼,是自己高考收获的另一个大教训。

第三,要把所有隐藏于意识深处的自负、大意、轻敌,连根拔净。反思自己,在这方面是摔了跟头的!别人的赞誉和以往成绩的优异,让自己对高考重视不足,认知和应对没有及时到位,没有做精心的战略战术准备。这虽未影响个人的努力程度,但却影响了应考策略和复习方法的调整。这样的轻敌和大意,源于以往一路顺风顺水的思维惯性,也源于内心潜移默化滋生的自恃!这种思想的危害,是极其不易察觉的,就如摧毁千里之堤的蚁穴。

我们的人生之旅,买的都是单程票,每一次经历都将成为永恒。面对人生大考,要激活生命中蕴蓄的全部活力和创造力,秉持正确的心态,付诸正确的行为。这一点,在战场上体现得尤为清晰:每一个思想和行动,都关乎生死!

如果生命可以重来,我最想再参加一次高考。可惜生命中从没有如果……

【儿子微信回复】:收到

第130封:学习应树立的系统思维和意识

(写于2020年11月26日)

学习过程中,涉及三个主体:一是人,即学习者;二是书本知识(或称符号化的知识、抽象知识），即学习的直接对象；三是客观真实世界，即产生知识的万事万物。

我把学习划分为三重境界：

第一重是人与知识的对话，意指单纯学习书本知识。我称之为读死书，从书本中来，到书本中去。

第二重是人与"知识、世界"的共同对话，把知识与实际结合起来，从理论到实践，再从实践到理论，相互印证。这是一个大的跃升，也是学习应有的方式。

第三重是把学习视作"三个系统的对话和互动"，即人的生命系统、书本知识系统、自然物质世界系统的相互作用。其与第二重境界的本质区别，是把学习的三个主体当作"三个系统"来看待，在系统思维的引领下展开学习。

如果给学习观念打个分，认识停留在第一重的，显然不及格；认识处于第二层的，过了 60 分；认识能达到第三重的，才是到了优秀。

下面重点聊聊第三重。

首先，作为学习主体的人，是高度复杂的智能生命系统。人的思维，是靠我们自身特有的智能系统"整体造就"的，既有天赋机能的支撑，又有后天习得知识的作用。人的思维和智慧成长，遵循着系统成长进化的规律：由少到多、由生到熟、由简单到复杂、由低级到高级、由局部到整体，一点一滴地从书本知识和真实世界中汲取营养、逐步成长，一墩一石、一梁一柱、一砖一瓦地搭建出智慧的大厦。学习的本质，是对自我思维系统的持续建设和改造，而不只是灌输进一堆僵死的知识、散乱堆砌的物料；学习成效的好坏，取决于整个智慧系统改造的优劣，而不只是知识和阅历的多少；人的智慧高低，取决于整个智慧系统的强弱，而不只是天赋的高下或学识的多寡；人与人之间几乎所有智慧层面的竞争，都是各自拥有的"智慧系统之间的竞争"，而不只是知识点之间的竞争。智慧系统整体的强大，才是真正的强大；支撑我们"赢"的，是长期学习进化出的整个智慧系统，而不是其中任何一门孤立的知识。

其次，作为知识来源的客观真实世界，是一个巨系统。宇宙万物，一体同源、相互关联，没有任何一件事物是孤立存在的；它有层次、有结构，每个成员都有属于自己的位置；它不是分离割裂的，而是相互作用、相互联系、相互影响、相互塑造，在我们看不到的世界中隐藏着各种力量，把大千世界凝聚为一个整体；它不是静止不变的，而是不断在发展演化，今天我们栖息的世界已经不再是昨天的那个世界。你我也不是孤立的存在，而是生活在各色各样、大大小小的系统中，社会和环境在影响和塑造着我们，我们也在影响情境和事态的发展变化。我们生活在系统中，是系统的一分子。正确理解和把握自身在系统中的定位、与其他成员的相对关系，以及自身与系统整体、与系统中其他成员的博弈互动规律，是基本的处世之道。

第三，作为学习对象的知识，构成高度复杂的系统。人类文明进入21世纪后，知识正在呈爆炸式增长。不仅规模呈几何级数扩张，而且新领域、新门类层出不穷。这些层出不穷的知识，不是孤立的、僵死的，而是构成一个持续生长的有机生命系统。知识的系统性，来源于真实世界的系统性，所有的知识都是从不同侧面反映真实世界的规律，真实世界的系统性自然地投射到其孕育出的知识体系中。看似五花八门、杂乱无章、千变万化的知识，都可以还原复位到自然世界的大系统中去，在其中找到自己应有的位子，找到自身与其他知识间的联系纽带。从自然世界中"孕育出来的知识体系"，既映照出了自然世界的一花一木，也复制了自然世界整体的系统性。

学习的本原意图，是强大自己的内心，改造自己的心智系统。我们要有选择地学习，用系统眼光审视要摄入的知识，看其是否成系统、成逻辑。对这些以碎片化方式进入头脑中的知识，不是简单地记忆和存储，盲目在实践中照抄、照转、照搬，入于耳、出乎口、学之东隅、用之西隅。要用系统的思维方法进行消化、吸收、重建，使这些琐碎杂乱的知识重建为系统的有机体。唯有如此，知识在我们的心灵才会"活过来"，成为"自我"的一部分，并伴随学习过程不断成长壮大，不断推动人格和智慧的更新和重塑。学习改变的是整个人，而不仅仅是学识。只有系统化的知识，才能改造心灵，产生智慧，给人带来光明的指引。

【儿子微信回复】：收到

第131封：明白地活着

（写于2020年12月1日）

这是一封感谢信，写给那些已故和健在的立言者。

在哲学著述中徜徉两年之后，往圣先贤和当代思想者们，教会我明白地看世界，明白地看学习、生活和工作、明白地看自己。

这两年的阅读之旅，就像是在随机漫步，没有计划的安排，只有困惑的驱使。四十几年一路走来，心中仍布满迷雾，经常看不清来路、也看不清归宿。不断涌入头脑的各种观念、知识、事件，并不总是和谐一致，而是充满冲突和矛盾。灌入的越多，越感觉迷茫、困惑和无助。让自己头疼的，不再是生活的困顿，而是自身心灵认知的混乱、无序。知识是人生的动力，知识也是生命的负担。一旦我们对其失去掌控能力，它就会在内部攻击我们。人生道路上，我们经常不是被他人战胜，而是被自己打败。

我很幸运，两年的苦苦求索，让我结识了两门学问，并跨越时空的阻隔，结交了数位人生导师。

首先是结识了阳明先生和他的心学。

对中国古典哲学思想的参研，止于阳明心学。我自大学阶段开始读史，并逐渐涉猎四书五经等中国古典思想著述。现在回想起来，那时读古典哲学，就如在看天书，满眼只是"文字符号"，知其然不知其所以然！古文很美，但文字太艰深，思想太浓缩，自己没有能力将其"彻底解压缩"，无法将之还原到真实世界中去。

阳明心学是个例外！阳明先生的《传习录》，虽也艰深，但借用师生对话的方式，勾勒出了场景，交代了原委，陈明了要探讨的问题，形成了"心即理、知行合一、致良知"的系统化观点。《明史》《阳明先生全集》等相关文献非常丰富，对理解阳明先生其人其事，以及心学产生的时代背景，具有重要的启示作用，有利于我们结合"事实和场景"来学习领悟心学的内涵。

阳明心学让我明白了什么呢？其一，它引领我找到了治学修身的起点和归宿：我心。其二，它帮我找到了思维和行为的终极价值和基本遵循：良知。

心灵之所以会迷失，因其"向外而求"。知识是用来干什么的？是用来取得高分的？是用来考入好学校的？是用来找到好工作的？是用来出人头地、飞黄腾达的？……我们用知识建功立业，我们用知识改变命运，我们用知识创造价值，我们用知识造福家国天下……一切似乎都不容置疑、顺理成章、自然而然、无可辩驳。这也是我曾经认为的学习目的和意义，直到我结识了阳明心学！是他告诉我：知识，首先是用来"成就自己的"。前述种种，都不过是知识内化于心后的"外部价值呈现"。治学求知，直接改造的是我们自己，而不是世界。

一个不能用真知完成对自己的良好改造的人，也无法用知识去改造出更好的世界。这涉及的是世界观、人生观、价值观的基本立足点构建在哪里的问题！身体和精神，是人之为人的生命维持系统。我们之所以要吃喝拉撒睡，首先是为了自己身体的健康，而不是别的；同理，我们之所以要学习求知，首先是为了自己心灵的成长和强大，也不是别的！忘记这个根本，我们早晚会迷失在外界的功利场中，失去人生的主宰和统驭，丢了初心又找不到方向，只能随波浮沉、任由命运摆布。

何谓良知？这不是从知识本身的好坏上论的，而是从心灵境界和思维模式上来论的，只有那些修养到精纯专一境界、直达真理本质的头脑和心灵，才能洞见良知。知识并非可以从书本上直接搬到我们的大脑和心灵，而要经过博学、审问、慎思、明辨、笃行的治学过程，长期反复体察感悟，才能逐渐理解通透、融会贯通，成为我们自身的心灵模式和思维范式，并自觉指引我们的日常思考和行动。

为什么会出现"头脑中的知识越多反倒活得越累"的状态？根源是那些装入头脑的所谓知识，仍停留在刻板教条、僵化观念的层次，支离破碎、相互割裂、彼此冲突、不成系统。这样的知识，不是"属于自己的真知"，而只是灌入大脑的"信息"。这样状态的知识，与你我的心灵是分离的，它们不能转化为生命的活力和动力，为你我所用。装入头脑的知识，必须要不断反复研磨、消化、吸收，才能逐渐转化为"良知"，成为我们生命创造力的源泉。

"我心"和"良知"，解开了我多年的治学困惑，内心一时豁然开朗、烟消云散，久积之郁一扫而光。阳明心学给我内心世界带来的影响和改变，是很难用语言陈诉"明白"的，唯有心知！

其次是结识了系统哲学，以及贝塔朗菲、普利高津、拉兹洛等一批西方学者。

此前，我对西方哲学一直是心怀恐惧的，担心读多了自己会精神分裂！最初读西方哲学，经常会有这样的感觉。不仅因其艰深晦涩，更因东西方思维模式的差异。西方哲学家对思维层层解构、分析的思辨方式，总让我读进去后有走不出来的感觉：成功地拆解了现实，却无法再将其拼装到一起，回归真实中的世界和我们。正因如此，我的西方哲学阅读过程，一直是断断续续的。最早也买了尼采、康德等的作品，但没有一本能坚持读完。能通读下来的，多是一些不太"哲学"的哲学作品，如马可·奥勒留的《沉思录》、马基雅维利的《君主论》等。直到近两年对阳明心学有了一定的学习根基后，才重新开始研究西方哲学。当然，其中很大一个动因是为了与阳明心学相互参研，看看西方思想家是如何看待同样问题的。从休谟、笛卡尔、培根、黑格尔、蒙田、罗素一路读过来，理解虽然仍很困难，但有了阳明心学的基础，比此前感觉好多了：心有定见，至少不会被西方哲学带进沟里爬不出来，不再担心会被弄得精神分裂。

总体上，19 世纪前的西方哲学，仍不易为"东方文化熏陶出的大脑"所真正领悟。西方哲学看世界，基本出发点是分析和解构，把世界看成机械的、物理的、原子的，不断深化递进到微观、局部、细节领域去剖析问题，这也是西方科学得以快速发展的思想根源。而东方哲学看世界的方式，则是天下大同、天人合一的整体思维，更多是从现象和经验层面去理解大千世界，这也是现代科学没有产生于东方的重要原因之一：现代科学是建构在机械唯物论世界观和分析方法基础上的，东方哲学坚守的却是与此不同的思维趋向。

系统哲学的出现，彻底改变了我对西方哲学的理解，促使我从对西方哲学的"欣赏式"阅读，转向"精研式"阅读，并渐渐产生浓厚的兴致，成为仅次于阳明心学的当下治学爱好。东西方思想，殊途而同归！

系统哲学让我明白了什么？它让我找到了认知万事万物的有效思维范式和方法。

系统的本体论，启发我们要把万事万物都当成系统来看待。其一，每一事一物，都构成一个系统，大至宇宙万物，小至滴水尘埃。我们既要看到事物的表象，更要明白背后隐藏着的结构、功能、关联、作用、演变。小小的一滴水，却是无数水分子凝聚而成的系统；阳光照耀之下，系统解体导致水滴化为蒸汽；严寒之下，系统凝结又导致水滴化为坚冰。其二，每一事一物，都不是孤立的存在，而是更大系统的一部分。个体是社会系统的一部分，人类是生物系统的一部分，生物是地球系统的一部分，地球是宇宙系统的一部分。这给我们的重要启示是：首先要把每件事都当成系统看待，其次要把每件事都当成更大系统的一部分来看待。唯有如此，我们才能建立起对事物的正确认知。

系统的认识论，启发我们要用系统的思维和眼光解读当下各类事物和现象。系统的本质特征，在于各组成部分之间是高度关联、相互作用、相互影响的整体。一方面，事物本身作为一个系统，其各构成部分共同影响着事物的进程和趋向；另一方面，事物作为更大系统的一部分，其他事件、外部环境也影响着事物的走势，且往往起着决定性的作用。从系统的观点出发，我们会明白一个基本道理：任何事物的解决之道，只能存在于我们的正确回应中！没有什么客观普遍的正确应对方法，因为事物的进程不是"死的"，而是与我们采取的态度和行为"一起在演化"，我们是"事件系统的一部分"，而不是事件之外的孤立存在！一旦介入其中，我们就将与所置身的系统"同呼吸、共命运"，与整体及其他组成部分之间相互影响、相互塑造、相互成就。雪崩中没有一片雪花是无辜的，这句话道出了系统思维的基本逻辑。

系统的方法论，启发我们临事要采取系统性的行动。系统的问题和需求，必须用系统的方法来研究和应对，给出系统性的解决方案。其一是正确界定问题和需求在系统中所处的层次，在"同等层面"进行研究、做出回应；其二是明晰问题和需求对系统影响的时效，辨明是长期持续问题还是短期偶发问题，针对性施策；其三要洞彻问题和需求在系统中的相互关联，包括其与其他组成部分之间以及与外部的其他系统和环境间的关联，分清来龙去脉，抓住问题的本质，从根源处下手；其四要时刻观察事态的发展演化，及时评估行动的成效，根据结果反馈及时修正行动策略。我们处理的是系统性问题，因此要将事件当成系统来认识，要用"系统的对策"来回应"系统的问题和需求"。孤立、静止地就事论事，只会陷入头痛医头、脚痛医脚的盲目境况，把我们从一个混乱导向另一个混乱，不仅老问题无法解决，还会自己给自己制造出一堆新问题。

系统的价值论，启发我们要把行动目标和价值逻辑建构在系统整体层面。眼前利益最大化，却可能引发未来更大的风险和危害；从局部看是有利的，却可能触发严重的系统性风险；孤立来看只是一个小错误，却可能导致整个系统的崩溃。孰是孰非，不能孤立地下结论、做判断，不能把目标锚定在局部上。系统性价值和贡献，才是我们真正要追求的！以学习为例，其目标不是在头脑中装入一堆支离破碎的信息，而是建构起结构化、系统化的知识体系；学习的价值取向，是改造心灵模式、思维范式，成就一个更好的自我（一个系统的"我"），而不止于把"他人"的知识和技能拷贝过来，简单做功利化应用。

感谢先知先觉者们在心学和系统哲学上的伟大智慧创造！尽管理解仍十分粗糙、浅陋，但已经助我找到了通向光明的道路。没有他们的智慧，我仍要彷徨于迷雾中很久，找不到方向，看不到光明。得此良知，此生大幸。

【儿子微信回复】：收到

第 132 封：学习是"主动创造"，而不是"被动复制"

（写于 2020 年 12 月 9 日）

此前，对阳明先生的"知行合一"，我一直领悟不透，总感觉哪里不对，有一层窗户纸没能捅破，似雾里看花。孔夫子说"人非生而知之"，只有通过学习才能把外在知识转化为我们的内在知识。知行可以合一于心、合一于物、合一于理，知行可以一体并进，但从"学"与"用"的逻辑关系来看，毕竟有个先后：知识要先学会，然后才能会用。以此视角来审视，知行仍是有分别、有"先后"的。这到底是阳明心学的疏漏？还是自己治学的粗疏、不到位？是前者的可能性似乎不大，一定是自己治学不精的问题！这个困惑，一直萦绕心头，百思不得其解，无法释怀。

近来集中攻读系统哲学和系统科学，其中关于知识和学习的阐释，帮助自己豁然开悟，不仅驱散了心中迷雾，还揭示出个人治学的陈年积弊。几点感悟，感觉至关重要，与你分享如下：

一、揭开"知识"的面纱

有一句老话：世界上本没有路，走的人多了，便也成了路。我借此杜撰一下：世界上本没有知识，人发明多了才有了这浩如烟海的知识。我想说的是：世界上从来没有什么"客观的知识和真理"，离开大脑和心灵的"主观创造"，世界上不存在我们所称的"知识"。

人类文明史，就是知识的创造史。充塞在我们头脑中的所有知识，包括科学和技术，都源自人类的主观创造。人类的头脑和心灵，不是知识的接收器和容纳器，而是知识的"发生器"和"创造器"，是知识产生的"母体"。假若没有这个母体，知识世界将一片空白！

科学哲学上有一个根本性的论断：我们从未发现"客观"的永恒真理。伴随人类认知的提升和时代的进步，那些我们"曾经认为的永恒真理"，正在不断暴露出其局限性，甚至被无情推翻。所有知识的科学性，都受限于人类自身认知的局限。大自然是无法被"彻底理解的"，目前已发现的真理只在"相对意义"上成立！

包括教科书上那些已登上科学殿堂的知识，也只是"人类智慧的创造物"，并不是直接的真理。以"知识"形态存在的知识，都是间接的、主观的，它们不是真理和自然规律"本身"，而是人类对客观真理之"理解的语言抽象和文字编码"。可以说，我们通常在学习中所谈论的知识，都是"二手货"！它们只能作为"用以生成自己心灵知识"的原材料，而不是可以直接拿来即用的"真理"！我们经常错把书本文字知识当作真理，无形之中在犯着或轻或重的教条主义错误！

科学哲学的深刻洞见，看似有些悲观，实际则寓意深刻隽永。它带给我们如下几点重要启示：

其一，知识不是存放在某处可以直接获取的成品，不是可以原封不动地从外部直接搬到我们大脑和心灵的直接营养。文字化的知识，不是学习的直接对象，而只是学习的素材。这些编码成"语言文字符号"的知识抽象，既是学习求知的帮助，也是学习求知的障碍。一方面，它让我们少走弯路，以免所有的事都从零开始；另一方面，它被"压缩""编码"到语言文字中后，经常带给人一种假象，让人误以为这些符号化的表达就是真理本身。将符号化表达还原为真理的本来面目，不是一件轻而易举的事。

其二，知识并不是绝对的客观实在，我们面对的所有知识都带有"主观"的烙印。因此，我们对知识的质疑，并不是对客观真理的挑战，而是对人类认知局限性的挑战，是对"人类认知局限性制造出来的知识局限性"的挑战，是对科学威权的挑战。他体现出来的是人类的自知和理性，而不是对知识的冒犯！

其三，知识的真理性不是静止的、永恒的、绝对的，而是动态的、过程的、相对的。知识在持续发展演化，只有在特定的条件和情境下才成其为"真理"。人类文明构建出的知识体系，是"不断成长进化的有机系统"。

二、不断澄清对学习的基本认知

学习是对"知识原材料"的再创造过程，是通过学、问、思、辨、行的功夫，把摄入的二手知识置入实际事物场景去理解和校验，用自己的心灵去感受、领悟，以涵养生成内在的知识和智慧，建构对自然、对社会、对自我的系统认知和思维范式。因此，每个独立个体的学习过程，本质上都是知识创造过程，是在自己的头脑和心灵孕育和生成"新知识"的过程，而不是现成知识的复制和拷贝过程，不是被动的知识接收、存储和记忆过程。所有那些外来的知识，无论是出于书本，还是出自老师之口，都只是建构自我认知的原材料。

这对你我日常治学，有何启示呢？

（一）有目的地学。不是为了学而学，而是为了"用"而学。人不是吃饱了撑的没事做，才学习。学习是人类个体和整个族群繁衍生息、发展进化、成长壮大的基本保障！修身、齐家、治国、平天下，是中国先哲们总结出来的治学根本目的。要把"学以致用"四个字牢记于脑，镌刻于心，溶于骨血，在学习过程中永远秉承"用"的思维和意识。

（二）创造性地学。不是拷贝他人的知识，而是用所有可能之材料在自己内心创造知识。学习是知识创造过程，这一观念是确立正确学习之道的根本宗旨和基本纲领。对于每个具体的人来说，只有自己心灵加工创造出来的知识，才是真知！

（三）自我驱动地学。不是为了成就外在功业而学，而是为了成就自我之心灵成长。学习的直接成效，在成己。是为了使自己的心灵更明白、通透、豁然，是为了使自己的头脑更富有智慧和力量，是为了使自己拥有更强的环境适应力、价值创造力、局势驾驭力。人生的第一功业，是建设好自己的主观世界，自内而外把自己塑造为家国天下的可用之才，昂首屹立天地间、不负人生百十年。

（四）持续不断地学。不是只有我们俗称的专门"学习"，才是在学习；人生时时刻刻经历之大事小情，本质都是在学习。通过学习以提高自己，适应环境，改善生存状态，获得个体和族群的更好发展，是生命的本质。

三、关于学习的"目的性"

学习的志向和目的，是决定学习成效的最关键要素！出发点和方向错了，视野和格局狭隘，是导致人生输在起跑线上的最主要原因。周恩来总理那句"为中华之崛起而读书"，之所以至今仍余音绕耳，是因为它体现出宏大高远的学习志向，蕴含着深厚的家国天下情怀。考试成绩，只是检验学习成效、个人天赋、综合素养的手段，绝非学习的目的。治学志向若止于功利，只会将学业导入歧途，学习不但不能成就我们，反而会为其所累，成为负担。

阳明先生治学，自小树立读书学圣贤的志向，把张载的"为天地立心、为生民立命、为往圣继绝学、为万世开太平"作为学习修养之本。中间历经两次科举落榜而不为所动，被宦官当众庭杖、关入锦衣卫诏狱、贬谪贵州龙场三年而志向不改，剿灭宁王反叛后遭宦官权臣构陷而心不动，广西平叛剿匪功成不奖反为奸佞排挤打击仍内心光明……阳明先生身上显示出的坚定治学志向，是你我终生学习效法的榜样。

学习可以无大功，但绝不可以无大志！师法往圣今贤，胸怀家国天下，是必须自年少时就要树立起的基本学习志向。为一时一事的得失和挫折所困，学业绝无可能有大的进境。

这里要坚决规避的认知错误是：把获取外在的高官、厚禄、大名、大利，作为"治学修身的远大志向"。此等所谓之"大志"，只会放大私欲、腐蚀心性、颓靡心志，为外物驱策役使，无法激发出厚重、深沉、绵长、持久的内在自驱力。

四、关于学习的"创造性"

学习的真谛和魅力所在，绝不在模仿，而是在创造！学习过程，绝不能是"被教化""被改造""被灌输"，而必须是"主动观察""主动探索""主动认知"的知识创造过程。唯有如此，它才是充满新奇的，它才是富有建设性的，它才是体现生命价值的，它才是与满足和快乐相伴的。要用自己的头脑和心灵，独立自主地去读、去看、去思、去想、去发现、去体验、去感悟，形成对世界、对人生、对自我的独立见解和个人定见。

学习是创造性活动！此意不明，我们就只能徘徊在知识殿堂的大门外，读的书再多也仍然只是个"门外汉"。抓住"创造"二字，我们才能领悟学习的本质，抓住学习的要领，真正理解学习是一个从无到有、从少到多、从粗到精、从浅到深、从生到熟、从低到高、循环往复、循序渐进的常态化过程。如果把学习理解为对现成知识的拷贝和复制，是简单的拿来主义，是简单的知识搬家，那就离"书呆子"不远了。这种机械主义式的被动学习观念，其危害之大、之深、之甚，是怎么形容都不为过的！它不仅会束缚学习的成效，还会扼杀学习的乐趣，绝对要不得。

把学习过程视为主动的知识创造过程，"学"与"用"才是一体并进的。因此，从因果逻辑关系上，"知行"仍然是合一的。

【儿子微信回复】：收到

第133封：养成良好"作息"习惯

（写于2020年12月14日）

每天的作息时间，要规律，尽量保证晚上11:00前把事情都处理完。要做到这一点，确实要付出巨大的决心和改变：调整每天的"时间安排计划"，减少损耗在无益事项上的时间（比如看手机、无益话题上的闲聊等），把碎片化时间利用起来。晚上11:00到凌晨3:00，是生理上最重要的"休养生息"时间。此段时间睡觉，之所以比其他时段效率高，不只是深度睡眠本身的质量问题，更是身体"运行"的规律使然！每天到了这个时段，身体就到了"应该睡觉休息"的时候。

自律，不是强迫自己做什么、不做什么。而是在内心"真正明白"该这样做、而不那样做的内中道理，自觉这样去做而不那样去做。

也只有彻底明白了其中的道理，在别人提醒自己时（无论是父母、老师，还是同学、朋友），才会一说便明，即刻进行主动自我调整。才不会心生抵触，不会认为他人在限制自己的自由，而是在提示一个重要的生活道理。

不良"习惯"一旦养成，就难以克治，需要下更大的决心、用更大的勇毅、花更艰难的工夫才能改变。因此，在一开始就养成好习惯，是最为重要的。早睡早起，会精力旺盛，干什么都注意力集中，事半功倍，保持高效率。

此事关系重大，所以反复强调，是希望强化这一观念在你心中的地位。

【儿子微信回复】：收到

第 134 封：谈行动力

（写于 2020 年 12 月 15 日）

大多时候我们讨论"知行合一"，都是针对学习求知而言的，警示我们不能读死书，不能光说不做。今天专门站在"行"（做事）的角度，谈些体会。

一、行动力，决定人生的价值和高度

修身、齐家、治国、平天下，人生功业的大小高下，都是做出来的，不是想出来的。只站在山脚下犹豫踟蹰，耸入云端的高峰永远不可能被我们踩在脚下；只是望洋兴叹，万里之外的新大陆永远不可能被我们发现；只是抬头艳羡苍鹰，遨游天际的梦想永远不可能被我们实现。埃德蒙.希拉里靠强大的行动力登顶珠峰，第一次站在世界之巅；哥伦布靠强大的行动力远涉重洋，发现了新大陆；莱特兄弟靠强大的行动力发明了飞机，实现了人类飞天的梦想。生命的价值和意义，只能靠行动来诠释！生命的灿烂和辉煌，只能靠行动来成就！勇于行动，擅于行动，就已经把握住了生命的真谛。

再高明的智略，也只能借助"行动"才能体现出价值。诸葛亮隆中论策，未出茅庐就预见到"天下三分"。但他若一直蹲在茅庐里"论"策，而不是跟随刘备历经磨难、九死一生，又怎能看到魏蜀吴三国鼎立局面的形成呢？只是坐而论道，不仅成就不了家国天下，也成就不了一个有价值的人生。

"思想的巨人，行动的矮子"，是对缺乏行动力的经典诠释。我觉得不完全合逻辑：如果是"行动的矮子"，同样不太可能是"思想的巨人"。没有超强的行动力，怎么能把自己历练成"思想的巨人"呢？我想借此表达的是：做学问也是一种"做事"，知识和智慧上的个人成就，也要靠强大的行动力来保障。把这句话改为"思想的巨婴，行动的矮子"才更合适。

二、看不清楚、想不明白时，干就是了

不是所有的行动，都要"先"知道，都要"全"知道。学识再高，智慧再强，也仍是一个普通意义上的"人"，所知所能都有绝对的局限！而世事千头万绪、变化无常，穷尽我们所有的时间、精力、智识，也不可能把所有事都看透、想明白。如果人生的事都要看清楚、想明白才去做，那一生也干不了几件事了。

"躬身入局、立即行动"，是应对陌生、疑难事态的最佳策略。很多初看起来没有思路和头绪的难事，干的过程中渐渐就变得清晰、变得容易、变得简单了！一旦付诸行动，躬身入局，困难就会反过来向我们低头！临机处事，深思熟虑到一定限度后，一定要适可而止，否则就会沦为优柔寡断、贻误时机。困难，是被行动征服的，而不是被"思考"征服的。消极被动地等待、犹疑、畏缩不前，是最不可取的策略。

在干的过程中，事态经常会因我们的参与、因我们的行动而发生变化。通过行动，我们融入事件，成为事件发展的一部分！这一点，是站在局外永远感受不到的。行动不仅可以驱除迷雾，驱除恐慌，驱除狐疑，更可以改变局势，推动事态向符合我们意志的方向演变。四顾茫然、不见出路时，那就用自己的双脚"走"出一条路来。

无计可施时，试错也是可取的行动策略。有些困难，是绝对的难！有些问题，事前无法找到答案！我们日常遇到的很多事情，经常信息不清，情况不明，无法做出准确判断，也无法对行动做出可以直达目的地的规划。面对困局，通过快速高效的行动来试错，也是一种重要行动策略，有时甚至是唯一可行的策略。虽然看不到正确答案，但通过行动可以引导我们在排除错误中逼近正确。古今中外很多伟大的发明创造，都采用了"试错法"，经过成千上万次失败。

三、行成于思而毁于随

强调行动的重要，并不意味着思考不重要。思考与行动，在事态发展进程中是相互成就的。三思而后行、深思熟虑、谋定而后动、胜算于庙堂、上兵伐谋等，都是古今圣训。强调行动，绝不是鼓动我们盲目行动、冥行妄作，绝不是鼓吹蛮干、瞎干，绝不意味着以随意、草率、鲁莽、冲动为正确。要在做事过程中持续进行观察、总结、反思……事态局势的发展，因我们的行动而改变；我们也要审时度势，及时调整行动策略。

【儿子微信回复】：收到

第 135 封：聪明人的十戒、八贵

（写于 2020 年 12 月 21 日）

天资聪明的人，并非都能成就大功业，很多最后反倒不如勤奋用功之人。天资聪明的人治学，有十戒、八贵：

一戒恃才傲物。聪明人易自负、自是、自大，轻视他人，其害在于自绝上进之路。举世皆非、唯我独尊，也就不会再有学习提升的动力。

二戒盛气凌人。自恃聪明，因而引以自高，觉得自己无论言谈还是做事都高人一等，进而居高临下、盛气凌人，其害在于自绝讨教、交友之径。人心皆同己心，天资再愚笨的人，也不希望他人把自己当傻子。

三戒因骄生惰。因为聪明，便容易认为自己用一分精力、可以抵他人十分精力之功效，心存智巧而不愿下"傻功夫""苦功夫"，其害在于自闭心窍。治学的精纯专一境界，源自反复温习、反复体味、反复磨砺。这是治学的本原之道，再聪明的人也必须循序渐进。

四戒浮躁不宁。聪明的人，往往好动、好表现、好炫耀、好听夸奖，闻誉则喜、闻毁则悲，其害在于自乱心性。聪明带来的一时声名，正确对待可以转化为前行的动力，错误对待便会演化为蚀心的毒药，让你停止奋进攀登的努力。

五戒不耐劳苦。人之天性，本就好逸恶劳，而聪明之人又容易认为"靠聪明可以躲避劳苦"，因此恶性循环，较常人更加不耐劳苦，其害在于自毁治学根本。宝剑锋自磨砺出、梅花香自苦寒来。不耐劳苦，往往是聪明人致败的重要原因。

六戒精力分散。聪明人心思活络，往往兴趣广泛，业余爱好杂多，什么都想尝试一下，其害在于自断体味最高境界的通路。做任何事，唯有专心一志、做到极致，才能领略到一览众山小的淋漓畅快。一件事儿再小、再不起眼，若能坚持一生，也足以让人刮目相看。所以，培养一两个坚持一生的志趣爱好，最为重要。

七戒浅尝辄止。聪明人，更容易找到答案，更容易"明白"事理，因此也更容易一晃而过、停留过短、思量过浅，所见所知如浮光掠影，其害在于盲荡无根。用 3 分钟背诵的一首诗，和用 30 分钟记下的同一首诗，在"心"中刻下的痕迹绝不是一样的；最精致、深刻的印记，都要靠时间来打磨。

八戒大意轻敌。聪明反被聪明误，只看到自己的聪明，却看不到人外有人、天外有天，看不到他人的勤奋可以弥补聪慧的不足，其害在于自己被自己打败。在龟兔赛跑的典故中，也可以发现这个道理：聪明过头的聪明人，不仅易为更聪明的人打败，还会被天资愚钝但却踏实的人打败。

九戒心无斗志。人聪明，但若缺少斗志，再聪明的脑袋也无用武之地，其害在于自己浪费了异禀的天赋。内在缺乏刚强勇毅，不能克治自己的积习，不能战胜自身的弱点，不能调动全部时间、精力、智慧、力量迎接最艰难的竞争和挑战，最终多是一场空。

十戒心无定志。人聪明，但若不确立人生大志向，不确立人生发展的主航道，智慧便无法聚焦发力，不能形成累积效应，或许可以成就一时一事，但其害却在于无法成就人生修养的大功业。志向是指示"聪慧当用在何处"的心灵灯塔，人可以不够聪明，但在治学修养上，绝不可没有坚定高远的大志向。

以上十个方面要戒除的问题，我自己在"恃才傲物、盛气凌人、浮躁不宁、大意轻敌、心无定志"上都曾出过大问题，至今仍要时时克治省察，稍有轻忽放任仍会不经意间便"冒"出来。

与上面要戒除的十个方面相反，从古今圣贤和杰出人士身上，可发现八方面可贵之处：

一贵聪而质朴。质朴无华的聪明，方为大智大慧。修养境界越高的人，外在气质越是朴实无华、口无大言、行不修饰。

二贵聪而沉静。沉静可以生明，驱除浮躁之气，洞见浮华世象背后的道理和规律。

三贵聪而厚重。厚重如定海神针，可补聪明浮躁动荡无根之弊。聪明之人，若同时修养厚重，则必成大器、不器之才。

四贵聪而有恒。聪明又能坚持长久，治学修身的成效可以日积月累、不断精进。有恒，不仅对愚钝之人重要，对聪明人更重要。

五贵聪而自明。既明己之长，更明己之短。既明人之长，能虚心讨教；更明人之短与我同，有容人之量、劝善之诚。

六贵聪而自强。人之刚强在胜己，胜己之人方能于竞争中常胜。日有所进，有过即改，克治省察，自立自强，是基本的治学修养之道。

七贵聪而从善。见贤思齐，擅长察人长处，擅长学他人优点，谦以向下、虚以待人。

八贵聪而志坚。能做的事很多，可贵之处在于志向坚定，不为人移、不为物移、不为事移，不为名移、不为利移、不为险移、不为苦移，坚守人生主航道。

这十戒、八贵，是自己当下治学修养的重点。记述于此，与你共勉。

【儿子微信回复】：收到

第 136 封：谈"目的"

（写于 2020 年 12 月 25 日）

一、做事（行为）皆有目的

做事带有目的性，是人类所有行为的"本性"。所以，在做事过程中，无论任何人说"自己不抱任何目的"，都是口头的、表面的、相对的、狭义的、有前提的表达，于其内在一定隐藏着或多或少，或强或弱，或公或私，或正或邪，或善或恶的目的性。

做事有目的，本身并不包含任何贬义。目的"是什么"，才带有是非善恶。关键不在目的之有无，而在目的之内容。比如学习，如果目的是内以修身、外以齐家治国平天下，则是纯正的；反过来，如果学习的目的放在名誉、利益、富贵、地位上，就是偏狭的。

做事的目的性，既是创造力之源，也是学习动力之源。只有在目的的驱策下，我们才能调动所有的天赋和智力，创造性地认识问题和解决问题。也只有在目的的驱动下，我们才会彻夜苦读，不断充实和完善自己，使自己拥有更强大的心灵、更丰富的知识、更高超的技能。即便目的是功名利禄，"有"也比"没有"要好！

二、有意识与无意识的"目的"

我们做事的目的性，并不总能意识到。有些目的是显性的、有意识的，有些目的则是隐性的、无意识的。

有意识的目的，不需过多解释，我们能用语言文字清晰表达出来的"目的"，大都是有意识的目的。我们构思出来的目标、意图、动机，做事追求的价值、意义、成效、收获，人生的追求、理想、前途等等，都是有意识的目的。于此，有很多千古名训可供参考和借鉴。

我所指的无意识的目的，并非指"在无意间被忽略的"目的，而是指"先天天赋和后天修养形成的内在心灵范式"，它在内主导着我们如何看问题、如何做判断、如何付诸行动。我们每一言、每一行的背后，都有着神秘的力量和规律性的范式，在扮演"指挥棒"的角色。它深植在每个人的心灵深处，在潜移默化间主导着我们思维和行为的方式。绝大多数人，终其一生都不能发现它们、认识它们，更无法左右它们、突破它们、改变它们、再造它们，只是在茫然不知间走完一生。

从反观、反思、反省，到自主突破、更新、重建自己的心灵范式，是身心修养的高阶能力。为什么我们常说人最难的是"自知之明"？因为那些左右我们思考和行动的心灵范式，永远隐藏在心灵的最深处！即便是古今中外的那些大思想家和智者，也只能触及到某个深度，而无法洞悉其全貌。我们必须要面对的现实是：我们只能"在有限的深度上"了解我们自己！就如人类只是在有限的深度了解大千世界一样。我们的心灵范式，不仅隐藏得最深，而且伴随人生阅历的增长而不断成长、变化、自新、重塑。于此过程中，我们越能主动反观、反思、反省，就越能在更高的层面对之做出有意识、有目的的建设和改造。

心灵范式是怎么被塑造出来的呢？

首先是环境的熏陶。尤其是在幼年和童年阶段，我们内心一片空白，心灵范式在更大程度的被动中生成与进化，受外在环境的掌控和左右。恰恰也正是在这个年龄段，产生的是最基础性的心灵范式，对人生影响也最深远。

其次是事物的历练。随着年龄的增长，我们开始自主或不自主、有意或无意地接触各类事物，并在做事过程中推动心灵范式的生成、演化、改坏。事物，是塑造心灵范式的熔炉，不同的为人处事方式，会把心灵塑造成不同的样子。

第三是主动的学习修养。我觉悟得太晚，到了望天命之年，才开始主动、有意识地建设自己的心灵世界。主动、有意识、有目的地学习修养，是心灵范式塑造的最高境界，也是心灵成长、心智成熟的根本体现。

三、做事的目的，贵在"五要"

（一）"目的"要自主。做任何事，首先要确立自身在局中的定位和目的。而且，这个目的必须是"为己"的，是为了个人心灵的成长和自我价值的实现，以一己之"大私"成就天下之"大公"。

（二）"目的"要纯正。"纯正"即坚守良知大义，不偏不倚。目的纯正，自己的所作所为才能合于道理、合于公义、合于事宜，不会走入歧途邪路，不会冥行妄作。

（三）"目的"要高远。要在大视野、大格局下思考，内以修身明志，外以经世济民、报效家国天下。眼界和思维，不能禁锢在一时一事的得失利害上。

（四）"目的"要强烈。做任何事，最忌讳半推半就，心怀老大不情愿。无论喜欢还是不喜欢，既然无法回避，那就"痛痛快快去做"。能做一事、爱一事，体现的是强大心灵力量！人生不如意者十之八九，哪能只做自己喜欢的事！关键要听从内心良知的指引，只问当作不当作。只要当作，就全身心地去做。

（五）"目的"要一贯。要做到这一点，以"前四要"为前提，才能"心有所守"；如果目的不自主、不纯正、不高远、不强烈，"坚持一贯"反倒不是值得鼓励的，那将会一错到底！目的要一贯，是指以良知为主宰和统驭，循道明理、心有定志、内有定见，坚守人生主航道，任世事浮沉变换我自岿然不动，久久为功。

四、心灵范式建构的方法

（一）以"哲学"为心灵范式建构的思想源泉。哲学是人类在认识自我、改造自我过程中提炼出的思想精髓，它最能给心灵带来光明和启示。

（二）以"知识"为心灵范式建构的营养。各个门类的科学知识，是人类在认识自然、改造自然过程中提炼出来的精华，是一代代人的智慧和汗水浇灌出的果实。科学知识，是心灵范式塑造的最直接、最可靠、最有效的营养来源。

（三）以"行动"为心灵范式塑造的路径。心灵范式，不是知识堆积出来的，而是行动打磨出来的。只有在行动和实践过程中，知识观念才能逐渐为心灵所接纳，并渐渐形成某种范式。

（四）以"心志"为心灵范式塑造的着力点。人生志向和信仰，为心灵范式的塑造提供了至关重要的目的性。心灵将被塑造成什么样子，取决于志向所在。我们最终只能成为我们心灵真正想要成为的样子！

【儿子微信回复】：收到

第 137 封：沉静的果敢

（写于 2020 年 12 月 29 日）

果敢，是我在行动上最推崇的状态；沉静，是我在思想活动中最推崇的境界。人生一切事，无论大小，无论难易，无论轻重，无论缓急，如果能做到"沉静"与"果敢"兼具,便会既内心明白、又雷厉风行,把事情处理得既合于情理、又不失时机。

曾国藩曾有一句人生忠告:败人二字,非傲即惰。为什么"傲"和"惰"危害如此之大,竟然到了能败人的地步?我对其的解读是:傲则不静,惰则不行!

一方面,大凡有傲气的人,必心浮气躁,内中鼓荡着的凌人盛气,不仅伤人,更会伤己!一旦傲气生发于内,人便不会再有动力去运用天赋和智识,不会再有动力去博学、审问、慎思、明辨、笃行,不会再悉心观察事理、体认人情。这个"傲"字,不仅会埋没和闭塞一个人当下已有的天赋和智识,还会颓靡一个人治学修养的热诚和志向,让人停下向上攀登的脚步,甚至走向倒退。那些"泯然众人矣"的神童们,之所以会泯然众人,根源也在于此。能让神童不再神,这个"傲"字做了"大贡献"!

另一方面,大凡有惰性的人,必有三大致败之态!其一是疏懒散漫,终日无所事事;其二是把时间浪费在无聊之事上,貌似忙忙碌碌,实则百无一益;其三是虽然在做有益的事,却虚与委蛇、半推半就、敷衍塞责、被动应付,本可做到优秀,却做成个不及格。"惰"字之害,不仅在于浪费宝贵的生命时光,更在于浪费宝贵的天赋智力!因此,一个人无论再有天赋、再有智识,若养成了一身"惰"气,也是枉然!

傲、惰二字,往往相伴相随。傲会生惰,惰又助长傲,恶性循环,以致于败人。

与傲、惰之"败人"相反,沉静和果敢则能"成就人",是克治傲惰的良药。

一、谈沉静

什么是沉静?沉静不是无思无虑,不是什么都不做,不是在无人处盘腿静坐,不是在深山老林里闭关自修……我认为的沉静,是指"做事时"要保持的心灵专注、纯净、豁然、光明。

专注,即身心合一、全神贯注、心无旁骛。做事时,如果能每一根汗毛都一齐指向所做之事,才是真正的专注状态。比如写大字,就要身、心、意、气、力专注一事，才能下笔如有神。做到了专注，也自然就进入沉静状态。

纯净，即无私心、无杂念、无贪欲，一心只为做成事，而不在名利得失上。唐僧西天取经，内心最是纯净：一心求取真经，任凭权贵威逼、狐妖魅惑、恶魔挡道，仍心静如止水。

豁然，即海纳百川、兼收并蓄、虚怀若谷、包容万端。自我封闭而求得的沉静，不是真的沉静。只有看到自身的局限，善于审视他人长处、包容他人短处，自己的内心才能真正宁静下来。曾国藩用人之道有四个字：唯才是举（最早是曹操说的）！李鸿章作为他最得意的门生，多次"反"出师门仍加以重用；左宗棠多次挖苦嘲讽曾国藩，与他为"敌"，曾仍多次保举左宗棠。能有容人之海量，内心自然海阔天空。

光明，即内心为良知所充盈，中正平和、不偏不倚、宁静自然。内心光明的人，才能从容面对是非、善恶、得失、毁誉、荣辱、成败，保持内心的和谐与宁静。王阳明一生追求天理良知，宦官的构陷、龙场的千难万险、宁王之乱的危局、广西平叛的进退维谷……都没有撼动他内心对良知的坚守，临终前只留下一句光照千古的名言：此心光明、亦复何言！如此之心境，如何能不平静。

平日里，我们往往把"沉静"二字想得过于庸俗、过于教条、过于容易了。似乎自我提醒一下，或喝几口心灵鸡汤，就可以沉静下来！其实不然，那样的沉静，不过是一时一刻的自我心理安慰和短暂调节罢了。真正的沉静，是长期修养生发出来的心灵状态！它根植于内心，需要长期培土、浇水、施肥，需要持续吸收阳光、雨露、营养。在"事上的磨炼"，最为重要！越是身处"艰险、繁难、烦杂、忙乱"的境遇，越是能涵养历练沉静之气。沉静的养成，不是靠读几本修心养性的书、了解几条人生的哲理、隐居山林静心自修、于无人密室闭关修行就可以了。这些固然有益，但远远不够！只有在"有事时"加以磨砺践行，涵养提升内心的专注、纯净、豁然、光明，才能不断提高"沉静的境界"。

二、谈果敢

什么是果敢？果敢不是草率鲁莽，不是盲目冒险，不是不加考察和思量而恣意行事。果敢是对内心信仰和良知的果决遵循，果敢是对做事过程中之艰难险阻的勇于面对，果敢是对做事成败得失的勇于担当。

首先，善思，还要敢为。古训说：凡事预则立、不预则废。此话还有另一面：凡事预也不一定能立、不预也不一定就废。深思熟虑是做事的必要条件，而不是充分条件。我们只能说"预"好于"不预"。预的作用，在于明理晓事；而明理晓事，往往是边做边明、边做边晓，不是在做事前就全能明、全能晓。因此，对于所有符合内心良知的当作之事，都要"知行并进"，既要善思，更要敢为。先入局，在局中去深思熟虑，在局中果断行事，通过置身其中的智慧和努力，推动事态向理想的方向演进。

其次，战胜艰难险阻，既是做事必须要直面和担负的责任，也是做事的魅力、成事的关键。事情"不难"，意味着容易、也意味着"平庸"。我此生最看不起那些拈轻怕重、避重就轻、不愿啃硬骨头、见到险难就退缩的人！只要有此一患，则再聪慧机敏也是枉然，难成大器。现实生活中的困难，通常不是拜倒在"智巧"下，而是被果敢和勇毅所征服和碾压！峰巅的风景，只会被勇于攀登者所领略；站在山下苦思到死，也只能被高山踩在脚下，被登顶的人们耻笑。

第三，做事的宗旨，在尽心竭力，而不在结果之成败、得失、祸福。林则徐有一句名言："苟利国家生死以、岂因祸福避趋之"。他坚决禁止祸国殃民的鸦片，为了心中大义而不顾个人安危，推动国家民族自立自强。这才是做事情的大果敢、真勇毅！对于你我这样身处平安盛世的人来说，已没有那么多需要生死考验的事，但祸福、利害、得失、毁誉、顺逆、成败等因素还在。因此，和平安宁时期做事，仍要以"事情当不当做"为行动的准则，而不是陷于"计较"中。结果是福是祸，全部担卜来就是了！祸福相依，并没有绝对的福，也没有绝对的祸，而只有对祸福的正确认知和态度。

沉静的果敢，蕴含的是深思熟虑与坚决行动的统一。能如此，生命自然不会被虚耗！

【儿子微信回复】：收到

第 138 封：好的思考

（写于 2021 年 1 月 6 日）

无论是专门化的学习，还是日常生活中为人处事，我们的行为都受心灵的主宰。有什么样的心灵模式，就会生成什么样的行为。行为结果之所以有"好坏"之分，根源是因为心灵模式有"良莠"之别。通俗地讲，好的思考产生有效率的、令人愉悦也令己愉悦的结果；坏的思考则正相反。

一、思考的本质

关于思考的本质，我不想自己杜撰，而是直接引用约翰·杜威在《思考的本质》一书中的核心观点。

思考的意涵，可划分为四重境界：

第一重，是想法，即在脑中、心中闪过的所有事物。这种类型的思考是随兴的，天马行空、白日梦、空想、无意识的琐碎思绪等，都属此类。可将之归为动物本能性的，也是最低端的思考。在此范畴内，笨蛋和傻瓜也会思考。

第二重，是联想（想象力），即想到我们无法看到、闻到、听到或触摸到的事物。在这种境界内，主要体现为情感的融入，思考因此具有了创造性，它可以生成"虚构的绝佳故事"。

第三重，是信念，即在心中生成"真"的，或更准确地说是"信以为真"的知识。人们可以据此对事物做出合理或不合理的判断，进而采取接受或不接受的选择。这些信念，有的可能经过我们的悉心检验而生成，有些可能直接来自书本、权威、传统、习俗、文化，"未经过思索就被接受"。这样的思考是在"不自觉中发展"，人们对信念的正确性很少能加以质疑。

第四重，是反思（反省思考），即有意识地"质疑信念"的本质、条件和适用环境。反省思考，是为人所称道、赞颂、推崇、追求的思考范式。正是因为具有反思的能力，我们才能洞见自身的错误，才能更新自身的观念，才能提升我们的心智，才能改善我们的行为。主动积极、锲而不舍、缜密入微地考量任何进入我们心中的信念和任何形式的知识，并将考量的结果作为判断的依据，就是反省思考。只有开始反省思考，才能在可靠的基础上有意识且自愿地建立"属于自己的真正信念"，并持续对其进行检验、修正、更新、完善、破除、重建。只有具有强大反省思考能力和习惯的人，才能持续成长、具有强可塑性、谦虚平和、大度包容；反之，则会沦入故步自封、因循守旧、顽固不化、自高自大、狭隘尖刻的状态。

人都或多或少具有上述四种境界的思考能力。但反思能力处于何种境界，是区别"好的思考"与"坏的思考"之间的主要参照。

二、好的思考之基本原则

（一）不怕麻烦，不草率做判断

之所以需要求助于"好的思考"，多是因为遇到困难、困惑、困境。因此，好的思考总是麻烦的！它不是一件轻而易举的活动！面对难题，如果我们只是简单地听从本能冲动的驱使，只是简单地凭借想象和以往的信念就做判断、下结论，则无论结论正确与否，思考的方式都是坏的！逃避麻烦、避重就轻，本身就是一种很坏的思考方式。面对复杂而又困难的局势，只要时间和条件允许，我们必须耐烦，必须要承受和经历心理上的不安、意志上的混乱、情感上的痛苦，必须要战胜黑暗和无望的折磨，必须要尽一切可能去开展更多的调查，寻找更多的信息、经验、例证，寻求更多智慧和光明的指引，谋划更多的解决方案。尽管我们可能竭尽了全力也没有找到完全的答案，没有获取完美的结果，但思考的方式和过程是"好的"，这本身就是最大的收获。对于人生，最可怕而又值得忧虑的，不是某件事的成败得失，而是坏的思考和行为方式。

（二）克治动物性本能的冲动，冲破坏思考习惯的奴役

首先，好的思考一定是降伏了自身的本能冲动，不在自身欲望和本能的奴役和驱使下做判断、下结论。我们常说"冲动是魔鬼"，因为它是纯粹的

动物性反应，不能主动掌控自己的思想和行动。冲动的人，是被"推着走"的，呈现出动物行为的盲目本质。他们无法看见或预测行为的目的，不去判断行为将导致的结果。他们不清楚自己为何如此作为，而只是机械地思考和行动！

其次，好的思考一定是冲破了坏习惯的奴役。拥有坏的思考习惯的人，是被外在的诱惑或危险"牵着走"的。我们后天形成的那些思考模式和所谓的信念，并不都是正确的，并不都是健康的，并不都是科学合理的，而且都不是一成不变的。简单地凭借定型的信念就做出判断和选择，等于把自己的命运交给那些"僵死的教条"！所有我们当下面对的事物和境况，都有新奇的一面，都不是历史的再现、不是简单的重复！无论是我们认定的"好的思考习惯"，还是已经意识到的"坏的思考习惯"，它们都形成于过去、适用于过去，而不是在当下！我们要借助过去经验的启示、启发、指引，但又不能被经验和习惯所左右。把握住二者间的平衡，是好的思考模式的重要特征。

（三）既是预见性的，又是创造性的

好的思考，通过对已知信息和状况的考量，生成对事物未来走势的预判，并据此主动调整行动策略，推动事态向有利的方向推进。这样的思考能力，是人类区别于其他动物的主要特征。虽然人类的预见并不总是正确，自认为的创造性活动也经常带有破坏性，但这并不否定"预见性"和"创造性"作为好的思考模式的核心特征。思考必须具有清晰的目的性，必须服务于人类自身的行为需求，否则就不能成为好的思考模式。思考的成果，最终服务于行动，旨在提升行动的正确性和效率。

（四）能洞见事物的内在价值和意义

拥有好的思考模式的人，能洞见行动给自身带来的一点一滴收获与成长，能察觉到自身行动给事物进展带来的变化和改善。拥有好的思考模式，能在事物的外在价值和意义基础上，赋予所做之事以"自主的价值和意义"。这一点极为重要！它令人在做事时，受内在的动机、动力所驱使，受可自主的价值、意义所鞭策，每做一事便有一份自成的收获、自得的乐趣。在现实中，它表现为做事过程中进行系统的、持续的、深度的、积极的、建设性的反省思考。

三、好思考的助推逻辑

（一）从过去知未来、从现在知过去

同类事物之间，潜藏着相近的规律和道理。在科学哲学上，称其为系统规律的同型性。因此，借助于过去已经发生事物的规律，我们可以对未来之事物发展进行推理，进而得到行动的启发和指示。未来虽然不是过去的重复，但未来中却潜藏着过去的影子！这个影子不是具象化的外在表现和形式化的结果，而是事物共同遵循着的普遍规律和道理。一方面，借助于好的思考，我们可以在面对不确定的未来时，拥有某种确定的遵循和参照，进而让自己的反应和行为更正确、更理性、更富有成效。另一方面，借助于好的思考，我们也可以正确地理解"当下事物为何会如此"。从结局中，我们可以在普遍规律和道理的指引下，向前做出正确的归因，洞见事物成败得失的系统性、整体性、长期性"促成"因素，而不是盲目地责己责人、孤立地做出判断、静止地就事论事。

（二）据此知彼、由彼知此

不同的事物之间，都不是彼此孤立的存在，而是相互关联、相互作用、相互影响。看似不相关的人、不相关的事，却受着一股股潜在力量的联结和牵扯。好的思考，在做此事时可以判断出它对彼事的影响！比如在论功行赏时，这次某人多占的行为，必然会引发他人的怨恨，导致人们在其他事情上拒绝与之为伍。好的思考，还在于能判断其他事物对自身的影响！比如学习，自己的考试排名，要考量其他同学的努力状态。其他同学的努力状态提高了，成绩提升了，会最终影响自己的结局。另外，事物之间的关联性，还会产生放大或抑制效应，如果我们的行动对他人有利，效果就会被逐级放大；反之，如果我们的行动对他人有害，这种行为就会受到他人的抑制。好的思考方式，能够预见到做事的"外溢效应"和"关联影响"。

（三）见微知著、由著知微

所有的事情都是在潜移默化间发展壮大的，再大的善或恶，都是自小善、小恶逐步发展演化而来。一方面，由小至大、由弱变强，另一方面，又会分崩

离析、盛极而衰。好的思考，能在事物的萌发状态就预见到其可能之结局。《易经》中说的"履霜、坚冰至"，阐明的就是此理。洞见事物发展演化的趋势和规律，进而提前做出准备行动。或防微杜渐、遏制坏趋势的扩张；或主动而为、放大好趋势的效应，这都是好思考的核心价值所在。

（四）从部分知整体、从整体知部分

所有的事物，自身都是一个系统，各个组成部分有机联结成一个整体；同时，这个整体又处于一个更大的系统中，是其中的一个组成部分，其自身的发展演化受这个更大的系统的影响和限定。好的思考，体现为系统的思维方式！一方面，它能将事物作为一个整体来审视，洞见整体与其组成部分之间的关联，以及各个组成部分之间的关联。另一方面，它又能把自身置入一个更大的系统来审视和考察，研判自身与外界环境、其他事物之间的相互作用与影响，做出适应环境、改造环境的有效行动。比如制定企业战略，既要从企业整体出发，谋划和设计各个部门的战略决策；又要将企业作为所在行业和市场的一分子，从行业和市场整体谋划自身的发展定位、业务战略和管理架构。

（五）由终知始、由始知终

人类文明的世界，没有什么可以永恒，不仅生命如此，我们所指称的真理亦如是！世界万物及隐藏其中的道理，处于终而复始、循环往复的变化中。好的思考方式，秉持的是发展的眼光、动态的眼光、辩证的眼光。见到了一个新事物的开始，就预见到了它未来的盛衰演替、生命终结；看到了一个旧事物的死亡，又能看到新生机的开启、新希望的孕育。在进化论意义上，死亡是文明进步的力量，而不是静止的无望！生命的世界，自有始终；终而复始，生生不息，乃至无穷。因此，拥有好的思考模式的人，既不会顾影自怜，也不会怨天尤人。面对人生得失、荣辱、盛衰、利钝，它都能洞见和体悟其中隐藏的价值和意义。

四、如何养成好的思考模式

（一）行于当下，方能成于未来。好的思考模式养成，在于以正确的态度、方式、方法处理好日常和当下的大事小情。正是现在的思想和行动，决定着后面是善行得以彰显，还是恶习得以声张。遵循"好的思考"的基本原则，去做好当下面对的每一件大事小情，久而久之，自然会在内心塑造出好的思考范式。

（二）在做事中磨炼，而不是坐而论道、闭门空想。好的思考模式，源自实战经验的持续累积，而不是"悬空思考"就能得来，它需要行动的引领！脱离开实际事物，去追求所谓好的思考范式，最终只能是镜中花、水中月。好的思考范式，就是阳明心学中的"良知"，只能在事上练就。

（三）读书治学修养，可以改变一个人的心灵。勤读书、善读书、喜读书，能把"读书转化为修身的人生事业"来做，是好的思考模式养成的最有效方式。能把书读到极致、读到至高境界，则一通百通，齐家、治国、平天下的道理亦在其中。在好的思考上，修、齐、治、平本乎一理！培养好的思考范式，读书治学是一个最好的、最自主的、最可控的出发点。

（四）君子不器，终生保持可塑性，而不是过早定型。简单地说，好的思考模式，就是能自我批判、自我反省、自主更新、自主重塑的思考范式。无论"模式"再好，一旦定型、僵化、固执、自大、封闭，就会转化为其反面！

【儿子微信回复】：收到

第 139 封：谈"好心态"

（写于 2021 年 1 月 13 日）

要保持好心态！这是一句耳熟能详的话，人们经常用以教育别人或聊以自励。可见，好心态是个值得拥有的好东西。

可它究竟指的是什么，具有什么特征，对我们有什么具体助益，又如何得到它？……问题显然不那么简单！不像说起来那样容易！大凡人们经常用来教导人的那些所谓鸡汤，都止于言辞，一旦遇到事儿就都失了效！即便此时有师友在侧，于耳畔万般提醒：要保持好心态！也大多收效甚微，心态仍是老样子，就是"好不起来"。可见，"好心态"绝不是召之即来的东西。

就此话题，和你分享一下我的个人治学心得和人生感悟。下面这些话，不是意图给你带来好心态的鸡汤，只能算是对好心态的点滴正确认识。

一、好心态的本质

好心态，顾名思义，它是"心"的良好状态，是良好心性修养的状态呈现。具体而言：

1、心灵自主，不为物役。不能自主的心态，是绝无可能称为好的！做事的价值和意义在哪里？必须由自己来定义，要在自己心中设定成败、得失、是非、好坏的标准，而不是盲听、盲从、盲信，任由外在摆布。心灵之所以会不安，首在不能自主，内无因依。人生的价值、做事的意义、大是大非的标尺，必须由自己来定义和建构，对事物之成败、得失、是非自主判断，进而超越世俗之功名利益、他人之是非毁誉。否则，即便取得了令人艳羡的功业，也仍会惴惴不安、怅然不知归处，更别说失意落魄之时了。

2、内有良知，心明如镜。心灵靠什么来自主？当然不能靠私欲、妄念、歪理、邪说，一颗被闭塞的昏聩之心，是绝无可能孕育出好心态的。要以天理、良知、至善、大义化育身心，以内在的光明照彻世间万事万物。凡事看通透了，便能物来顺应，有感遂通，中正平和，廓然大公，心态自然也便好了！

3、心为身之主。静中细思便可洞见：日常很多不好的心态，源自身体对心灵的背叛。心灵如果连自己的身体都不能主宰，心态又怎么能好起来呢？比如写字，心中有所想，写出来的却不合心意。武学中追求的最高境界，是身、心、意、气、力、法的合一，心到、意到、气到、力到、身到、招法到。练家子以此为一生追求的目标，可见要做到身心合一是极为不易的！中国古代所谓的闭关自修，以及太极等内家功夫，很重要的一点是调节身心，逐步达到心之所向、意之所指、百体从命的境界。各种养生法的科学逻辑，也在于此。

4、知己、知人、晓事。我们通常追求的好心态，大多不是指无事时，而是做事时追求的状态。临机处事，人必然为事物和他人所冲击和干扰，要维持一份好心态更为不易。做事时的好心态，源自知己、知人、晓事。之前就此已讨论很多，不再展开陈述。只补充强调一点：除了自知之明外，于他人，要知其性与己同，皆趋利避害，尽管利害之内涵不同；于事物，要知其内中道理、发展变易、系统关联、相互作用，而不是只看表面、就事论事、孤立静止地看问题。

5、安于分限，为己所能为。做事必力求"成事"，成事才能生发出好的心态。在做事的行动和策略上，首要着眼点在于设定的做事目标与自身能力的匹配。事情有大小、有难易，成败往往牵涉众多，非自己所能完全控制！所以，设定自己在事情中要实现的适宜目标，才是更为重要的。自己的做事目标，绝不能脱离自身的能力范畴。好高骛远，屡战屡败，心志不得伸张，如何能保持好心态呢？从战术和行动计划层面，所设定的目标必须与自身可调动的资源、力量、手段相匹配，才能从一个小胜利、走向另一个小胜利，并在此过程中提高走向更大胜利的可能性。

6、刚毅果敢，为己所不能为。心灵之天性，不甘于平庸而追求进步和成长。不断超越自己对自己的认知局限，不断向各种不可能发起挑战，不断收获顿悟和惊喜，不断战胜各种困难和考验，才会永葆青春和活力，让心灵获得满足和惊喜。因此，在长远、战略层面，不仅要有更高远的人生目标和追求，还要有挑战更强大对手、更艰巨任务、更艰苦环境的斗志，有一股知其不可而为之的倔强之气！没有人能全部看清未来道路上的困境、风险和不确定性，唯有迎难而上、勇于任事，"为己所不能为"，克服千辛万苦而登上人生巅峰，才会领略到人生最高境界的美好！

简要地说：好心态，是"自发光的精神力量"，让人内心坚定、从容、安稳地行走在复杂多变的世界。好心态，绝不是从不悲伤难过、从不困惑彷徨、从不经历失意、从不承受苦难，那不是好心态，而是庸碌无为和麻木不仁；也绝不是所谓的乐天派，终日心无一事、不知愁为何物，那同样不是好心态，而是没心没肺。真正的好心态，是面对悲伤、失意、困难、困惑，能正确以待，不任其肆虐、伤人败事。

二、好心态的力量

为什么心态要好？好心态能给我们带来什么？它有什么魔力让人如此追求

和向往?

首先，好心态具有创造性。顺境时保持心态好，才不会被眼前的花朵遮住前方更大的风景，能把眼前的成功视为过去努力的收获，视为走向下一个成功的阶梯。很多天赋智力中等的人，最终却成就了伟大的人生，是因其一生保持好心态，从不停止攀登的脚步。反之，那些历史典故中最后"泯然众人矣"的天才们，是不可能有好心态的。也就是说，坏心态具有破坏力，它可以毁灭任何天才身上的光芒。

其次，好心态具有转化力。逆境时，心态好，才不会被眼前的沟沟坎坎挡住通往峰巅的路，将每一次困难、挫折、失意和打击，都当成攀登高峰前的训练，当成克服下一个困难的准备。有一句俗语：你怎么看待事物，事物就怎么回应你。好心态之中，确实隐含着化被动为主动、化腐朽为神奇的神秘力量。

第三，好心态成就终身成长。心态好，才能洞察到潜藏在自身的巨大潜能、潜力，洞察到自身的无限可塑性，始终不把自己视为一个定了型的人、已经成熟的人，而是视为一个持续成长的人、日益变得更强大的人。能这样看自己，又能这样看待他人，居于人后时不会灰心丧志，居于人前时也不会沾沾自喜，不会荒废任何一段人生好时光。

第四，好心态成就家国天下。心态好，才会乐见他人的成功，明晰群体的智慧和力量之巨大潜能，明晰自身的成长、成就是建立在家国天下的更美好之上。一枝独放不是春、百花齐放春满园！人类文明的进步，人类社会的发展，奥秘全在群策群力、互相成就、合作共进、命运共同。

三、好心态的内在表现

1、动静相宜：静亦定、动亦定，定则心平。心之动与静，身之动与静，关键在动静之间要有定见。这个定见，就是前面说的天理、良知、至善、大义。有定见之人，动静都是合宜的；无论动静，内心都能平和。

2、刚柔相济：刚亦善、柔亦善，善则心宁。刚毅果敢，是出于善的动机；柔弱随和，也是为了善的目的。以善为遵循，则进退取舍都会使内心宁静，不会沦为残忍冷酷，也不会陷于懦弱无刚。

3、阴阳相合：明亦诚、暗亦诚，诚则心安。在公众场合能诚信不欺，在私自独处时仍能诚信不欺，这样的人便会无时无刻都能心安自在，无所愧惧。自欺而又欺人，又担忧为人所欺，是坏心态的一大最主要根源。

4、成败相砺：成亦进、败亦进，进则心悦。成功顺利时，能百尺竿头更进一步；失败逆境时，能屡败屡战、愈挫愈勇。这样的人，是能持续进步成长的人，也就是能立于不败之地的人，事之成败都转化为成就自己的力量。好心态发生于进步成长中，不为事之成败所左右。

5、得失相成：得亦淡然、失亦淡然，淡则心静。得到功名利禄时不骄不躁，失去功名利禄时不怨不尤。到此境界，则外来之名物对我如浮云，随它去留，心静如止水。反之，患得患失者，只会终日惶恐惴惴，心无一日宁。

6、弃用相长：用亦奋、弃亦奋，奋则心豁然。人生事业，在受到赏识、认可和重用时，就发奋努力工作，务求做到极致；在不被任用时，就退而发奋、治学修身，把自己培养成可用之才。如此行事之人，就不仅做到了王阳明在《啾啾吟》一诗中所讲的"用之则行舍即休"，《易经》中所讲的"见是无闷，不见是亦无闷"，而且做到了自立自强，"弃、用"皆为励志的药引。自胜自强者，内心必生一股豁然之气，坏心态便无处容身。

7、毁誉相劝：誉亦敬、毁亦敬，敬则心阔。人在尘世间行走，有誉必有毁，没人能只被赞誉而从不被斥责、讥讽、贬抑甚或诋毁。既能发自内心地尊重赞誉自己的人，也能发自内心地尊重（尊重不等于迁就、认同、盲从）诋毁自己的人。能誉亦敬、毁亦敬，必然胸襟开阔、内心光明。好心态的价值和意义，在这样的境况下最能得以体现。

8、前后相生：前亦谦、后亦谦，谦则心胜。领先于他人时，不沾沾自喜，做到谦虚向下、虚怀若谷；处于人后时，也不顾影自怜、心声嫉妒和怨恨，做到反身自省、徐图自强。这时的好心态，不源自胜人，而源于胜己。

四、好心态如何得来？

答案只有一个：靠自我修养、终生不辍。之前聊过很多与修养相关的话题，其中很多方法，也同时有益于好心态的养成。好心态的养成，在人生每时每刻间，只能靠自己慢慢从中体会和感悟，点滴积累，积渐成习。

心态没有最好，只有更好……

【儿子微信回复】：收到

第 140 封：再谈读书

（写于 2021 年 1 月 18 日）

近来读书又有新的感悟：过去把读书当业余爱好，"闲来没事儿"时才翻几页，或者"其他事儿有需要时"才去找书读；近来把读书视为生活的一部分，读书即生活、即事业。下面就如何读名家经典，交流些心得。

一、书与作者

书与作者，是一体的。

书中承载的，是作者思想的符号化表达，是作者用语言文字对思想的"翻译"：他把自己的思想"浓缩"到语言文字中，这些语言文字是与作者的思想、灵魂同时存在着的。被编码、浓缩到语言文字中的道理，只有作者本人才能还原、解译，读者很难掌握作者所思所想的原貌、全貌、真貌。书与作者之间，是分不开的，二者构成的是一个有机整体。一旦脱离开孕育它们的母体，脱离作者的头脑和思想，书便成了"死的东西"。因此，读其书要知其人，通过作者本人的经验、阅历来理解其著述。

二、书与时代、环境、时事

书与其产生的时代、环境、时事，是一体的。

那些传世的名著，是其所处时代和环境的产物，只能放在当时的事实背景下去考察，才能更好地理解。一旦时过境迁、世异时移，这些道理也会变得更难于为读者领悟。时光对书中的道理，确实具有"封印"的作用：年代越久远，就越难识庐山真面目。穿越时空，去解译古人编码在语言中的道理，比阅读与我们生活时代相同或相近的作品，要难得多。因此，读古代典籍，要有相应的历史背景知识做支撑。

三、书与读者

书与读者，也必须是一体的。

读书的本质，是读者与作者间的思想交流，读者只有融入其中才能读取作者的真实思想。如果只是以旁观者的心态去玩赏，则进入我们头脑的只能是僵死的文辞。读书时，书只是一个媒介，把读者带入作者的心灵世界，带入其所经历的时事和境遇，并与他一同考察和体悟其中隐含的道理。心理学上有个说法叫"移情"，意指人进入忘我境界，完全融入所面对的事物中。读书尤其要如此，穿透文字，沉浸于作者的心灵世界，沉浸于作者所经历的时事、场景、环境，切身体验，才能洞见真知。

四、读书与做事

读书无益于做事，除非它能成就做事的"人"。

书中承载的知识和道理，不是金科玉律，不是放之四海而皆准的真理，不是可以直接拿来就用的方便法门。书中的知识道理，是属于作者的，是带有主观性的，是特定时代、环境、时事下造就的，因此其真理性是相对的、有局限性的。对于从书中摄取的知识和道理，必须加以批判性的继承，必须进行创造性地建构，将其重新组织、理解、加工，将其放在当前的背景、环境和实际事物中加以理解和消化，才能融会贯通，把握其实质和内涵，用以指导当下的思考和行动。如果僵化地、教条地照搬书中的知识，不仅无益于成事，还会误人误事。

五、读书是幸福的

读书可以带来人生的高峰体验。所谓高峰体验，是马斯洛的观点，它用来形容一个人处于最佳的身心体验状态，比如：沉浸忘我、惊喜畅快、突然顿悟、豁然开朗等。通过心理学界观察，在音乐、艺术、游戏、体育等活动中，经常产生这类人生体验。高峰体验越多、越频繁，人的幸福感往往越强烈，人的身心也越健康。读书到极致境界，同样可以获得这样的高峰体验。读到兴致浓烈处，思维一下打开了，头脑一下通透了，突然间云开雾散、内在一片光明，会不由自主地拍案叫绝，会感觉心花怒放、如沐春风，会感觉酣畅淋漓，甚至欣喜若狂、手舞足蹈……

凡事，只有超越平庸，极致发挥并进入巅峰境界，才会收获满足、喜悦、幸福，收获完满的人生体验，成就一个更好的自我！

【儿子微信回复】：收到

第141封：详解"温故知新"——认知的成长

（写于2021年1月21日）

对知识的理解，究竟有多大潜力？那些整天挂在嘴边的道理，我们是否已理解通透？那些我们每天都在做的事，是否已做到极致？

近来，结合个人读书、治学、写大字，切身体悟到"学无止境"究竟是怎样在真实地发生着。下面，仍以"温故知新"这个典故为例，从中看看它在我心灵认知中发生的新变化。

一、我对"故"的新解

1、意指"存储的"知识

所有的书本知识，都是"故"的，都属于过去。比如"温故知新"这个语汇，出自《论语》，是2500多年前的言论。因此，对于温故知新，不仅要从温习、复习、重复练习的学习行为角度来理解，还要从温习对象——知识本身是"属于过去"的角度来理解。这涉及的是基本"知识观"问题，涉及的是我们如何看待书本知识的根本性问题。无论是第一次学习，还是复习，我们首先要把眼

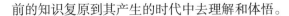

前的知识复原到其产生的时代中去理解和体悟。

2、意指知识所依赖的"历史环境和背景"

所有的书本知识，都有其产生的特定历史环境和背景，并与这些历史环境和背景为 体、不可分割。那些存续于书本的知识，已经是"不完整""不健全"的存在，已经不是知识的原貌。比如"温故知新"的道理，产生于孔子与弟子论学过程中，当时的真实场景是什么？它们讨论的详情是什么？为什么说"温故而知新、可以为师矣"？孔子的弟子们面临什么困惑和疑难？孔子用这句话想告诉弟子和后人什么样的哲理？这些问题，都很难翔实考据了，由此带来理解的困难。知识产生自老环境、老背景，是"故"的又一重含义。

3、意指知识所源自的"以往事实"

书本知识，是作者从其自身经历中休悟和发明出来的。知识不能凭空想象，只能源自对事实的研究和洞察，源自实践经验的提炼、总结。留在书本上的知识，经常是"脱离了事实的"，尤其是中国古典哲学著述，惜字如金、高度浓缩，只有一句句至理名言，却极少阐明其来龙去脉，进而让人知其然不知其所以然。然而，知识与产生它们的事实间，也是不可分割的；脱离开它所针对的事实，知识不仅很难被正确理解，还难于被正确运用，容易跑偏、歪解、误读。比如"温故知新"这一典故，如果仅从字面上解读为"通过对同样书本知识的重复研习就可以获取新知识"，会计人心生困扰：不还是那些文字、公式吗？怎么可能无中生有？温故知新，不是可以脱离事实讨论的孤立真理、空洞说教，它必须还原到产生它的事实中，才是可理解的。

4、意指知识面向的本原目的、价值和意义

知识不会无缘无故产生，其发明创造一定服务于某种目的，具有这样或那样的价值与意义。对于产生于近现代的知识，这是比较容易理解的。但对于很久以前产生的知识，其产生的初始目的、价值和意义，就不是那么容易被把握。仍以"温故而知新、可以为师矣"为例，孔子说这句话，是用以阐明为师之道，还是治学之道？是在强调温故的重要性，还是在强调知新的重要性？是为了鼓励大家多温习，还是在阐明新知识可以产生于老知识？……孔子怎么想的，已无法考证，后人的理解则仁者见仁、智者见智，不一而同。不明知识产生的本原目的、价值和意义，会给理解带来困难。

二、我对"新"的新解

1、不断揭示和洞见老知识的本来面目，就是获得了新知识。

基于上面理解，治学的第一步，是还原知识产生之初的本来面目。这不是一件轻而易举的事。结合知识产生的历史环境、背景、事实和目的、价值、意义，理解往圣先贤的真知识，才能在本是荒漠的自我心智中培育出智慧树。对前人发明的旧知识进行真实、完整、彻底的继承，才能称为在自己头脑中"创造新知识"。因此，温故的目的，首先在于不断还原知识的原貌，既看到其适用的环境、条件和事实，又能从中洞见其不再适用的境况，避免所学的是僵死的教条。

2、在新的时代、环境和事物中，理解和运用老知识，让老知识获得"新生命力"。

学以致用。但所学的知识，不能简单拿来即用，不能买于东家、卖之西家！再高明的知识和道理，都源自已经过去的经验。当其面向当下已经变化了的时代、环境和事物时，需要做出新的理解、组织、构建、变通，使得老知识焕发出新生命力，用以解决当下的问题，指导当下的实践。在新时代、新环境、新事物中运用老知识，需要极具创造性的心智。

3、在新的实践和应用中，不断修正、完善、改进老知识，让老知识获得新的成长和进步。

知识与实践，是相互影响、相互作用、相互成就、相互提升的互动过程。老知识在新实践中，会不断得以充实、完善、改进、提升，甚至破旧立新。它们已不再是原来的老知识，而是获得成长进化的新知识。在老知识中"孕育出新知识"，是知识体系自身发展进化的基本规律。

三、温故为何能知新

此前就此讨论很多，今天只补充谈一点：知识的真理性，究竟体现在何处！

知识的真理性，在于其具有自我批判、自我否定、自我提升、自我进化能力，而不是指某个具体知识的绝对永恒正确。或者可以说，知识的真理性，在于它能认识到自身的局限性。知识是变化着的存在，没有绝对的、恒定不变的、放之四海而皆准的、可以脱离让它们成立之事实的绝对真理。真理二字，不指向某一类科学知识，而是指向正确的治学态度，指向对待科学知识的正确观念！

我们要把各门各类的知识，视为正在不断发展演化着的，视为不断在孕育、成长、扩展、更新着的，视为相对的、辩证的、有局限的；不能将之视为静止的、终极的、完成了的，不能将之视为绝对的、永恒的、完美的、不变的，不能将其存在视为可脱离时代、脱离环境、脱离事实的。唯有对此有深刻的理解和把握，才能把书本上的死知识变活，把自己头脑中的僵化理解变活，把自己的心灵模式和思维范式变活。能理解到这一层面，知识本身就是"活的"，温故与知新便是一回事：所有的老知识，都是在当下有着新生命力的老知识；所有的新知识，又都是从老知识进化而来，身上镌刻着前人智慧的影子！

四、如何做到"温故知新"

1、开放的心灵

如同人的身体要新陈代谢、吐故纳新一样，人的思想和灵魂同样要不断摄取新的知识营养，不断更新心智的结构、思维的范式。开放的心灵，是敞开的，是包容的，是有生命力的，是不自闭的；开放的心灵，意味着持续学习自新，意味着终身成长，意味着虚怀若谷、博采众长，意味着不拘泥于成见、不满足于已得的知识、不偏执于当下的理解。

2、健康的批判精神

一方面，对外来的知识保持质疑能力，不盲从、不轻信、精益求精、持续探究、切身体察。另一方面，对自身成见和固有观念，要勇于自我批判、自我否定，不固执一己之见，不沉迷于过去的经验。之所以强调是"健康的"批判精神，是指批判必须秉持的"建设性"前提！质疑知识，不是与人为敌、给人挑刺、否定一切；质疑自己，不是自我打击，不是否定自己的人格和能力，而是破除陈旧的认知和错误的观念。

3、终生可塑性

保持好奇心和可塑性，并不那么容易。对于童年、少年、青年时期，相对要好，只有少数"少年老成"的小老头、有人格缺陷的执拗人才会过早定型。但人到中年、老年，仍能保持可塑性的就很少了。俗称的"老顽固"就是由此而来。如果将一个人的可塑性（即：成长能力）分级：最低级的是少年老成，在风华正茂的时代就过早定型；中等的是成年后"成熟但不过度定型"，仍保持一定的弹性和可塑性；最高境界是一生保持"天真、童趣、好奇"，始终求知若渴，保持心灵和智慧的持续活力和生长，成为不器之才。

五、专门谈谈"怎么温故"

1、清晰的目的性

"知新"是温故的目的！一定要避免如小和尚撞钟那般，日复一日、简单重复。要有清晰明确的复习目的！目的不同，复习的方法也不同。比如考试后，对于那些易丢分的题目，首先要找到"出错的根源"，是记忆模糊、不牢靠，还是意思理解不通透、运用不精熟，或是在某类题型上容易马虎、麻痹、大意？如果是记忆问题，就采用增强记忆的方法，多温习几遍；如果是理解和运用的问题，就用多做题、多讨论的方法，熟能生巧；如果是麻痹大意的问题，就用提升专注力的方法，平常主动练习入静的能力。

2、时间、精力要聚焦

"目的"一旦明确，复习时间、精力就不能机械地均匀分配、均衡用力，要围绕重点、难点、薄弱点"集中发力"，才会扩大产出、收获进步、取得突破。"目的"虽然明确了，但在策略和行动上没有围绕"目的"进行设计和展开，就无法实现"目的"。我们没有那么多的时间和精力可供支配，谁能"围绕核心目的集中投放和使用有限之资源"，谁就掌握了竞争的主动权。貌似在彻夜用功，却把大量时间浪费在简单重复上，漫无目的地一遍一遍重复背诵，盲目地一遍一遍做模拟题，效果是极差的，不仅无益于成绩的提升，还会让思维变得机械、麻木、迟钝、厌烦，毁掉学习的乐趣和成就感。

3、以能否知新，考察"温故"是否得法

是否实现了"目的"，是"温故"之成败的检验标准。目的实现了，才能不仅获得学习的突破和提升，还会在成长进步间得到身心的满足和愉悦。如果记忆不牢靠，就要想尽办法将之记住、记牢；如果理解和应用不精熟，就要多方讨教、研习，务必将之弄懂、弄通；如果容易麻痹大意，就要静心自省，从根本上转变自我认知和心智模式，务必从根子上革除这一害人误事的毒瘤。温故最忌讳的是囫囵吞枣、机械用功，虽然也"温故"了，却没有达到"温故的目的"。这样的温故，是对个人时间、精力和生命的最大浪费。"温故知新"内蕴的哲理，不在于"温故"必然能"知新"，而在于"要以知新为目的、以温故为手段"。

温故知新，区区四个字，却可以生发出如此之多的不同角度理解，可见读书治学的深奥。你我要谦虚谨慎、戒骄戒躁、持续用功，绝不可有任何自满、自大、自负。

【儿子微信回复】：收到

第142封："心向自我"时的样子

（写于2021年1月27日）

一个人，最难理解、最难接受、最难驾驭、最难突破的，还不是深奥莫测、纷繁复杂、千变万化的外在世界，而是那个无刻不与我们同在的"自我"。看似熟悉，实则陌生。更令人诧异的是：人们很少愿意把足够的时间、精力、情感、心思，用在研究和认识自我上！

我们似乎对外在世界更上心、更在意、更舍得付出。在潜移默化、有意无意间，"自我"已经沦为"外在功业的奴隶""外事外物的附庸"。我们似乎想当然地认为：只要成就了外在功业，就等于成就了一个更成功的人生。

在这样的思维主导下，人们很容易将心思、时间、精力和情感倾注在得失、成败、毁誉、荣辱、利害的计较上。这样的思维模式，甚至成为习惯：自以为很会为自己着想，实际对自己却"吝啬得很"。没有人不希望主导自己的生命、成为自身命运的主人，但错误的思维模式却使我们走向反面。

一、自我认知

1、自我是独特的存在。一方面，我们是人类的一员，具有人类的基本人性特征。我们每个人，首先是一个普通意义上的人，包括那些圣贤豪杰、恶棍混蛋。另一方面，我们又是一个独特的人，是不同于其他任何人的人，是这个世界中的唯一。每个人的人格、本性、天赋、经历、学识，都为其所独有。作为一个独特的自我而存在，昂首天地间、独一无二、天赋异禀！这本身就是我之为我最大的欣慰、最大的幸运、最大的自豪。

2、自我是整体的存在。无论是优点，还是缺点；无论是强项，还是弱项；无论是身体，还是心灵；无论是天赋智力，还是后天学识，都是自我整体的一部分。这些貌似不同、冲突、矛盾的两方面，共同构成的却是一个和谐、完满的整体之我，少了任何一方都会导致生命的残缺。

3、自我是过程的存在。现实中每一刻的我们，都不仅是过去的完成，又是现在的进行、未来的开始。生命是一个过程性的连续存在，永远不会"定型""定格"，直至生命的终点。在自我生命的演化进程中，蕴含着无限的潜能、无限的可能、无限的想象空间。自我要尽一生才会塑造出它自身的样子，生命的美好不在某时某刻如何，而在成长过程中不断呈现出的变化和精彩。形象地说，如果能用相机记录生命的每个瞬间，则生命时光有多长，自我就有多丰富的面貌和状态……

4、自我是"有需要的"存在。我们都有各种各样的需要，不仅包括生理、安全、归属、爱、自尊等基本需要，还有对自我实现和持续成长的超越性需要。需要是自我成长的动力！需要的层次越高，越能在更大程度上激活内在的潜力，实现一个更好的自我。

5、自我是智慧的存在。作为人类，对"优秀与否"的最高评判标准，是智慧的高下。一个拥有更高智慧的人，也能更深刻地"读懂自我""理解自我"，更能洞见自我存在的价值和意义，更能挖掘、发挥、运用自身的天赋与潜能。智慧成长的无限性，是构成自我实现之更大可能性的第一驱动力。

6、自我是有创造力的存在。对于外在世界，我们不仅仅是在感知它、理解它、学习它、适应它，更是在改造它、利用它，以实现自我的更好生存与发展。自我不是命运的奴隶，不是靠天吃饭、仰天鼻息、随天摆布的被动存在！运用智慧、才能和力量去创造自我的美好人生，是生命的真谛所在。

7、自我是社会性的存在。我们不是孤立的存在，而是人类社会的一员。自我的成长，自我价值的实现，要契合整个人类的更好生存与发展。我们是自由的、独立的、独特的，同时又是社会大家庭的组成分子，要与其他成员合作互助、分享经验，共同成长和进步。正是在社会和群体中，自我得以"超常"地发展，达到"独自一人"绝无可能达到的境界和状态。

二、自我接纳

1、毫无条件地接纳自我的过去、现在、未来。过去的人生经历，无论成败荣辱，都成就了现在的我们；无论辉煌与否，我们都要感谢它。现在的人生境遇，无论顺逆难易，都是当下自我智慧、力量可以发挥利用的唯一舞台；只有把握住了当下，才能成就整个人生。未来的种种不确定性，无论充满阳光，还是迷雾重重，都要借以谱写生命的赞歌；只有拥抱她，生命乐章才会跌宕起伏、婉转悠扬、雄美壮阔。

2、毫无条件地接纳自我的优点与不足。一个只有优点、没有不足的人，严格地说不成为一个"完整的人"！因此，无论他人如何议论品评，我们都要发自内心接纳现实中"不完美的自我"。从感性的角度来审视，优点确实给我们带来了直接的好处，让我们可以更从容地应对外在的世界；但从理性的深层来审视，却是那些我们意识到的不足在激励我们学习、提高、成长。看到的不足，恰是自我成长的内生驱动力！

3、毫无条件地接纳真实、而不是虚假的自我。自我的真实样子，只有自己才能看通透，任何其他人都不能替代！洞见自我蕴含着的伟大、奥妙，洞见自我内在的天性、良知，是修身过程中的一项重要功夫。我们要面对和接纳的，是那个清晰真实的自我，而不是模糊虚假的自我；是自我心灵洞见的自我，而不是他人评价中的自我；是没有矫饰、不自欺的自我，而不是把缺点和不足掩盖起来的自我。

三、自我实现

1、现有优势的实现。无论是来自父母的天赋，还是后天习得的智识，都要善待、善用，用以成就家国天下，用以成就美好的人生！自我实现的第一宗旨，就是不浪费生命，把自身优势发挥运用到极致。

2、发展潜能的实现。我们自身的潜能究竟有多大？人生能达到的高度和境界，很大程度上取决于我们能把自我潜能挖掘出多少、利用到什么程度。正是在潜能不断被激活的过程中，我们收获了成长，收获了成长带来的喜悦和满足，更充分地实现了自我内蓄的价值。

3、真实自我的实现。我们要达到的是现实优势和发展潜能的最佳发挥，而不是成为他人眼中的那个我。我们很容易搞混二者间的区别，参照世俗的价值观、他人的眼光来规划自己的人生：要上什么样的"好"学校、要从事什么样的"好"职业、要取得什么样的"好"功名……那样心态下的奋斗和努力，不是在推动"自我实现"，而是在以奴隶的角色贯彻他人意志。以高考为例：上哪个城市的哪所大学、选择哪个专业，要听从自己的内心，遵循个人心志的指引，而不是言必称清、北，盲目追逐所谓的"一流"。适合自己的才是最好的，否则"理想"就变成了"负担"

人生最大的悲剧是什么？我认为是"知己能为而不为"！很多才华横溢的人，或因错误观念下的"谦让"而自弃机会，或因怠惰、懦弱、消极而荒废个人禀赋，最终导致自绝自我实现之路。非不能也，是不为也！着实可叹亦可恨。

四、自我超越

以学业为例，先简单聊聊这个主题，以后还会就此专门讨论。首先要强调的是：自我超越，绝不是所谓的超越个人真实水平的发挥，绝不意指"谋求力所不能及的意外惊喜"。这样的"伪自我超越",是错误观念的产物,有百害而无一利。

1、超越认知的局限。治学的精纯专一境界,要靠自身优势和潜能的不断挖掘和运用。就此每做一分努力,就是对自我的一种超越。我们生命中蕴藏着无限潜力,等待着我们逐渐去探索、挖掘、利用。这个过程,是一次一次的实现、超越、再实现、再超越,是循环往复、不断提升的过程。一方面,我们在自我认知的指引下,实现着自我;另一方面,我们又在实现自我的过程中,重建对自我的认知。现在的自我,是对过去自我的超越;未来的自我,又是对现在之自我的超越!"自己不给自己的人生设限",是自我超越的第一层含义。

2、超越境遇的束缚。学习过程中,在嘈杂的环境中能保持专注,在紧张的应考氛围中能保持从容淡定,在群体不思进取的情境中能独自发奋,在群体灰心丧志的局势下能坚守志向、满怀信心……突破外在境遇的束缚,永远做自己身心的主人,是自我超越的第二层含义。

3、超越自我需要的满足,面向家国天下的福祉。以家国天下之需,为自我奋斗之目标和宗旨,先天下之忧而忧、后天下人之乐而乐,造福苍生、经世济民。能如此,便可突破狭隘的自利性动机和目的,将自我命运与家国天下的福祉融为一体。跳出小我、成就大我,是自我超越的第三层含义。

我们要追求的自我超越,是不断超越自己给自己设定的限制、境遇给我们带来的束缚,是让我们的心灵更自由、思维更开阔、视野更高远、行动更从容,不断为家人、国人、天下人创造更大的福祉。在这个意义上,自我超越与"自立、自胜、自强"是同义语,与"终身成长"是同义语,与"修齐治平"也是同义语。它绝不是什么看不见、摸不着、做不到、无处着力的空洞概念。

为避免曲解讨论中大量使用的"自我"二字,防止将其狭隘地解读为自私、以自我为中心,高考后可读读马斯洛的哲学和心理学著作,比如《动机与人格》《需要与成长》《人性能达到的境界》等,其中有对"自我实现""自我超越"等概念的科学界定。我买了多部马斯洛的作品,但只有这三本是原著。

近来买书，常因个人粗疏大意而买到非作者本人所写的伪托之作。书中有大量的低劣篡改，妄自揣度作者意图，按照自己的歪解编排，打乱了作者提出问题、分析问题、解决问题的真实完整过程，思想阐述支离破碎、逻辑混乱，着实误人害人。以后你也要悉心留意、细加分辨，以免被误导，把时间、金钱、情感浪费在庸劣书籍上。

【儿子微信回复】：收到

第 143 封：清除"标签"效应

（写于 2021 年 1 月 28 日）

进入高三后，北、清等名校都开始提前物色优质生源，主动联络"高中名校里的绩优生"，并将他们提前纳入本校高招的视野。用一句大俗话讲：提前锁定优质生源、引导他们的报考志愿。你也在其中，被北、清两家同时"网罗入圈儿了"。

我认为名校的这种做法，也不完全是为了抢优质生源的表面目的，也有弥补高考制度缺陷的意义：提前全面了解学生的综合素质，给在高考中偶然发挥有稍许失常的学生更多一些机会。因此，进入名校的招生视野，自然是一件好事。我为此也替你高兴，感到自豪。

但另一方面，我对名校的此类做法，难免心存敬畏并有些忧虑：入圈儿的高分学子们，如果错误解读，可能会产生极为隐蔽却危害巨大的负面影响，给高考成绩带来坏结果。

先举个题外的例子。通过研究中外战争史，可以发现两点非常有启发的战场规律：

其一，战场上的胜利方，往往并不总是平日的"强者"，而是那些围绕"战争需要""竞争要求""战场逻辑"能最有效组织和利用自身优势力量的弱势一方。因此，我们经常看到以弱胜强的经典战例：失败一方不是因实力弱、不如敌人优秀而致败，而是因对"战争"的专门应对和准备不足，智、力都未发挥到极致而致败。因此，"赢"得战争并不只取决于平日的优秀和实力强大，还在于面对战争态势如何运筹和准备。自身实力强大、比敌人优秀，不一定就能赢得战争！在很多战例中，实力占优一方经常不能认识清楚这一点，自以为占有优势就能取得胜利，从而因疏于备战、大意轻敌而致败。战争胜负所遵循的逻辑，与评判一个人是否优秀所遵循的逻辑，是完全不同的！平时更强大的部队，不等于一定会在战场上获胜！

其二，古今战争中，经常用、也很有效的一条谋略是：动手前的准备阶段，给对手"戴高帽""唱赞歌"，吹捧对方的强大和优秀，显示自己的弱小和不堪一击。进而麻痹敌人，让对手放松警惕、大意轻敌，疏于防范和应对，而自己却暗自调动一切可以调动的资源、集中一切可以集中的力量、使用一切可以使用的手段，精心谋划，全力备战。由此导致的结果是：到开战之时，平时实力虽弱的一方，却集中了全力；平日实力虽强的一方，却没有发挥出全力；于是"弱者在开战时反而获得了相对于强者的优势"，进而战胜了对手！在战争理论中，这被称为"心理战""纵敌术、骄敌术"，以此掌握战场的主动权，使弱者获取优势。它之所以常能奏效，并不是敌人太笨，而是这一谋略中隐含着科学层面的内在道理和必然性。

在心理学上，有一条非常重要的理论，我将之总结为"贴标签效应"+"光环效应"。贴标签效应的主旨是：从大众心理层面，如果某一小群体或个人被"冠以某个名目的标签"，那么这个标签会潜移默化地影响他们的内心思维，影响他们对自我的认知，影响他们为人处事的心态；他们会在无意间、以非常不易觉察的方式"变成标签所预示那样的人"。光环效应阐明的是：如果被贴上的这个标签，是荣耀的、高贵的、令人得意的，那么这个标签会逐渐引发人的自恃、自傲、自负、自大倾向，使他在竞争合作中变得更容易轻视敌人、轻视困难、轻视挑战，在行动上表现出轻率、粗疏、盲目、撞运气的倾向。比如：一些人被贴上"大师""院士""知名专家""天才"等标签后，往往就开始走下坡路，此后的功业大不如前！贴标签效应和光环效应，对人的成长和做事成败，是影响极大的！我认为最大的危害是：让优秀者不再优秀，把优势变成负累，把天才和英杰扼杀在成长的半路上。

说了这么多，与名校提前锁定优质生员这件事，有什么关系？我认为这也是在贴标签，尽管方式更隐晦、更不易觉察。而且这个贴上的标签，是带着"光环效应的标签"！提前被"北清"等名校拉入圈儿的考生，等于提前被从高考考生群体中分离出来，被提前贴上了如下这类标签："北清的苗子""名校的宠儿"。它等于在强化那些本就是千里挑一、成绩优异学生的这一印象：你们属于我们这儿，你们的一只脚已经跨进我校的大门儿，你们不用考试就已胜出其他学生一筹了……当然，与战争中的阴谋论不同，这个标签被贴上时，是不带有任何主观恶意的，而只有绝对的善意。但是，这并不等于出自善意贴上的标签，就不会产生科学和实证都已揭示出的那些负面效应。

考场如战场，最终结果不只取决于自身的实力，还取决于战争态势下如何准备和应战。被"提前划入名校圈儿"的孩子们，如果对"贴标签效应"和"光环效应"缺少必要的科学认知，把握不好自己的备考心态和复习状态，最终一定会影响高考的发挥。

对这些成绩一直优异的学生来说，被贴上这样的标签，至少会产生如下几方面的可能影响：

一是助长"对考试结果的过度关注"，把过多的注意力从"精心备考"转移到"怎么上名校"。一旦被"贴上标签"并不时地被反复强化，再强大的内心也难免不受其牵绊：总要花心思去想它们，总要花时间和精力参与互动，总要一次次在意识中再现这些带着光环的名校名称……根据学习心理学的研究结论，这会产生一系列心态转变：把注意力从学习过程"引导向"功利化结果，削弱对学习过程本身的专注，削弱思维的沉静、平和、开放和创造性。

二是提前锁定的高预期，会因处理不当而形成"反向心理压力"。尤其是对那些天性敏感而脆弱的学生，危害更大。"你能进名校"的公开化、确定化结果预期，本身就意味着这样的潜台词：如果考不上这些名校，就是高考失败，就会令人失望，就会被人取笑！这显然会扰乱战前备考的心态和行为，有百害而无一利。

三是助长骄傲自大、懈怠轻敌思想，疏于精心全力地备考。这也是"带着光环的标签"给优秀学生可能带来的最大危害，也是最易发、最多发的危害。一旦被贴上"带着光环的标签"，而自己又缺乏理性认知，很容易形成错误的潜在心理意念：把那些还没实现的"可能结局"，当成必将发生的事实，真的以为"进北清是早晚的事，我的水平就在那儿"。此中危害是极大的：他会导致一个人产生对考试的轻视，对竞争对手的轻视，对考试结果的盲目乐观，进而导致不积极主动调动自身全部智力资源，不积极主动挖掘自身全部潜能，不积极主动巩固自身优势，不积极主动、全力以赴地弥补自身短板，并最终导致考试表现的波动，不能充分发挥出个人的正常水平。

应对"贴标签"的隐恶，方法就是"清除标签"！

一方面，从心态上"尽心竭力"清除它。认识到贴标签效应和光坏效应的存在，认识到其危害的严重性，进而屏蔽其干扰和影响。把心态调整回平常状态，和那些没有"入圈儿"的同学一样，把心思放平，专心备考，就当没有"入圈儿"这件事儿！要把考试的目标重新设定在：把真实水平正常发挥出来，把自身实力和潜能发挥到极致。

另一方面，从行动上精心全力备战。关键是"始终坚守自己的节奏，巩固自身优势，强化最典型弱项"！聚精会神，注意力全部集中于复习备考本身，彻底清除对考试结果的关注，彻底清除对任何　所高校的关注。那是高考结束后才需要关心的事！战争过程中，绝无必要考虑战争结束后的事！对于结果的成与败，只要敢于接受、乐于接受就够了！

一些感想，供你参考。你是局内人，身边还有很多其他同学也"入圈儿"了，就此会比我领悟更深切、更真实。

【儿子微信回复】：有道理但不是核心。现在已经没有自主招生，强基并没有什么意义，我们没有被贴上什么夸张的标签，也没有人会那么想，我并没有被当作什么宠儿，夸大事实。一时的好坏是有很多具体原因造成的，我不是没有考虑到你说的这些问题，但是在我的排序里没到本质核心，学到现在大多数问题已经不在一般意义的层面，只能说有一定的影响。这些问题我会注意到。

第 144 封：语言之美

（写于 2021 年 2 月 2 日）

这两年读书，一个意外惊喜是重新认识了"语言"，纠正了潜意识中存在的误解和偏见，并在读书写作间渐渐提升了对语言的理解和驾驭能力。

一、语言是活的思想乐谱

语言文字对思想的阐释，就如五线谱对音乐的阐释，丰富多彩而又意蕴深长。善于阅读理解，就如同善于欣赏音乐，可以沉浸于语言创造出的意境中，超越时空、神交古人，体会人类思想的精深与博大；善于演说和写作的人，就如同伟大的作曲家和演奏家，可以把最深刻、最美好、最有价值、最有意义的思想呈现出来，与大家分享，带给他人美好的体验。

二、语言充满神奇的力量

语言具有创造力。用得好，语言可以成就伟大的思想、伟大的灵魂，成就文化的繁荣、文明的进步。语言是人类所有发明中"最具创造力的发明"，这一点毋庸置疑，强调得再多都不为过。

语言也具有毁灭力。用得滥，语言就是滋长误解、混乱、虚假、谬误的温床。望文生义，会把自己引入歧途；口不择言、下笔浪荡，会传递错误的信号，带来困扰甚至祸患。

三、语言能力是智慧的象征

无论古人还是今人，无论东方还是西方，对语言能力的学习培养，都是最基础、最优先、最重要的功课。但在现实中，我们经常忽视语言、轻视语言，我们整日与其相伴，却渐渐淡忘了语言的精深、博大、奥妙，只将之视为普通的工具！很多人一旦离开课堂，就不再系统学习研究语言，不再注重语言能力的培养和训练！这样的倾向，在很大程度上束缚和限制了"成年人的智慧成长"。

四、语言之美，既体现在其"局限性"中，又体现在其系统性、有机性、整体性中

语言具有局限性。它本质上是表达思想的抽象化符号，而不是思想本身。要想洞见真理，我们必须透过这些符号和密码的"标识"，走向它们所指向的真实场景和事件，走进作者的心灵世界，否则我们就无法洞见真相、规律和道理。语言要表达的事实愈复杂、内蕴的道理愈高深，探究的挑战性也就愈大。比如，对我而言，理解哲学和心理学著作，是最困难的；理解历史、小说和文学相对会容易些。因此，语言蕴含着类似于音乐的朦胧美，只有善听的耳朵、善于表达的心灵，才能欣赏这样的美、创造出这样的美！

语言是系统的、有机的。载道美文必然是上下关联、前后呼应、高低起伏、张弛有度、环环相扣，就如一首韵律优美、行云流水、婉转悠扬的交响乐一样。语言所承载的思想，来源于作者的心灵，来源于对真实事件的研究和感悟，来源于对时代环境的体验和洞察。因此，在表面僵死的文字符号背后，隐藏着的是活生生的人、活生生的事、活生生的情境。它们才是孕育和创造语言文字的母体，为语言文字植入生命和活力。因此，无论是阅读理解，还是写作，都要把语言与"人物、事实、情境"视为一个整体，把握其间的有机联系。语言是整体的。最核心的思想，只能在整体层面来理解和表达。无论是一篇百十万言的鸿篇巨制，还是千八百字的短文，都要把握住其整体灵魂和主旨，而不能止步于琐碎的细节、片段。我写过的一篇不及格作文，就是没能把握题目的"整体意图"，盯住细节妄自发挥，写跑题了。

当时的作文题目大意是：一个卖鱼人没文化，是位白字先生，经常闹笑话。一天，在店门口的宣传牌上，他把"大鳊"鱼写成了"大便"鱼，导致买鱼的人看到后，就不到他家买鱼了。材料整体表达的思想和出题意图是明确的：围绕"错别字现象"做文章。而我 get 到的"点"是：这个买鱼人"太不识大体"！他要买的是鱼，岂能因"计较"错别字就不买鱼了（请注意：这句话来自我的联想，

是我从"一个细节"出发做的扩展推理，而不是"题目材料想要交代"的事实和思想，更不是完整考题材料的重心所在）。我的理解有错吗？脱离考卷孤立地看，似乎没错！但放到考试中，作文解题脱离了整体主旨和出题意图，结果必然是不及格，一点都不冤！这是一个常见的错误思维模式：把"自己"的主观臆想强加给"出题者"，用"自己"的一厢情愿替代"出题者"的真实意图。

语言，是科学，更是艺术，而不仅仅是交流工具。无论中文，还是英文、日文、法文，都蕴含着语言之美，只要用心体会、沉浸其中，必能增添一分更愉悦的体验。

【儿子微信回复】：收到

第 145 封：再谈"写大字"

（写于 2021 年 2 月 7 日）

一、写大字的新收获——也是"心"之收获

近来练字，又有些心得，分享如下：

1、关于正确握笔和运笔。此前习惯用的握笔姿势和运笔方法，总感觉有一别扭处：写向左、向下的笔画时，不舒服、不舒展、不顺畅、受限制，运笔易断、易滞、易歪斜，写出来的字也自然是"别扭的"。为解决这个问题，自己一直在找根源、做调整。先是改变了腕、肘放在桌案上的老习惯，改为悬肘、悬腕，收效很明显，运笔的自由度比之前大多了。此后又调整了握笔的位置，从以往握笔的根部，改为尽量握笔的中段和顶段，收效也不错，运笔的灵动性有明显提升，添加了一分自如的畅快。但向左、向下的别扭感，仍未完全解除。前几日向你讨教：写字时笔尖应倾斜还是垂直于纸面。你说应该总体垂直纸面！而我此前是笔锋向内大角度倾斜。再练字时，主动将之改正过来，发现问题迎刃而解，并找出了"别扭"的三大根源：一是把写钢笔字的习惯带到了写大字

上，笔锋趴在纸上写；二是运笔时悬腕角度和力度都不够，腕部没有完全掌控笔锋运转，习惯性地"借力"纸对笔的反向支撑力；三是产生了习惯性的心理障碍，一遇到向下、向左的笔画，还未落笔就已心虚、不踏实、不自信，没了气势、没了力度、没了一气呵成的畅快。纠正这些坏习惯后，一下豁然开朗、立竿见影，写字体验立马提升，写出的字也不再"别扭"了。

2、写字时，注意力应置于何处。最初，我写大字时基本是随意而为，注意力不专注于任何一点，顺其自然，写成什么样是什么样，基本沿用写钢笔字的习惯来写大字。后来，开始把注意力放在端正写字姿势上，包括握笔、运笔、坐姿等。再后来，把注意力转向字体，主要是取法阳明书法和启功书法的意境。再次，将注意力转向如何发力上，先是把力聚焦在笔尖和纸面，后又改为松肩沉肘、以肘为中心发力，逐渐定型为松肩沉肘、腕部发力……最近，写字的注意力主要在身、心、意、气、力、法的合一上，意念关注于"整个写字过程"的体验和效果。几个月练字过程中的注意力变化，带给我的感悟是：写大字无须拘泥于僵化的模式，要结合自身的禀赋、基础、潜质和个性，根据自身练字功夫的进展，决定不同阶段的注意力应放在何处，做到循序渐进、稳扎稳打，一关一关地过、逐级而上。写大字的过程，也遵循由生到熟、由粗到精、由差到好、由低到高、由易到难、从细节到整体的演进规律，把注意力聚焦到当下最需要、最能见效的方面，就是最好。

3、器与法的关系。写大字，书法固然重要，但笔、墨、纸、砚等器具同样重要，不求高档，但要专业：笔要正规的毛笔，不可用四不像的软笔凑合；纸要用正规的宣纸，不可用写钢笔字的普通纸应付；墨要用专业的墨汁，不可用钢笔水代替；砚的要求可低一些，现在有很多品质好的瓶装墨汁，对砚台的依赖小多了。笔、墨、纸的专业性，对写大字过程的体验性影响极大：不专业的器具，最大的危害不仅在于每次写出来的字不是那么一回事儿，更在于用这样的器具练得再久也难取得进步，难进入练大字的真进境。任何领域的行家里手，都会在意得心应手的器具：大厨在意刀，演奏家在意乐器，剑客在意剑，赛车手在意车……俗话说：工欲善其事、必先利其器！干什么都要有个干什么的样子。保持做事工具的专业性，绝不是"可以不拘的小节"。

二、在写大字中体悟人的潜能和创造力

在写大字的过程中，收获不止于书法的进步。长期、持续、坚持地做一件事，可从中体悟到自身潜能和创造力能达到的高度，体验不同阶段努力带来的微妙变化和意外惊喜。

1、每个人身上，都蕴藏着智慧和能量的宝藏。从天性上，我们更容易高估外来的困难，而更容易低估自身无限的潜能和强大的创造力。愚公可以移山，铁杵可以磨成针，这不是痴人诳语，而是至理名言！生命的伟大，在于为我们每个人植入了天赋的潜能和创造力，不断将它们激发出来，是自我实现和完满人生的核心要义。弃之不用，是最大的浪费！

2、一分耕耘、一分收获，成长总在无意间，但绝不会缺位。身心的潜能和创造力，付出一分定会收获一分，或者呈现于外在的功业，或者体现为自我的成长。围绕内心志向和事业主航道，去挥洒青春和汗水，展现智慧和力量，就能让生命的每一刻都发光发热，照亮人生道路的每一步。生命的智慧和力量，只有"不用"才会"无成"！

3、持续付出努力和汗水，渐渐积累每一个小成长，终会浇灌出参天大树。我们的人生全景，要谱写成波澜壮阔的交响乐，而不是平淡无奇、令人昏昏欲睡的催眠曲。人生，需要拥有"高峰体验"和"极致满足"的高光时刻！虽然，我们不能永远停留在这样的状态中，但也绝不能让它在我们的生命中缺席。高光时刻从何而来？从平日的每一个小进步、小收获、小成长中逐渐积累而来。爬过一道一道坡，才能登上巅峰，尽享一览众山小的豪迈和畅快。

4、每一次对过去之我的突破和超越，都在成就当下更好的自己。我们不是命运的奴隶，只能被动接受和适应环境、际遇，只能接受外来力量对我们的改造。我们有天赋的能力，可以自主塑造出自己想要的人生。我们过去形成的观念和习惯，很多是"外界强加在我们身上的"，很多是不利于自我成长、束缚自我实现的！必须将它们果断革除，这是自我突破和自强自新的关键。我们当下能成为什么样子、能进入何种境界、能达到什么高度，不取决于过去的成败，而取决于当下的努力。确立一个新观念、新认知、新思维范式，形成一个

好的行为习惯，等于在心灵播下希望和光明的种子；祛除一个错误观念，铲除一个平日陋习，等于拨去了惑乱身心的恶草。我们无法改变世界，但可以建设更好的自我。

5、好心态，成就一手"好"字。写字时，应调整为如下心态："坚信自己能写好，而且会越来越好。"每次练字开始前，先静一静心，清理思绪，澄明心境，让如下语汇在意念中闪烁：自信、沉静、美好、享受、乐在其中……不同的心态和意念，会生发不同境界的行为过程，带来不同层次的效果！身心越合一，心态越积极、乐观、坚定、自主、自信，意念越沉浸、专注、忘我，收获的效果和体验也就越好！这和做其他事情是同样的道理：相信事情是美好的，相信自己能做到，结果就真的很美好、真的做到了。反之亦反。

三、自己写大字怀有的动机和目的

除了练字之外，自己写大字有"超出其外"的动机与目的：体悟知与行、修养身与心，享受"改变"带来的愉悦和满足。

首先，通过写大字，提升审美能力和艺术素养。作为工科男，这一直是自己的短板。发现美、欣赏美、创造美，既是一种能力，更是一个人的基本素养。它不仅来源于天赋，也要靠后天有意识、系统性的培养和训练。整体的美与局部的美，静止的美与变化的美，天然的美与创造的美，形象的美与内涵的美，语言的美与心灵的美……拥有越多元、越厚重、越深刻的审美能力，也自然给我们带来更多的美好体验。

其次，通过写大字，提升沉静和专注能力。写大字，是一项需要全身心投入的事！心无旁骛、沉浸其中、全神贯注，长期持续练习，会提升个人做事的专注能力，在心中培育出沉静的气质！非仅写大字如此，做任何事如果都能专注、沉静、用心不二，时间长了就会发展成为心灵的习性、行为的习惯，令人受益终生！反之，平时每次做事，以为事小、无关紧要，就疏忽轻慢、浅尝辄止、敷衍了事、应付差事，时间长了也会成为习惯，一旦遇到重大的事、紧要的事、关键的事、艰难的事，临时再想提升专注力也不知从何处着眼、下手。

第三，通过写大字，提升洞见自身变化的能力。坚持练习写大字，不仅会改变"字",还会改变"人"。练字带来的微妙身心变化,既是写大字的乐趣源泉,也是写大字的动力源泉。能感受到"努力给自身带来的变化",是一种重要的能力。这种能力的持续增长,意味着更强的自知之明,意味着更大的做事自主性,也意味着更美好的做事过程体验。

第四,通过写大字,提升洞见事态变化的能力。我们的写字行为,改变着写字的结果!字的神韵在改变,字的风骨在改变,字的体态也在改变。不同的心态和行为过程,必然产生不同的结果!不同的写字效果,也必然来自不同的写字过程!看透自身努力"已然如何、正在如何、将要如何"影响事态的变迁,是一种重要的能力。只有在此基础上,我们才能明了如何改进身心状态、提高做事成效。也只有具备这样的能力,我们才能理解他人做事的行为和后果,做出有所助益的指导和辅助。

非仅写大字,我们做任何事,都要有超越事物本身的动机和目的。志存高远,在更大的格局中谋事做事,才能跳出眼前的狭隘得失利害,不囿于一时好恶,实现对自我的超越。

【儿子微信回复】:收到

第146封:高考策论

(写于2021年2月9日)

与以往写的东西不同,这一篇是专题写给你的。

对于高三阶段的学习,我帮不上你什么。你有超越大多同龄人的天赋(高悟性)、极强的学习能力(思维敏锐)、优秀的心理素质(自尊自重、有同理心、善解人意、抗压能力强、富于友爱和合作精神)、高度的自律能力(独立意识、自我管理、诚信守规则)、优异的学习成绩(从小学保持至今)……

但面对人生最重要的一个阶段,我希望能找到一个切入点,与你并肩战斗。因此,下面这些文字,是我以一个"参谋"或"军师"的视角,给出的备考策略建议，作为供你借鉴的"他山之石"中的一块。

一、如何看待高三复习备考

首先，高考和备考过程，既是"智力"的较量，更是"智慧"的较量。自信的心态、正确的观念、乐观的精神、竞争的意识、敢赢的勇气、专注的意志等……这些都是与智力同样重要的因素。复习备考过程，是一个综合历练成长的舞台，其价值和意义是多元的。就学习修身而言，人生很难再遇到第二次如高考这样的系统训练舞台和机遇。回顾我的前半生，印象最深、影响最大的经历，就是高考。

其次，高考和备考过程，或许是人一生中"唯一能与几乎所有同代学子同场公平竞技的机会"。无论贫富贤愚，无论身份背景，都可以汇聚在同样的舞台，遵循同样的规则，各展才华、一较高下！这是高考政策给所有莘莘学子创造的表现平台，阳光普照之下，"希望"被赋予每一个有志青年。

第三，高考和备考过程，还可能是人生中"唯一靠自己的努力和表现就可决定成败的竞技场"。高考是对手之间的"和平"战争，你不需要杀伤对手，而只需战胜自我；把天赋和智识发挥到极致，就可成为高考的赢家。可以说，考场的胜败是"由自己掌控"的！而一旦走上社会，我们便基本上失去了这样的机会。当然，学校、老师的教育，同学朋友的帮助，都发挥着重要的作用，我们永远要心知肚明、心存感恩；然而真正在掌控全局的，就是"你自己"。

因此，我的看法是：直接把高考和备考过程视为"走向完满人生要打的第一场关键而又迷人的战争"。说它是战争，因为其中充满着竞争和挑战，成败遵循着与战争相近的规律，需要采用类似战争时的身心准备和应对策略；说它是第一场，因为它是走向人生自立要突破的第一个关口；说它是关键的，因为我们很难再找出比它更重要的事；说它是迷人的，因为高考的战场不仅富有挑战、变幻莫测，而又不需"伤害对手"，舞台足够大、机会足够多，众多优秀学子可以携手走进理想学校的大门。

一念及此，我自己都恨不得时光能倒流，重回那段激情燃烧的岁月，再次踏上那个可以尽展才情的人生战场。

二、复习备考的终极目标

战争的目标，只有一个字：赢！

"赢"的唯一内涵是：把知识的理解、驾驭、运用发挥到极致！此外一切，皆不足论！

复习备考，目标只应聚焦"求知"本身，这是学习的根本宗旨和终极目标，不会因为是备战高考就会发生改变！脱离对知识的更透彻理解和把握，把注意力放在求知之外，是舍本逐末、求名弃实，为害甚大。复习应考的策略和方法，提高考试成绩的智慧和技巧，只是手段，绝不能当作目的。很多孩子和家长，在潜意识的根本观念上存在模糊认知，颠倒了本末。

三、复习备考的总体策略

（一）复习备考的首要战略着眼点，在于战前"身心"准备。高考和复习备考过程，首先是学子们在高强度、高压力状态下的身心素质较量：谁能保持更具优势的身心状态，谁便能发挥出更好的水准。身体准备有两个关键点：一是作息安排科学合理、早睡早起；二是坚持规律性地锻炼，精力充沛，才能无往不利！心理准备是指有意识地培育富有创造力的心态和思维习惯，把复习备考过程转化为美好的体验过程，拥抱它、热爱它、享受它，欣慰于每一分收获、感悟、进步和成长，把所有引发坏体验的坏观念踢到九霄云外，无论它们来自何处。

（二）时间投入的科学和高效。一是把头脑最清醒、注意力最集中的时间段，拿来用在复习备考上，利用低效时间段放松锻炼。二是整合碎片化时间，化零为整。三是科学分配各科的复习时间，区别轻重缓急，重点聚焦、集中突破，根据各科知识的强弱格局分配最宝贵的时间资源。四是每天保持有竞争力的学习强度，既不搞疲劳战术，又保证充足的时间投入。

（三）复习进行中的产出竞争力。复习备考，定要讲究效果，就如战场必须讲求克敌制胜一样！战场上不讲究效果，会丢掉身家性命；备考中不讲究效果，会劳而无功、事倍功半。提升学习效率的方法有很多，我最看重的一点是：

明确的复习动机和目的。或扬长，或补短，要目标明确，心如明镜。

（四）备考全过程的持续进步和整体成效。复习备考，是一个逐级抬升、循序渐进、由点到面、积微成著的过程，绝不可被动采取守势，无论目前拥有多大的优势。要敢于展现自己最优秀的一面，绝不自我抑制更多、更大的可能性和上升空间。关键在持续"进步"和"成长"，而不在一时状态和位置的高低。真正的强大，在于持续的成长。所有的辉煌与高光时刻，都源自点滴成长的持续积累；唯有如此，我们才能赢得真实、赢得踏实，不寄望于任何侥幸！

对于高三阶段的复习备考，我认为有两大状况，能在战略层面产生威胁：

一是对同学交往的分寸把握。同学间的友情和交往，无论同性之间，还是异性之间，都是最美好的！"恰同学少年，风华正茂"，同学间的交往、友爱、互助，是健康成长、学习进步的重要动力。但有一点要高度警惕、自己把握好自己：与异性的交往，要严格限定在友情范畴之内，严格控制时间和精力的投入。同学之间，相互仰慕甚至心生好感、喜爱，是极其正常的。但对这样的好感，要正确对待，彼此秉持高度的责任心和大局意识，明是非、知进退，绝不可在高考前越过界限，超越友谊演化成谈情说爱。高三阶段，有高三阶段的特殊性。此时的节制，是为了双方未来的友情发展更美好。高考之后再去谈情说爱，一切都来得及、一切都不晚！现在放下，将来才能更好地拿起！当下在考场上表现出一个更好的彼此，才会为各自的未来打牢基础、铺好路。一个更强大、更优秀的自己，才能在未来撑起更大的一片天！我很欣赏一句诗：两情若在长久时，又岂在朝朝暮暮。爱情、友情、同事情、战友情，莫不如此！能为自己、为他人长远思虑者，方是出自真心，方是纯净的、厚重的、可持久的。陷于一时的卿卿我我而不加节制的情感，是肤浅的、自私的、短暂的，不仅不会彼此成就，还会抑制彼此的潜能和创造力，换来的不是美好，而是遗憾。

二是以手机为代表的各种外来诱惑和干扰。手机，其危害绝不止于占用宝贵的备考时间，更大的危害是让人"心不在焉"，助长一个人"注意力分散"的坏习性！当代心理学的最新研究成果显示：非仅学生，很多成年人也饱受手机之害，在一定程度上"被手机操控、绑架和奴役"。"手机病"已经成为很多人面对的普遍困境：做事漫不经心、专注能力下降。对此，在复习备考过程中要高度设防，坚决予以摒弃。要"用而有节制"，内心清醒、冷静、明白，绝不能被一个"电子玩意儿"牵着自己鼻子走。

四、复习备考的战术设计和行动安排

这方面，我已落伍了。只能谈点认识，供你参照。

第一，把通常追求天赋、潜能、知识的"正常发挥"，推升到"极致发挥"。这是个不断观察自我、认知自我、实现自我、超越自我的循环往复过程，而不是一蹴而就。因此，从复习备考过程的具体心理准备上，要一步一步、一级一级地把自己的战斗力推向最大可能，看看自己对知识的理解和驾驭能力最高可以达到何种境界！

第二，制定明确的复习备考计划，并随时根据需要调整。计划不一定要写在纸上、挂在墙上，关键是心中有数。计划的核心，是围绕"赢"的终极目标，对自己的时间、精力、复习重点、复习节奏做出最有利的分配。一方面聚焦重点、难点、易失分点，集中突破，避免低效重复、均衡用力；另一方面，保证整体成效，不留盲区，对个人传统强项也保证适当的复习强度。对"平衡点"的把握和调节，是"计划"对备考过程的意义和作用。计划的本质属性，绝不是制定出个时间表然后"逼着"自己机械执行。"计划"要服务于"动机"和"目标"，是辅助复习活动的工具，根据情势变化要随时调整。计划应是活的，僵死的计划还不如"不做计划"。

第三，战士，永远不能远离战场。军事上有一条训练备战铁律：要把平时的每一刻操练都当成真实作战，永远把自己置身于战场最前沿，去感受、体验战争的气息，借助战场的杀气激活自身的斗志和潜力。同样，复习备考过程中，自习的教室如同练兵场，同学同伴就是"对手"，群体复习的紧张氛围则如同"战场上的杀气"；只有贴近它们，才能令全身心进入战斗准备状态，最大化激活自身的战斗力指数，让思维处于高度活跃的状态，更全面、深入、彻底、持续地激活自身的潜能，始终保持旺盛的斗志。远离战场上的杀气，再强大的战士也会在和平与安逸中消靡，就如关进动物园的猛兽，远离狩猎场会令它们失去斗志，蜕变为笼中的观赏物、屈服于皮鞭的奴仆。只有战场上的血腥，才能唤醒战士的血性！我们可以倒在刺刀下，却绝不能倒在麻木无知间。这是我坚持让你到学校上晚自习的最核心考量，希望你能理解。

上面这些看法，不仅我能想到，其他孩子、其他家长、绝大多数老师都能想到。之所以絮叨重复这么多，意在让你看看"别人可能会怎么谋划备考"：这既可以当成"参谋给出的建议"，也可以视为对"对手们可能采取策略的观察"。一面之词，也可以打开"了解他人的一扇小窗"……

愿你享受这个充满美好与神奇的过程，享受未来生活的每一刻！我和妈妈永远是你最稳固的大后方，无论你的人生走到哪个阶段。

【儿子微信回复】：收到

第 147 封：高考策论（2.0 版）

（写于 2021 年 2 月 18 日）

赢得高考的策略——参谋部草拟，供指战员参考。

本建议案的定位：1、我方参谋本部的备考策略谋划，供指挥部决策和行动参考；2、模拟竞争对手可能会采取的备考策略和行动计划，为调整自身方略提供"对照指引"。

一、高考的本质

把高考和备考过程，视为"走向完满人生要打的第一场战争"！

首先，高考和备考过程，是所有人一生中"唯一能与几乎所有同代学子同场公平竞技的机会"。

其次，高考和备考过程，是人生中"唯一一次靠自身奋斗就可决定成败的大战"。

第三，高考和备考过程，是"智力"和"智慧"的双重较量。自信的心态、正确的观念、乐观的精神、竞争的意识、敢赢的勇气、专注的意志等，与知识水平共同决定着战争的胜败。

第四，高考前的每一次摸底和考试，和高考的本质是一样的。高考，不过是又一场"和平常一样的考试"：它们考察的内容、逻辑、标准、方法，是相互一致的。平时考试养成的观念、意识、思维、策略、技能、方法，就是高考时所要自然发挥和运用的全部。考试不讲求别出心裁、标新立异，而讲求固本培元、精益求精、一以贯之、因题制胜。

二、总目标

战争的目标：赢！

赢什么？"赢"得对知识的更深刻透彻理解、更熟练自如驾驭、更融会贯通应用！此外一切，皆不足论！

复习备考，目标只应聚焦"求知"本身！脱离对知识的更透彻理解和把握，把注意力放在求知之外，是舍本逐末、弃实求名。

正确解读考试意图和要求、驾驭考试规则和规律、把握考试的要领和考点、确定应考和备考策略、谙熟答题技巧和方法，只是赢得考试必须要运用的方法和手段，绝不能当作高考的终极目的。高考服务于求知！很多孩子和家长就此本末倒置，把高考变成了求知路上的"拦路虎"，而不是成长的助力。

三、基本策略

（一）身体准备是根本。身体是革命的本钱，打赢高考这场持久战、大决战，首先靠的是健康的体魄；高考的较量，首先是学子们在高强度、高压力状态下的身体素质较量。早上吃好、中午吃饱、晚上吃精，食物是用来果腹的，不是用来适口的，只要有益于健康就不须挑剔口味。作息安排要科学合理、早睡早起、坚持规律性地锻炼、保持精力充沛，才能无往不利！

（二）内心光明是战争的领航灯塔。看清、看透高考的本质，拥抱它、热爱它、享受它，欣慰于每一分收获、感悟、进步和成长。兴趣、专注、热爱战争，才能发现她的美，爱她才能赢得她。人的无限潜能，靠兴趣、爱和热诚才能激活。要观察自己的心理状态、调节自己的心理状态，将其中蕴蓄的活力和潜能释放出来。有意识地引导自己入静和专注，经常性的心灵暗示等，都是有效的方法。要记住：心灵是生命的主宰和统驭，她当然能把身心推升到更好的状态。

（三）科学调配时间资源。一是把头脑最清醒、注意力最集中的时间段，用在复习备考上，利用低效时间段放松锻炼。二是整合碎片化时间，化零为整。三是科学分配各科的复习时间，区别轻重缓急，重点聚焦、集中突破。四是每天保持有竞争力的学习强度，既保证充足的学习时间投入，又保证充足的睡眠。

（四）同样的时间投入，高于对手的产出。复习备考，定要讲究效果，就如战场必须讲求克敌制胜一样！至关重要的一点是：每个时间段的复习，都要以明确的复习动机和目的为引领，或扬长，或补短，目标明确，心如明镜。

（五）注重备考全程的持续成长和进步。复习备考，是一个逐级抬升、积微成著的过程，绝不可被动采取守势，无论目前拥有多大的位次优势。要敢于展现自己最优秀的一面，绝不抑制自身的可能性和上升空间。竞争的乐趣，在于自我突破和超越，这是人生巅峰体验的最直接来源。人生所有的辉煌与高光时刻，都源自点滴成长的持续积累。

（六）赢得整体胜利。不谋全局者，不能谋一域。战争的成败，不决定于某个单一战场的结果，而是整个战局的成败。在最难的题目上得到的 1 分，与在大家都不以为然的简单题目上得到的 1 分，轻重是一样的，皆须志在必得。

四、行动准则

第一，把追求天赋、潜能、知识的"正常发挥"，推升到"极致发挥"。大战当前，当全力以赴，发挥得淋漓尽致、酣畅痛快！不断观察自我、认知自我、实现自我、超越自我，一步一步、一级一级地把自己的战斗力推向最大可能，看看自己对知识的理解和驾驭能力最高可以达到何种境界。

第二，制定明确的复习备考计划。计划不一定要写在纸上、挂在墙上，关键是心中有数。计划的核心，是围绕"赢"的终极目标，对时间精力、复习重点、复习节奏做出最有利的安排。一方面聚焦重点、难点、易失分点，集中突破，避免低效重复、均衡用力；另一方面，保证整体成效，不留盲区，对传统强项也保证适当的复习强度。

第三，战士永远不能远离他的战场。军事上有一条训练备战铁律：要把平时的每一刻操练都当成真实作战，永远把自己置身于战场最前沿，去感受、体验战争的气息，借助战场的杀气激活自身的斗志和潜力。自习教室如同练兵场，同学同伴就是"对手"，群体复习的紧张氛围如同"战场上的杀气"，只有贴近它们，才能令全身心进入战斗准备状态，最大化激活自身的战斗力指数，让思维处于高度活跃的状态，更全面、深入、彻底、持续地激活自身的潜能，始终保持旺盛的斗志。只有战场上的血腥，才能唤醒战士的血性！

第四，博采众长。走上考场的虽然是一个人，但在备考阶段，却可以广泛吸取各方的好经验、好做法、好建议，或借以提升认知观念，或借以优化战略战术，或借以改进方式方法，或借以纠偏纠错、突破个人局限。博采众长，见贤思齐，集众人之智力于一身，才能百尺竿头、更进一步。

第五，小团队、大能量。"团队"作战，可以给每个成员带来助力。高考备战阶段，"身边的同学"是最好的战友，而绝非考场上的对手。高考虽然是所有考生之间的竞争，但"同学圈"对赢得战争的地位、价值和意义，必须另当别论。同学圈是相互学习、相互激励、汇聚智慧、形成合力的战斗团体，是相互吸取和给予力量的共同体，是个体"表现"提升的动力和能量源泉。同学之间，要汇聚在一起，共同打赢一场"大仗"，而不是局限在小圈子内争高下。

第六，认清真正的"敌人"。高考是一场特殊的战争，直接的敌人不是竞争者，而是出题者，是他们设定的考题和考试规则。考场，不是考生之间的直接厮杀，而是考验谁更能"吃透"出题者的心思，围绕"考题"要求把知识、能力发挥到极致。因此，备考很重要的一项内容，是通过日常训练，把握出题者的思路、意图、考点、题型特征、评分标准，以做到料敌如神、百战百胜。战争中，优秀的军人无不善于解读战场情势和胜败规律，擅长把握敌人的目的、动机和意图，明晰如何围绕"赢得战争""战胜敌人"来做战前准备。考前复习与平时学习的最本质区别，在于复习要围绕"考试需要"展开；战场上，要利用所学知识"赢得战争"，因此有其特殊的目标追求、思维逻辑、成败规律和行为准则。

【儿子微信回复】：收到

第 148 封：高考是紧张的，同时也是美好的

（写于 2021 年 2 月 24 日）

高考给每个人带来的人生体验，首先都是紧张的，无论平日学习成绩如何，都会有程度不同的紧张。大考（战）当前，丝毫不紧张才是不正常的。面对高考如此，面对其他各类比赛、竞技、笔试、面试亦如是。

一提到紧张，人们往往首先想到它"不是一个好词"，是要极力避免、克制和消除的东西。实则不然！从人的本性来看，紧张是人进化出的一种极为重要的能力：它让我们在面对外来风险、考验、威胁和挑战时，可以最大化地集中注意力、激发智慧和潜能、调动资源和力量，做出正确抉择和有效应对，为我们更好地生存和发展保驾护航。紧张不是"坏东西"，对其的"错误认知和态度"才是真正的危险分子。错把紧张置于对立面，"努力"去对抗，"强迫"自己放松，结果是把本该用在战场上的宝贵时间精力，白白地耗费在"自己对付自己"上。这不仅不会削弱紧张，还会让"正常的紧张"变得"不正常"，变成自己给自己施压，在想象中主观把压力放大。还没上战场，资源和战斗力就已自损一半。

紧张和放松，不是非此即彼的对立存在，而是心灵的两种状态，是彼此不可或缺的孪生兄弟，少了谁都不行。正确心态和观念下，"极致的紧张"与"放松"是同义语！我们常称之为"专注""沉浸""忘我"。紧张和放松，自身不存在"好"与"不好"的问题。但对待它们的态度、观念，却有好与不好的清晰界限。最最常见的坏观念是：一方面，视"紧张"为洪水猛兽而避之唯恐不及、驱之唯恐不快，自己对付自己；另一方面，视"放松"为逃避压力挑战、为所欲为、放纵恣意、无所事事，虚耗天赋、智力、潜能，给生命留下遗憾。

紧张，不是人生的洪水猛兽，而是健康和动力的源泉。现代生命科学的最新研究成果表明，一个健康的生命，必须经常置于"压力状态下"，而不能始终处于"安稳"中。生命既需要阳光雨露的滋养，也需要酷暑严寒的历练；既

需要在和平安宁中修养生息，也需要竞技场来激发斗志和活力。没有紧张、束缚和压力的烘托，也就体验不到突破后的轻松、自由、畅快。就如一场足球比赛：备战过程的紧张和振奋，万众瞩目下的心跳加快、血脉喷张，进球后的群情激昂、欢呼雀跃，失球后的奋起直追、勇往直前……正是紧张，让一场球赛充满神奇的魅力和乐趣。

生命的伟大光芒，往往是在"紧张"中生发和成就的。其中之最伟大者，莫过于母亲的伟大。十月怀胎，无一日不是在紧张中孕育着希望和新生命；一朝分娩时，是在极度的紧张、压力和苦难中诞生出最神圣的创造，收获达于巅峰的人生惊喜。在和平年代，没有任何一种考验，可以与母亲生育我们时面临的考验相比。母亲"用生命"创造我们，我们同样要"用生命"去创造神奇！

被不断渲染放大的高考紧张状态和错误观念，毒害了很多人，使高考经历成为噩梦的常客，数年后仍挥之不去、为其所困。我们的身心，全部专注于追求"好成绩""好结局"，却忽视、甚至完全忘记了战斗过程的"美好体验"。高考和足球比赛一样，应是"编织美好、让生命绽放的舞台"，却被错误的观念、错误的认知、错误的心态导演成了"悲壮的苦难剧""非死即活的角斗场"。于是，在很多家长和孩子的眼中，高考之旅的尽头，似乎只有"天堂和地狱"，而不是"美好的人间"！

正确的心态和认知，是走上光明道路、走向正确目的地、实现美好自我的根本。要看透高考的本质，超越世俗成见中赋予它的表面狰狞，不被庸人（总有人喜欢自扰）给它披上的虎皮所蒙蔽，使其从"天堂""地狱"回到"人间"。高考会成为人生的何种体验，主导权、掌控权在自己！人生之旅的每一段、每一幕，都应由自己做导演！唯有如此，才不仅是高考的赢家，更是整个人生的赢家。赢在全过程，而不在结局的一瞬。

全身心的投入，沉浸其中，尽情地挥洒智慧和汗水，尽情地享受自我实现、自我超越带来的喜悦，尽情体验天赋和潜能激发过程的美好，尽情体味极致专注带来的心灵释放，尽情庆祝每一个微小的进步……如此走完的高考之旅，是紧张而又美好的。

【儿子微信回复】：收到

第 149 封：沉浸式阅读

（写于 2021 年 3 月 5 日）

关于读书，和你聊得最多。它已经融于我的生活和工作，每日沉浸其中，感悟自然便多。

近两年中的惊喜，大多来自阅读。第一阶段，主要阅读工作相关的军事学、战略规划、行为经济学、管理学；第二阶段，以阳明心学为核心，系统阅读东、西方各大流派的哲学著作；第三阶段，专题研读系统科学、系统哲学；今年是第四阶段，开始扩展阅读西方心理学著作，计划用一年时间完成。当然，哲学和心理学在我的阅读中是不分家的。

与以往相比，本轮读书有三大不同之处：一是有明确的动机和目标指引：内以修身成己，重建自我，通过读书把自己塑造成一个更好的人；外以齐家治国平天下，开始二次创业，把后半生的余光余热发挥到极致。二是注重过程体验，把读书的目的、意义和乐趣寓于读书本身：读书即生活、读书即事业，而不是为了生活和事业而"不得不付出的代价""不得不做的准备"。三是沉浸于读书过程，忘记自我的存在、超越自我的成见，与作者、与书、与书中情境融为一体，同喜、同悲、同感、同悟。

做任何一件事，无论是出于兴趣、爱好，还是责任、义务、理想、目标，最重要的一点是：自主发现做事的价值、意义和乐趣，才能沉浸其间、乐在其中、一以贯之、坚持始终！

一、因为有兴趣，所以能专注、能坚守

是什么让我对读书如醉如痴？是什么让我乐此不疲、沉浸其中？是什么让我读至眼部轮匝肌痉挛而坚持不辍？是什么让我忘记腰椎病、颈椎病的疼痛？是什么让我常年与书为伴？……

是远大志向吗？它可以提供引领，让我树立读书的志向。但它无法提供每日读书的现实动力，因为我们看不到读了一天书之后，自己离理想会靠近多少。

是对读书的恒心、意志和毅力吗？它可以在读到困境的时刻，支撑和托举我们一下。但如果读书的全过程都要靠此维持，我想没人能熬得了多久。读书不应是要努力战胜的苦难历程，而是要长相厮守的伙伴。

是读书可以让人功成名就、飞黄腾达、扬名立万吗？在我们真正读出了名堂后，确实可以在客观结果上提升个人功业。但它只能解释很多人为什么会发奋，却无法解释为什么只有少数人能成功。

我们还可以继续列举很多读书的原因，它们也可能或多或少都有些道理。但我认为，其中只有一个触及了本质！它就是：植根于内心的读书兴趣！

其一，对感兴趣的事，不需要强迫式的努力就可以自然发奋，也就是俗话说的"无须扬鞭自奋蹄"。一个喜爱踢球的人，不需要别人鼓励、诱惑、督促，就会兴冲冲地跑去球场与队友会和，不踢到精疲力竭绝不下场。

其二，对感兴趣的事，才会既享受结果，又享受过程。我们是对事的整体感兴趣，是喜欢做整件事，而不只是意在胜败。沉迷于电子游戏的人都有如此体验：快乐体验是全过程的，而不仅在通关那一瞬。

其三，对感兴趣的事，可以自然进入沉浸、专注和忘我状态。喜爱音乐的人，会伴随一场荡气回肠的音乐会而悲喜交加；喜欢某部电影的人，会迷失在影片的场景和故事情节中，仿佛自己就是主人公；痴迷于练武之人，会进入忘我的境界，心中只有剑……

其四，对感兴趣的事，才能一以贯之、做到极致。只有自然生发的持久兴趣，才能把他人眼中枯燥乏味的事，"变得兴致盎然"。显微镜之父列文·虎克，用尽一生的时间，把"枯燥乏味"的磨镜片，转化为启迪无数世人的发明壮举。

二、兴趣源自何处

兴趣如此重要，它究竟源自何处？如何得到？

读书经历带给我的启示是：兴趣虽然根植于天赋和个性，却要通过后天做事来"发现""保持"和"拓展"。

首先，每个人都有独特的兴趣。不同天赋和秉性的人，兴趣点会有很大差异。有的人天性偏爱音乐，有的人天性偏爱运动，有的人天性偏爱争斗，有的人天性偏爱读书……心理学上有一个重要的论断：不同人之间的兴趣差异，成就了每个人的自我独特性！因此，善于发现、发挥、利用自己的兴趣，是自我实现的根本体现，也是个性自由的核心要义。心灵的自由，首先体现在按内心志趣做事的自由度上。

其次，兴趣不是生而自知、自明的，它要通过做事来发现和释放。在不知道足球、没有真正踢过球之前，我们不知道自己是否对足球感兴趣。只有切身体验后，我们才发现了踢球的美好，从而迷恋上它。因此，兴趣"不是决定做不做某事的前提"，而是能否持续、长期、重复做某事的条件和动力。况且，除了兴趣外，信仰、使命、责任、价值、意义，都是决定是否做某事的考量因素。

第三，即便是感兴趣的事，也只有把事做到位、做到极致，对该事的兴趣才能得以保持和拓展。兴趣不是自动就永恒常驻的东西，它经常来得快，消失得也快。俗语说的"三分钟热度"，就是指其易得也易失，不加善待就不能长期保有。比如，某人虽然天生爱踢球，但若缺少踢球的天分，总是踢不好、受指责，兴趣很快就会逝去。回想一下自己，再看看周边的人，都曾有过很多兴趣，但能坚持长久的却很少。只有那些能把事做到极致，能持续体验到做事的价值、意义、收获、成长、喜悦、满足的人，才能让兴趣保鲜、持续、扩展、放大。

第四，一个兴趣的极致发挥，可以激活更多被埋藏着的新兴趣。在我的读书过程中，对哲学的阅读兴趣，触发了对心理学的阅读兴趣；对阳明心学的酷爱，引导我喜欢上了笛卡尔、培根、休谟、杜威……对圣塔菲研究所的兴趣，让我又喜欢上贝塔朗菲、拉兹洛、莫兰、普利高津的系统科学、系统哲学……对读书的兴趣，激活了我的写作兴趣，此前它已快被任务式的写作扼杀殆尽。一个人的潜在兴趣，是"成群结队"地扎根在心灵深处的，一旦我们把其中之一发掘出来并加以善待，它便会以意外惊喜的方式把其他"兴趣"也调动出来。

三、做事的动机和目标，必须限定在事情本身

一方面，做事必须有明确的动机和目标做指引，否则就是盲目的，注意力难以集中。另一方面，做事动机和目的，必须聚焦在"事情过程自身"，而不是把注意力放在事情之外。

动机和目标，必须限定在"事情自身过程之内"，而不能脱离开具体的事抽象地谈，以一些貌似宏大、高远、响亮、动人的理想和"口号"作为目标。行为科学和个体心理学的研究成果告诉我们：动机和目标必须有利于指导和改进当下的行为，否则就是错误的；专注于做事过程本身的动机和目标是正确的、有利的，而脱离做事过程本身的动机和目标则是错误的、有害的。

下面以踢球为例加以剖析。

假定我们正在参加全市中学生校际足球联赛。明天上午有一场关键的淘汰赛，决定着谁能进入下一轮。赛前，球队要确定这场比赛的战略战术。当然，谋划的一个首要前提，是先确立正确的比赛动机和目标。

什么样的动机和目标是正确的？是专注于比赛本身。如下这些都是：利用我方×××的专长和优势攻破对方防线；借助我方×××的特点构筑自己的防线；利用对方的×××弱点寻求突破；围绕对方惯用的×××战术制定我方战术；聚焦对方的×××核心进攻队员确定防守战术……这些动机和目标的共同特点是：它们都没有脱离"进行中的赛场"；它们都围绕比赛开始到结束的整个过程来设定；它们都直接针对如何具体指导和改进球场上队员的行为；它们都需要根据场上局势、对手策略与发挥、比赛进程等，随时做出新的判断，随机应变、灵活调整。比赛的动机和目标必须是具体的、清晰的、明确的，是可理解的、可操控的、可实施的，必须是与比赛过程密切结合、融为一体的。

反过来，我们再看看那些"脱离比赛"的错误动机和目标。它们常常是这样呈现的：我们要为自己、为球队、为学校争光；我们要拿到冠军奖杯；我们要赛出风格、赛出水平；我们要不负老师、同学、家长对我们的期望；我们要

把对手送回老家去……这类动机和目标的特点是：本质内涵与赛场活动无关，而是赛场外或比赛后的事；是决定是否参赛的动机和目标，而不是明天这场比赛的动机和目标；是空洞无物、虚无缥缈的口号，对球队和球员行为的改进无任何明确指引。这样的动机和口号，不仅无益于提升队员的行为表现，还会增加队员的思想压力，分散队员的注意力，让队员听后一脸茫然、无所适从，不知该进攻、还是该防守。夺取冠军奖杯的目标，不会对如何踢好眼前这场比赛产生任何有价值、有意义的启示，它只会把队员的注意力导引到充满变数、无法控制的结果上，让自己背着包袱上球场。

我们不能用"人生"的远大理想，指导自己当下如何"把鞋带系牢"这样的具体事。任何脱离事情过程本身的豪言壮语、远大目标，都是"貌似正确的废话"，有百害而无一利。

做事的动机和目标，要严格限定在事情本身，而不能超出其外。那些超出事情事本身的动机和目标，反而会让行动变得"没有目的"。动机和目标，本质是预期的"行动"结果！它必须与行动过程一体并进，相互促进、相互印证、相互调节、相互成就。做事的动机和目标可以是多角度的、多样化的，但每一个都不能脱离做事过程，不能与行动无关。现实中，我们经常犯类似的错误：试图用脱离事情的动机和目标，来指导当下如何做事。

四、沉浸和忘我，才能入乎其内、出乎其外，获得常人无法获得的体验，取得常人无法取得的成效

电影《海上钢琴师》《心灵之旅》都很好地诠释了这一点。两部电影的主人公"一九〇〇"和乔伊·高纳，一旦弹起琴来，便如醉如痴，进入只有音乐的世界。它们的身体和心灵，与钢琴融为一体、与乐谱融为一体、与音乐营造出的环境和氛围融为一体。沉浸和忘我，让他们可以洞见音乐的灵魂，超越钢琴和乐谱，演奏出直击自己和听众心灵的天籁之音。

读书学习也是同样的道理，只有沉浸其中、进入忘我境界，才能体悟知识的真谛，与作者产生心灵共鸣，实现"真的懂"；才能超越对他人观念的盲从轻信，用自己的天赋和智慧，切身体悟、独立做出判断，实现"真的信"；才

能赋予书本知识以生命和活力，使其转化为自己的知识，在自己的内心落地生根，做到"真会用"。

同样在读书，同样在学习，同样在做事，专注程度不同，结果会有天渊之别。

五、对自己高考经历的一点反思

回想自己的高考经历，我那个年代的学生，存在一个普遍的、坚信不疑、顺理成章的观念：十年寒窗苦读，就是为了高考一刻的绽放和飞升。

此话正确得无法辩驳，却也错得无与伦比。一方面，十年寒窗苦，当然是在成就着高考，是在为高考的更好表现做准备。这貌似没错，但"走了极端"就错了！高考固然重要，但十年的学习时光和体验更为重要，它绝不是高考那几天的附庸！展开整个人生画卷，高考几天表现得再精彩，如果此前的十年全被染成灰色，如果此前的十年没有自身的价值、意义、乐趣，如果此前的十年只是为高考付出的代价、做出的牺牲，如果此前的十年只有苦难的体验，如果此前的十年学习只是噩梦的素材，那我们能如何评价人生这十年呢？即便高考志得意满了，就能说这十年的糟糕体验"是值得的"吗？

学习过程本身，必须有自己的独立价值、意义和乐趣！十年的努力和奋斗，同样是生活、生命的一部分，而不是高考三天的"陪衬""附庸"。十年寒窗，每一刻都应拥有属于自己那一刻的精彩，而不是把自己委身于高考的结局之下！

不应把学习过程渲染得"充满悲壮的意味"，不应把学习生涯描摹成"一场要长期受难受罪的苦旅"！学习不是为了高考的辉煌而必须要承受的困难、要付出的代价、要做出的牺牲！太多的错误观念和成见，让我们把目光盯在结果上，而忽视了过程的美丽！我们把注意力放在遥不可及、无法掌控的结局一瞬，却让之前的生命时光沦为人生噩梦之源。这一根深蒂固的观念，不仅仅是错得无与伦比，更是蠢得无与伦比，是时候彻底将之纠正过来了！

"纠偏"和"矫枉"的方法是：反其道而为之，把高考视为"为学习服务的"！不是十年寒窗为高考，而是高考服务于十年寒窗。事实也确实如此！高考，赋予了"学习过程"以现实价值和意义，为学习提供了外部动力，激励和引导学生更全面、更系统、更扎实、更深入、更牢靠地掌握知识，并为这个努力过程提供一个最广阔、最具挑战性、意义最深远的竞技场。因此，"高考"是学习的催化剂，是激发学习热情的外部刺激，价值和意义在于激发出学子们的天赋和潜能，让学习过程更有方向性和竞争性。

人生是一个连续的过程，十年寒窗和高考一刻，都要过得有价值、有意义、有生趣，都要过得充实、无悔。

对于当下的读书，自己并不知道将会达到什么样的高度和境界。但我确定地知道：它以我内心最想要的方式开启，也在以最充实美好的方式进行着。如此走向的未来，就是阅读应该带我抵达的理想之境：可能没有花团锦簇，但绝对无怨无悔！

【儿子微信回复】：收到

第 150 封："正在进行，而不是已经完成"

（写于 2021 年 3 月 10 日）

"正在进行，而不是已经完成"，这是过程哲学、有机哲学的核心观点，是人本心理学、成长心理学的理论基础。

从哲学角度，这句话阐释的是"如何看待世界和外事外物"。大千世界，处于永久的发展演化中，它是"过程的存在"，"永远"处于正在进行中，而不是已经完成了的结果。按照宇宙奇点大爆炸学说，起源于 138 亿年前的宇宙发展至今，一刻都没有停止演化：过去没有，现在没有，将来也不会，直至宇宙"死亡"。我们生命的百数十年，所能看到的每一瞬，都是变化中的世界，而不是某一完成世界的状态延续。因此，我们看待周围所有的事物：都要将之理解为一个过程中的存在、一个变化着的存在、一个尚未完成的状态！无论是有生命的生物世界，还是无生命的物质世界，均如此。那些貌似静止不变的山川土石，也处于变化之中；只要把时间的周期拉得足够长，我们就可以清晰地

"感知到"它们的变化。

"用过程的、发展的、动态的眼光和思维，来看待进行过程中的、变化着的、尚未结束的外事外物"，是现代科学和哲学达成的基本共识，也是每个人应该确立的基本"思维范式"。

在人际交往中，我们正在打交道的每一个人，都不是一个"定了型的人"，而是仍在成长变化的个体。今天的他们，已不是昨日的他们；明日的他们，也不再是现在的他们。明天的他们，可能更好，也可能更差；可能更强，也可能更弱。这给我们的启示是：看待任何一个人，都不要用静止的、绝对的眼光，给人贴标签、下定论；要将其视为一个仍在成长着、变化着的人，无论当下他给人的感觉是聪明还是愚笨、善良还是凶恶、进步还是落后、积极还是消极，这都不是已确定、不可变的样子！至于未来是变好还是变坏，取决于他们未来的努力置于何处，面临什么样的际遇和命运，以及包括你我在内的其他人如何对待他！

在处理各类事物时，无论大小、难易，也都不是"定了型的事物"，而是处在发展变化中的事物。现在看起来的小事，逐渐会演化为大事；现在看起来容易的事，会演化为难啃的硬骨头。反之，现在看起来比登天还难，过段时间就变得一马平川；现在看起来万众瞩目，很快又变得无人问津。因此，看待我们眼前的任何一件事儿，都不要用静止的、绝对的眼光，轻易作判断、下结论；而要将之视为发展过程之中、结局"待"定的事物，无论它现在看起来是困难还是容易，是关系重大还是微不足道，都只是当下一刻的状态和面貌。至于未来的事态将如何变化，既取决于客观情势的走向（那不是我们能左右的），也取决于我们的努力（那是我们绝对能掌控的）。

将我们眼中的他人和外在事物，视为"过程中的存在"加以考察，是形成"正确认知"的思维前提和基础。即便是达尔文的进化论，自身也在不断"进化"：它不是已经完成的终极理论成果，而是正在形成和完善进程中的人类认知。

从心理学的角度，开篇这句话阐释的是"如何理解和对待自我"。自我也是一个过程的存在、一个成长变化着的存在，而不是一个已生长完结个体的简单延续。生命无论长短，每一刻的那个"我"，都不是完全相同的，都是发生了或大或小、或多或少变化的。只有走完整个人生，我们才能呈现出"完整的自我"；也只有那个我，才是"完成时"的自我。因此，无论处于人生的哪一刻，都不能用它来定义整个人生：无论成功还是失败、辉煌还是黯淡、风和日丽还是凄风冷雨、惊涛骇浪还是波澜不惊、万人艳羡还是众口相讥，也无论我们表现得才华横溢还是笨头笨脑、从容大度还是举步维艰，它们都代表不了自我、不能为自我贴上确定的"标签"。成就出独特"自我"的，是整个人生过程；而每一刻"当下"的我们，都处于成长变化中！认识到这一点，至关重要！它可以引申出一系列思维方式的根本性转变：

首先，人生的价值和意义，由过程中的"努力"来定义，而不是由是否"聪明"来决定。天赋聪明的人，有的名垂千古、泽被他人，有的遗臭万年、祸患天下；天赋愚钝的人，有的确实碌碌无为、毫无建树，但也有的励精图治、功业卓著。人生的区别，不由"天资如何"来主导，而由努力来决定。以我为例，如果说曾取得过什么成绩的话，它们无一例外源自努力，而不是所谓的聪明！我自小天资中等，而且记忆力、口语表达都被老师评价为一般偏差（给我留有情面的评语），记单词、背课文都吃力得很，上学期间从没有参加过语言表达类的表演。能走出农村，改变人生际遇，主要靠更高一重境界的勤奋和努力。持续不断的努力，让我受益至今。以我对你成长过程的了解和理解，无论是优秀的素养，还是优异的学习成绩，同样是 9 分以上源自你个人的努力，只有 1 分不到源自天分和禀赋。在努力上，你在同龄人中是出类拔萃的，也超过了同年龄段时的我。

其次，当下之我，不是定型了的自我，而是具有无限可能的自我。我对自己的认知，曾带有很多"成见"，经常自己给自己贴标签。比如，我曾认为"我就是一个不善表达的人"。于是，在需要当众发表意见时，我经常极度紧张、心跳加快，一站起来就大脑一片空白，之前想好的话却说不出。直到参加工作后，我才在卡内基的著作中得到启发，认识到这不是结局已定的宿命，开始努力"专门训练"当众讲话。现在，虽然仍不擅长声情并茂的即兴演讲，但利用更缜密的思维、更清晰的逻辑、更深刻的道理、更充分的准备，弥补了自身的欠缺，形成了个人风格的表达方式：不追求精彩、但努力做到深刻。天分"不如他人"，同样可以创造出足够多、足够大的可能性，同样可以呈现出一个美好的自我。近来的读书经历和体验，更是在"不断刷新对自身可能性的认知"，收获了太多的惊喜、太大的改变。

第三，坦诚接纳"现在的我"，无论他是什么样子；尽心竭力向着"理想的我"努力，无论终于何处。当下的那个我，就是最真实的自我；只有毫无保留、绝对坦诚地面对和接纳他，我们才能"和自我和解"，把全部心力用于面对外来的挑战，并在努力过程中让自己变得更好。至于人生功业止于何处，这个努力的过程就已经给出了最好的答案，一分耕耘、一分收获，结局由努力过程来定义，而不需把命运交由结果审判。如果用结局来定义人生成败，那所有人的人生都是无意义的，终局都是死亡！都将归零！错误的认知下，人生便成为永恒的悲剧。

第四，正心诚意做好当下每一件事，从容大度面对每一刻的风雨或彩虹。人生的意义虽然由人生的全程来定义，我们能把握的却只有此时、此刻。拿出1%的时间用来反思过去、展望未来，把剩下那99%的时光全部用在当下要做的事！反省过多，不好；展望过多，无益；唯有当下之行动，是在播种希望，即便颗粒无收，仍可收获自身的成长。

正在进行，而不是已经完成。以此看待任何人、看待任何事、看待任何际遇中的自己，于是心中的世界就变了模样……

【儿子微信回复】：收到了

第151封：把每一天，都当成最后一天来过

（写于2021年3月17日）

这不是一句心灵鸡汤式的自我激励，也不是悲观主义的自我施压，更不是什么黑色幽默，而是基本的生命事实，是应秉持的人生态度和思维范式。

一、每一天，就是最后一天

生命的价值和意义，在于它"正在进行，而不是已经完成"。作为过程存在的人生画卷，每一幕都是"生命的唯一"；一旦过去了，那一刻的你我便已"逝去"。因此，每一天都是开始，每一天也都是结束。

人生，就是不停地告别、不停地遇见。和刚刚离去的自己挥手，和正在走来的自己拥抱。生命是终而复始的旅程，"故我"离去一刻，正是"新我"重生之时。可以说：死亡不只发生在生命的终点，人生的每时每刻都在和它打交道，都在同一个个"故我"挥别。

生命过程的每一天，都既是永恒、也是唯一，对你我具有同样重要的价值和意义。无论它以什么面貌呈现，这一点都不会被改变！因此，"把每一天都当成最后一天来过"，是我们在看透人生的本质后，自然而生的基本认知、态度和思维范式。因为"自己生命的每一天"都是唯一，"自己生命的每一天"都是最后一天，一旦过去就不会再来！

二、善待每一个"最后一天"

今天，我们应怎样度过？如果它是最后一天，答案就变得无法再简单：听从内心的指引，做最好的自己，最大化释放生命的潜能、价值和意义。

最后一天，选择做"对生命最重要、最有价值、最有意义的事"。放下该放下的，舍弃该舍弃的，生命才会变得独立、自由、从容、简单、纯粹。

最后一天，把最该做的事"做正确、做到极致"。今天的努力，就是为了成就今天；明天的努力，只能成就明天；今天的遗憾，永远不能靠明天来弥补。今天之我的才华，就要在今天挥洒得淋漓尽致；今天之我的生命，就要在今天闪耀出它应有的光彩。

最后一天，为生命的每一刻喝彩。生命的精彩，不只属于荣誉加身、志得意满的高光时刻，更属于挥汗如雨、努力奋斗、披荆斩棘、攻坚克难的生命历程。风雨中的压力、紧张、焦虑甚至苦难，正是激发生命潜能的催化剂，是生命彩虹的辉煌序曲。最应该被我们喝彩的，是奋斗过程中的那个自己。

三、我们的最后一天，也是他人的最后一天、世界的最后一天

人同此心，物同此性。我们眼中的他人，我们眼中的万事万物，同样只存在于今天，只属于今天。因此要：

——珍视。明天，物不再是此物，事不再是此事，他们也不再是今天的他们。人生变化无常，每一刻际遇都是唯一、都是永恒，都要倍加珍惜。

——善待。我们今天面对的那些人，贤者要与之亲近结交，不肖者要诚意加以引导。我们今天当作之事，力所能及的要精益求精，力所不及的要竭尽全力。

——助推。今天能给他人以帮助的，绝不留待明天；今天要做好的事，绝不拖延到明天。成就他人，成就家国天下的事儿，只有"今天"可用、好用、有用。

——感恩。他人给我们的帮助，要在今天转化为自身的成长；环境给我们带来的幸运、创造的机会，要在今天抓住；生活加给我们的困难、挑战和艰险，要作为今天的使命、责任。以此，感恩他人、感恩世界、感恩命运。

"把每一天都当成最后一天来过"，从今天开始，从现在开始……

【儿子微信回复】：收到了

第152封：读书学习要攻破的"关"

（写于 2021 年 3 月 24 日）

读书学习，至少要突破如下这"五关"，才能获取真知，做到知行合一。

第一关：语言文字的表达局限。语言文字作为人类发明创造的思想表达符号系统，虽然越来越完善，但其本质仍是对思想的"抽象"。语言文字对"本原思想"的表达局限，决定了读书学习过程中，首先要"穿透"语言文字的屏障，体悟其所指向的真实事物、情境，避免"简单从字面来理解"。

第二关：知识很容易"过时"。任何门类的知识，都产生于特定历史时点。

一旦时过境迁，一旦脱离知识产生的特定时刻和特定情境，这些知识在一定程度上也就"过时了"。所以，正确学习的基本态度是：批判地理解和继承，在新的事物和情境下重新加以审视和考究。这一点，很容易被忽视，进而把书本知识当成金科玉律、当成自明的真理、当成不容置疑的教条。

第三关：知识本身的整体性，与学习过程中知识的碎片化摄入之间，存在壁垒和冲突。知识只能一点一滴地获取，必须对这些以碎片化方式进入头脑和心灵的知识，进行重新组织、整合，使其相互联系、相互印证、相互启发。学习活动的创造性，正体现在这个层面。学习境界能否提升，也往往取决于能否不断把知识重新组织为整体。

第四关：心灵认知的局限性。人的天赋理解能力，以及人生每个时点的知识和智慧积累，无论水平高低，都有个体的局限性，无法突破当时的极限。所以，学习必然要经历循环往复的过程，在不断获取新知识的同时，持续提升心灵的认知水平。"温故"过程，实际是"认知水平提高后"的再学习。这一点，在短期内表现得不明显，如果长年坚持，状态和境界会大不相同。所以，读书学习过程，不仅仅是求知过程，更是持续的自我突破、自我超越过程。

第五关：求知过程与应用过程分离。伴随读书学习行为的"专门化"，读书学习逐渐变成了"纯粹的知识摄入"，只发生在书本中、课堂上，与实践应用越来越脱节。这给知识的理解、掌握和灵活运用带来了很大障碍，高分低能是对此的生动写照。在读书学习过程中，能清晰地意识到这一点，并经常结合自己的经验来进行"体悟式"学习，对学习成效的提升大有裨益。

这几天在悉心研读海德格尔的《存在与时间》。这是一部哲学领域公认的艰深之作，虽然读得很辛苦、很烧脑，但渐渐地读进去了。两天下来，虽只读了不到 100 页，却似乎是在经受阅读能力的"大考"。很是欣慰，可以算作及格，相比于两年前，读书修为精进了很多。对上面那五关中的每一关，都有了不同以往的破关能力。

你们这一代，有很多学习观念和方法远远领先于我们这代人。在家讨论一些话题时，你表现出来的观念和思考方式，是我们在高中时代想也想不到的。

在起点上，就落后你们一大截儿。好在读书学习的热情没减，勤奋努力的程度还够。现在着手改进，还不算太晚。

【儿子微信回复】：收到了

第 153 封：从王阳明到海德格尔之一

（写于 2021 年 3 月 31 日）

首先要表达我对海德格尔和其鸿篇巨著《存在与时间》的崇高敬意。尽管读得非常辛苦，甚至有些烧脑，但内心却无比的愉悦、畅快。在我的心慕中，海德格尔和存在主义哲学对我的触动和影响，是唯一可与阳明先生和其心学相提并论的。

阳明心学有一个核心：圣人之道、吾性自足、不假外求。意指每个人天性中都能成为圣贤，都有成为圣贤的潜质和潜力。然而，现实中为什么绝少有人成为圣贤呢？王阳明将原因归结于"天性和良知的泯灭"：普通人的心性，因被私欲、外物和世俗之见所"障蔽"而晦暗不明，圣贤的本性不得彰显。在《传习录》中，阳明先生用"金"的纯度做比喻：普通人的心性，如同被杂质湮没的金，杂质太多，真金无法现身；圣贤的心性，如同纯金、精金，无分毫杂质混入其中，纯净本然、光芒自在。然而，这些杂质究竟是什么？它是以什么方式侵入的？又以什么方式在蒙蔽我们？ 500 年前的阳明先生可能心知肚明，却没有详细地在其著述中阐明。中国哲学思想的传承，往往说其然而不说其所以然，给后学带来很大的理解困难。

海德格尔的存在主义哲学，有一个重要思想：每个人，一方面作为一个独立存在，以一个"独特之我"存在着；另一方面，又在群体中与人共存，以一个"常人之我"存在着。那个独特之我，有他的个体天赋、潜能，有其"能"达到的自我人生境界；而那个常人之我，则既令自身更安逸、更舒适、更从容地生存与发展，又抑制了自身的独特性、潜能，束缚着自身的意志自由、行为自由。

海德格尔所定义的"常人"，是指"处在群体平均认知、平均领会、平均行动能力"状态下的自我，是远离了"个体天性得以本真地呈现、个体天赋得以尽情地施展、个体潜能得以淋漓尽致地发挥"状态下的自我。每一个"人"，每天都是在群体中生存和发展，他不得不经常用"常人"的眼光来看，用"常人"的耳朵来听，用"常人"的头脑来理解，用"常人"的方式来做事，以符合群体的习俗、道德、准则、规范、法制。

在群体中长期以"常人"视角思考和行动着的个体，很容易迷失在这种"常人"状态中，而泯没自己的个性、抑制自己的天赋、荒废自己的潜能。那个独特之我，逐渐迷失、沉沦在平庸的常人状态中。突破"常人之我"的束缚，回归那个本真的、独特的自我，不被群体的平均思想见识、平庸行为范式所束缚和左右，是每个人能否"实现并不断超越自我"的前提。

此前研习阳明心学，先入为主地把"障蔽"理解为坏的、不正常的、少有的、罕见的东西，当成人生偶或出现的状态，当成不常犯的错误认知。读了海德格尔才幡然醒悟：内心最大的障蔽，不是那些已经被我们清晰意识到的"不正常"状态，而是那些我们安于其中、习以为常的"常人"状态。正因其正常，所以才能蒙蔽！所以，阳明先生指称的"障蔽"和"杂质"，就是海德格尔所指的"常人之我"所秉承的"常人之见"！

常人之我的力量，就体现在这个"常"字上。人类的共同生活状态，是更适合"常人之我"的生长环境。只有以常人面目出现，我们才能合群，才能如鱼得水，才能更好地适应，才会获得更大的安全感。这个"常人之我"，不会被我们视为坏东西，而是求之不得、令人舒适惬意的美好事物。伴随一个人的成长过程，我们越来越多地被灌入各种"成见""常识"，常人之我越来越强大；而相较之下，那个"独特之我"却经常会停止生长，越来越处于被泯没、被奴役的地位，完全被"常人之我"踩在脚下、玩弄于股掌间。

于是，芸芸众生中的每一个人，虽然都有着不一样的头脑、天赋，却总是用"常人"的思维来看待事物，以迎合多数和大众；虽然都有着独特的智识和能力，却总是在"被安排"的状态下使用自己的能力。更多"潜能"无法发挥，永远成了"潜能"；虽然都能做得更多、更好、更优秀、更卓越，却总是成为因循守旧、得过且过的"差不多先生"，成为躲避困难和风险的"不出头的鸟"，成为没有个人见解的"好好先生"，成为安于舒适、不求卓越的"平庸之辈""好逸恶劳者"。

对每个人来说，如何避免自己沉沦于"常人之我"？如何在群体生活中不泯灭自我的独特性，不荒废自我的潜能，不抑制自我的成长可能性？如何在人潮人海、物欲横流中保持本真地思考和行动，达到自我实现、自我超越的境界？就此，我的一点感悟是：把所有已进入、正进入内心的"常人"之见，只当作参照和出发点，而不当作毋庸置疑的金科玉律、盲目遵守的思维范式、奉若神明的行为教条。

一方面，作为各色社会群体中的一员，我们不仅不能"除掉"常人之我，还要发展"常人之我"，使我们能更好地理解群体、理解社会，吸收群体创造的文明，继承群体发展的成果，在群体合作、共存、共荣中汲取经验和智慧的营养。

另一方面，作为天赋异禀的独立个体，我们又不能被"常人之我"所奴役、束缚和限制。要坚持用自己的眼睛去观察、用自己的头脑去思考、用自己的心去体悟；要从事实和问题出发，自主探求对世界、对自然、对自我的理解和认知；要激活自身的潜能，达到自己能够达到、应该达到的人生境界。

行笔至此，内心由衷地叹服往圣先贤的大智慧。王阳明与海德格尔，虽远隔400年，一个成长在东方大地，一个成长在万里之外的西欧，但他们的智慧和洞见却异曲同工，同样震古烁今、光照世代。圣哲已逝，恰逢清明，作为受益的一位后学，希望藉此小文，隔空奉上内心诚挚的感怀、崇敬和悼念。

【儿子微信回复】：收到了

第154封："赢"在考前

（写于 2021 年 4 月 2 日）

今天专门讨论一个功利性话题："考"前几天，如何围绕"赢"来做准备。

人生经常面临各类考验，胜败如何，既决定于自身实力，也与之前如何准备有很大关系。

几点个人经验，与你分享。

一、考试的核心特征

赢得考试的第一步，是看透考试。人的紧张和压力，很大程度上并不来自所面对的事物本身"有多么可怕"，而是源自"对其认知不够""自己不知该做些什么以有效应对"。再重大、再困难、再艰险的挑战，只要静下来研究它，逐步将之看穿、看透、抓住其本质和规律，做出有针对性的精心准备和应对，你就会渐渐发现"心中的那个老虎"是纸做的。不知该干什么，无所适从，茫然不知精力用在何处，或盲目地用在错误的点上，是导致精神紧张、复习低效的主要原因。这种"无知"状态下的复习备考，反而会起负面作用。

第一，考试是对所学知识的"整体"作战。要激活所有知识，使其全部进入战斗状态。考的不只是重点，也不只是难点，而是知识整体把握的牢靠程度。就如战场，比拼的是双方综合实力：各军兵种、各式武器装备，上至将帅、下至列兵，一线战力、后勤补给……

第二，考试是"知识"与"头脑"的联合作战。知识是死的，不会主动冒出来，直接给出对应问题的答案。真正在掌控大局的，是我们的大脑！知识是各军兵种，而大脑则是司令部、指挥员。激活大脑，使大脑得到最佳的保养，使其处于精力饱满、思维活络的状态，"知识的运用"才会灵活自如、如泉涌出。

第三，考试是"头脑"与"身体"的联合作战。头脑能否得到保养，能否进入并保持最活络的状态，身体机能的最大化激活是"根本"。身心是一个奇妙的系统和整体，营养和激活大脑的不是大脑自己，而是整个身心充满精气神！

二、考前的准备

第一，既然考试是所学知识的整体作战，就要"从整体上"做知识激活和准备。我以往的做法比较简单："研究"或"试做"一套以往的考题。道理很简单：一套过去的同类试卷，题目虽然不会与本次考试相同，却覆盖了知识整体和全部考点，是激活自身知识整体的最直接、最有效"媒介"。以往的试卷，在考试当时是考察学生的手段，在考试过后就转变为"全面、系统、整体激活考试知识点的最有效工具"，尤其是高考一模、二模的试卷，因其和高考模式相近而价值不同一般。

第二，既然考试是知识与大脑的联合作战，就要预热"大脑"，让大脑熟悉并进入考试模式。我们平日的思维模式，与考试状态是不一样的。这一点，绝不仅仅体现在紧张程度的差异上，更体现为思维、判断和应变方式的不同。大脑的习性，越是对即将面对的情境更熟悉，越能发挥自如。如何预热大脑？做法同上："研究"或"试做"一套考卷，把大脑状态导向考试模式。很难想象，一个将军在打仗前不去研究战场情势、判断敌我力量对比、制定作战策略，却仍在指挥士兵练习射击、瞄准、走正步、站军姿、叠被褥！

第三，既然考试是大脑与身体的联合作战，就要坚持锻炼身体，把"精、气、神"调整到最佳状态。考前，仍要坚持锻炼，保持气血充盈通畅、身体强健、心定神闲。体育锻炼，是人之生命活力的源泉，无论是对于缓解压力，还是提升战斗力指数，都是最直接、最有效的。思维的敏锐度和表现，靠复习考卷或作模拟题来提升仍是战术性的，而通过锻炼身体来提升战时思维整体状态，意义和价值则是战略性的。身体状态调整至最优，对思维水平的提高效果，是呈非线性方式增长的。如果说复习知识是在增加"鱼"，那么通过身体锻炼来改变思维表现则是在增长"渔"。

与上面的认知相反的一个明显错误是：把考前的区区几天，用在按部就班地通宵熬夜复习基础知识点上！3年学得的知识，在有限的几天内，是复习不充分的。需要明晓的是：按部就班、僵化地死学、思维陷入浩如烟海的知识，不仅不会对提高考试表现发挥明显助益，还会起到反作用！与泛化基础知识泡在一起，会令自己的思维钝化，停留在"平时"、而不能尽快转到"战时"状态，不能转向如何提高和保持对"考场"和"考试"的锐利感知。因此，考试前的有限几天，无法用来系统整体提高基础知识牢靠程度，更无法用来提高成绩。僵化复习基础知识点的唯一可能作用，是给人以心理安慰："总归是在努力复习，因而自我能够心安理得。"实质却浪费了考前热身、保持和提升思维对考试之敏锐度的宝贵时间。

三、唤醒休眠中的"考试经验"

以往的所有考试，都是为当下考试所做的准备。但时间久了，以往经验会进入休眠状态。如果不能有意识地把它们唤醒，就不能最大化发挥对本次考试的助力。

我的唤醒方式：

第一，静思。在安静时，回顾一下以往考试中的好经验，使其在当下的意识中清晰起来。静能生明，结合对考试内容、规律、考点和考试氛围的回顾，把那些在意识和头脑中处于休眠状态的考试经验唤醒。这些在以往"赢"得考试的正确心态、精确思维、良好方法，就是赢得当前考试的最宝贵资源。不丢失自己的强项和优势领域，是"赢"的前提和基础。常年学习积累的基础优势，必须全部唤醒，它们是赢得新挑战的最可靠武器。看似最平实的，却蕴蓄着最强大的力量。

第二，反省。在安静时，反思一下以往考试容易犯错的解题答题方式，使意识对它们重拾警惕。进步和成长，就是对错误的反思和纠止。过去的错误点，意味着在新挑战中的上升空间，是将来之表现的潜力和可塑性所在。无论是考试，还是其他人生考验，在过去的失利和错误中，都隐含着进步和成长的鲜明启示、助推剂！是失利和错误，唤醒了我们对自身局限的理性认知，并激发我们继续努力和前进的内在驱动力。把过往的失利和错误，转化为应对新挑战的资本和动力，是自主反省的主要任务。

第三，强化。结合研究以往考卷，引起对薄弱知识点、易错知识点的印象强化，提示自己重点关注。在最特殊的时段，在最需要的方面，集中精力做最重要的事，是面对所有重大考验时的基本思维逻辑。大敌当前，要重点关注的是以往容易失利的知识点，是以往容易犯错的考试思维方式。我们之所以在这些点上容易出错，根源在于长期形成的不良思维习惯。它们的力量是强大的，它们的危害是具有隐蔽性的！因此，对其的关注和应对，需要"重点对待"，并在考前几天对正确的思维方式进行"印象强化"，避免以往的有害习惯和错误思维又"死灰复燃"。克治错误思维习惯的最有效武器，是代之以正确思维方式，并不断将其强化为新的思维习惯。

归结起来，赢在考前的根本宗旨就一条：围绕考试特征、赢的逻辑和自身短长，为之做准备。

【儿子微信回复】：收到了

第 155 封：谈良知——从王阳明到海德格尔之二

(写于 2021 年 4 月 8 日)

一、再解"良知"

良知究竟为何？目光从王阳明转向海德格尔，概念变得越来越清晰可辨，内涵理解越来越具体明白。

其一，良知是"突破常人眼光，自己本真地去看"。突破常人眼光，就是在面对问题时，不带先入为主的立场、倾向、偏见，秉承中正平和的心态去观察和思考。本真地去看，就是不以外在"现成标尺"衡量是非、对错、好坏、高下、得失、宠辱，而从事实、问题出发，博学之、审问之、慎思之、明辨之、笃行之，尊重自己内心的判断。过往经验和学识，是认识的辅助和借鉴，不是"理所当然"的真理，不是"不容置疑"的教条，不是可以"拿来即用"的万灵法则。

其二，良知是看自己、看世界、看人生的"心灵范式和思维方法"，是指"正确地看待和获取知识"，而不是指哪一类、哪一句现成的"具体知识"。阳明先生把良知比喻为绝尘不染的镜子，而不是镜子中映照出来的那些影像；

海德格尔把良知定义为本真地、源始地思考，而不是那些思考出来的知识和观念。

其三，良知生于己，不能靠他人。良知植根于自我心灵，是所有人天性中都有的！这是良知学说的最根本宗旨，无论是阳明心学的看法，还是海德格尔的存在主义。他人与我无异，天性相通，如果良知靠他人"传授"，"他人之良知"又从何而来？无须向书本求索，也不必寻访方外高人，只需真诚地倾听内心本真的呼声。每个人的心，就是良知的家，是良知之树的根、良知之泉的源。

其四，良知是看到自身的无限可能性。面对当下的人生际遇，我们不停地做出选择，使自身无限可能性中的一种成为现实；但与此同时，不能忘记那些被我们放弃的可能性！作为独立于世的存在，我们仍是那个具有无限可能性的完整自我，而不能被"实现了的可能性"蒙住双眼。良知学说告诉我们：不能被"束缚和局限"在过往经历中。每天与"日常"打交道，我们自身蕴藏的无限可能性很容易被"日常的自己"所局限，误以为自己只能是已经呈现出的样子。

其五，良知是指意识到自己是"有罪责的"。每一个选择，都是让一种可能性变为现实，却以牺牲其他可能性为代价。因此，海德格尔说：每一个人都对自身是"有罪责的"，因为我们一直在对自身的更多可能性说"不"：选择了其中之一，却放弃了其余全部！我们放弃其余全部可能性，就是在对这些可能性"犯罪"！因此，人生之旅，既是自我实现、自我超越的过程，也是不断放弃、持续说"不"的过程。而在这个过程中，我们始终都不能忘记的是：无论我们过去的人生轨迹呈现出的是什么样子，我们自身都仍然是那个"具有无限可能性的本真自我"，我们也必须以这个"具有无限可能性的本真自我"面对现在、走向未来！

其六，良知是对人生的终极启示：向死而生。每个人的每一天，都是生命的唯一，一旦逝去、绝不会重来；每个人的每一天，都可能是人生的最后一天，而且总有一天会成为最后一天。把每一天都当成最后一天，我们才能清醒地认识到"什么才是对我们最重要的"。自我拥有无限的可能性，生命却没有无限的时光可以让我们去尝试。把每一天都当成最后一天来过，我们才能意识到每一个选择的重要性，每一个选择的无上价值，每一个选择的永恒与唯一。在内心良知的指引下，本真地做出最契合自我的选择，把潜能最大化地激发出来，如此编织出来的生命长卷，才能无怨无悔。

二、良知需要唤醒

在日常状态，我们很容易沉沦于各种嘈杂的观念、各种五彩斑斓的诱惑、各种大大小小的凶险、各种来来往往的功利，迷失在纷纷扰扰的世界，在忙忙碌碌间丢弃自我、随世浮沉，处于无根无主的游荡状态。在这样的状态中，良知被蒙蔽、被湮没。我们经常秉持的是常人之见，我们经常平庸地作为，我们经常乐于生活在舒适区，我们经常忘记自身拥有无限的可能性。

因此，良知需要主动唤醒：

唤醒良知，意味着有意识地突破经验和成见，不受常人之见、平均的领会、以往的经验所左右和奴役。

唤醒良知，意味着持续意识到自己具有无限的可能性，这些可能性不会因任何外在际遇而被消除。

唤醒良知，意味着做事追求极致，不浪费每一分天赋和才学，使得人生的每一刻都绽放出它的精彩。

唤醒良知，意味着独立自主、回归本心，本真地生活、学习和工作。

唤醒良知，意味着突破当下的际遇，永葆内心的光明，不只是在阳光明媚时，更能在凄风冷雨中。

……

在良知的光明指引下，永远不要锁闭自身的无限可能性，永远对自身无限的可能性负责，让其在心灵沃土上开花结果、青春永驻。做到这一点，既是对自己生命的最好诠释，也是正确认识他人的观念之基。

【儿子微信回复】：收到了

第156封：论学习思维

（写于2021年4月15日）

一、科学思维下的学习本质

学习是在做什么？这似乎是一个不言自明的问题，谁都清楚：学习是在获取知识。"用知识武装我们的头脑"，学习的本质即"求知"，已经成为不容置疑的真理、尽人皆知的常识，似乎没有再深究的必要。

事实果真如此吗？两年之前的我，对此也深信不疑。然而，这两年的读书经历，彻底改变了我对学习本质的认识。

首先，学习不是获取"现成的"知识，而是透过文字知识，通达事实、明白道理。那些趴在书本上的"现成知识"，只是对"真知"的语言编码和符号化抽象。它们并非知识本身，只是通向知识本源的标识和指引。学习了"鸡、狗"这些概念，如果不能将其与现实中的真鸡、真狗联系起来，这些概念性的知识便毫无意义；学习了"孝敬长辈"的道理，如果不能将其与现实中"孝敬长辈的具体行为"联系起来，这些道理也变成了空洞无物的言辞。学习，绝不是把"那些躺在书本上的现成知识"拿过来，先拷贝到自己脑子里，再生搬硬套地用到他处。学习中，我们必须"超越语言文字"，"透过它们"理解真实的生活和实践，理解内在蕴含的规律和道理。否则，我们就不是在学习，而是机械式地扮演类似录音机、复印机、打字机的角色。前人发明创造了文字化知识，给我们的学习带来了便利；我们在享受这种便利的同时，却不能被这种便利欺骗和误导，放弃追溯和探究知识的本源，以为熟记它们就是完成了学习。知识来源于生活事实，也要返回到生活事实去体察和领悟，否则就拔除了知识的本、阻塞了知识的源。

其次，学习不是给大脑植入"知识"，而是利用知识改变"思维"，塑造出更智慧的头脑。因此，学习并不止步于求知。在学习过程中，我们超越了自身生活环境和时代的局限，我们超越了自身经历、思维的局限。我们跨越时空，与往圣先贤和当世智者交流，看独自所不能看、想独自所不能想。我们的思维视野被"学习"拓展得更宽广，境界被"学习"描摹得更充实、丰富、精彩！学习真正的目的，是改造思维，是塑造更丰满、更高远、更光明的思维世界。

第三，学习不是用来成就外在功业的，而是为了成就一个更好的自我。外在功业，只是学成"一个更好自我"的副产品。因此，学习也不止步于改变思维、让你我变得更智慧，它志在把我们培养成为"一个更好的人"。我认为，这是学习的终极目标和意义。学习若止步于对知识的理解、思维的改进、技能的提升，一个人可能因此成为圣贤，也可能因此成为禽兽。学习的终极本质，是自我修养，它必须是有立场的、有信仰的、有方向的、有目标的。为什么而学习？学习什么？怎么学习？在这三个问题上，秉持正确思维、做出正确选择、付诸正确行动，才能回归学习的本源，引领我们的学业行进在正确的人生轨道上。

上面三点，相辅相成、缺一不可。少了任何一点，都无法抓住学习的本质。

二、富有成效的学习思维

什么是富有成效的学习思维？学习到什么境界，才是达到了学习的目的、实现了学习的目标、完成了学习的任务？如果理解了学习的本质，这个答案就不难给出。

（一）透彻理解

在学习过程中，要不断探究语言文字知识背后隐藏着的事实，体察知识所指向的环境、场景、事件，领悟其中阐释的规律和道理，直接与"知识发明者"进行对话甚至辩论，直到自己真的懂、真的信。

不懂的，绝不装懂；不信的，绝不轻信。在不懂、不信的地方，呈现的不仅是我们的无知，还有知识自身的局限甚至谬误。学习过程中，那些我们很快就能理解和信任的知识，固然重要；然而，那些我们一时不能理解、不能信奉的知识，往往更为重要！它们才是成长和进步的指路明灯，是激活大脑潜能的钥匙，是激发心灵探索欲望的动力。含糊、散漫、轻信，是良好学习思维的大敌，必须从头脑中扫除净尽。

（二）"博""专"并进

思维的境界和格局，要靠"博学"来拓展。各门各类的知识之间，是相互关联、相互启发、相互成就的。狭窄的知识面，意味着必然狭隘的思维方式和认知能力。我们的大脑潜能是无限的，一把钥匙只能开启其中的一个宝库。要想打开更多的大门，就必须进行更广泛的学习！从我个人的学习经历来看，近两年的体会是最深切的。跳出自身惯常的专业领域，系统研读历史、哲学、心理学、军事战略学、复杂系统科学等领域的著述，给我的思维带来的是格局的拓展、维度的增加、范式的重塑。真实的世界和人生，是不分"专业"的，每一门知识都只能从一个侧面给我们以有限的人生启示。井底之蛙的比喻，从反面证明了"博学"的重要性。

思维的高度和深度，要靠"专精"来延伸。复习的主要目的，就是为了提升思维的高度和深度，提升知识的系统性和整体性。一是通过复习，对此前碎片化进入大脑的知识进行组织和重建，形成相互关联的整体理解和认知。二是在复习过程中，以"成长进化了的"头脑和思维，重新审视过去学过的知识，形成新的理解。此时之我，已与过去之我不同，看到的虽然是同样面孔的老知识，在头脑中却可生成不一样的新领会、新感悟。三是通过复习，可以将过去学过的知识，置于当前的学习生活实践来加以审视和检验，对其适用性、局限性、内涵、外延进行新的解读，用以指导当下的思考和行动。知识的专与精，是在反复学习实践中呈螺旋式上升的。"温故而知新"的内中含意，也更多指向这样的循环往复过程。

（三）志在成"人"

在学习过程中，是"人"在主宰学习，而不是"知识"在唱主角！在学习的结果上，要改变的是"人"的心灵和思维，而不是让"知识"占领我们的大脑。外来的知识，只是自我成长和塑造的"原材料""触媒""催化剂"。人的心灵和大脑，其无限的潜能和神奇之处，不仅在于对知识的接收和理解，更在于利用知识进行自我改造：创造出更富有智慧的头脑，创造出更美好的心灵。

只有那些真正与我们融为一体的"真知"，才能把学习体验推升到巅峰境界，才能助力我们的生活、事业。追求极致和卓越，是学习应秉持的基本精神和态度。学习过程，不是寻找"人生捷径"和"便利法门"的过程；学习本身，就是一场艰辛与快乐并存的攀登之旅。在攀登的过程中，我们不断领略不一样的风景，不断体验震撼心灵的人生感悟。

由以上讨论可以看出：学无止境，不仅体现在知识的浩如烟海、不可穷尽上，更体现在人之思维境界的博大精深、无限可能上。

你的高考一模成绩，上了一个台阶，基本体现了你当前的正常水平，令人欣慰。但你自身的天赋和潜能，绝不止于此！当然，这不是指以结果论英雄的分数和排名。在你的独特自我中，蕴蓄的是无限的可能性！每个可能性的实现，只是打开了一扇通往更多、更大可能性的门。

学业：没有最好，只有更好；分数有极限，学习无极限。这是我对"学习"思维的最后理解。也只有在学习上，我们才可以拥有如此自由的自主性。

你的成长和进步，对我也是一种激励：你已经和正在做到的，预示着我在未来读书治学道路上，拥有着同样无限的可能性和成长空间。年龄，对我不是障碍！

【儿子微信回复】：收到了

第 157 封：我的学习信条

（写于 2021 年 4 月 20 日）

作为具有独特天赋、独特个性、独特潜能的我，在广泛借鉴往圣先贤和当代俊杰的基础上，确立我的学习信条，它们是：

第一，我学习的源始动机，是改造我的思维、提高我的理解、拓展我的心智，而不是对"大众化知识"的灌入、存储和输出。——不轻信、不盲从，据实辟理、切身体察、透彻理解，塑造出超越平凡的内心光明和智慧，是我对学习本源要义的基本领悟。学习的本质，是训练思维以推动心智的成长，而不是获取现成的知识。

第二，我学习的根本动力，在内不在外。——学习是为了成就一个更好的自己，实现自我的人生价值和意义，无须扬鞭自奋蹄。

第三，我的学习，不只依靠兴趣驱动，更靠"自主创造和发现"学习的价值和意义。——既呵护天性本然的学习兴趣，让心灵保持对真知的开放和好奇；又不被天生兴趣所局限，由心灵自主建构学习的价值和意义，让好学之心青春永驻。

第四，我学习的价值和意义，寓于过程中，而不止于结果。——学习即生活，而不是学习"为了生活"。学习的每一个环节、每一段体验，都有自身的价值和意义，不需要考试成绩、最终功名来做证明。

第五，我学习的价值和意义，既在内、又在外。——学成一个更好的自己，是为了造福家国天下，而不止于独善其身。

第六，我的学习，并不无视外在功利，但是超越变现了的、形式化的、物质化的功利，坚守学习的本源和初心。——外在的功利性回报，只是学习的副产品，绝不作为学习的源始目标。

第七，我的学习，本质是"理解能力"的反复持续训练，知识只是训练的素材。——学习成绩大幅波动的根源，多是理解上出了问题。心智的理解能力，就像肢体的活动能力一样，需要训练才能拥有高超绝伦的技巧、超凡脱俗的表现！

第八，我的学习，追求精益求精、明白通透、融会贯通，不断超越、更新当下的理解和认知。——"差不多"思想、模棱两可、似是而非，不仅是学习成效的天敌，也是学习体验的毒药。每时每刻，都把"真的明白、真的相信、真的会用"作为学习的基本标尺。

第九，我眼中的学习，从来不是轻松的事，轻松只会通往平庸乏味；也从来不是受罪的事，全神贯注、沉浸其中的辛苦就是快乐的不竭泉源。——心智健康与身体健康一样，既要冲上"巅峰"，在顺境中领略一览众山小的畅快；

也要战胜并穿越"低谷"，在苦难中激活生命的斗志和潜能。

第十，我眼中的学习，不只靠刻苦，还靠正确的学习认知、高明的学习方法。——看透学习的本质，就能树立正确的学习认知。既契合学习规律、又契合自身实际，就是高明的学习方法。

第十一，我眼中的学习，当从隐微细节处着眼和入手，循序渐进，一步一个脚印，一点一滴地成长。——急于事功，是正确学习的死敌。

第十二，我眼中的学习，永无止境，是一生的事业。——环境不是障碍、条件不是障碍、际遇不是障碍，年龄也不是障碍。

第十三，我眼中的复习，是系统性、整体性的再学习，而不是对学过知识的简单机械重复和印象强化。——考前复习，是对平时所学的巩固理解、系统思考、整体应用，是围绕考场环境、考试规律、考卷特征、考点要求的知识和思维准备。

第十四，我眼中的考试，是对过去学习成效的检验，对未来学习行为的促进。——考试和成绩，不是学习的目的，而是推动学习的手段；考试为学习服务，我绝不让它反过来！

第十五，我眼中的学习，不仅是脑力劳动，也是身体劳动，身心合一、知行合一。——没有身体的健康活络，就没有思维的活跃和穿透力；与行动和实践脱离的求知，无法化于身心，只是在灌入僵死的知识信息。

【儿子微信回复】：收到了

第158封：谈谈心智的成长和训练

（写于 2021 年 4 月 29 日）

最近一直在读有关教育、思维科学、人的成长等方面的书，从杜威、洛克、怀特海等人的哲思中，深受启发。反思我的心智成长过程，可以将之比喻为"欲求、思维、情感"间的三国演义。

一、认识"三国"

欲求，我将之解读为人本性就有的需求、动机和行为动力。自我的欲求，绝非是"恶"的东西！恰恰相反，自然正当的欲求，是生命得以生存和发展的根本动力。我们不仅有吃、喝、拉、撒、睡等生理需求，还有安全需求、社交需求、尊重需求、自我实现需求。正是有了这些需求，我们才会主动学习、思考、实践、锻炼，推动身体和心灵的成长。欲求，是心灵成长的"动力源"，是我们日常行为的"驱动器"。

思维，我将之解读为心智对行为做出筹划，以使其更合理、更有力、更高效。思维能力和水平的高卜，是人生高度的主要决定因素。人与人之间的差异，首要的不是具体知识的多寡，而是思维的广度、深度、精度和独立性、自主性、开放性。思维对行为起着核心指引作用，面对同样的事物和情境，不同的人会产生不一样的感知和理解，赋予其不同的意义判断，付诸不一样的选择和行动。孰优孰劣，取决于思维，而不取决于某一具体知识。形象地讲：具体知识是"鱼"，思维则是"渔"。

情感，我将之解读为心灵对行为结果的情绪反馈，达到期望就会舒心快乐，达不到期望就会郁闷忧伤。情感不是理智的天敌，而是用以评估"思维和行为成效"的指示器、反馈器和控制器，是心灵对行为结果之满意度的本能生理反应。心灵根据"情绪反应"评估思维和行动的状态和成效，并根据反馈结果对思维和行动做出"主动调适"，使身心从过喜、过悲的波动状态，回归平和、中正的良好状态。因此，喜、怒、哀、乐、怕等情绪反应，是我们了解、评估和掌控我们自身状态的重要能力。正是因为能对危险环境做出正确评估和反馈，产生畏惧的情感反应，我们才能对危险做出预判，并及时做出应对。

欲求、思维、情感是三位一体的，而不是相互分离割裂的。它们在心灵中结合为一体，共同发挥作用，共同影响着我们的言行，共同塑造着我们的成长。思维在其中发挥着核心、主导和引领作用，只有通过思维的训练和改进，我们对欲求和情感实施理性调节的愿望才成为可能。

二、在心灵成长过程中，三国如何在演义？

在成长的不同阶段，三国扮演的角色、发挥的作用、拥有的力量是不同的。

在刚入世和成长早期的未成年阶段，心灵的力量主要来自欲求和情感，依靠天性的本能；而思维则处于蒙昧和混沌状态，刚要走向开化。在这个阶段，心灵被欲求和情感主导，思维主要在做的是"适应"和"学习"。在这个阶段，思维是非常被动的。它没有太大的自主性，而是更多被环境改变和塑造。因此，我们最早的观念和思维方式，并不源于"自主创造"，而更多是被动的、适应性的、接受性的外来植入。为了尽快适应生存环境、人生际遇、社会法则、种族文化，我们必须尽快学到足够多的知识和技能。在这个阶段，思维总体是处于无意识的被塑造状态，父母的思维观念、宗族的背景传统、社会的文化习俗、国家的发展水平、时代的文明进步等，都在以各种方式"塑造着我们的思维"。

在成为"成人"后的壮年阶段，正常的人基本都具备了独立自主的能力，不仅在经济上，更在心志和思维上。在我的观念中，成人的自立，首先是人格和精神的自立，是心灵的自由、自主，是思维和认知从"被塑造"转向"自主建构"。在这个阶段，心灵要对"以往形成的思维模式和观念"进行批判和反省，而不是盲目延续、不加质疑地接受，无意识地受其奴役和驱使。自立，就是要重新找回"自我"，把"在不能自立阶段被动接受的思维和观念"重新加以审视、考察、辨别。发自内心接受的，就继承下来；偏见和谬误，就抛弃；模糊、含混、粗糙、矛盾、似是而非、不明所以的，要一问究竟，务必达于真知。思维的独立自主，使得它在"三国演义"中的角色、地位、作用渐渐发生改变，在更大程度上对欲求、情感产生影响，心灵变得更为理智并渐渐远离动物本能力量的控制。

在走向人生终点的暮年阶段，人的身体滑向生命谷底，人的思维却走向生命巅峰。不要被"老糊涂、老年痴呆、老年昏聩"等形容词所迷惑，那只是临死前短时期的头脑表现。在占人生三分之一时光的整个暮年阶段，并非全都如此。人往往是在行至暮年之时，才最终大彻大悟！孔子说：五十知天命、六十耳顺、七十随心所欲不逾矩，就是思维和智慧达到个人巅峰后的表现。因此，人生的暮年，并不只有衰老了的躯体，还有升华后的心灵世界。

纵观人类的成长历史，我们不得不面对一个貌似残酷的现实。在未成年阶段，人与人之间"生而不平等"，无论程度大小；在进入壮年阶段，很多人仍未有意识地寻求"思维独立"，仍在延续未成年阶段的被动而随波逐流，任由外在胁迫和役使；在进入暮年阶段后，很多人不仅没有大彻大悟，反而走向了极端固执和冥顽不化，随着身体的滑坡，思维也滑向人生的谷底。面对生而不公，面对壮年和暮年的不同人生走向，能做出改变的力量，只能来自"思维"。

三、思维的力量，强大在何处

首先，思维可以改变自己。什么是一个人心智中最强大的力量？不是他当下积累的智识，而是持续成长进化的思维能力。只要生命不息，思维就可以继续成长。终身成长，是思维比身体力量更强大的核心体现，也是人之可塑性的本质。两个当下同样优秀的竞争者，其中那个持续成长的，才能成为王者；而固步自封的那一个，则终会沦为凡庸。

其次，思维可以改变欲求。只有理性的思维，才能战胜本能的欲望，避免我们沦为欲望的奴隶，在错误的方向和轨道上盲目狂奔。自律、自制的力量，都来自心灵，是正确思维的成果。面对睡懒觉的诱惑、美食的吸引，只有真正明白通透的思维力量，可以把我们从床上拉起来、从美食餐桌旁拖走，改变赖床和胡吃海塞的恶习。

第三，思维可以改变情感。同样的际遇，会因为"思维方式"的不同，而产生不同的情感体验。有的人面对困境和失败，愈挫愈勇，将之视为通往成功的助力；有的人面对困境和失败，灰心丧志、一蹶不振，将之视为无法逾越的高山。此间的区别，在于思考问题的心胸、格局、视野和价值观。一念之差，天堂、地狱之别！

最终，思维可以建构出越来越美好的心灵。我们怎么思考，心灵就会被塑造成什么样子！就如同我们对身体的塑造一样，勤学苦练可以把自己培养成运动健将、能工巧匠，好吃懒做只能把自己培养成笨手笨脚的蠢材。

四、思维的强大，源自训练

如果不进行有意识、主动、系统、持续的训练，我们的思维只能停留在混沌蒙昧状态，处于动物性的本能适应水平。人类大脑和心灵中孕育的天赋和潜能，只为我们提供了"成长的可能性"；唯有通过学习和训练，智慧之树才会生根发芽、开花结果、枝繁叶茂。智慧树的种子，后天会长成什么样子，主要看如何培植、灌溉、滋养。

首先，思维训练要有意识地进行。要非常清晰、确定地知道思维需要训练，并有意识地对思维进行训练，而不能使思维停留在"纯粹在无意识间自然生长"的状态。这一点至关重要！只有在有意识的状态下，我们才能反过来"对自己的思维活动"进行审视、评估、检讨和改进、完善、提升。心理学将有意识的思维训练，称为反省式思维或批判式思维，即把"自己的思维本身"作为"思维批判考察的对象"。自己批判和反省自身的能力，是自我修养和人格独立的基础能力。很多人就是因为没能有意识地跨过这道关，而终生处于自我迷失状态。

其次，思维训练要主动进行。这一点听起来简单，实则非常困难！日常思考活动中，思维更多是处于被动状态，受环境和际遇的左右，注意力被吸附在理解外在事物上。而对于我们当时的思维模式与方法，却很少做出主动分析和评估，我们想当然地认为自己的思维是正确的。我们的注意力都放在"鱼"上，而经常忽视"渔"的问题。一旦犯了错误，我们也往往在"鱼"上找原因，而不是在"渔"上求改进。以考试为例，在分析考试成绩好坏的根源时，我们经常关注的是试题和知识点，而不是自己答题时的心态和思维方式存在什么欠缺。答题思维是"渔"的问题，考点和答案则只是"鱼"；之所以成绩大幅波动，往往是"渔"出了问题，因为每次要考的知识点是大同小异的。于此，很多学生存在根本性的误解。马虎大意、不尊重出题者意图、自我中心、不求甚解等，都是思维习惯的粗糙和错误，是平时对思维缺少主动的训练提升。

第三，思维训练要系统进行。思维的训练，就和身体训练一样，需要养成各种各样的技能。我们现实生活的世界是复杂的、多变的，我们必须训练出具有同样复杂度的思维系统，才能理解和认识纷繁复杂的世界。所谓系统的思维训练，并不是什么神秘的东西，关键在两个维度：一是"博""专"并举，既要广泛学习、增加阅历、拓展实践经验，又要坚守人生主航道，把知识学精学透。二是坚持知行合一并进，在博学、审问、慎思、明辨、笃行方面，下真功夫、苦功夫。比如语言文字的学习运用，既要说、也要写，既要阅读、还要思考，既要研究古文、也要研究现代文，既要研究文义、也要研究文法和应用，既要考察汉学、也要考察西方语言文化……只有系统训练自己的语言文字能力，我们才能确立正确的语言观念、精准的语言理解、传神的语言表达。

最后，思维训练要持续进行。这个道理，不用讲太多，我们可以把它视为培养任何能力的普遍真理。人的心灵和头脑，如同人的四肢和躯体，只要不使用，就会停止成长，就会变得迟钝，甚至会萎缩倒退。活到老、学到老的本质，不仅是说"知识浩如烟海、永远也学不完"，更是在讲"思维成长永无止境、越是勤加训练就越强大"。这与体育冠军要进行持续的身体训练，是同样的道理。

思维训练，有无基本理论、原则、方法的指导？当然是有的，而且还很多。我读过的几本专著，供你选择参考，比如：约翰·洛克的《人类理解研究》《理解能力指导散论》，怀特海的《教育的目的》，理查德·保罗与琳达·埃尔德的《思辨与立场》，约翰·杜威的《思考的本质》《民主主义与教育》《我们怎样思维》和《我的教育信条》，亚伯拉罕·马斯洛的《人性能达到的高度》和《动机与人格》，笛卡尔的《方法》等。在这些著作中，对什么是好的思维、如何培养好的思维，以及要远离哪些坏思维，都有科学翔实的论述可供学习借鉴。

阐述思维和理解的著作，主要集中在心理学和哲学领域。个人阅读的起点，我比较崇尚优先放在有关思维的科学、哲学和心理学名著上。先改进阅读思维之"渔"，再通过阅读获取知识之"鱼"。

【儿子微信回复】：收到了

第 159 封：高考前的思维训练

（写于 2021 年 5 月 7 日）

高考前的复习，本质仍是思维的训练，是推动思维能力的提升和成长。

但从思维训练的具体方式、方法和内容上，高考前的思维训练又不同于平日。其特殊性在于：其一，是对高中阶段知识的集中性再学习、系统性再思考，是居高临下、总览全貌的知识整体大检阅；其二，它必须围绕高考进行准备，是以高考内容、要求和评价标准为中心进行的再学习。

如果时光可以倒流，能再参加一次高考，最后一个月我将重点从如下三个方面做准备。

一、训练思维的系统整体性

（一）提升思维对知识整体和全貌的关注

高考前的复习，就如大战前的准备，首先要确立的是系统观、整体观、全局观。着眼于激活和调动所有的知识、能力来备战，把心思放在整体实力的汇聚和训练上，防止顾此失彼、为一隅而失全局。即便是最擅长的科目，也要通过复习使其处于活跃状态！高考要考验的，是对知识整体的理解、把握和驾驭，是考生的整体思维能力。

（二）提升思维对知识间系统关联性的认知和理解

高考前的知识大检阅，一个重要的再学习视角是：把此前以碎片化方式摄入的知识，放在一起进行理解和认识。前、后学到的知识之间，可以相互启发；不同科目的知识之间，也可以相互启发。以历史学为例，复习过程中，首先可将碎片化的历史信息还原为一个系统化的事件脉络，再从中洞察和体悟事物盛衰演化的规律和道理。那些学贯古今中西的史学名家，不是在大脑中灌装了浩繁的历史信息，而是形成了对世界和人类文明发展的系统认知和理解。

二、训练思维的锐利度

（一）提升思维的清晰度和穿透力

平日学过的知识，并不都是经过深思熟虑的。对那些模棱两可、含混不清、似是而非之处，正好可以借高考集中复习之机进行系统、深入、透彻的再理解。关键在穿透知识的表象，将其还原到其所指向的事实和情境中去考察和体悟，识破其中隐含的真实道理，明晓其适用的环境、条件，认识到知识自身的局限性。知其然又知其所以然，是思维锐利度训练的首要着眼点。

（二）提升思维对细节的洞察力和驾驭力

高手之间的博弈，成败往往在于细节！高考更是如此，优秀学生之间在基本功和天赋上相差无几，很难整体分出明显的高下。最终在考场上的差距，往往由"对细节的洞察和把控能力"决定。在复习过程中，要有意识地培养重视细节、关注细节、善于驾驭细节的思维，并形成习惯。面对考试，则要重视考题细节，保持对出题者意图、试题考点、答题要求的敏锐洞察，做到"在细节上保持正确"。

（三）提升思维的专注力和免疫力

思维越是专注，就越锐利。做任何事，都要聚焦当下、聚焦过程、聚焦事情本身，心无旁骛、全神贯注、沉浸其中。学习的目的就在学习自身，不被外在功利化的目标分神；体验整个学习过程的成长与变化，不被最终结局分神；自主建构学习的价值和意义，不被外来评判分神。最终结果、外在目标、他人评价和功利得失，是思维的"腐蚀剂"和"致命毒药"！必须要对它们保持高度的警惕，培养出强大的免疫力，使其永远不能为患。

三、提升身心协同作战的能力

思维的训练，并非只是心灵和大脑的事。身体状态，决定着思维整体表现的高度和水平。没有哪个因素，比身体状态更能影响思维的发挥水平。极度困倦时，思维会迟钝；身体生病时，思维会"精力不济"；极端情况下，思维甚至会"完全失能",无法从事任何有关智力的事。保持身体强健和活络,心灵和大脑也会被激活到巅峰状态。很多致力于死学、疲劳战术的孩子,都是受了"身心二元论"的毒害,以为学习就是脑力劳动。结果是越学脑子越麻木和僵化,不仅无益于思维能力和知识水平的提升,也基本无益于成绩的提高。因此,高考复习压力再大、时间再紧张,都不要停止体育锻炼!磨刀不误砍柴工。

总之,高考前思维训练的唯一不同,只在于"要围绕高考前复习的特殊性"进行。除此而外,并无其他,同样要遵循治学的根本宗旨。高考前的复习,很容易在成绩和升学的压力刺激下,导致学习心态、复习动机和思维意识"偏离治学根本",注意力全被吸引到分数上,导致心浮气躁、患得患失,追求技巧而忽视扎实。

大敌当前仍能保持"内心的沉静和果敢",不仅是一个考生应具备的良好心态,更是令人一生受益无穷的优秀品质。修养"此心不动如山"的境界,高考前是最好的时机。

我近来治学,有轻慢懈怠的表现,"借口"是受花粉过敏期间的身体状态影响,实质上是主观上的心志放纵,加上贪恋玩游戏、看电视的恶习尚未除尽。其危害,不仅在于治学,更在身体健康。长时间玩手机游戏对腰椎、颈椎、视力、精神的损害,是巨大而又不易察觉的。由此可见治学修养之功,易被自己荒废,需要经常自我克治省察,随时纠偏归正。

对待顽疾恶习,就要像曾国藩说的那样"百败百战",终有一天会克敌制胜、凯歌高奏。

再抄一遍郑板桥的《竹石》诗,与你共勉:

　　咬定青山不放松,立根原在破岩中。

　　千磨万击还坚韧,任而东西南北风。

【儿子微信回复】:收到了

第 160 封：学习散论

（写于 2021 年 5 月 13 日）

在对学习和教育的理解上，西方学者对我影响最大的是约翰·杜威和约翰·洛克。结合它们的核心观点，再强化谈几点认识。

1.学习的价值和意义，寓于学习过程本身

学习本身就是一种生活方式，而不是为未来生活、学习之外的生活做准备。虽然就此谈过多次，却仍是最先呈现在头脑中的学习宗旨，因为它指明了我此前治学的最大隐患。"为了理想而学习""为了功名而学习""为了升学而学习""为了更好工作而学习""为了拥有一个更好的人生未来而学习"……这些都是以各种方式刻在我心灵里的学习目标，其中唯独没有"为了学习本身的价值、意义和快乐而学习"。

学习是"为别的""为未来"而服务的，学习的价值、意义、乐趣竟然不在它自身！人们经常把"学海无涯苦作舟"当作励志名言，道理似乎没错，前提却错了！把学海视作"苦海"，把"彼岸"视为学习的目的，是本末倒置。"学习者"要拥有的大智慧，是透彻地理解和体悟"学习旨在推动心灵和思维的渐进式成长""学习的价值、意义和乐趣就在学习过程中"所阐释的深刻道理。

2.学习要循"道"、有"术"

学习之道，是指个人对学习本质、目的、价值、意义的基本理解和认知。学习之术，是指具体的学习方法。二者相辅相成，缺一不可。有术而无道，会导致学习行为脱离根本、盲目浪荡，甚至会事与愿违、南辕北辙，下再大的功夫也是枉然。有道而乏术，治学的意图和目标就无法实现，就会变成空谈和坐而论道，终究是一场空。而那些无道又无术的学习者，等于是脚踩西瓜皮、滑到哪里是哪里，只能被动地听天由命。

3，学习的任务，是完成知识在心灵的重建

客观世界中的知识虽然是系统的整体，但对于每个具体的人来说，却只能一点一滴、循序渐进地以碎片化方式来学习。学习的真实过程，是先将完整的知识树肢解为根、干、枝、叶、花、实，然后再分门别类、分批次地以"文字知识"的形式灌装进头脑。如果不进行重组和再造，它们就无法成为有生命、有活力的真知之树，而只是一堆杂七杂八的残枝败叶、落花朽实！因此，把文字知识摄入头脑，只是学习的起点；通过博学、审问、慎思、明辨、笃行，才能渐渐将之还原为知识在现实世界的本来面目，成为在心灵中生根、发芽、开花、结果的智慧树。

4，学习是主动创造，而不是被动接收

自我学习中所称的"创造"，不是指通过学习创造出世人不知的新知识，而是指通过学习让自己真正理解世人早已知道、自己却不知的"老"知识，让这些老知识在自己的头脑和心灵焕发出"新"生命。学会那些普世皆知的常识和公理，对心灵仍处无知状态的自我而言，就是在做无中生有的"创造"。书本上的知识，是心灵成长的食粮，它们不能自己消化，不能自动转化为学习者的骨、血、肉！学习者有意识、主动性、智慧化的创造行为，才能将食粮转化为可以吸收的营养，使其内化于心、外化于行。

5，机械式的学习方式，是"知、行"分离的罪魁祸首

书本上的知识，是已经与真实事物、环境、场景分开了的知识。通过读书进行的学习，必须要跨越的门槛是：把书本上的文字知识，还原到事物场景中加以考察、体悟和理解，无论是借助当下真实生活，还是通过以往经历来想象。知行合一，在教育和学习专门化的时代，尤其显得重要。趴在书本上的文字知识，本质上只是探索真知的"工具"，就如探索世界大好河山的地图一样。要想领略到真正的风景，只看地图是不行的，必须在地图的指引下走入真实世界。

学习是终生的话题。《礼记·大学》中说："苟日新，日日新，又日新。"学习求知和个人修养，当以此为鉴。

【儿子微信回复】：收到了

第 161 封："病中"寄语

（写于 2021 年 5 月 18 日）

分享几段我的生命信条（基于我把每一天都当成最后一天来过的人生态度）：

一，没有经历过意外、挫折甚至磨难的成功，是不值得庆祝的。"整个人生"的万丈高楼，不能建在沙丘之上。真正的内在强大和事业辉煌，从来只由苦难铸就！

二，我对你的永恒评价：你在学习上的优秀、潜能和素养，已不需要任何外来标签佐证！对此我确信不疑！不用把注意力放在结果上，真正优秀的是"你"，而不是考取的成绩、进入的学校。

三，永远不向苦难的人生际遇低头！生活带来的所有苦痛，都可以、都终将被化为成长的助力！对此，我坚信不疑！成功是什么？不是花团锦簇、万众瞩目，而是展现一个真实而又美好的自我！只有这样的自己，才是他人和社会的福祉。

你这次大考前突发恶疾，也是个人成长的一段重要经历。

【儿子微信回复】：收到了

第 162 封：谈习惯

（写于 2021 年 5 月 20 日）

习惯，是指后天习得的思维和行为惯性，是人遇到事情时在无意间就会采用的思考和行为模式。

在传统观念中，通常把习惯区分为"好习惯"和"坏习惯"。顾名思义，好习惯是对个人有益的，是要努力养成的；坏习惯则与之相反，对人有害，要加以克治。然而在我看来，不存在什么绝对的好习惯或坏习惯。把习惯分为截然相反的好的、坏的，仍是典型的"二元论"思维，是用机械、静止的方式看待习惯，仿佛有两种相互对立的习惯存在。

这种对习惯的错误划分，是十分有害的。一方面，它经常把我们拖入非此即彼的认知和处事方式；另一方面，对什么是好习惯、什么是坏习惯，经常傻傻地分不清。我们形成了很多思维和行为习惯，却很难明确地意识到它们的存在，更难于清晰区分它们是好的、还是坏的，否则我们就不会在习惯的主使下犯那么多低级错误！

习惯天性是无分好坏的，而我们之所以将之冠以好、坏之名，是指这些习惯在不同情境下、在不同的事情上会产生不同的作用。有时候积极的作用多一些，另一些时候又可能反作用更明显。好与坏，不是习惯的本质属性问题，而是习惯带来的实际效用差别问题。

近来研读存在主义哲学、认知心理学和行为心理学，反思个人近50年的成长经历，对"习惯"产生了很多颠覆性的理解。几点关键领悟，分享如下：

一、习惯的本质

（一）习惯植根于个体的需要

所有习惯，在其"出生"和成长过程中，都有某种个人需要在背后驱动。这些需要或基于本能欲求，或基于外来刺激和利害考量。即便是那些要努力破除的"坏习惯"，天性也不都是恶的。不能首先站在道义的层面评判它，而应站在中正客观的立场上审视习惯产生之根源，否则就会本末倒置。以"早上睡懒觉"的习惯为例，它是未成年阶段身体成长的内在需要使然，睡得好、才能长得好。这是对儿童有益的习惯，而不是天生的"恶"习！逐渐长大后，身体生长的需要渐渐变弱，修身、齐家、治国、平天下的需要日益增强，从而使得早上睡懒觉变成了要改掉的坏习惯！一旦我们回溯到习惯产生的源头处，总会发现习惯的"出生"具有某种正当性，而不是生而为善或为恶。

（二）习惯即成长

生命的本质，在于持续的成长。而养成这样或那样的习惯，本质就是成长的体现、成长的方式。我们从步履蹒跚，到跋山涉水、健步如飞，本质是行走习惯的形成；我们从手不能抓物，到得心应手、挥洒自如，本质是手臂动作习惯的形成；我们从咿呀乱语，到口吐莲花、出口成章，本质是语言习惯的形成；我们从不明就里，到举一反三、触类旁通、才思如泉涌，本质是思考习惯的形成……无论是思维，还是行动，养成习惯的背后，是成熟的思维和行为范式的持续建构，也就是一个人成长的本质内涵。因此，习惯养成的过程，就是个人成长的过程。也正是在这样的意义上，才会有"习惯决定人生"的基本认知。

（三）习惯始终处在发展演化过程中

习惯不是现成的，而在演化中；它是进行时，而不是完成时。各色习惯，都以人的需要为根源，逐渐萌芽、成长、壮大、消亡。我们能看到的那些习惯，都不是什么现成的东西，不是处于完成状态，而是始终处于成长过程中（现在进行时）。习惯加持到一个人身上的方式，不是以某种"固定模式"直接植入思维和行为。尽管我们指称习惯为某种"固化的行为方式"，但这是"相对"意义上的，并不意味着习惯是"静止、定型、不变"的成品。习惯的生与灭，应基于其对人的作用、价值和意义，基于是否符合成长的需要。我们说要坚持某一习惯，本质是这些习惯仍具生命力，仍符合我们的某种需要，仍能助益我们的成长。我们说要革除某个坏习惯，本质是指这些习惯已经过时了、没有生命力了，不仅无益于成长，且已成为成长的障碍。

二、习惯的两面性

（一）"神奇的一面"与"腐朽的一面"

习惯既能成为人生的助力和阶梯，这是其神奇的一面；习惯也能成为人生的阻力和障碍，这是其腐朽的一面。

首先，习惯能成为人生的助力和阶梯。无论是头脑之思维，还是身体之行动，经过长期重复而形成习惯后，就会转化为"不用刻意为之"的自发行为。

比如婴儿初学走路时很吃力、很费劲、甚至很痛苦，但习惯走路后，走路就成为自然而然的事，既不需要大脑去思考如何走，也不需要有意识地指挥肌肉和四肢怎么发力，走路时还可以同时思考、聊天、欣赏风景……正是习惯的神奇力量，使得走路"这件事"转化为自然而然的事情，而不再是要努力从事的艰难任务。因此，习惯对人的成长有多重助力：其一，它可以提高思维和行动的成效，熟而生巧，节省脑力和体力；其二，它可以解放我们的大脑和身体，使我们获得更大的行为自由度，可以同时做更多的事；其三，它可以给我们带来更多的安全和舒适，再艰难的事态和环境，只要习以为常，便不再可怕、不再觉得艰苦；其四，它可以提高我们的主动适应能力，一旦形成良好的思维范式和行为习惯，我们就能更好地适应环境、改变事态，使其向着有利的方向发展。

其次，习惯能成为人生的阻力和障碍。习惯一旦形成，在给人带来安全、安逸、舒适、自由、高效的同时，也在助长思维和行为的固化、僵化、模式化，成为嵌入身心的顽固势力。习惯的腐朽一面，在日常表现为因循守旧、固步自封、拒绝不同意见、排斥不同做法，形成思维定式和路径依赖，敌视改变与创新，阻碍自我更新、进步和成长。以职业发展为例，一个人的职业专长，本质就是一个人长期形成的职业习惯，它虽然是个人职业发展的"优势所在"，但同样也是个人职业发展的负累！时代和技术进步了，自己却仍陶醉在职业习惯的狭隘天地里、孤芳自赏、裹足不前。

因此，所有的习惯，都同时具有两面性：一面是天使，另一面是魔鬼！对待任何一种习惯，都要同时认识到它的两面性。被正确认识、自主掌控的，顺时应势地持续进行调整、改变、成长、进化的、有生命活力的习惯，才能成为人生成长的助力，才能呈现它神奇美好的一面，才能对你我展现出天使般的美丽面孔。反之，任由习惯摆布的人，无论那习惯是什么，都会在某种境遇下展现出它的狰狞，成为为害思维和行为的危险势力。社会已进入电气化时代，驾驶马车的习惯技艺就应该送入博物馆和史书中去，而不能仍然呆坐在马车上怨天尤人、悲愤命运的不公。

（二）"主动的一面"与"被动的一面"

一方面，习惯的养成，是人对环境、对际遇、对事物之利害做出的主动适应。因此，所有的习惯，都带有一定程度的主动性。为了更好地生存与发展，我们主动养成这样那样的习惯。学习，是最典型的"主动"培养思维习惯的过程。博学、审问、慎思、明辨、笃行，目的是培养形成既有系统性、又有穿透力的思维习惯。非仅专业化的学习，我们日常生活中的所有学习，从咿呀学语到蹒跚学步，从学习处世之道到钻研治世之术，都是主动在培养有利的习惯。这种主动性，也是习惯之"神奇一面"的本质内涵。

另一方面，习惯的养成，无论是思维、还是行为层面，都带有一定程度的被塑造性质。习惯的形成，并非单纯是自身有意为之，而是在客观环境、情势和利害的逼迫下"被动"而为。人类之所以形成"直立行走"的习惯，并非人主观上就喜欢直立行走，而是客观生存环境使然。习惯形成的被动性，并不意味着"不好"，但却是要高度警觉的因素！稍有不慎，人就会迷失在外部环境和情势间，任由思维和行为被外在因素所塑造和改变。这种被动性，又往往与习惯的"腐朽一面"成双入对、相伴相随。

因此，所有习惯的形成过程和方式，也都有两面性：一面是主动作为，另一面是被动适应。在培养习惯的过程中，两种力量都很重要、都要借助。关键要确立对待两种力量的正确认知和态度：主动作为，不意味着脱离客观环境、情势和事物需要的肆意胡为，不是"凭空"去培养这样那样的习惯；被动适应，不是任由环境左右和摆布的适应，不是对事态和外部利害的简单屈服、迁就和盲从，不是任由思维和行为被外物役使。

三、让习惯成为人生的助益、而不是阻碍

（一）确立正确的习惯认知

对习惯本质的深刻理解和洞见，就是化腐朽为神奇、化被动为主动的"思维旋转门"。习惯植根于需要、习惯即成长、习惯始终处在发展演化过程中，习惯的本质中已经明示了对待"习惯"的思维基点、评判准则和行动参照。"行成于思而毁于随"，正确的认知，才能触发正确的行为！对待习惯，同样要遵循此道，先确立对习惯的正确认知，然后才能引导习惯更好地发挥对成长的助力作用。习惯是扮演天使，还是扮演魔鬼，首先取决于我们怎么看

待它。

（二）从事实和问题的需要出发，做取舍

我们根据什么判断"习惯"对自己是有益、还是有害？答案只有一个：听从内心良知的指引，根据事实和需要权衡利害、做出取舍！泛化的理念、权威之见、大众共识、书本教条，都不足以为据。要把习惯置于当下生活工作的环境、场景、事实中，结合具体的思考和行动，"用心体悟"它们是在发挥助推器的作用，还是变成了前进的障碍和阻力！是前者，就培养之、强化之；是后者，就抑制之、清除之。

（三）成为习惯的主人，而不是习惯的奴隶

已经养成的思维和行为习惯，会在身心内部形成一股强大"势力"。他的强大是超乎想象的，往往能在无意间，就把我们推向光明的彼岸，或推往灰暗的深渊。对于"习惯"，必须始终保持清醒，有意识地进行主动反思，不能对之盲从、轻信，不能任其恣意作为。走路的习惯是最"可靠的"，但若失去心灵和眼睛的指引，我们就既无法避开陷阱，也无法行进在光明的路径上。做习惯的主人、而不是习惯的奴隶，这并不只是针对所谓的"坏习惯"，也适用那些公认的"好习惯"。

（四）从细微处做起，循序渐进、久久为功

无论是培养强化有益的习惯，还是抑制祛除有害的习惯，都要从两个根本处做起。一是从细微处入手，不以善小而不为，不以恶小而为之；二是长期下功夫、终生不辍，小善积久便成习，小恶常去可除顽疾。曾国藩一生"无一日不读书"的习惯，是来自每天读书数页的小行动，是来自日复一日的功夫不间断。习惯的本质是成长，而成长要靠点点滴滴的长期功夫积累。

昨天讨论去杭州行程，我的一个坏习惯又出来作恶：处事急躁、火气大、器量狭小、言辞激切、缺乏耐心。近年来一直在此处下功夫，虽有进步，却难言涵养到位，仍需在今后下大功夫。曾国藩戒除个人烟瘾，貌似小习惯，却历经百转千回、千难万苦，才彻底根治。由是观之，于根源处辨明是非善恶，在习惯之恶未成气候时就加以克治省察，最为重要。

【儿子微信回复】：收到了

第 163 封：应考之"道"

（写于 2021 年 5 月 25 日）

再过 10 天就高考了，发自内心地羡慕，发自肺腑地为你们庆幸：能有机会与全国同龄人同场博弈、竞技。虽身不能至，心向往之！

假如真的有机会能加入你们，考前十天，我会选择做什么？

基于几十年参加"各种考"的经验和教训，以及从教育哲学、教育科学和学习心理学获得的领悟，我的选择将是：以研究考卷和试题为核心，在考前"把敌人吃透嚼烂"。

所有的考试，都是敌我双方的对垒和博弈。当然，考场不同于战场，"敌人"不是同场考生，而是试卷和考题以及背后出题者的考核意图和良苦用心。

敌我对弈过程中，克敌制胜的决定要素是什么？扎实的学习基础、良好的学习素养、思维的系统性和锐利度、知识理解的通透性、知识运用的融会贯通等，当然对考试都非常重要。大敌当前，以往所有的努力和成绩，都是迎接当前考验的基础保障，实力就是底气！但是，这些都是平日学习要做好的事，考前临时抱佛脚是得不来的。考前才想起来去补基本功的欠账，只会捡了芝麻、丢了西瓜，顾此失彼。

高考前几天，我会把时间和精力围绕"一项核心任务"来投放：专注于"钻研"往年考卷和模拟考题，将之吃透嚼烂，对其了然于心、胸有成竹。此中的关键词是"研究"！这个研究，意味着不是泛泛地了解、熟悉，而是深入其中、达于极致，透过试卷和考题，用心、用脑去考察和领悟：把"敌人"可能的所思、所想，把"敌人"的可能安排部署，把"敌人"的心思、心机、心计都掌握得一清二楚、烂熟于心。

无论是足球、篮球、排球比赛，还是网球、乒乓球、羽毛球比赛，高明的教练和球员赛前都把主要精力专注在"研究对手上"。研究对方的教练和球员特长，研究对方以往的排兵布阵，研究对方的技战术特点，研究对方的球队风格、风貌、个性、喜好等等。战场上的博弈，把对手研究得越通透，把敌人了解得越清楚，敌人就变得越来越弱，而自身就会变得越来越强。

在战略战术学上，战争前最高效的准备方式，不是临阵磨枪，而是利用有限而又宝贵的时间"研究并吃透对手"。要把"敌人"装进脑里、挂在心上，每当面对它时都对其洞若观火、洞烛隐微、了然于心，一举一动都逃不出自己的把握，并围绕"敌人"的行动规律，调用自己的智力储备，激活自身的潜能。

在高考前，有一大常见的认知误区。经常听见一些老师和家长"教训考生"说：要放松！但什么是放松？怎么放松？观念往往是模糊含混、极度错误的：或把放松理解为"什么都不做的纯粹放松"，或把放松解读为"把心思和脑子从考试转到干别的事上去"。这其实是大错而特错的。假设不是考场而是战场，难道在战前指挥员和战士可以无所事事地放松，或通过唱歌跳舞来准备战争吗？这不过是自欺欺人、自我安慰式的精神麻痹，是对战场的脱离、对敌人的逃避，只会让自己斗志涣散、意识松懈、注意力溜号，绝非能赢得战争、保住个人性命、保得家国平安的明智之举。

真正的放松，是"积极专注地有所作为"，是以吃透敌人、战胜敌人为核心进行充分有效的准备。身心在应考前的"极致专注"，才是真正有价值、有意义、有成效的放松。简单地说，最放松的境界，只有在"最专注地作为"过程中，才能达到！当然，身心之间要劳逸结合，不能顾此失彼。

"把敌人的状况吃透嚼烂、对敌人了然于心"，不仅是应对考试的根本之道。人生面临任何大大小小的考验，战前都要把精力投放在研究敌人、敌情上。能做到"知彼"，才能发挥出"知己"的优势，把自身智力和潜能用到"点儿"上，从容应对。

【儿子微信回复】：收到了

第 164 封：过去、当下、未来

（写于 2021 年 5 月 27 日）

在人生的每一刻，我们都在同时面对自己的过去、当下和未来。就此，人们秉承的认知、采取的态度、表现出的行为，非常之不同。而这种不同，把不同的人导向不同的人生轨道：或者取道光明，或者滑向黑暗。

正确理解和对待过去、当下和未来，是确立正确人生观的首要维度。在大众的传统认知中，过去是指已经走完的生命时光和经历，当下是指正在经历的生命时光，未来指剩余的、还未经历的生命时光。简单地说，就是把人"区分为"过去的我、当下的我、未来的我，将人的一生"区分为"我的过去、我的当下、我的未来。

存在主义和有机哲学对此给出了不同的认知架构：过去是"已经实现的自我可能性"、当下是"正在实现着的自我可能性"、未来是"期待实现的自我可能性"。这种观念是建构在一元论和有机进化思想上的：作为"已经实现的可能之我"的过去，并不是消失了的、逝去了的自己，而是实现了的自己，是当下之我的"生成"和"创造"过程；作为"正在实现着的可能之我"的当下，是自我实现的进行时，这个过程以自我在"过去"形成的经验为基础和动力，并受对"未来"期许和愿望的牵引；作为"期待实现的自我可能性"的未来，是当下之我的目标，为当下之我指引前行的方向。

过去、当下、未来，共同成就着同一个自我，同时存在于一个自我之中。过去之我（或我的过去），并未"真的过去或消逝"，而是仍与我在当下同在；未来之我（我的未来），也并不是与我相距遥远的虚幻，而是根植在当下之我中的对未来之我的期许，是当下之我前行的方向和动力。过去和未来，始终与当下之我一体同在。是当下之我"拥有过去"，而不是存在一个过去之我；是当下之我在"期许未来"，而不是存在一个未来之我在前方等待。不存在这样三个人：一个叫"过去的我"，一个叫"当下的我"，一个叫"未来的我"。

我比较崇尚存在主义和有机哲学对生命的认知，因为它可以指引我对人生过程的更深刻领悟，引导形成对自我之过去、当下和未来的正确理解，进而确立正确的人生态度和思维方式，使自己始终活在当下，而不是陷于过去，或纠结未来。

由此触发的几点延伸思考，分享如下。

1、过去加强了当下之我。无论是过去取得的经验和成就，还是曾经承受的苦难和教训，都已深深刻印在我们的心灵和骨血里，令我们更加强大！经验和成就，让我们为人处事更为从容；苦难和教训，磨砺了我们的意志，提升了我们的技能。生命曾经历的一切，只要拥有一双慧眼，就可以洞见到它给你我人生带来的美好。

2、未来激活了当下之我。一方面，对未来美好愿景的期许，激励我们奋进，激发出我们的潜能，推动我们实现更多的人生可能性。另一方面，对未来灾害与风险的预判，激发我们对自然、对生命的敬畏，令我们拥有更长远的眼光，更理智、冷静地行事。

3、当下创造着过去。每一刻当下的连续，就是过去的全部。因此，每个人的人生历史和传记，都由当下之我来书写。把握住了当下，才能书写出无悔的人生历程。

4、当下创造着未来。对未来的期许无论是什么样子，都要靠当下的努力来造就。把握住了当下，才能走进内心期待中的那个未来。忘记该忘记的，放下该放下的，忽略该忽略的，要行进在人生主航道上，而不是在蜘蛛网式的道路间徘徊无措、举足不定。

5、伴随时光的流逝，当下不断成为过去，当下不断开启着未来。生命终而复始，生生不息，直至永恒。因此，生命的终极价值和意义，只在当下！

6、你我不断挥别过去、拥抱未来、持续生长。每个人，天生都是"不器之才"，绝不可自我束缚、自我压抑、自我埋没。既不能困在过去的成功或失败，也不能迷失在对未来之奢望或恐惧中。

不同的理解和认知，产生不同的人生态度和结果。仅仅停留在公众常识和传统认知层面，只是在形式上把人生区别为过去、当下和未来，就不会产生对人生有助益的深刻洞见，不会生成正确的人生观和思维行为方式，不会推动更好的自我成长、自我实现。

屈原在《离骚》中说："路漫漫其修远兮，吾将上下而求索。"求知之路，曲径通幽，唯有洞见真知大道，才能达至内心的光明，可以光耀过去、点亮当下、指明未来。

【儿子微信回复】：收到了

第 165 封：如何看待"模拟考"

（写于 2021 年 5 月 30 日）

对于学校在考前安排的模考，我深为佩服和赞同。学校这个安排，与我的考前策略不谋而合：考前做一套模拟考题，从整体上唤醒、激活并保持对知识、方法和以往经验的热度。当然，集中模拟考的形式，比自己做模拟题，价值要更高。

模拟考作为正考的辅助，作为正考前的系统演练，是一次自主"研究"正考的好机会，具有特殊的价值和意义。借"模考"之机，可以系统、全面、整体而又细致入微地研究"敌""我"双方，不仅在答题的知识技能上，也在临场思维方式方法上。是否做到了知彼、知己？审题、解题的策略和方法在哪里尚有待提升？哪些方面容易疏忽、掉入陷阱？……这种结合实战的研究，对把考试"吃透嚼烂"可以起到最直接的作用。模拟考的价值和意义，不在考试分数，而在其对正考的启发、指引、助益。

【儿子微信回复】：收到

第166封：高考策论（终结版）

（写于2021年6月3日）

赢得高考的第一步，是直面压力和挑战，准备好去拥抱考场的紧张氛围，考前将"敌人"从里到外看穿、看透，抓住其本质和规律，做出有利于结局的准备和应对。信心源于胸有成竹、聚焦核心、坚实厚重的行动。战场上是血与火的考验，任何秘诀、高招、奇技、淫巧都不足恃，轻忽懈怠和无所作为更无异于自我削弱、自我毁灭。

一、高考的本质

高考与所有的考试一样，是"出题者"与"答题者"之间的智力博弈。"以出题者的意图和要求为中心"进行答题，是思维的逻辑基点。

高考不过是又一场"和平常考试一样"的考试，根本目的是全面检验高中三年学习的总体成效。高考服务于学习，是为了提高学习成效，而非反过来。

考试过程，如何助推学习？一方面，审题过程，要致力于对试题的"精确理解"；另一方面，答题过程，要致力于对所学的"精心应用"。因此，高考的本质，是集中式的深化再学习，而不仅仅是"已学会知识"的机械应用。

能学好与能考好，本就同根同源。考得好之"道"与"术"，与学得好之"道"与"术"，本质是一回事儿。获取好成绩的真正奥秘，早已成形于平日学习训练过程中、刻印在心灵和大脑里，不假外求！

二、高考的规律性

第一，3年所学的"整体"作战。要激活所有知识，使其全部进入战斗状态。考的不只是重点，也不只是难点，而是3年所学知识的集中演练。——3年的扎实学习，才是真正可靠的信心泉源。

第二，"知识"与"头脑"的联合作战。真正在掌控大局的，是我们的大脑和思维！激活大脑，使思维处于活络敏锐、精力饱满的状态，"知识的运用"才会灵活自如、如泉涌出。——根植于内心的良好思维习惯，是攻坚克难的利器。

第三，"头脑"与"身体"的联合作战。身心是一个奇妙的系统和整体，营养和激活大脑的不是大脑自己，而是充满精气神的身心整体！——如果说考试有所谓的"超水平发挥"，它只能是指把身心状态推升到超越平常水平直至达于巅峰状态。自己的身心状态，虽增加不了"鱼"，却可提高"渔"的表现。

三、具体行动准备

第一，唤醒经验。反复温习研究三套模拟考卷，引导思维转入考试模式。一方面，反思以往考试容易犯错的解题答题方式和薄弱知识点，使意识对它们重拾警惕；另一方面，把那些在意识和头脑中处于休眠状态的考试经验唤醒。——过往曾翻越的高山，曾跌过的跟头，都是当下前行最可靠的支撑和助力；失误"减"一分，成效就"加"一分。

第二，锻炼身心。高考也是"生活"的一部分，要身心愉悦地度过。体育活动和锻炼，也是高考生活的重要一部分。锻炼，同样要认认真真、一丝不苟、全神贯注，追求极致的身心体验。——身心不分家！打开健康之门的钥匙，也是打开智慧之门的钥匙。

第三，未雨绸缪。考试之需，至少做两套准备，以备不时之需；一旦有紧急情况发生，至少做到内心冷静。——生活难免各种意外，你我无法左右；对之有所准备，便能保持内心的大度与从容。

从现在开始，我这个自封的参谋长就正式卸任了。高考是人生赛场的起点，而不是终点；未来的人生赛场，主角是你和你的同学们。面对各种人生考验，要全神贯注，战必胜、行必果，让生命在燃烧、发光、发热中绽放出价值和意义，而不是在安稳逸乐、碌碌无为中空虚走一回。

要敢于优秀，永不埋没自身的天赋智力和无限潜能，无论处于何时、何地，无论面对何事、何人！

【儿子微信回复】：收到

第167封：入乎其内、出乎其外

（写于2021年6月6日）

近日重听郦波讲王阳明，一点至为深刻的感悟，分享如下：

无论是处理政事，还是用兵打仗，王阳明给人留下的一致印象是：出神入化。我将之总结为"入乎其内"又"出乎其外"。

其一是入乎其内。深入细致的调查研究，洞悉敌情，查明原委，对事态了然于胸，掌控表面现象背后隐藏的事机和规律。于是在临事对敌时，情势再紧张、危急，他仍能心定神清、平静如常、从容应对。

其二是出乎其外。不孤立地就事论事，而是从系统、全局、整体、长远来把控事态，"超越"一个个孤立的事件、现象、局势，采取长治久安之策。

简单举几个例子：

1、处治庐陵盛行诉讼之风

王阳明初到庐陵做县令，便遇到当地"告状之风"盛行的大麻烦，每天告状的人上千，案件积压成山。怎么办呢？

王阳明先行深入了解案情：一方面调查百姓为什么喜欢告状，都告些什么，有什么好处；另一方面体察当地民风民俗、教育风化、县治水平，了解讼案成风背后的深层次根源。

很快，阳明先生就把情况了解得一清二楚：一是老百姓告状，起因大多是鸡毛蒜皮的小事儿，丢了一只鸡、少了一只鸭都要对簿公堂；二是当地"讼师"（即现在的律师）行业盛行，帮人告状、写状纸，是很多读书人的谋生手段；三是庐陵县教化不兴，官府忙于审案、无暇治理，乡规民约废弛，百姓不能自治。

据此，阳明先生采取的应对之策：一是告一次状，只能说一件事；二是每张状纸不能超过两行，每行不能超过30个字；三是能协商解决的、不得告状；四是设立乡贤祠、申明亭，请乡里、村里的贤能长辈，协助调解"断案"，把矛盾化解在基层；五是整吏治、兴教化、促发展，使县民各乐其业。

于是数月之后，庐陵大治！

2、广西平叛

广西发生叛乱，朝廷派兵多年征讨不利，于是派王阳明赴广西平叛。

阳明先生一路寻访民情，尚未到广西，就已对叛军情况了然于心：一是叛军并非大奸大恶、诚心作乱的反贼，而是被逼上死路后不得已而为之的普通百姓和土著部队；二是叛军只与官府为敌，并不烧杀抢掠、残害百姓；三是反叛的根源，在于外来官军与当地土著的冲突，废除土官、改用流官（明政府军）伤害当地土著利益，导致冲突和对立。

阳明先生采取的对策：一是写了一封推心置腹的诚意招降信；二是解散了朝廷派给他的八万平叛军队，以示和平的诚心；三是同意叛军首领提出的条件，由叛军接管王阳明所在的南宁城防；四是对投降过来的叛军委以重任；五是奏请朝廷重设土官，土官流官互相牵制、共同治理。

于是王阳明不杀一兵一卒而平广西数万叛军，并通过政治改革实现广西长达数十年的平安！

王阳明身上这样的例子很多：平宁王之乱、平江西匪患、治理庐陵赋税……这些例子中，体现阳明先生临机处事"既入乎其内、又出乎其外"的大智慧！

人生会遇到很多烦事、难事、大事，会经历各种各样的困局、险局、危局，既能深入考察事机隐微而入乎其内，又能跳出一时一事之利害得失而出乎其外，便会海阔天空、天堑变通途。

【儿子微信回复】：收到

第168封：写在"英语"考前

（写于2021年6月8日）

英语，是"临阵磨枪"最有必要、效果也最明显的一科。为什么这么说呢？

从思维科学视角来看，人的思维是有"惯性的"。在平日，我们每日接触的是母语，因此是在最熟悉的中文语境、语感、语法、语态中考虑问题，而对其他国家语言的表达习惯处于"钝化""生疏"状态。

因此，英语考试前一项很必要的任务，是"转换"到英语的语境、语感、语法、语态，使思维转向英语的表达习惯，把自己"转化为以英语为母语的人"。

在研究并熟悉英语模拟考卷的过程中，有必要"有意识地"转换思维的语言模式，使思维恢复至"用英语理解和表达"的清晰、锐利、准确、优雅。

一点特别经验，供你参考。

【儿子微信回复】：收到

后记

我心目中的"学在北大"

（写于 2021 年 9 月 17 日）

从步入大学校门、成为元培学院一名新生那一刻起，你的人生便开启了一扇门。然而，面向一所国内顶尖大学，在每一个新北大人的心目中，它究竟"大在何处"？我们寄寓在北大的生命时光，目标期许应立在何处？我们如何让有限而宝贵的北大生涯，绽放出自我生命中最耀眼的光芒？每年都有数千宠儿走入北大，但就这些问题给出的答案从来就无一而同。同样是北大，同样一段大学时光，同样是时代的骄子，不同的心灵构造出的却是不同的思维世界、不同的人生历程。

很惭愧，我是一个此生已再无机会用行动亲身创造出答案的过来人。但我却非常愿意思考并回答这些问题，这不仅因为你学在北大，也因为我仍未疏离梦想。

一、如何认识大学之"大"

当下，假如我成为一名北大人，当我走进校门里的那个世界，我最看重、最期待、最向往的会是什么？

（一）遍布于众多领域的杰出师者

"在元培、上北大"，我非常喜爱这句话，因为其背后隐含着一个领先时代的教育理念：当下与可预见的未来，我们不能仅仅志在把自己培养成一个单纯的专才，更应志在把自己培养成一个具有"整体、系统、有机"思维、意识和能力的"通才""整合型人才"。在北大、在元培，正是实现如此治学志向的理想之地。不仅元培学院自身有覆盖领域众多的杰出师者，元培学院更建立了与所有北大院系杰出师者间的直通网络。无论你的求知志趣在哪个方向和专业，你都可以到当代最优秀的教师身边聆听教诲。要知道，这样的机会，人生绝难拥有；即便如你们有幸拥有的莘莘学子，也只在这屈指可数的数年间才有此幸运。因此，我心目中的大学之大，首先在于"师者之大"。

（二）来自五湖四海的同辈英杰

北大代表着的中外顶尖高校，是当代的"超人俱乐部"。这不仅意味着在校时拥有成百上千的精英同学，也不仅意味着步入社会后将拥有成千上万的优秀校友；更意味着在校时拥有了成百上千可以向之学习的精英同伴，步入社会后将拥有成千上万的职业引路人和事业导师。各有所长、天赋异禀的千百同学身上，蕴蓄着无限的智慧与力量，是身边最好的学习榜样。能始终以同学、同伴、同事为师，能心诚意切地做同学、同伴、同事的学生，不仅是最有效的学习之道，更是最宝贵的人格素养。因此，我心目中的大学之大，还在于"同学之大"。

（三）星辰大海般的知识智慧

燕园的小世界，承载的却是知识和智慧的大世界！古今中西积淀下来的知识、智慧汇聚于此，启迪着每个北大人的心灵，滋润着每个北大人的思维世界。从自然科学、技术科学、工程科学，到人文科学、社会科学、管理科学，每一个北大学子都可以在知识海洋中尽情徜徉，在知识天空中找到属于自己的那颗最亮的星。大学殿堂中的知识和智慧，是有活力的、有生命的，是在相互激荡和碰撞着的，是在持续演变和生长进化着的，是在持续繁盛和扩展着的。正因如此，她才对风华正茂的青年学子具有无限的价值和意义，她才成为求知路上广大学子无尽的期盼与向往。因此，我心目中的大学之大，也在于"学问之大"。

（四）链接时代、链接世界最前沿的人生舞台

北大为北大人敞开的大门，绝不仅仅通往校门内的那个小天地，更是通往校园外的那个大世界。渴望继续学习深造的，北大打通了到国内外顶尖院校继续学习深造的求知进路；渴望走上广阔职业天地的，北大架起了一座起点足够高的事业扶梯。每个进入北大的莘莘学子，都应该是有野心的，都应时刻准备

担负起"北大人"将要担负的使命，准备好为家国天下的福祉而挥洒青春和热血。这无关功利，而是北大人应有的志向、抱负和担当。如果看不到未来的天地之阔，或看到天地之阔而无高远之志，或有高远之志而做不到矢志不渝、努力践行，那么再大的舞台都会被狭隘的心志"缩小"。北大之"大"，将与我们无干。因此，我心目中的大学之大，更在于"志趣之大"。

二、大学生活的三条根本宗旨

进入大学校门，已经是成年人的我们，应秉持什么样的人生宗旨呢？如果让我选出最重要的三点，它们将是：

（一）内在自主

首先，要心有定在、自知自明。大学生活五彩斑斓、绚烂多彩、花团锦簇，尤其是北大这样的综合型高等学府。置身北大的光环之中，我们不能忘记自身仍是原来那个自己，一个生命、天赋、智力、学识都有限的人，一个仍要持续学习、持续努力、持续成长的人。成为一名北大学子，真正的价值和意义不在于证明了我们的优秀，而在于我们拥有了更好的学习机会和成长空间。面对北大的光环，我们更应意识到自身智识的不足、能力的局限，而不是迷失在光环内，自困于一时的荣耀中。在最高光的人生时刻，也面临着命运最艰巨的考验。光环既可以照亮人生路，也可以亮瞎人的心眼。处在越高级别的人生竞技场，越要有自知之明，知道把时间精力用在何处；处在越多姿多彩的人生舞台，越要心有定见，明了对人生最重要的是什么，聚焦人生主航道，抓住该抓住的、放弃该放弃的。

其次，要志立于内、自主成败。大学时光的努力和奋斗，要志在实现自我、战胜自我、超越自我，把人生志向立于内在的成长，而不是立于外在的荣耀、功名、利益上。对于是非、善恶、成败、荣辱、得失、利害的判断，要听从内心良知的指引，要自主确立对成败得失的权衡标准，而不是为外在所左右。无论是专业的选择，还是未来职业的选择，依据的永远只能是自己内心的志向和擅长，而不是跟随潮流、跟随热点、跟随利益、跟随他人志趣。北大几乎所有的专业，都是国际或国内一流的；北大学子毕业后，也可以在太多的行业领域和职业平台间进行选择。如果不于内在确立明确的人生志向，如果不确立"适合自己"的独特选择标准，在太多的选择自由面前，我们反而更容易不知所措、盲目乱撞。

（二）虚己向学

这个道理，无论如何强调都不为过，尤其是对于天赋异禀、才学出众的优秀者。要融于骨血、印在脑海、刻在心上！要使之成为自身最最基本的性情、品格、气度，自然地呈现在一分一毫的言行举止间。再聪明、再优秀的人，一旦沾染上"傲气"，一旦开始自是、自高、自大、自满，便会开始怠惰、停止生长、走向倒退。曾国藩说：败人二字，非傲即惰。傲字被排在首位，可见一代理学大师对"傲"字之害何等警惕。谦虚是持续学习、终身成长的基本前提。失去谦逊之时，也是学业倒退的开始，是成长停滞的开端。知识浩如烟海，学业永无止境。能终身保持读书学习的人，一方面，会越发感受到自身的无知和渺小，越来越体会到成长的无限，进而心生敬畏，不敢不谦卑、不得不谦卑；另一方面，在持续学习过程中，以知识道理化育出内在的光明，自然生发出越来越厚重的谦逊之气。

（三）追求卓越

学在北大，更要追求极致和卓越，拒绝差不多先生，拒绝庸庸碌碌。

首先，我们不能畏惧北大的光环。在她面前，我们绝不能自惭形秽，更不能不敢去优秀、不敢去卓越。我们虽然只是万千当代优秀学子中的平凡一员，但我们每个人都是独特的、唯一的。北大之所以名满天下、百年不衰，是每一个北大人的独特天赋、智慧和努力共同创造和积累而成的。北大的光环，是一代代北大人身上的微光汇聚而成。每一个北大人，不是在这光环的压制之下，而是这光环的一分子。这光环的光芒，并不是在遮蔽每一个北大人的个体微光，而是为了把这个体的微光烘托得更加深沉和厚重。

其次，我们不能依赖北大的光环。自身的那缕微光，不能来自北大光芒的赐予，而必须生发于自己的生命燃烧。唯有一颗追求极致、追求卓越、至真至诚的求知之心，才能洞见真理，照亮自我，照亮他人，照亮身边的世界。大学时光的价值和意义，就在于以一颗独立、自由、真诚、谦逊的心，去探求真理！

而这真理，并非现成地存在于北大的课堂上、书本内，可以拿来即用。她们隐藏在那外在光芒生发的根源处，隐藏在真理的熔炉中，隐藏在炉中煤炭的暗黑里，不经过燃烧和历练，我们永远无法一睹真理的真容。因为这燃烧和砥炼，才是真理生发的源泉，光芒只是她的外表！庸碌的生命，只能接受真理之光的照耀；唯有在求知道路上永不停歇、追求极致和卓越的虔诚信徒，才能洞见真理、拥有真理，并用它造福家国天下。

第三，我们不能辜负自我的生命。每个人，都生来卓尔不凡，都生而内蓄无限可能，都生而拥有能发光发热的心智，都生而植入了认识自我、认识世界、创造神奇的生命之力。古今中外的圣哲贤达，能诚挚对待自己的独特不凡，能充分释放内蓄的无限可能，能最大化利用自身拥有的强大心智和生命之力。他们都超越了人生际遇的顺逆，超越了外部的成见和权威，超越了过去和当下之我的局限，不断攻坚克难、破茧成蝶、涅槃重生，一步一步走向光明的真理世界。面对真理，我们必须秉持最高、最强、最大的虔诚之心，因为唯有真理可以照亮生命，唯有在内心化育出真理之光才能不辜负生命。北大为我们打开了一扇门，能行至何处却靠努力。

三、有限生命的成长逻辑

人生道路千途万径，属于自己的只能有一条。在有限的生命时光中，行走在唯一的不归路上，我们必须确立合于生命之道、自然之道的成长逻辑。

（一）持续建构属于自己的人生目标系统

人生目标，不是简单的一句或几句话，不是当下确定便终生不变的僵死教条，不是面向任何一个人生时点的静态愿景和结局。它是一个目标系统，这个系统是立体的、有机的、变化的、生长的。既有面向人生长远的，也有面向生活当下的；既有面向理想前程的，也有面向具体做事的；既有面向内在成长的，也有面向外在功业的；既有面向结果和成效的，也有面向行为和过程的。伴随人生之旅的不断前行，这个目标系统只能逐步被建构出来，而非在某一时刻一下就规划设计出来。它要经过持续的评估、质疑、调整、完善、优化，甚至推倒重来，而绝不是一成不变、一劳永逸，否则反会成为束缚心灵和人生道路的枷锁和禁锢。指引人生目标系统建构的，是内心的信仰和良知。

（二）赋予事物和行为以价值和意义

可做的事千头万绪，它们对于人生的价值和意义则大不相同，并非每件事都要做、都能做。事物有两类：一类是契合人生目标和追求的，另一类是背离人生目标和追求的。契合人生目标的，才是有价值、有意义的；不契合人生目标的，则是无价值的、无意义的。世间繁华不可尽览，世间美好不可尽得，围绕人生主航道进行价值判断和意义区分，是安身立命之本。做事的价值和意义要自主来定义，而不能盲目从众，不能听命于外在。做事前，要结合自己的目标和信仰，"给不同的事赋予不同的价值和意义"，从而选择做正确的事，优先做更重要的事。做事过程中，我们要根据付出的努力、带来的改变，从推动做事成功和自我成长等多个角度，"给不同的行为赋予不同的价值和意义"，从而弘扬正确的行动、抑制不利的行动。做事后，我们要根据事情的结果、成效、影响，"给不同的做事方法赋予不同的价值和意义"，或总结成功经验加以放大应用，或归纳教训以警示未来。只有自主做事的价值和意义，才能自主决定取舍与进退，而不是随波逐流、役于外来评判！

（三）围绕人生目标投入时间和精力

不同的事物，对我们的人生具有不同的价值和意义。契合人生目标，且关乎整体、长远和大义的，自然要置于人生抉择的优先地位。只关乎一时、一事和一己得失的，则要排在后面，防止它们压制我们的人生格局，抢占有限而宝贵的生命时光。把有限之生命时光耗费在脱离人生目标的事物上，耗费在低价值、缺少意义的事物上，是对生命最大的犯罪，是对人生境界的最大贬损。众人虽趋之若鹜，我却拒之千里，因其不在我的人生目标系统之中。能把握住这一点的人，才能成就出更有价值、更有意义、更无愧无悔的人生。

（四）要行动，而不要准备

生命，只能在行动和作为中闪光。静止、等待、怠惰，等于宣判了生命的死刑。世事的无常，命运的多变，环境际遇的不可控，未来走向的不确定，都决定了我们无论站在人生的任何时点都永远无法彻底地准备好，无法在未经历之前就预见结局、掌控一切、保证成功。真实的生命历程是：我们永远是在无常、多变、不可控、不确定中，挥别过去、拥抱当下、走向未来。唯一能给你我以保证的，是无愧天赋与良知地勇于行动和作为！它虽然不能令我们掌控一切，但它令生命的活力得以绽放。面对人生，我们永远也不可能提前准备好，而只能通过虔诚的行动来面对一切。心怀最大虔诚的行动，就是人生最好的准备。

虽然站在北大校门之外，虽然已经过了风华正茂的青春年华，虽然已经走在了人生的后半程，但我同样可以如"学在北大"一样，继续在求知路上探求真理，继续在人生路上寻找光明。人生求知路，每一段都可以绽放出光彩。